大陸政策與兩岸經貿

高長 著

五南圖書出版公司 印行

●三版序●

　　感謝五南圖書出版公司的支持，本書書名原為《大陸經改與兩岸經貿》，自民國九十七年七月初版發行，並在翌年十月修訂二版，讓我在公餘之暇對大陸經濟與兩岸經貿交流相關議題的研究成果得以集結付梓；也要感謝讀者，特別是學術界的先進和許多同行好友採用，甚至指定這本書作為相關課程的教科書或參考書，使得本書初版、二版行銷尚稱順利。去年底，五南主編張毓芬小姐電話通知二版庫存已不多，將再刷；由於近三年多來國際局勢劇變，大陸的經濟改革開放政策、宏觀經濟情勢，以及兩岸經貿關係等也有很大的變化，兩人討論決定全面更新並充實相關內容，然後再以新版面貌於今秋發行。

　　本書新版的撰寫架構基本上與過去版本相同，但就內容而言，其實已經過大幅翻修，其中包括：新增第四章〈大陸經濟波動與宏觀調控〉、第五章〈人民幣匯率制度改革與人民幣國際化〉、第八章〈馬政府的兩岸經貿政策與執行成效〉；此外，第三章新增第二節「經濟發展方式轉變」、第七章（舊版第五章）第四節「後戒急用忍時期」更新，其他各章節的內容也都做了必要的增刪；舊版第九章和第十三章則因內容過時或因篇幅限制，新版已將之全部刪除。希望修訂後的這些內容可以滿足讀者的需求。並將書名更改為《大陸政策與兩岸經貿》。

　　近幾年由學校借調到政府部門工作，行政公務繁忙排擠了大部分做學術研究的時間，研究成果大受影響，所幸平常工作仍須關注大陸財經和兩岸關係相關議題的發展，學用相輔相成；我利用約四個月的週休時間，全力以赴，完成改版。然而，必須說明的是，儘管在內容方面，我已力求完善，全書仍然有許多疏漏，尚祈同行先進、各界讀者繼續不吝賜教。

　　最後，本書改版能夠順利完成，要特別感謝五南圖書出版公司張毓芬主編及編輯群鼎力協助，同時也要感謝陸委會經濟處張至輝先生犧牲下班時間幫忙搜尋相關文獻和繕打文稿。惟書中若有偏誤，我當負全責。

高長　謹識

08/08/2012

●導　論●

　　中共統治中國大陸頭三十年（1949～1978），奉行馬列共產主義、毛澤東思想，不但自絕於世界經濟環境之外，而且內部「兩條路線」的權力鬥爭不斷，經濟發展呈現反覆劇烈變動現象。儘管在該期間，大陸經濟仍然保持成長，不過，相對於更快速的人口成長，以及過度發展重工業造成不合理的產業結構與資源浪費的情形，這種經濟發展成就並未改善人民生活水準；另一方面，與歐美先進國家長期隔絕的結果，則造成中國大陸科技水準（國防工業除外）低落、科學知識貧乏等問題。中共領導者或已體認到這些問題不利於社會安定及政權穩定，因此，在1978年12月舉行的「十一屆三中」全會，斷然決定自1979年起採取「對內改革、對外開放」的政策。

　　所謂「對內改革」，主要在於「改革」已實行三十年的中央集權計畫經濟體制。第一階段的改革從1978年12月開始到1984年10月中共「十二屆三中」全會召開前夕。這一階段的改革重點在農村經濟體制，家庭聯產承包責任制逐漸取代了人民公社制；同時，大陸政府也在城市進行大規模的經濟體制改革實驗，重點在於擴大地方政府和企業的自主權。在「計畫經濟為主、市場調節為輔」的原則下，大陸經濟從傳統計畫體制的邊界上開始逐漸向市場體制轉軌。

　　第二階段的改革是從1987年10月至1992年10月中共「十四大」召開前。這一階段經濟體制改革特徵是建立「有計畫的商品經濟」。改革的重點有三，一是進一步擴大企業的生產經營自主權，以增進企業經營活力；二是對價格體系和價格管理體制的進一步改革；三是建立起由直接控制為主轉向間接控制為主的宏觀管理制度。另外，對於農村部門也同時推進第三步改革，重點在於發展農村商品經濟，使農村改革和城市改革結合起來。

　　第三階段的改革是從1992年10月到2002年10月中共「十六大」召開

前。大陸在中共「十四大」會後確立了「社會主義市場經濟」的基本發展路線，結束了過去「摸著石頭過河」的改革模式，全面加速推動經濟改革。大陸經濟體制的市場化進程在許多方面展開，例如，以形成現代企業制度為目標的轉換國有企業經營機制改革，社會保障制度、商品市場和生產要素市場體系之建立，宏觀經濟管理體制改革（主要包括財稅、金融、外匯）等方面。

第四階段的改革是從2002年10月中共「十六大」召開迄今。「十六大」政治報告中提出「完善社會主義市場經濟體制」、「全面建設小康社會」的目標，一系列改革所涉領域主要包括：所有制結構，農村稅費制度，糧食流通體制，土地徵用制度，農村金融服務體系，農村剩餘勞動力轉移機制，金融、財稅、投資和價格體制，行政管理體制，宏觀調控體系，社會保障體系等。2001年12月，大陸正式成為WTO的締約成員後，經濟體制改革的壓力增大，同時改革的速度也較過去加快。

「對外開放」主要是打開門戶、與國際社會交流、融入國際經濟體系等。大陸對外開放政策，首先從區域空間的對外開放著手，選擇幾個沿海城市構建對外開放基地，也就是說，初期是以沿海地區為戰略重點，嗣後再延伸至其他內陸地區，分階段、分層次逐步推進。對外開放政策的決策思維，無非是要加強與世界各國經貿交流，透過國際貿易、利用外資、人才交流等手段，促進大陸經濟發展。配合實施對外開放政策，大陸政府制訂了許多優惠政策措施，以鼓勵對外貿易、吸引外商直接投資、引進國際人才。

「改革開放」政策之實施，對大陸經濟之影響可說是全面的。一方面，經濟持續快速成長，已使得大陸的綜合國力大幅提升，以國內生產總值（GDP）和進出口貿易總值兩項指標來看，大陸在全世界各國的排名都位居第二位，外匯存底更是居各國之首。另外，大陸製造的產品中已有一百多種之生產規模位居世界第一位，例如彩色電視機、棉布、棉紗、鋼、煤、化肥等，大陸已成為全球最重要的生產基地。另一方面，大陸宏觀經濟體質也產生了巨大的變化，特別是集權計畫經濟的主導作用減弱、

市場化和國際化的程度則不斷提高，非公有制經濟所佔比重愈來愈來大等方面，總體經濟出現的變化，不只量變，甚至質變。

　　值得一提的是，「改革開放」固然對大陸經濟發展具有多方面的正面效應，但由於「改革」採「漸進式」，經濟發展戰略採「不平衡式」，因而在過去三十年發展過程中造成許多結構性問題，譬如市場不公平競爭現象充斥、市場失序、區域發展失衡、貧富不均、城鄉差距擴大、生態環境嚴重破壞等問題。這些結構性問題可說是實行「改革開放」政策之代價，對大陸經濟永續發展造成不利影響。

　　歷年來，大陸經濟發展呈現週期波動的現象，特別是在實行計畫經濟體制年代，經濟成長波動幅度曾經達到48.6個百分點（1958～1964）；改革開放初期，大陸經濟波動的幅度約10個百分點，相對緩和了許多。造成經濟週期波動的直接原因，是社會總供給和總需求的變動不一致，計畫經濟體制下的經濟週期波動，是以需求膨脹為特徵，除了公有制企業的軟預算約束機制，大陸各級政府，特別是中央政府扮演推波助瀾的角色。近三十年來，隨著計畫經濟色彩逐漸淡化，政治運動因素衝擊經濟運行的力道減弱，但經濟週期波動仍然與各級政府財政支出行動息息相關。

　　為了控制經濟平穩發展，大陸政府都會針對運行情勢，適時採取宏觀調控政策。改革之前，宏觀調控的政策工具，主要為行政手段和人為直接干預，結果常造成經濟大起大落的現象；改革之後，特別是在1990年代過後，調控政策援用經濟手段的機會增加，譬如財稅措施、利率、存款準備率等政策工具，因而使得經濟運行的調整過程較為平順。近年來，大陸運用財政、貨幣政策工具調控經濟運行的技巧已愈來愈純熟。

　　國際上對於大陸日益增強的經濟實力，都表現了極大的關注，一方面，大陸強勁的經濟成長被認為是全球經濟成長的新動力；另一方面，「中國威脅論」的論調也在國際間引起討論。無疑地，在全球經濟舞臺中，大陸已成為重要角色。

　　大陸已不只是「世界工廠」，更逐漸成為「世界市場」；人民幣隨著經濟實力壯大不斷升值，近年來已成為強勢貨幣，吸引國際熱錢流入大陸

套匯。大陸政府順勢將人民幣推向國際，與周邊主要經貿伙伴簽署貨幣互換協議，同時政策支持香港發展為人民幣境外交易中心，人民幣區域化已獲初步成果，正朝向國際化邁進。

　　值得重視的是，大陸不但在融入全球經貿體系的態度上非常積極，以爭取更高的國際分工地位，而且以發展中國家的領導者自居，積極參與國際組織的運作，試圖在國際社會爭取更大的話語權和影響力。各種跡象顯示，隨著經貿實力增強，加上國際社會對於大陸的期望甚高，大陸在發展國際政、經關係上更顯得得心應手。

　　大陸在推動「改革開放」政策的同時，對臺政策也做了相應的調整。北京當局在1979年元旦發表「告臺灣同胞書」，首次提出「和平統一」、「三通」、「四流」等主張。1982年元月，鄧小平再提出「一國兩制」的對臺政策思想，從此，「和平統一」和「一國兩制」成為大陸對臺政策的基本方針。

　　北京當局對臺政策基本上採「兩手策略」，在國際間，一方面不斷宣傳臺海兩岸的緩和氣氛和民間交流的進展，凸顯其「和平統一」政策作為的成果；另一方面則盡其所能壓縮中華民國政府在國際上的活動空間，以遂行其「一國兩制」的目的。在兩岸關係上，大陸政府特別重視對臺經貿關係之拓展，希望透過加強兩岸經貿交流，促進兩岸經貿關係，提高臺灣對大陸經濟的依賴程度，從而達到「有效地操縱臺灣經濟的運行，加速祖國統一」的目的，因此，採取了各種優惠措施，吸引臺商到大陸投資及從事兩岸經貿活動。

　　胡溫體制下的對臺政策，基本上承襲了「和平統一、一國兩制」與「江八點」的一貫主張，「軟硬兩手、內外有別」交替使用的策略也未有太大變化。在「軟」的方面，主要是藉經濟力量促進經濟整合，「硬」的方面則是以政治及軍事力量擴大對臺灣施壓。在民進黨執政期間，以「胡四點」作為對臺政策的綱領，2008年5月國民黨再度執政後，胡在當年年底提出確保兩岸關係和平發展六點論述（即「胡六點」），成為日後指導對臺工作的綱領性文件，其中「建立具有兩岸特色的經濟合作機制」等論

述，回應了馬總統的兩岸政策，對於兩岸和平協議、建立軍事安全互信機制、臺灣參與國際空間等議題，也多所著墨。

面對中國大陸對臺政策的「兩手」操作，臺灣初期以「不妥協、不接觸、不談判」的「三不」政策回應。嗣後，隨著國內外環境變化，臺灣對大陸經貿政策陸續做了微調，尤其自1987年底，宣布解除戒嚴及開放國人對大陸探親後，兩岸民間交流快速發展，在新的形勢下，臺灣的大陸政策漸由過去的消極且被動的態度，轉趨務實且逐漸放寬限制。

兩岸交流開放以來，政治關係時好時壞，不過，在政經分離策略思維之下，政治領域以外的交流、互動，例如經貿、社會、文教等方面，卻有明顯的進展。以兩岸經貿關係為例，儘管受到政治因素影響，歷年來臺灣與大陸執政者都在不同程度上施予行政干預，但由於雙方各自採取了「非對抗性的經貿政策」，使得兩岸經貿交流仍能在市場機制的引導下持續發展。

2008年5月馬總統上任後推動新的兩岸政策，在政治上，主張兩岸「正視現實、擱置爭議」，以「九二共識、一中各表」為基礎，推動兩岸交流及協商，維護「不統、不獨、不武」臺海現狀；在經濟上，推動兩岸制度化協商並簽署多項經濟協議，如大陸居民赴臺旅遊、兩岸海空運直航、金融合作等議題，同時也積極採取一連串的興革措施，鬆綁不合時宜的管制政策等。這些新政策對改善兩岸關係，促進臺灣經濟發展的效益極為顯著，不只受到國內大多數民意的支持，也贏得國際社會的肯定。

兩岸經貿關係愈來愈密切，一方面表現在兩岸經貿相互依存度不斷提高，另一方面則是兩岸經濟整合程度逐漸加深，兩岸經濟交流也成為臺灣參與國際產業分工的重要環節。目前大陸已是臺灣最大的出口市場，第二大進口來源，最大的貿易出超來源，大陸是臺灣廠商海外投資的最大聚集地。而臺灣作為大陸的貿易伙伴地位相對較遜，目前臺灣是大陸第五大進口來源，第七大出口市場，最大的貿易逆差來源，第五大投資來源地。

考察兩岸經濟交流發展趨勢，可以發現早期受限於生產要素移動，貨品貿易取代投資活動實現兩岸分工利益，後期臺商赴大陸投資逐漸增加，

則帶動了兩岸雙邊貿易發展，呈現相輔相成效果。臺商在大陸投資，絕大多數都維持母公司在臺灣繼續營運，大陸投資事業可以說是臺商在全球布局的一環。廠商特有的產業網絡對兩岸產業分工格局有顯著影響，一方面在大陸投資初期，仍運用原有的產業網絡進行採購或行銷，使得兩岸垂直分工關係相當緊密；另一方面，臺商赴大陸投資後，改變了企業與臺灣原有供應鏈的連動關係，在群聚效應影響下，投資者在大陸建立了新的產業供應鏈，使得兩岸在製造方面的分工縮減。

在兩岸經貿關係的發展過程中，「三通」議題一直受到兩岸朝野各界人士的關注。大陸政府早自1979年提出「和平統一」的對臺政策後，一直主張儘早實現兩岸「三通」。面對大陸政府積極倡議開放兩岸「三通」，臺灣官方起初的態度是完全排斥，不過，後來隨著外在環境之變化，臺灣官方乃逐步調整、開放，如設置「境外航運中心」、實施春節包機直航等作為。開放兩岸直航對臺灣經濟長期發展的利弊互見，關鍵在於能否擴大其正面的影響，並減少其負面的衝擊。正面的經濟效益主要表現在節省運輸成本、產業結構調整、有利於吸引跨國資金來臺投資、有助於改善兩岸關係等，負面的影響主要表現在加速產業外移、失業增加及國家安全受威脅等。

臺灣與大陸相繼成為WTO締約成員之後，臺灣民間要求開放兩岸「三通」的呼聲愈來愈大。2001年元月開始試辦「小三通」，依據《離島建設條例》第十八條規定，試辦金門與馬祖對大陸（分別為廈門和福州）直接通航，具體規劃項目主要包括航運、商品貿易、人員往來、金融往來、郵政往來、工商及農漁業發展等七大方面。針對我方提出的「小三通」政策方案，初期大陸政府並沒有正面回應，不過，實施之後，大陸政府的態度轉而支持。整體而言，「小三通」政策對於金馬地區的經濟成長有明顯的貢獻，有助於改善金馬地區民眾的生活，同時，對於改善兩岸關係也具有正面的意義。

過去多年來，由於兩岸執政當局對於雙邊經貿交流並未採取對抗性的政策，加上WTO因素的推波助瀾，兩岸經貿關係呈現逐年快速發展的趨

勢。大陸經濟崛起，無疑帶給臺灣許多商機，同時也造成臺灣對大陸經濟依賴度提高，因而臺灣經濟更容易受到大陸經濟波動的影響。統計分析的結果顯示，歷年來兩岸經貿交流之變動的確與大陸經濟波動存在正向關係。近幾年大陸一直受到經濟過熱的困擾，宏觀調控政策的發條儘管不斷加緊，但是似乎仍無法有效控制達到預期的目標。另外，從長期來看，未來大陸經濟的可持續性發展將面臨結構失衡、資源過度消耗、環境承載能力不足等問題之困擾。大陸經濟發展的可持續性存在諸多不確定性，勢必影響兩岸經貿交流穩定發展。

　　面對全球經濟區塊化、先進國家貿易保護主義日益抬頭、國際市場競爭日趨激烈等國際現勢，東亞各國已深刻體認到加強雙邊或多邊經濟合作的重要性，區域內經濟一體化正加速推進。過去多年來，臺灣與大陸對於東亞地區經濟一體化的發展都扮演著重要的角色，同一期間內，臺灣與大陸的經貿關係也持續發展。不過，近年來東亞各國致力於建立有組織的區域經濟整合體，例如東協加一（自由貿易區），新加坡分別與日本、美國等國家簽署自由貿易協定（FTA）等，臺灣卻因兩岸政治對立因素受到排斥無法參與，或在與特定國家洽簽FTA時遭到阻撓。兩岸經濟高度互補，攜手共同參與東亞區域之經濟整合，將可創造更大的經濟利益共同分享，消除兩岸政治對立刻不容緩。

●目　錄●

大陸經濟體制改革 1

1978年以前，大陸經濟發展策略係以加速資本的累積為重點，在集權計畫經濟體制下，透過產業政策和所得分配政策，實行強迫儲蓄來實現計畫經濟目標。該項策略使得1949～1978年間中國大陸的儲蓄率平均達30%以上，經濟成長率平均每年約6%左右。然而，經濟成長並未使人民生活水準相應獲得改善，由於誘因機制被嚴重扭曲，反而導致民眾工作意願低落，農業、輕、重工業等產業結構嚴重失衡，以及資源使用效率低落等問題。1978年之後，大陸政府乃針對這些問題進行經濟調整、改革，並開放引進外資、技術和加強發展對外經濟關係。

第一節　經濟改革的啟動與推進

　　1978年12月，中共召開十一屆三中全會，拉開了大陸經濟體制改革的序幕。中共十一屆三中全會決議將黨和國家的工作重心轉移到社會主義現代化建設後，隨即展開經濟改革行動。第一階段的改革從1978年12月到1984年10月十二屆三中全會召開前夕，大陸經濟在「計畫經濟為主，市場調節為輔」的經濟體制原則下運行，從傳統計畫經濟體制的邊界上開始向市場經濟轉軌。這個階段的經濟改革重點在農村，家庭聯產承包責任制逐漸取代了人民公社制，與此同時，大陸當局也開始在城市中進行改革試點，主要重點為擴大地方政府和企業的自主權。

　　在這個階段中，農村地區之改革主要在解決農民與集體的關係，也就是農民與原來人民公社制度的關係問題，目的在激勵農民發展商品生產的積極性，提高農村生產力。較重要的改革措施有：

　　一、在土地等主要農業生產資料集體所有制的前提下，實行土地
　　　　所有權與經營權分離，把原屬於集體所有的土地承包給農民

家庭分散經營。到1984年底止，已有1.8億農戶採用了各種形式的承包生產責任制，占全大陸農戶總數的 98%左右。

二、取消了政經合一的「三級所有、隊為基礎」的人民公社制度，恢復了鄉村政權組織。

三、提高農產品收購價格，例如在糧食收購上，1979年平均提高20.1%，1980年又提高了8.1%，其後迄1984年，每年皆提高3%左右。

城市經濟改革的目標，主要在促使企業成為一個獨立的經濟體，亦即從過去附屬於行政部門的地位，提升到成為獨立核算、自負盈虧的經營主體。為了擴大企業自主權，過去的行政干預式經濟管理體制同時也做了一些改革，新的管理體制較重視經濟手段，且以財政與貨幣政策為工具。基本上，擴大企業自主權必須要從解決企業所有權和經營權如何分離的問題上著手；而落實經濟管理則必須從解決價格體系的扭曲問題及建立各種市場機能方面開始。為了達到這些目標，大陸在歷經了一些「試點」後，乃自1979年底開始全面推廣「擴大企業經營管理自主權」。同時，也開始把一部分中央和省、自治區直屬的企業下放給城市管理，實行政企分開。此外，財政權、管理權也自1980 年開始下放給地方部門。經濟管理方面，為配合上述財政權下放給地方部門，「試點」採行了「利潤留成」、「盈虧包幹」、「利改稅」等措施，替代過去的計畫管理；在貨幣政策方面，則採取了企業流動資金全額信用貸款，以取代過去無償撥款的辦法。

第二階段的改革是從1984年10月至1992年10月中共十四大召開前。從1984年10月中共中央十二屆三中全會通過《關於經濟體制改革的決定》，作出改革重點轉向城市的決定開始，到1988年9月治理整頓深化改革的決策，再到1992年「十四大」提出建立市場經濟體制的改革目標，這一段期間，經濟體制改革的特徵是建立「有計畫的商品經濟」。經濟改革工作主要包括三方面的內容，一是進一步擴大企業

的生產經營自主權，使之真正成為相對獨立、自主經營、自負盈虧的經濟個體；二是對價格體制和價格管理體制的進一步改革，逐步放開生產資料計畫價格，放開生產要素價格，進行工資和勞務收費調整，房租和住房逐步商品化，建立對少數重要商品和勞務由國家定價，其他大多數商品和勞務分別實行國家指導價格和市場調節價格的制度；三是建立起由直接控制為主轉向間接控制為主的宏觀管理制度。生產資料「雙軌制」價格政策之實施對經濟產生重大影響，一是價格體系中市場調節比重上升；二是企業擁有更大的自主定價權；三是對促進生產結構的調整有一定作用；四是有助於激勵短缺商品生產以平衡市場。不過，在另一方面，也造成市場的不公，計畫外生產資料價格不斷上漲。

農村改革主要是在解決農民與國家的關係問題，自1985年起取消對農副產品實行統購及派購的辦法，採取了尊重農民自主權的國家計畫合同收購的新政策；同時，大陸當局亦取消向農民徵收實物稅的辦法，將農業稅由實務稅改成現金稅；取消對城鎮居民統銷農產品（基本口糧和食用植物油除外）的辦法，而改給予生活補貼。

1987年10月，中共「十三大」的政治報告指出：有計畫的商品經濟體制應該是計畫與市場內在統一的體制，「國家調節市場，市場引導企業」是當前的經濟運行機制。1988年2月間，大陸國家體改委提出並經國務院批准公布實施的經濟工作重點，包括按照發展社會主義商品經濟的總目標，以落實和完善企業承包經營責任制，深化企業經營機制改革為重點；同時改革計畫、投資、物資、外資、金融、財稅體制和住房制度，加強對國家資產投資、消費基金和物價管理。

不過，這個階段的改革進程並不順遂。首先，改革的推進是採「增量改革」的方式進行，也就是說，對於計畫經濟原有的部分（存量部分）不做大改變，改革和發展只著重在增量部分進行。這種方式在保持經濟和社會穩定，促進民營經濟發展，以及通過示範效應和競

爭壓力促進原國有部門的改革等方面發揮了作用。但由於改革沒有觸動國有經濟和改變「雙軌制」的基本態勢，也帶來了一些消極的後果，例如國有企業財務狀況日益惡化、利用雙軌制以權謀私者的尋租活動日益盛行，導致貪腐蔓延等。

此外，由於前一階段經濟改革帶來的一些問題，譬如經濟層面的財政赤字擴大、通貨膨脹、外貿赤字、外債激升、產業發展結構失衡等，以及非經濟層面的官倒、所得分配不平均造成之社會問題、意識型態的衝擊等，使得這個階段的經濟體制改革遭到很大的阻力，最後甚至演變成改革派和保守派之間的權力鬥爭，趙紫陽下臺可說是路線鬥爭的結果。

由於經濟問題未獲妥善解決，贊成加速改革的一派在歷經天安門事件之後，基本上已失去權勢。原本由中共十二屆三中全會所通過的經改方案，自1988年9月中共十三屆五中全會後即已被擱置，而由李鵬、姚依林所主導的「治理整頓」所取代。嗣後，除了一些技術性的改革，目的在吸收社會游資，減少政府負擔，例如住房制度改革、試辦證券市場、出售土地使用權等繼續推行外，對涉及企業自主、企業產權及價格體系等較根本性的體制改革問題，基本上均已停擺，「深化體制改革」的構想事實上在當時已成為口號。

第二節　經濟改革的全面推展

1992年是大陸整個經濟體制改革歷程中一個重要的轉折點，這一年鄧小平的南巡談話，以及10月分中共中央召開的「十四大」，結束了過去「摸著石頭過河」，以及「增量改革」的改革模式，確立了建設社會主義市場經濟體制的目標，全面加速推動經濟改革。

1992年初，鄧小平在東南沿海及特區等地公開發表一系列「深化

經濟改革，擴大對外開放」的談話，對後續推動改革開放的進程造成
關鍵性的影響。其談話內容可綜合歸納為下列六點：

一、中國要走具有中國特色的社會主義道路，不能墨守成規，走
　　教條主義路線。

二、要大膽一些，放開一些，不搞改革開放，就只有死路一條。

三、改革開放，是為了解決中國面臨的困難問題，要以實事求是
　　的態度採取禁得起實踐檢驗的政策措施，不要以虛論求是的
　　態度預設姓「社」姓「資」的條條框框，摒棄有良好效果的
　　政策措施。

四、資本主義有社會主義可用的地方，不用怕搞資本主義；事實
　　上，許多措施和制度不能斷然定性為資本主義或社會主義。

五、有中國特色的社會主義道路，並不是一條已經鋪好的現成道
　　路，而是要經過可能長達二、三十年的努力，一步一步腳踏
　　實地走出來的路。

六、有些同志從一開始就反對改革開放，到現在仍對這條道路沒
　　有信心。誰動搖沒有堅持這條道路，誰就下臺。

鄧小平這些談話內容，成為大陸改革勢力提出「二次改革開放」
的理論依據，已促使大陸改革開放進入了新的發展階段。就加速改革
方面來觀察，加快改革步伐，基本上是以企業改革為重點。改革的新
思路是建立現代企業制度，其目的是試圖通過新的制度來解決企業
「負盈不負虧」和缺乏活力的問題。改革的內容包括國營企業試行股
份制，擴大實行稅利分流管理的試點，鼓勵組建各類企業集團、企業
兼併，商業部門進行「經營、價格、分配、用工」等四方面放開的改
革試點；取消出口補貼、進口調節稅；降低商品進口關稅；建立待
業、醫療、養老等社會保險機制等，其中尤以股份制改革最受各界關
注。改革的著眼點從過去的搞活個別國有企業轉為從整體上搞活國有
經濟，對國有企業實行「抓大放小」、「有進有退」的戰略性重組

改造。

　　大陸先後已在上海、深圳兩市設立證券交易所，發行股票並公開上市，廣東、福建、北京、天津、四川等地經核准進行股份制試點，其他地區也積極爭取辦理試點，一些省市甚至未經核准，即成立證券交易機構或變相機構，掀起股份制的熱潮。股份制改造逐漸成為建立現代企業制度的主要方式。

　　其次，與改革的進展相比，擴大對外開放的措施似乎更受到歡迎。擴大對外開放包括區域的擴大和領域的擴大兩個層次。依開放區域而言，政策上由沿海開放，擴大包括沿邊開放、沿江開放和向內陸省推進，在內陸省區進行特區試點。對新的開放浪潮來說，領域的擴大比區域的擴大更重要、更具效果。大陸擴大利用外資，允許外商直接投資於過去不准插手的金融、貿易、商業、交通、旅遊和其他第三產業等領域，並同意試辦外資銀行、外資保險公司，讓外商投資零售業，其目的不外是要利用「內需市場」之開放，換取外商投入更多的資金、更高水準的技術與汲取現代化國際企業經營管理知識。

　　中共能夠在1992年10月召開的十四大中確立「社會主義市場經濟」體制，與鄧小平的政治影響，以及深化經濟改革的現實需要有密切的關聯。

　　鄧小平南巡講話中，重新界定經濟運作中的計畫和市場概念，以釐清姓「社」姓「資」的爭議，鄧小平說：「計畫多一點還是市場多一點，不是社會主義與資本主義的本質區別。計畫經濟不等於社會主義，資本主義也有計畫；市場經濟不等於資本主義，社會主義也有市場。計畫和市場都是經濟手段。」鄧小平實用主義的經濟發展理念是大陸突破傳統經濟理論和認識的主要因素。

　　其次，十多年來改革開放政策的實施，大陸的經濟結構和對外經濟關係已發生了重大的變化，進而影響到其經濟體制改革的方向。

　　一、私營經濟的發展，三資企業的迅速增加，鄉鎮企業的興起，

形成了多種經濟成分並存的所有制格局。

二、地方意識抬頭，諸侯經濟的形成，改變了中央與地方的關係。

三、從國際經濟的角度來看，過去大陸的對外開放，已使大陸經濟與國際經濟存在著某種相互依存的關係。為了加速外資的吸引和技術引進，以促進經濟發展，大陸必須遵循國際經濟的規範，調整本身的經濟體制，以適應國際經濟的運作。

為了加速建立「社會主義市場經濟」體制，推動經濟發展和社會全面進步，在中共總書記江澤民的政治報告中強調將來須努力採取一系列的政策來配合，其主要內容包括：

一、加速經濟改革步伐，具體做法包括轉換國有企業的經營機制、加快培育市場體系、深化改革分配制度和社會保險制度，以及加快政府職能之轉換。

二、進一步擴大改革開放，積極利用國外資金、資源、技術和管理經驗。

三、調整和改善產業結構，重視發展農業，加快發展基礎工業、基礎設施和第三產業。

四、加速科技進步，大力發展教育，充分發揮知識分子的作用。

五、充分發揮各地優勢，加快地區經濟發展，促進全大陸經濟布局合理化。

換言之，大陸期待能藉「社會主義市場經濟」體制的建立，更大幅度引用市場機制，發揮資源有效分配、提高經濟效益、提升產業結構，以及加速經濟發展速度，進而實現促進經濟發展的目標。

中共「十四大」確立的以市場經濟為導向的改革戰略，解決了社會主義與市場經濟能不能結合，以及如何結合的問題，顯示「計畫」與「市場」之爭最後以遵循價值規律和建立市場機制的結論劃上了圓滿的句號。從此以後，大陸的經濟體制改革工程全面展開。

　　從1992年到2002年中共中央「十六大」召開前期，大陸經濟體制的市場化進程在許多方面展開，例如以形成現代企業制度為目標的轉換國有企業經營機制改革，社會保障制度、商品市場和生產要素市場體系之建立，宏觀經濟管理體制改革等方面。

一、國有企業改革

　　1992年以前，在「放權讓利」改革思路的引導下，大陸政府對國有企業先後進行了「擴大企業自主權」（1979年）和「經濟責任制」試點（1981年），實行了兩步「利改稅」（1983年、1984年），嗣後再以「承包經營責任制」（1987年）的改革思路展開改革，一直持續至1992年。1992年中共「十四大」將轉換國有企業特別是大中型企業的經營機制，作為建立社會主義市場經濟的重點工作之一，鼓勵採取股份制，通過聯合、兼併組建企業集團，使企業成為真正的市場主體，並承擔國有資產保值增值的責任。這個時候，國有企業改革似乎已跳脫前階段「放權讓利」和經營承包制的改革路徑，轉向建立現代企業制度的路徑。

　　1993年11月，中共「十四屆三中」全會通過《關於建立社會主義市場經濟體制若干問題的決定》，提出通過建立適應市場經濟要求，產權清晰、權責明確、政企分開、管理科學的現代企業制度，以轉換國有企業經營機制；大陸國務院並挑選100家國有大中型企業進行建立現代企業制度的試點。另外，在同年12月召開的八屆人大五次會議中通過了《中華人民共和國公司法》，引導大陸國有企業的公司制改造進入新的里程。

　　1995年，大陸政府正式推出「抓大放小」的改革思路，展開國有企業的現代企業制度改革。對於一般小型國有企業，主要建立以產權制度為特徵，採取承包經營、租賃經營、改組為股份合作制或者出售

給集體或個人的經營方式。根據企業經營狀況，國有小型企業還可以選擇依法破產。而對於大中型國有工業企業則以建立現代企業制度試點開始，主要進行明晰產權關係的改革，企業中的國有資產所有權屬於國家，企業擁有包括國家在內的出資者投資形成的全部法人財產權，成為享有民事權利、承擔民事責任的法人實體。明確企業的法人權利和責任，按投入企業的資本額享有所有者的權益，即資產受益、重要決策和選擇專業治理團隊等權利。企業破產時，出資者只以投入企業的資本額對企業債務負有限責任。

1997年9月，中共中央「十五大」政治報告強調指出：國有企業的改革方向是建立「產權清晰、權責明確、政企分開、管理科學」的現代企業制度，要抓好大的，放活小的，對國有企業實施戰略性改組。對國有大中型企業實行公司制改革，通過發展多元化投資主體包括直接融資等，推動企業轉換經營機制；對國有小型企業採取改組、聯合、兼併、租賃、承包經營和股份合作制、出售等形式進行改革。實行「鼓勵兼併、規範破產、下崗分流、減員增效和再就業工程」，以形成企業優勝劣汰的競爭機制。

1997年，亞洲金融危機引起各界對大陸金融體系風險的關注，國有企業的高負債率令人擔憂的不只是企業本身的生存和發展，還會拖累並加劇大陸銀行體系的金融風險。大陸政府適時提出「債轉股」改革，四大國有商業銀行分別組建了各自的資產管理公司，中央政府以財政為資產管理公司注資，承接各銀行的不良債權。1999年9月，中共「十五屆四中」全會通過了《關於國有企業改革和發展若干重大問題的決定》，重申國有經濟必須進行戰略性的大重組，其中，國有企業債轉股和減持國有股均是國有經濟改革的重要內容。

● 二、所有制多元化改革

　　所有制改革是經濟體制改革的核心，自1978年以來，所有制改革不斷推進，已取得一定的成果，例如公有制和非公有制經濟的相對地位已發生根本性的變化，非公有制經濟占全大陸經濟總量〔以國內生產總值（GDP）衡量〕的比重，到1997年間已達四分之一。1997年以後，所有制改革仍然是經濟體制改革的重點工作之一，主要包括調整所有制結構，尋找能促進生產力發展的公有制實現形式。

　　中共在1997年9月間召開「十五大」，揭示了新時期大陸經濟體制改革方向，其主要內容包括：「調整和完善所有制結構」、「加快推進國有企業改革」、「完善分配結構和分配方式」、「充分發揮市場機制作用和健全宏觀調整體系」等項。由於這些改革構想，特別是國有企業改革牽涉「所有制」的部分，在意識型態上有重大突破，因此，大陸學術界稱「十五大」所提出的改革構想，是1979年以來第三次思想大解放，與1978年十一屆三中全會的改革開放決議和「十四大」確定社會主義市場經濟體制的思想解放作為相媲美。

　　「調整和完善所有制結構」的主要內容為：重新界定公有制經濟的涵義，繼續強調公有制為主體、多種所有制經濟共同發展的概念，指示公有制實現形式可以而且應當多樣化，只要能發展公有制，只要有利於發展社會生產力，任何形式都可採用在「加快推進國有企業改革」方面，「十五大」的政治報告（以下簡稱報告）指出：「建立現代企業制度是國有企業改革的方向」，國有企業改革將繼續依循1995年底所提出的「抓大放小」原則。「抓大」就是要「集中力量搞好一批關係國民經濟命脈、具有經濟規模、處於行業前列地位的國有大型企業的改革和發展」；「以資本為紐帶，通過市場組建跨地區、跨行業、跨所有制和跨國經營的大企業集團」。「放小」就是要「繼續採取改組、聯合、兼併、租賃、承包經營和股份合作制、出售等形式，

加快放開搞活國有小型企業的步伐」。

　　具體的做法是，針對攸關國計民生的國有大企業實行公司制改革，由國家全資控股；在每一行業選擇一家或若干家大型國有企業，進行跨地區或跨行業的兼併與聯合，組成超大型的企業集團，採股份制形式，除了國家股，並允許外資、集體、私營或個人入股；中小型國有企業經營不善者將予破產處理，或由其他企業收購、兼併，繼續經營者亦將進行全面的產權重組，成為股份制或股份合作制企業，但也可予以轉售或轉租給中外企業、個人獨資、合夥經營。

　　「關於完善分配結構和分配方式」，強調在社會主義的初級階段，以按勞分配為主，多種分配方式並存。把按勞分配和按生產要素分配結合起來，允許和鼓勵資本、技術等生產要素參與收益分配。勞動者以勞動收入投資企業獲得紅利，是合理合法的收入。

　　為了使市場機制作用充分發揮，並健全宏觀調控體系，「報告」強調要加快總體經濟市場化進程，特別是資本、勞動力、技術等生產要素市場，形成健全的價格機制，發揮市場對資源配置的作用；宏觀調控主要運用經濟手段和法律手段，要完善協調機制，注意掌握調控力度，以實現經濟穩定成長。

　　嚴格來說，「報告」中提示的擴大經濟體制改革主題，與歷年來大陸推動的系列改革重點，一是所有制改革（即產權制度改革）；二是市場價格機制的重建；三是收入分配制度的改革，即要重建經濟誘因機制，相較之下並無新鮮之處。不過，「報告」特別強調「中國將長時期處於社會主義初級階段」，為進一步改革開放，致力追求經濟發展提供理論基礎，同時對於各項改革的論述，從思想觀念到實際操作方向，在意識型態上可以說已有重大的突破。

　　以「調整所有制結構」的構想為例，首先對「公有制」的定義重新詮釋。過去將包含國有和集體的公有制經濟視為主體，將個體私營、外商投資等非公有制經濟視為公有制經濟的補充；現在的觀點

是：無論是公有制還是非公有制，都認為是社會主義市場經濟的重要
組成部分，強調兩者係處於平等競爭、共同發展的地位。公有制經濟
當中的國有和集體，過去認為集體為低級形式，要向高級形式的國有
經濟過渡，「報告」將集體與國有併列，強調同是公有制經濟的一部
分，並特別提出要支持、鼓勵城鄉地區大力發展集體經濟。

關於「公有制為主體」的信念，大陸也有嶄新的詮釋方式。過去
認為屬於公有制的國有和集體經濟，必須在總體經濟中占較高的比
重，並具支配的地位；新的觀點為：公有制經濟不只包含國有和集
體，尚包括混合經濟中的國有和集體成分，其主體地位的表現，主要
不在於其數量占絕對優勢，而在於是否能控制國民經濟命脈、對經濟
發展起主導的作用。1999年通過的憲法修正案，把社會主義初級階段
的基本經濟制度和分配制度，以及個體、私營經濟等非公有制經濟的
地位和作用，以根本大法的形式加以確定。

基本上，「公有制為主體」的新詮釋，主要在強調所有制與所有
制實現形式兩者之差別。「報告」中強調，公有制為主體的概念不需
也不能改變，但公有制的實現形式不只包含傳統的國有和集體兩種，
公有的參股部分也應涵蓋在內。由於所有制實現形式的本質是財產組
織形式，因而公有制的實現形式可以朝多元化發展，公有和非公有企
業可以互相參股，公有制占控股地位的混合經濟，例如有限責任公
司、股份有限公司、合作企業、合夥企業、股份合作制企業等，因而
獲得較大的發展空間。《合伙企業法》、《個人獨資企業法》等法規
相繼頒布實施，為民營經濟的發展創造了寬鬆的法律環境。

三、宏觀經濟管理體制改革

鄧小平南巡談話和中共「十四大」的決議，明確了「計畫」和
「市場」之間的關係，化解了「姓社」和「姓資」之間的爭議，長期

困擾、禁錮一般人觀念的思想得到解放。1993年11月，中共十四屆三中全會通過了《關於建立社會主義市場經濟體制若干問題與決定》，其中除了國企改革和投資體制改革，自1994年初開始，以治理通貨膨脹，消除經濟過熱為初始目標的一攬子宏觀經濟管理體制改革全面展開，主要包括財稅、金融、外匯等領域（參閱表1-1）。

表1-1　中共1994年改革措施一覽表

類別	具體措施	說明
財政稅收	1.實行中央和地方分稅，取代「財政包幹」制度。 2.建立「流轉稅」，取代「工商統一稅」。 3.統一各類「所得稅」。 4.改革財政赤字融資辦法。 （有關稅制改革詳請見本書表1-2）	今後中央財政赤字不再向銀行透支，改用長短期國債券解決。
金融、銀行	1.重建銀行體系 ・中央銀行專門執行國家貨幣政策 ・商業銀行由現有專業銀行改制 ・政策性銀行承擔嚴格界定的政策性業務 2.組建多種新銀行 ・國家開發銀行、 ・進出口信貸銀行、 ・城市合作銀行、 ・農村合作銀行 3.改變宏觀管理辦法	採用類似西方國家管理金融市場辦法，成立貨幣政策委員會，銀行和證券分業管理。
投資與計畫	1.區別三類投資項目 ・基礎性項目建設 ・競爭性項目 ・社會公益性項目 2.計畫工作要轉軌 ・指導性為主 ・重點放在中長期 ・建立國民經濟核算體系 ・建立經濟監測預警體系	1.分中央和地方性項目，由開發性或政策性銀行融資。 2.由企業自主決策、自擔風險，所需貸款由商業銀行自主決定。 3.按中央地方項目由財政統籌。

表1-1　中共1994年改革措施一覽表（續）

類別	具體措施	說明
企業改革及國有資產	1.國有企業實行公司制 ・大中型企業改組為： 　一獨資公司 　一有限責任公司 　一股份有限公司 ・小型企業可以實行 　一出售 　一承包 　一改為合作制 　一全國性行業總公司強化國有資產管理 2.改為控股公司兩項措施 ・強化中央和省市三級管理機構 ・可派出監事會對企業實行監督	1.適用於單一投資主體。 2.適用於多個投資主體。 3.同上。
外貿外匯	人民幣改革：統一人民幣匯價，逐步實現人民幣自由兌換；外匯留成制度改革：取消外貿企業無償和有償上繳外匯任務。	

資料來源：《當代月刊》，1994年1月，頁24。

（一）財稅體制改革

　　大陸自1988年開始實行的「財政包幹」制度，儘管對激勵地方積極性，促進經濟成長產生一定的成效，但是在這種制度下，地方政府掌握的財政資金愈來愈多，違法從事貸放、信託投資和買賣證券等金融性活動，造成金融秩序混亂，中央政府卻因財政權相對萎縮，宏觀調控政策難以施展。因此，自1994年1月1日開始，大陸的財稅體制進行了分稅制改革（參閱表1-2）。

表1-2　1994年大陸實行新稅制主要內容

三大改革	改革方向	具體措施	稅率
稅制	建立以「流轉稅」為核心的新稅制取代過去實行多年的「工商統一稅」	新增三種稅：增值稅　營業稅　消費稅	作為整個流轉稅的主體對非商品經營徵稅對少數高檔消費項目徵稅（共15檔次）
	統一不同所有制企業的所得稅	統一以流轉稅為基礎，廢除現行國營企業所得稅、集體企業所得稅、私營企業所得稅	實行33%比例稅率降低企業所得稅的同時又取消能源交通建設基金和預算調節基金
	統一內外資企業所得稅	廢止對外資企業徵收「工商統一稅」	
	統一「個人所得稅」	合併過去三稅種：個人所得稅（外籍）個人收入調節稅（對內地公民）	相對提高個人所得稅實行超額累進稅制
		個體工商戶所得稅	採四級累進稅制，稅率從30～60%
	新增幾個稅種	開徵：房地產增值稅　證券交易稅　城市維護建設稅	買賣雙方各徵3～10%以銷售收入為計稅基礎徵收0.5～1%
分稅制	提高中央政府財力避免地區稅賦不均劃分中央地方事權取代過去的財政包幹制	設立三種稅（注一）中央稅地方稅共享稅兩類稅收分別徵收管理	分三年逐步從承包過渡到分稅制其中中央60%地方40%（注二）
國有企業利潤分配制	改變過去統收統支辦法	強調按「企業會計準則」和「企業財務通則」來規範政府與企業關係	

表1-2　1994年大陸實行新稅制主要內容（續）

三大改革	改革方向	具體措施	稅率
注一：中央稅─包括：關稅、中央企業所得稅，消費稅，產品稅，鐵路、銀行、保險集中交納的收入、中國人民銀行發予執照的金融機構所得稅、菸酒等專項收入 地方稅─包括營業稅（扣除鐵路、銀行、保險）、地方企業所得稅、個人所得稅、農業稅、城市維護建設費、集市貿易稅、獎金稅 共享稅─包括增值稅、證券交易稅、資源稅（海洋資源歸中央） 注二：第一年（1994）：中央按60%的比例徵收稅款，但仍按當時各省包幹的基數向地方返還相同金額 第二年（1995）：中央按留成40%的比例向地方返還10%的稅收 第三年（1996）中央收足稅制的60%			

資料來源：《當代月刊》，1994年1月，頁33。

　　財稅體制改革的重點有三，一是理順中央與地方的關係，把當時實行的地方財政包幹制改為按中央和地方政府事權，劃分為中央和地方稅收；二是改革稅收制度，統一稅種、稅率，取消工商統一稅、產品稅，由增值稅、消費稅和營業稅取代，統一適用於內資和外資企業。在新稅制中增設房地產增值稅、證券交易稅，對外資企業開徵城市維護建設稅。另外，實行中央財政對地方的轉移支付制度，以調節分配結構和地區結構。三是改革國有企業利潤分配制度。1998年全國財政工作會議明確提出建設公共財的要求。

　　分稅制度的實施，凸顯了財政體制改革走出了過去行政性分權的思維，走向了經濟性分權的政策創新。「條塊分割」式的行政隸屬關係被淡化削弱，消除了依靠討價還價確定基數和比例的缺陷。此外，這期間財稅體制改革的另一重點是，按照統一稅法、公平稅賦、簡化稅制和合理分權的原則，推行以增值稅為主體的流轉稅制度，統一、規範內資企業和個人所得稅制度，其目的是為了促進企業經營機制轉換，實現公平競爭；調節個人收入分配，改善社會分配的矛盾。

（二）金融體制改革

　　大陸經濟發展一直存在週期波動的問題，究其原因，主要是經濟體制不健全所致。金融體制的不健全主要表現在中央銀行的角色混淆，同時執行直接貸款和財政透支的業務，無法客觀獨立執行貨幣政策。另一方面，各專業銀行通常都需要負擔政府的政策性任務，墊付財政性投資或彌補財政窟窿的現象屢見不鮮，因此常造成銀行資金不足，不但降低了銀行的安全性和穩定性，而且也使得銀行無法有效監管其信貸資金，加劇了信用膨脹及通貨膨脹的壓力。

　　1993年頒布的《關於金融體制改革的決定》是金融體系全面改革方案。金融體制改革的核心是要建立強有力的中央銀行宏觀調控體系，並確立中央銀行和專業銀行的職能分工體系，前者專司宏觀調控職責，獨立執行貨幣政策，後者專辦商業銀行業務。另外，通過新設政策性銀行，如開發銀行和進出口信貸銀行，負責執行政策性金融業務，與商業性金融分離；同時，人民銀行不再辦理直接對社會的放款，割斷了政策性貸款和基礎貨幣的直接關係，增強了人民銀行調控基礎貨幣的主動權。

　　1997年之後，金融體制改革又向前邁進了一步。首先是改變金融調控方式。1998年取消了央行對商業銀行的貸款規模限制，顯示金融宏觀調控從直接控制向間接調控轉變的意義；同時逐步推進利率市場化改革（參閱表1-3），放開了貼現和轉貼現率。1999年實現國債在銀行間債券市場利率招標發行，並對保險公司大額定期存款實行協議利率。目前，公開市場業務操作已經成為央行調控基礎貨幣的主要政策工具，公開市場利率已經成為貨幣市場的基準利率。其次是農村信用社與農業銀行脫鉤，由中央銀行行使對農村信用社的監管工作。第三是健全金融體制。1997年4月公布實施《中國人民銀行貨幣政策委員會條例》，確立貨幣政策委員會制定貨幣政策的制度；同年11月頒布實施《國有獨資銀行監事會暫行規定》，強化了國有商業銀行經營發展

表1-3　大陸利率市場化進程（1996～2000）

時　間	利率市場化措施
1996年	財政部通過證券交易所實現國債的市場化發行
1996年6月	開放銀行間同業拆借市場利率
1997年6月	開放銀行間債券市場債券回購和現券交易利率
1998年3月	改革再貼現利率及貼現利率的生成機制
1998年9月	開放了政策性銀行發行金融債券的利率
1998年9月	成功實現國債在銀行間債券市場利率招標發行
1998年10月	對保險公司3,000萬元以上、5年期以上的大額定期存款，實行保險公司與商業銀行雙方協商利率的辦法
1998年10月	擴大了金融機構對中小企業的貸款利率的最高上浮幅度，由10%擴大到20%；擴大了農村信用社的貸款利率最高上浮幅度，由40%擴大到50%
1999年4月	允許縣以下金融機構貸款利率最高可上浮30%
1999年9月	將對小企業貸款利率的最高可上浮30%的規定擴大到所有中型企業
1999年10月	准許中資銀行對中資保險公司試辦5年以上、3,000萬元以上的長期大額協議存款業務。
2000年9月	進一步開放了外幣貸款利率：對300萬美元以上的大額外幣貸款利率由金融機構與客戶協商確定，並報中央銀行備案；放開大額外幣存款利率。

資料來源：根據于洋等人（2005），表1-4補充整理。

和風險防範的制度性約束。

（三）外匯管理體制

　　1993年11月，中共「十四屆三中」全會通過《關於建立社會主義市場經濟體制若干問題的決定》，明確提出：改革外匯管理體制，建立以市場供求為基礎的、有管理的浮動匯率制度，以及統一規範外匯市場，逐步使人民幣成為可兌換貨幣。根據此原則，1994年初大陸在外匯管理體制進行了重大改革，其主要改革項目包括：第一是人民幣官定匯率與調劑市場匯率併軌，實行單一的、有管理的浮動匯率制。

　　第二是取消各類外匯留成、上繳和額度管理的制度，對境內機構經常項目下的外匯收支實行銀行結匯和售匯制度。在實行銀行售匯制後，取消經常項目正常對外支付用匯的計畫審批，允許人民幣在經常項目下有條件可兌換。

　　第三是建立全國統一的、規範的外匯市場。自1994年1月1日起，人民幣官方匯率與調劑市場匯率合併，實行單一的、有管理的浮動匯率制。1994年4月1日銀行間外匯市場，即「中國外匯交易中心」在上海成立，並在若干城市設立分中心。中國外匯交易中心之營運，採用會員制，實行撮合成交集中清算制度。

　　自1996年7月起，大陸政府將外商投資企業外匯買賣納入了銀行結售匯體系，外匯調劑中心為外商投資企業提供外匯買賣服務保留至1998年11月底後關閉。另外，大陸政府也在1996年間取消了所有經常性國際支付和轉移的限制，達到了國際貨幣基金組織（IMF）協定第八條之要求，並在同年12月1日，正式宣布接受IMF該項規範，實現人民幣經常項目完全可兌換。

第三節　2002年以來的經濟改革

　　大陸於2001年12月加入WTO，該項成就對大陸而言，一方面表示對外開放進入新的階段，另一方面也對經濟體制進一步改革形成壓力。2002年11月，中共「十六大」政治報告提出了「完善社會主義市場經濟體制」、「全面建設小康社會」的目標，隨後展開一系列的改革，涉及的領域主要包括：所有制結構，農村稅費制度，糧食流通體制，土地徵用制度，農村金融服務體系，農村剩餘勞動力向非農產業和城鎮轉移的機制，金融、財稅、投資和價格體制，行政管理體制，宏觀調控體系，社會保障體系，市場體制等。

● 一、國有企業改革

此一時期，國有企業改革的重點在於加強國有資產管理體制改革。2002年底，中共「十六大」政治報告對如何改革國有資產管理體制作了明確的宣示，提出通過制定法規，建立中央和地方兩級國有資產管理機構，實行權力、義務、責任相統一和管資產、管人、管事相結合的國有資產管理體制。

大陸的國有企業改革，經歷了企業擴權、利潤留成、利改稅、企業經營責任承包制、現代企業制度等一系列改革階段。嗣又藉由改組、聯合、兼併、租賃、承包經營和股份合作制、出售等多種形式對國有企業進行大幅度股份改制，推動了國有資本的流動重組，促進了企業經營機制的轉換，對於國有企業經營體質的改變確實產生了效果。然而，由於國有資產管理體制改革滯後，使得仍有相當數量的企業至今仍處於長期虧損的困境中，因此，2002年以來針對國有企業的改革重點聚焦在國有資產管理體制上。

新建立的國有資產管理體制有別於舊的體制。首先，舊體制實行的是國家統一所有，分級管理，由國務院代表國家行使所有者職能；新體制實行的是國家所有，授權中央和地方政府分別代表國家履行出資人職責，享有所有者權益，權利、義務和責任相統一。其次，舊體制實行的是管資產和管人、管事相分割，而新體制實行管資產和管人、管事相結合。第三是新體制強調加強法制建設，2003年3月召開的十屆人大一次會議批准設立「國有資產監督管理委員會」，負責監管中央所屬企業（不含金融類企業）的國有資產。在新的國有資產管理體制下，國有企業改革積極推進大型國有企業的產權多元化，完善國有企業的市場退出機制，使得國有經濟布局和戰略性調整邁出新步伐，效益與獲利明顯改善。

此外，針對國有企業改革，大陸還採取兼併、破產、關閉等措

施，對一大批長期虧損、資不抵債、扭虧無望的國有企業進行調整和改組；鼓勵外資和大陸境內民間資本參與國有企業改革和國有經濟的戰略性改組。按照建立現代企業制度的改革方向，加強國有企業公司制改革；進一步健全國有企業監事會制度，積極推進財務總監監督機制；推進「主輔分離、輔業改制、分流安置富餘人員」，以及開展收入分配改革試點。2005年4月，正式啟動國有企業股權分置改革，該項改革的本質是要把不可流通的股份變為可流通的股份，真正實現同股同權。股權分置改革是資本市場一項重要的制度改革，有利於完善資本市場定價機制，強化對上市公司的市場約束，同時也有利於國有企業的改造重組和國有經濟布局的戰略調整。

● 二、壟斷行業和城市公用事業改革

壟斷性行業改革逐步推進。例如中國電信一分為二，分別為中國電信集團和中國網通集團。三大航空集團公司聯合重組為國航、東航、南航及航油、航信、航材等六個集團，脫離了與民航總局的隸屬關係；23個省（自治區、直轄市）民航局被撤銷，新設立7個地區管理局，實行民航總局、民航地區管理局兩級行政管理體制；民航國內航空運輸價格由政府定價改為政府指導價。電力行業的改革方面，由兩大電網、五大發電公司及四大輔業集團正式掛牌營運；另成立五家區域電網公司、改組省及電力公司、提出電價改革方案、完成廠網價格分離工作。鐵路行業改革主要是針對五家運輸企業進行股份制改造，分離企業辦社會職能、三個鐵路局（分局）進行「主輔分離、輔業改制」改革。城市公用事業積極推進市場化改革，例如水價改革；各地放寬市場進入，例如城市公交市場開放；積極推進公用事業「政企分開、政事分開和事企分開」的改革。

三、農村經濟體制改革

　　農民收入偏低、城鄉二元社會結構差異、土地承包經營權流轉、農村剩餘勞動力流動、城鄉社會保障等問題，對大陸追求全面建設小康社會造成困擾。針對土地承包經營權流轉問題，2003年3月，大陸開始實施《農村土地承包法》，將家庭承包經營為基礎、統分結合的雙層經營體制用法的形成確立下來，並規定耕地承包期為30年，另對土地承包經營權流轉的幾種形式也做了具體規定，賦予農民長期穩定的土地承包經營權。2007年公布《物權法》，進一步對農民的土地承包權及使用權的流轉做了明確的規定。

　　其次，全面展開農村稅費改革試點，建立規範，遏制「亂收費、亂集資、亂攤派」問題，減輕農民負擔，自2004年開始，農村稅費改革的重點轉移到降低農業稅率和免除農業稅，並逐漸擴大免徵範圍。全面取消除煙葉以外的農業特產稅，對部分地區如上海、北京、天津、浙江、福建等免徵或減徵農業稅；增加中央和省級財政對農業主產區特別是糧食主產區的支持。

四、建立現代化市場體系

　　深化改革糧棉流通體制。針對糧食流通體制改革，大陸國務院要求「放開購銷市場、直接補貼糧農、放開收購價格」，打破計畫與市場並存的體制；對主產區重點糧食品種實行最低收購價格政策。棉花流通體制改革主要為「放開棉花收購和價格，走產業化經營道路」。建立中央儲備糧、棉垂直管理體系，實行儲備和經營分開。

　　在價格改革方面，各級政府定價項目大幅削減，到2004年，全國行政審批項目平均減少50%左右。另外，改革了石油、天然氣價格形成機制，放寬中央儲備糧、儲備棉花的購銷價，深化電力、供水、油

品、電信、民航、鐵路運輸等領域的價格體制改革，建立城市汙水和生活垃圾處理收費制度，改進藥品定價辦法，進一步規範政府定價行為。

生產要素市場化改革。以證券市場改革為例，在深圳證券交易所設立中小企業板塊，在股票發行中引入了保薦人制度，推出上市型開放式基金交易，開闢券商的中長期融資渠道，允許證券公司發行債券，擴展保險資金、社保基金、企業年金等機構投資者的入場渠道，先後實施「合格境外機構投資者（QFII）」制度、股權分置改革和「合格境內機構投資者（QDII）」制度等。關於保險市場的改革，主要為放寬資金運用渠道、費率市場化、放寬保險公司分支機構的經營區域。貨幣市場參與主體擴大，建立了債券做市商制度，推出買斷式回購、貨幣市場基金等新產品。針對外匯市場改革，增加外幣拆借中介服務、擴大遠期結售匯業務試點銀行及業務範圍，開發新的市場避險工具。

在勞動力市場化方面，放寬人才流動政策，一些地方實施居住證制度；各級政府取消對農業進城就業的各種限制性規定和歧視性政策。在土地市場化方面，2002年後，大陸先後公布《招標拍賣掛牌出讓土地使用權規定》、《協議出讓國有土地使用權規定》、《深化改革嚴格土地管理的決定》、《加強土地調控有關問題的通知》等，使得土地使用權價格的市場形成機制初步確立。

五、財稅體制改革

首先是全面推動部門預算改革。中央各部門按照基本支出和項目支出編製部門預算，省級部門預算改革同時展開。同時還改革了國稅、海關經營收支掛鈎的做法，實行預算制管理；深化國庫集中支付制度改革、政府採購管理制度改革及「收支兩條線」管理改革（收支

脫鈎改革），加強財政的預算外資金管理。

　　另外，改革政府對企業投資的管理體制，落實企業投資自主權、合理界定政府投資職能，建立投資決策責任追究制度，健全投資宏觀調控體系，加快投資領域的立法進程，加強投資監管，全面實施核准制。

　　所得稅收入分享改革。根據大陸國務院《關於所得稅收入分享改革方案》，自2002年1月1日起，除少數特殊行業或企業外，對絕大多數企業所得稅和個人所得稅全部收入，實行中央和地方按比例分享。增加對中、西部地區的轉移支付，同時發布《關於完善省以下財政管理體制有關問題的意見》，推進省以下財政轉移支付制度建設。

　　2003年，大陸啟動新一輪稅改。中共「十六屆三中」全會提出要按照「簡稅制、寬稅基、低稅率、嚴徵管」的原則進行稅制改革。2004年9月，在東北老工業基地八大行業試點增值稅轉型；2007年7月試點範圍推進到中部地區六省部分城市。2008年1月實施新的《企業所得稅法》，新稅法中包括了稅收跨轄區分配，規定收入在來源地和居住地之間進行劃分的新措施。

　　自改革開放以來對內、外資企業分別建立的兩套所得稅制度，自2008年1月1日起合併為一套（一般稱之為「兩稅合一」）。按，原來內、外資企業所得稅率均為33%，不過，對一些特殊領域的外資企業實行24%、15%的優惠稅率，對內資微利企業分別實行27%、18%的兩種照顧稅率。新的所得稅法規定，統一稅率為25%，取消各項所得稅優惠政策，惟原已享有的優惠待遇可以保持五年過渡。

六、金融體制改革

　　建立金融分業監管體系。銀行、證券、保險分別設置監管機構分業監管。在銀行業，中央銀行主管貨幣政策，另成立銀行監督管理委

員會，對銀行、資產管理公司、信託投資公司及其他存款類金融機構實行統一監管。大陸金融市場之管理由中國人民銀行、銀監會、證監會、保監會等四大機構分工合作。

金融企業改革加速進行。按照「一行一策」的原則積極進行國有商業銀行股份制改革，銀行業改革進入國家控股的股份制商業銀行改革階段。第一步就是財務重組，政府注資。2003年底成立中央匯金公司，行使國家所有者權力；向中國銀行、中國建設銀行注資450億美元，補充資本金，改善資產負債比率，以達到上市的資本標準。第二步就是進行股份化改制，引進戰略投資者。根據現代治理結構，建立「三會一層」的公司治理機制，包括董事會、監事會、股東大會和高級管理層。第三步就是資本市場公開上市。

另外，國有保險企業改革獲得進展，中國人民保險公司、中國人壽保險公司和中國再保險公司順利完成重組改制，其中前兩家公司已在境外上市。農村信用社改革逐步推進，目前已在大陸各省全面展開，以縣為單位組織統一法人，成立農村商業銀行及省農村信用社聯社。資本市場方面，2002年12月，正式實施QFII，對外開放程度加深。自2005年開始，大陸證監會啟動股權分置改革計畫，對保障大陸資本市場的穩定發展意義重大。

利率市場化改革繼續推進，特別是在放開境內外幣貸款和大額外幣存款利率、逐步擴大人民幣貸款利率的浮動區間等方面。

有關外匯管理體制方面，隨著加入WTO，資本項目的開放成了必然選擇，按照《服務貿易總協定》的承諾，外資銀行在大陸的業務限制逐步取消，國有獨資金融機構逐步改制成為企業法人，對於外匯管理體制和匯率形成機制構成嚴重挑戰。2005年7月21日，大陸宣布實行「以市場供求為基礎、參考一籃子貨幣進行調節、有管理的浮動匯率制度」，放棄盯住美元，引入參考一籃子貨幣、以銀行間一籃子貨幣兌人民幣的每日收市價，作為翌日買賣的中間價。2006年1月14日起在

銀行間即期外匯市場上引入詢價交易方式,同時保留撮合方式。

七、就業和社會保障體制改革

首先是各級政府消除制約就業、再就業的體制性障礙,建立國務院再就業工作部際聯席會議制度,實行稅費減免、崗位補貼、小額貸款、就業服務、工商登記、場地安排等優惠政策和措施,加強就業培訓和服務,大力培育勞動力市場,引入市場機制,促進下崗失業勞動力再就業。其次是全面推進「醫療保險、醫療衛生、藥品生產流通」三項改革,完善城鎮社會保障體系試點,做實基本養老保險個人帳戶和推動國有企業下崗職工基本生活保障向失業保險並軌。第三是建立新型農村合作醫療制度試點及推行企業年金制度試點。

在中共提出的「十一五規劃」(2006～2010年)中,特別強調持續改革對促進經濟發展的重要性,其重點方向,關於大的、全局性的改革,主要在於如何轉變經濟成長方式、改變對官員的考核體系(強調社會發展、環保、就業、教育等),建構協調區域平衡發展機制等方面;在局部改革上,主要在農村稅費、壟斷行業、股權配置、匯率形成機制、投融資體制、財政稅收體制、國有企業等方面。

八、政府行政管理體制改革

隨著經濟體制改革不斷推進,原有的政府機構設置和職能顯得格格不入,產生權責不明、效率低下等弊端。1998年第一次推出國務院機構改革方案,重點在於調整和裁撤那些直接管理經濟的專業部門,加強宏觀調控和執法監督部門。宏觀調控部門保留了國家計畫委員會,更名為國家發展計畫委員會;另加強國家經濟貿易委員會對經濟運行的調控權力;財政部和中國人民銀行被列入為宏觀調控部門。裁

撤了15個部委，其中10個是專業經濟管理部門。這些被裁撤的專業部門，有的成立國有獨資公司，如電力部門改組為國家電力公司；有的進行調整合併組成新機構，如郵電部和電子工業部合組成為信息產業部；大部分專業部委如煤炭工業部、機械工業部等分別改組為國家專業局，都歸由國家經貿委管理。仍然保留和新組建的專業經濟部門，不再直接管理企業、管理生產，其職責是制定行業規劃和行業政策，進行行業管理、引導各該行業產品結構的調整、維護行業公平競爭秩序。

2003年，大陸再次進行新一輪的機構改革。國家發展計畫委員會與國務院體制改革委員會合組成為國家發展和改革委員會；將原屬國家經貿委的內貿管理、對外經濟協調和重要工藝品、原材料進出口計畫組織實施等業務，國家計委的農產品進出口計畫組織實施等業務，以及對外經貿部的業務等整合設立商務部。另將國家經貿委指導的國有企業改革和管理業務、中央企業工委的業務，以及財政部有關國有資產管理的部分業務整合起來，設立國有資產管理委員會，代表國家履行出資人職責；將中國人民銀行對銀行、資產管理公司、信託投資公司及其他存款類金融機構的監管業務分離出來，並和中央金融工委的相關業務進行整合，設立銀行業監督管理委員會。

2008年，大陸國務院再次進行機構改革，重點有三，一是加強和改善宏觀調控，促進科學發展；二是對一些業務功能相近的部門進行整合，設立工業和信息化部、交通運輸部、人力資源和社會保障部、住房和城鄉建設部，理順部門職責關係；三是著眼於保障和改善民生，加強與整合社會管理和公共服務部門。

這一時期，大陸推動政府行政管理體制改革，主要體現在壟斷行業和城市公用事業改革、加強政府的市場監督和公共服務職能、政府審批更加規範、政府問責制得到強化、政府規模繼續縮小等方面。舉例來說，經過多次大規模的改革，國務院各部委取消和調整的行政審

批項目高達1,992項，占原有總項數近50%。政府對企業之管理，從直接走向間接，努力減少行政干預，政府行為被嚴格要求應依法行政。

◎ 參考文獻 ◎

唐葦車（2003），「2002年經濟體制改革取得新進展」，《經濟研究參考》（北京），2003年第27期，頁23～30。

國家發改委經濟體制綜合改革司（2005），「2004年我國經濟體制改革取得積極發展」，《經濟研究參考》（北京），2005年第19期，頁2～8，20。

于洋、呂煒、蕭興志，《中國經濟改革與發展：政策與績效》，大連：東北財經大學出版社，2005年。

范桓山（2006），「中國經濟體制改革的歷史進程和基本方向」，《經濟研究參考》（北京），2006年第48期，頁2～10、25。

高長（1992），「大陸經改動向和兩岸經濟關係」，《中國論壇》（香港），第385期，頁95～101。

高長（1992），「改革開放與中共的經濟發展」，發表於「第十九屆中日中國大陸問題」研討會，國立政治大學國際關係研究中心，臺北。

高長（1992），「大陸經改向前走：鄧小平南巡講話掀起大陸熱」，《貿易週刊》（臺北），第1500期，頁4～8。

高長，（1995），「中共稅制與匯制雙改對大陸臺商的影響」，《貿易週刊》（臺北），第1645期，頁4～8。

李曉西，（2009），「中國市場化改革三十年回顧」，《決策管理》（北京），2009年第3期，頁2～4。

張宇主編，（2008），《中國模式：改革開放三十年以來的中國經濟》，北京：中國經濟出版社。

大陸對外開放政策　2

在經歷了幾十年的閉關鎖國政策之後，自1970年代後期開始，大陸政府在推動經濟體制改革的同時，也開啟了對外開放政策。

大陸的對外開放戰略依循漸進原則逐步推進。自從1970年代末期確定把對外開放作為基本國策及經濟發展重要戰略之後，即從區域性開放著手逐步擴大實施範圍。換句話說，大陸的對外開放初期是以沿海地區為戰略重點，嗣後再延伸至其他內陸地區，分階段、分層次逐步推進。而對外開放戰略的決策思維，無非是要加強與世界各國經貿交流，透過國際貿易、利用外資、人才交流等手段，促進大陸經濟發展。

第一節　對外開放模式的演進

大陸實行對外開放政策的動機，主要是因大陸長期實行計畫經濟制度且閉關鎖國，與國際社會隔絕，造成國內價值觀和制度框架落伍，經濟發展落後，必須改弦更張；再加上幅員遼闊，各地資源稟賦差異懸殊，選擇從幾個沿海城市開始執行對外開放，一方面可以整合有限資源，達到專注的效益，另一方面也可以避免政策執行後果的不確定性，可能造成難以承受的衝擊。

一、試驗性對外開放階段

1979年7月，大陸政府決定對廣東和福建兩省實行對外開放的特殊政策和靈活措施。翌年8月，正式批准在深圳、珠海、汕頭和廈門，各劃出一定範圍區域，試辦經濟特區。按規定，特區內各類企業的自用貨物可以免繳進口關稅和工商統一稅；對於國外進口的商品，進口關稅和工商統一稅則可以享受減半徵收的優惠；特區內自產的商品在特

區內銷售，工商統一稅也減半徵收。

　　繼1980年間開闢了四個經濟特區之後，大陸政府又在1984年5月間，決定進一步開放大連、秦皇島、天津、煙臺、青島、連雲港、南通、上海、寧波、溫州、福州、廣州、北海、湛江等14個沿海港口城市，隨後又在這14個沿海開放城市中的12個設立經濟技術開發區（上海和溫州未設置），允許這些開發區實行類似經濟特區的優惠政策。嗣後，上海先後於1986年8月在閔行和虹橋、1988年間於漕河涇等地區分別設立經濟技術開發區。1991年，大陸在北京設立新技術產業開發試驗區的基礎上，再批准21個高新技術產業開發區為國家級高新技術產業開發區。

　　1985年2月，大陸政府又將對外開放的區域範圍擴大，包含了長江三角洲、珠江三角洲、閩南及廈門、漳州、泉州三角地帶的51個市、縣開闢為沿海經濟開放區。1987年底，大陸中央政府提出沿海地區發展戰略，要求沿海地區「必須有領導、有計畫、有步驟地走向國際市場，進一步參加國際交換和國際競爭，大力發展外向型經濟」。1988年3月，大陸國務院再度擴大了沿海經濟開放區的地域範圍，把天津、河北、遼寧、江蘇、浙江、福建、山東和廣西等省市自治區所轄的140個市縣，列入沿海開放區。同年度，海南改制為省，並決定設立為經濟特區。1990年上半年，批准濟南市為對外開放城市，濟南市所轄地區併入膠東半島經濟開放區；同期間另宣布開發與開放上海的浦東新區。至此，大陸對外開放區域從沿海個別地區和少數城市，擴展到廣大的沿海地區；開放形式也由經濟特區擴展到開放城市、開放區，以及高新技術開發區等多種形式。

　　經過1980年代實行對外開放政策後，大陸沿海地區挾著北京中央授予的特殊政策，發揮了「內引外聯」的功能，成為連接內地與國際市場的樞紐。沿海開放地區的門戶地位，一方面可以吸引國外資金、先進技術和現代化管理模式，發展外向型經濟，壯大當地經濟實力，

另一方面可以將消化吸收的先進技術和現代化管理模式，逐步向內地轉移，促進內地經濟發展，發揮內外雙向輻射的作用。

二、全面開放階段

　　1980年代的對外開放累積了相當多的經驗，為1990年代進一步擴大對外開放奠定了基礎。1990年代初，大陸政府在1980年代所實行的「沿海經濟發展戰略」之基礎上，進一步提出了對外開放的「四沿戰略」。其中，除了「沿海」發展戰略是延續過去的思維，側重發展從渤海灣到廣西北部灣的整個沿海地區之外，「沿邊」是指重點發展邊境各省、區與鄰近國家的經貿交流和合作關係。1992年3月，大陸首批開放內蒙古自治區的滿洲里、黑龍江省的黑河、綏紛河和吉林省的琿春等四個沿邊城市。同年6月，大陸再決定開放廣西的憑祥市、東興鎮，雲南的河口縣、畹町市和瑞麗縣，新疆的伊寧市、塔城市和博樂市，內蒙古的二連浩特等9個市縣，以及這些市（縣）所在省（區）的省會（首府）城市，包括哈爾濱、長春、石家庄、呼和浩特、烏魯木齊、昆明和南寧等。沿邊開放城市和這些城市的省會（首府）城市都享受沿海開放城市的優惠政策。

　　「沿江」是以上海浦東新區為龍頭，著重推動重慶市以下長江流域各省市的全面開放和發展。1992年8月，大陸政府決定對蕪湖、九江、武漢、岳陽和重慶等五個城市實行沿海開放城市的政策，隨後又增加黃石、宜昌、萬縣、涪陵等城市，全面開放、發展長江中下游地區；同一時間，大陸政府也宣布開發太原、合肥、南昌、鄭州、長沙、成都、貴陽、西安、蘭州、西寧和銀川等11個內陸省會（首府）城市，享受沿海開放城市的優惠政策。

　　「沿線」是指沿歐亞「大陸橋」開放，及歐亞大陸橋在大陸境內的一部分，從東部港口至新疆阿爾泰山口這段鐵路的沿線地區。這段

路線主要是從連雲港經瀧海鐵路、蘭西鐵路衛接哈薩克斯坦的阿拉木圖，全長4,200公里，經過6個省區，為大陸西北、西南地區通向歐洲和中亞、西亞等地區最便捷的陸上通道。

整體而言，1990年代大陸對外開放，基本上是沿著三個方向展開的。首先是以上海浦東新區的開放和發展為龍頭，進一步開放長江沿岸城市，逐步把長江流域建設成為一條新的開放帶。1990年4月，大陸政府正式宣布「在浦東實行經濟技術開發和某些經濟特區的政策，把浦東建設成為一個現代化、外向型的工業基地」；同年9月，大陸國務院公布發展、開放浦東新區的九項具體政策規定，主要包括：《上海外資金融機構、中外合資金融機構管理辦法》、《關於上海浦東新區鼓勵外商投資減徵、免徵企業所得稅和工商統一稅的規定》、《鼓勵外商投資浦東新區的若干規定》等。1992年8月，大陸國務院發出通知，決定進一步對外開放重慶等5個長江沿岸城市，以及成都等4個長江沿岸省會城市，實行沿海開放城市的政策。

其次是由沿海向內陸擴散，加速內陸省區的開放腳步，進一步開放內地沿邊城市，以及太原、鄭州、貴陽、西安、蘭州、西寧、銀川等11個內陸地區省會（首府）城市，實行沿海開放城市的優惠政策。這些內陸省會城市連同前項沿江城市，涉及12個省、自治區和16個城市，橫跨大陸中部、西部兩個經濟地帶，是整個大陸重要的經濟腹地。

第三是沿海省市進一步擴大對外開放的區域範圍，例如福建省於1993年1月間，經國務院批准將三明、南平、龍岩等三市及寧德地區的福安市、福鼎縣列入沿海經濟開放區；福州經濟技術開發區由原來4平方公里延伸擴大到10平方公里；另同意設立東山經濟技術開發區等。又如1993年5月，大陸國務院同意設立杭州蕭山、廣州南沙、惠州大亞灣經濟技術開發區，規劃面積都不超過10平方公里。

進一步開放沿邊、沿江和內陸地區部分城市，已使得在1980年代

所形成的沿海開放基礎，由南向北、由東向西推進。結果，對外開放由「點」（經濟特區）到線（沿海開放城市），再發展到「面」（開放區、「四沿」開放），迄1993年初，涵蓋的範圍包含了5個經濟特區、30個經濟技術開發區、13個保稅區、沿江6個城市和所有內陸各省省會、自治區首府城市、沿邊13個城市，形成了一個多層次、多領域、多元化、全方位的對外開放新格局。開放的戰略重心由體制試點向全面制度建設轉型。

對外開放的政策內容主要包括三項，一是擴大這些城市企業對外經濟活動的自主權，並給予外資企業一定的優惠政策，例如特區企業的進口均免徵關稅，同時享受較低的所得稅政策；二是為外商提供更加優惠的投資環境，例如對於外資企業生產的某些高技術產品，允許內銷，以市場換技術；擁有較大的經營活動自主權和管理權限；三是為企業技術改造給予特殊政策的支持。經濟特區、開放城市和開放區可享受的政策，主要包括擴大當地政府利用外資的審批權、積極支持出口創匯行業、給予「三資企業」稅收優惠、下放外資企業審批權、擴大金融信貸權等方面。

● 三、融入國際經濟體制階段

2001年12月，大陸正式成為世界貿易組織（WTO）的締約成員，對外開放進入嶄新階段。加入WTO，不只使大陸擴大了對外開放，而且對外開放的模式由自主單邊轉向WTO各成員間的相互開放，同時也由按大陸政府制定的政策推動開放，轉向按照WTO的規則開放。對外開放的領域不斷擴大，服務業成為這一階段對外開放的重點領域。2002年3月公布新修訂的《外商投資產業指導目錄》，鼓勵類的項目從186項增加到262項，限制類的項目則從112項減少為75項。此後，大陸進一步開放了銀行、保險、商業、外貿、旅遊、電信、運輸、會計、

審計、法律等服務業領域，在地域、數量、經營範圍、股權等方面擴大開放。

為符合WTO架構下非歧視、公開性、公平競爭、市場開放、透明性等規範的要求，加入WTO後，逐步取消不符合WTO規定的優惠政策，逐步削減關稅和非關稅關壘，推動貿易、投資與金融等領域的自由化，按照多邊自由貿易架構的規定對其他WTO成員開放市場；清理、修訂和頒布與涉外經濟、貿易、投資和智財權有關的法律、法規；取消和調整行政審批項目。2004年4月全國人大常委會通過修訂後的《對外貿易法》，將實行了50年的外貿權審批制改為登記制。取消大量內部文件，推行陽光政務，公布了所有與貿易有關的法律法規。

2007年10月，中共「十七大」報告揭示奉行「互利共贏」的開放戰略，將繼續按照通行的國際經貿規則，擴大市場准入，依法保護合作者權益；支持推進貿易和投資自由化、便利化、通過磋商協作處理經貿摩擦。為落實互利共贏的開放戰略，大陸政府支持和鼓勵有條件的企業對外投資與跨國經營，積極參與各種形式的國際經濟技術合作；同時也積極參與全球重要經貿政策的制定和協調，試圖在建立公正合理的全球經貿體制中扮演重要角色。在區域層次上，積極、有選擇地推進自由貿易區發展；在雙邊關係中，努力改善與大國的經貿關係，完善與主要經貿伙伴之間的貿易救濟合作機制；透過企業「走出去」，採用貿易、投資、財政與技術援助、人力資源開發等多種方式，加強與發展中國家的經濟合作，促進共同發展。

第二節　擴展對外貿易

改革開放之前，大陸對外經濟關係經歷了一個曲折的發展過程。1970年代以前，在歐美各國對大陸實行封鎖禁運，大陸與其他國家的

經貿往來，除少數共產國家之外，幾乎沒有多大發展。直到1972年，大陸對外關係才開始有所好轉。

改革開放前的大陸對外貿易體制，是計畫經濟體制下國家壟斷制的保護貿易，其主要特徵是高度集中行政管理為主。在對外貿易經營方面，由中央的外貿部統一領導、統一管理，外貿各專業公司統一經營，其他任何機構都無權經營進出口業務，實行指令性計畫和統負盈虧的高度集中體制。內陸省、市外貿分支機構僅負責出口貨源的組織、收購、調撥、運輸等活動，不能直接從事進出口業務；而有進出口權的外貿公司，並不具有經濟自主權。另外，在外貿財務管理體制方面，也是採集中管理的制度，由外貿部統一核算並由財政部統收統支、統負盈虧。

自1979年開始迄今，大陸配合對外開放政策進行對外貿易體制改革，大致可以分為兩大時期四個階段。第一個時期（1979～1993年）是從計畫控制手段向國際慣用的許可證、配額及其他數量控制（也稱為商業手段）轉變；第二個時期（1994年以後）是從商業控制手段轉變為市場化手段。

第一階段的改革由1979年到1987年，改革的核心內容是「放權讓利」，基本的精神為，一方面對外貿易經營管理權和外匯審批使用權，由中央向地方、由外經貿部向其他部門、由政府向企業下放；另一方面配合以商品出口退稅、外匯留成等方法，克服過去外貿壟斷經營的弊病。改革的重點內容包括下列幾項：

第一、擴大對外貿易經營權，增設各類外貿公司。打破專業外貿公司獨家經營的格局，允許國務院所屬中央部委成立各類領域的進出口公司，例如機械設備進出口總公司，將原來外貿部所屬進出口公司經營的一些商品，分散到有關部門經營。擴大地區對外貿易經營權，允許廣東、福建、北京、天津、上海、遼寧等省市分別成立外貿總公司。此外，也先後批准一些大中型企業經營本業產品的出口，下放對

外貿易經營權，擴大生產企業經營對外貿易的權限等。

　　第二、探索工貿結合、技貿結合和農貿結合的途徑。隨著外貿經營權的下放，逐步改變了外貿計畫全部由外貿專業公司承擔的局面。不過，在出口計畫中，指令性計畫逐漸減少，指導性計畫則逐漸增加。自1985年起，外經貿部不再編製、下達外貿收購和調撥計畫，企業開始享有外貿的自主經營權，多種形式的工貿結合陸續出現，例如外貿公司和工業企業聯合出口、工業企業和外貿企業共同投資建立工貿公司等，使得生產企業開始直接面對國際市場。

　　第三、加強宏觀調控體制建設。恢復實施進出口許可證管理、配額管理等行政管理手段，加強了關稅管理，並開始運用匯率、外匯留成、出口補貼、出口退稅等手段鼓勵出口貿易發展。

　　第四、推行代理制，設立海外貿易機構。1980年，外貿專業總公司對部分出口產品由收購制改為代理制；1984年，大陸國務院正式提出實行進出口代理制。代理制是指外貿企業代理生產、訂貨部門辦理進出口業務，收取一定的服務費用，盈虧由被代理單位自行負責。為擴大出口，外貿專業公司積極在主要海外市場設立常駐代表機構，自1980年起，先後在日本、英國、法國、美國等17個國家設立了貿易中心。

　　這些改革措施的特徵，是對進出口貿易仍保持嚴格控制，只是手段上已由過去的指令性計畫控制，改變為許可證、配額等行政管理的商業控制；同時，對出口貿易的鼓勵，降低了傳統貿易體制對出口的歧視，打破了國內市場與國際市場長期隔絕的現象。

　　第二階段的改革由1988年到1993年，改革的核心內容是全面實行外貿承包經營責任制及加強出口鼓勵政策。首先，該項外貿承包制要求各省、自治區、直轄市、計畫單列市政府及各專業外貿公司、工貿總公司分別向中央承包出口收匯、出口換匯成本和盈虧等三項指標，承包指標一定三年不變。1988年2月，大陸國務院公布《關於加快和

深化對外貿易體制改革若干問題的規定》，全面推行外貿承包經營責任制，目的在於擴大出口創匯能力，以及減輕中央財政對外貿出口的負擔。

其次，各專業外貿總公司和部分工貿公司的地方分支機構與地方財政掛鉤，把承包落實到外貿企業和生產企業，盈虧由企業自負。此外，進一步擴大了企業的外匯留成比例。1988年，大陸中央取消了用匯指標的控制，對於超計畫出口的外匯大部分留給企業，企業對分得的留成外匯可以自主支配使用；同年，在各省、自治區、直轄市、計畫單列市、經濟特區和沿海重要城市建立了外匯調劑中心，為企業買賣外匯提供便利。同時，在輕工、工藝、服裝等三個外貿行業實行自負盈虧的改革試點。

第三，1988年實行全面的出口退稅政策，對實行增值稅的產品按增值稅率實行全額退稅，對實行產品稅的產品按綜合退稅率實行一次性退稅；鼓勵來料加工、進料加工的出口，發展出口商品生產基地及擴大出口信貸等。

1988～1990年三年所實行的外貿承包經營責任制，改變了完全由中央財政統負外貿盈虧的局面。然而，由於當時人民幣匯率高估和國內外價格落差大等體制原因，外貿企業仍然無法完全落實自負盈虧，因此，中央財政對外貿的補貼不得不繼續保留。更嚴重的是，大陸政府對不同地區和不同企業規定了不同的承包基數、不同的補貼標準和不同的外匯留成比例，不但造成了地區間、企業間的不平等競爭，而且也使得各地區為完成承包出口指標，對內進行各種搶購大戰，演變成地區和地區封鎖，對外出口則競相削價，造成惡性競爭，企業的短期行為普遍存在。

自1991年開始，大陸實行新一輪的外貿承包。該項承包制度最顯著的特徵是，取消了中央對外貿企業出口的補貼，實行全行業的自負盈虧改革。同時，實施匯率貶值，改變外匯留成辦法，由過去按地區

實行不同比例留成改為按大類商品實行統一比例留成。此外，大陸政府開始對進口體制進行重大改革，主要包括降低關稅水準、取消進口調節稅、削減進口配額和許可證、縮減計畫管理範圍、取消進口替代清單等。這些改革措施，使大陸長期實行的保護貿易政策開始初步向自由貿易方向發展。

第三階段的改革從1994年到2001年。前面兩個階段的外貿體制改革，重點在於「放權」、「讓利」，嚴格說來並沒有擺脫傳統外貿體制的色彩。1994年1月1日，大陸國務院公布《關於進一步深化對外貿易體制改革的決定》，提出新時期外貿體制改革的目標是：統一政策、放開經營、平等競爭、自負盈虧、工貿結合、推行代理制，建立適應國際經濟貿易通行規則的外貿機制。

為加快市場經濟體制之建立，1994年以後，大陸政府連續對關稅及非關稅壁壘措施進行大幅度削減，使價格機制的作用逐步取代數量限制手段，逐漸邁向貿易自由化。同時，外匯管理也走向市場化。自1994年開始，實行多年的雙軌制匯率實現了併軌，建立了以市場供需關係為基礎的、單一的、有管理的浮動匯率制度；取消外匯管制，實現人民幣經常項目下的可兌換；取消了外匯留成、出口企業外匯上繳和額度管理制度，實行國家銀行，統一結售匯制度，逐步建立統一規範的外匯市場。這些改革大幅提高了對外貿易的自由化程度，匯率併軌後，建立在外匯額度留成制上出口自負盈虧的外貿承包經營責任制也就自然不存在了。

貿易體制的自由化同時表現在外貿經營主體日趨多元化的方向。隨著外貿行業進入壁壘的逐步取消，大批外資企業進入，逐漸占據了大陸對外貿易的半壁江山；另一方面，大陸政府加快賦予生產企業、科研院所自營進出口權，授予商業流通企業、物資企業及私營企業進出口經營權，並在深圳等經濟特區實行對外貿易經營權自動登記制度，這些措施促進了外貿經營主體多元化發展。

　　此外，這段期間，大陸中央加強對外貿易法制化管理，頒布了《對外貿易法》。該法自1994年7月1日開始實施，是大陸規範對外貿易的基本法。在此基礎上，《進出口管理條例》、《出口商品管理條例》、《反傾銷和反補貼條例》及《處罰低價出口行為條例》等法規相繼頒布實施，逐漸建立了對外貿易法制。

　　在對外貿易宏觀管理方面，大陸一方面強化經濟調控手段，例如，成立進出口銀行，為資本財貨之出口提供信貸支持；大幅降低進口關稅，減少進口配額許可證的範圍；對出口貿易實行銀行保證金結帳制度；國有外貿企業所得稅統一稅率33%。另一方面也改革行政手段，例如，取消所有貿易的指令性計畫，實行指導性計畫；逐步取消賦予生產企業自營進出口權的審批制，實行在一定條件下的登記制試點；繼續推行外貿代理制等。這些改革措施促使大陸以匯率、關稅和信貸等經濟手段為主的外貿宏觀調控體系逐步建立。

　　第四階段的改革自2002年開始至今。2001年11月，大陸加入WTO，配合WTO規則的要求及履行加入WTO的有關承諾，大陸政府做了許多工作。首先是清理和修訂法律法規，範圍涉及貨物貿易、服務貿易、智慧財產權保護和投資各方面。例如，2004年4月，十屆人大八次會議通過修訂《對外貿易法》，將實行了五十年的外貿權審批制改成登記制；同時，修正和補充了外貿經營權、貿易調查、貿易救濟、智慧財產權、外貿秩序和外貿處罰等方面的內容，增加了「對外貿易調查」的相關內容。該法已於同年7月1日正式實施。

　　其次是提高了外貿政策的透明度。按加入WTO有關透明度的承諾，大陸應在指定的官方雜誌上公布貿易改革和措施，在實施之前允許公眾進行評論；應建立貿易改革諮詢點，對新的貿易措施提供解釋，應在三十天內，特殊情況不得遲於四十五天對大部分諮詢做出回答。為履行承諾，大陸在質檢總局設立技術性貿易壁壘和衛生與植物衛生措施諮詢點，定期向WTO通報情況，執行貿易政策諮詢業務。另

外，大陸國務院也明確規定：今後，各級政府部門制定的與貿易、投資有關的規章和改革措施，都必須在指定的刊物上公布，不公開的不能執行。

第三是大幅度降低關稅。加入WTO之後，大陸根據各國在「烏拉圭回合」談判中達成的降稅模式，大幅降低關稅。據估計，關稅總水準已由1992年的42.7%降至2005年的10.1%。

第四是調整出口退稅政策。自1988年開始實行的出口退稅政策，在1994年實行分稅制後，出口退稅全部由中央財政負擔。2003年10月，大陸宣布改革出口退稅制度，具體內容包括降低出口退稅率、增加中央財政對出口退稅的支持力度、建立中央和地方共同負擔出口退稅的新機制。2007年7月，宣布調整部分商品的出口退稅政策；主要內容有三：一是進一步取消了553項高耗能、高汙染、資源性產品的出口退稅；二是降低了2,268項容易引起貿易摩擦商品的出口退稅率；三是將10項商品的出口退稅改為出口免稅政策，涉及的商品合計約占大陸海關稅則中全部商品總數的37%。

第五是實施「科技興貿」戰略。1999年初次提出該戰略，其核心內容為：大力促進高新技術產品出口、利用高新技術改造傳統產業、優化出口商品結構、提高出口商品附加值、增強國際競爭力。2006年間，大陸實施《科技興貿「十一五」規劃》，特別強調自主創新機制之建立和提升企業自主創新能力，以電子信息、醫藥和軟件等為未來五年科技興貿戰略的重點產業領域，並決定從優化貿易環境、培育出口主體、擴展出口市場等方面採取具體措施。

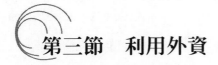

第三節　利用外資

引進外資，是大陸改革開放政策的一項重點工作。大陸希望利用

外資，藉以：(1)彌補國內資金不足；(2)擴大出口，賺取外匯；(3)引進外國先進技術，加速工業化及促進產業升級；(4)改善交通、能源、原材料等經濟發展的瓶頸。為了達到這些目標，大陸當局自1979年開始採取了一系列的政策措施，一方面希望改善與世界各國的關係，從各國政府及國際金融組織獲得貸款；另一方面則希望改善本身的投資環境，創造商業機會，吸引各國廠商到大陸投資。

一、起步階段（1979～1986年）

自1979年以來，大陸利用外資的政策演進，可以分別從下列幾個階段比較觀察。首先是利用外資的起步階段，自1979年開始至1986年止。1979年7月，大陸召開第五屆人大第二次會議通過並公布施行《中外合資經營企業法》（以下簡稱「合資法」），這是大陸第一部為吸引外商直接投資的法律，對合資企業的形成、投資方式、董事會組成、工會組織和活動、利潤分配、外匯業務、原材料購買、稅務、合營期限和合同糾紛之解決等都做了規定。「合資法」的實施，充分展現了大陸透過立法吸引外商投資的決心與魄力。在隨後（1983年9月）公布的《中外合資經營企業法實施條例》（以下稱為「實施條例」）中，對於企業的設立與登記、出資方式、董事會與經營管理機構、稅務、外匯管理、勞動管理、經營期限、解散與清算等事項，更有具體的規定。同時在「實施條例」第三條中亦明確提出，外資可以投入的行業包括：

1.能源開發、建築材料、化學工業、冶金工業。

2.機械製造工業、儀器儀表工業、海上石油開採設備的製造。

3.電子工業、計算機工業、通訊設備製造業。

4.輕工業、紡織工業、食品工業、醫藥和醫療機械工業、包裝工業。

5.農業、牧業、養殖業。

6.旅遊和服務業。

除了「合資法」，在1980年間，大陸政府又先後公布實施多項配套的法律法規，包括《外資經營企業所得稅法》、《個人所得稅法》、《外匯管理暫行條例》、《中外合資經營企業登記管理辦法》等；1985年，大陸財政部發布了《中外合資經營企業會計制度》。這些有關利用外商直接投資的法律法規之頒布實施，目的在於營造一個良好的外資法律環境。

在此期間，大陸政府設立利用外資的試點地區。1979～1980年間，大陸中央政府先後批准廣東、福建兩省在對外經濟活動中實施特殊政策，並先後開闢了深圳、珠海、汕頭和廈門等四個經濟特區，積極吸引外商直接投資。特區內為吸引外商直接投資而實行的一些特殊優惠政策，主要包括土地利用年限、土地使用費和繳納方法，以及進口設備和原料的稅務、特區企業所得稅等方面的優惠。隨後又分別在1984年和1985年間決定開放上海、天津等14個沿海港口城市，將長江三角洲、珠江三角洲和閩南廈、漳、泉三角地區開闢為沿海經濟開放區，對這些城市和地區在利用外資方面給予一定的優惠政策；同時，中央又投入大量的經費，對當地進行大規模的基礎設施建設，擴大地方對外商投資項目的審批權限。

二、逐步發展階段（1986～1991年）

經過第一階段的探索之後，大陸利用外資工作在1986～1991年間進入了逐步發展的階段。在此期間，大陸又陸續公布實施了多項法令規章，例如，1986年4月和10月間分別頒布實行的《關於鼓勵外商投資的規定》（以下簡稱「國務院二十二條」）和《外資企業法》，以及1988年4月間審議通過的《中外合作經營企業法》，是較為重要的。

「國務院二十二條」顯示中共的外資政策將配合工業化和總體經濟發展戰略，有計畫地吸收外資，並引導外資流向。《外資企業法》和《中外合作經營企業法》的頒布實施，則使各種形式的外商投資企業的生產經營活動和正當權益，都有了基本法規保障。

　　「國務院二十二條」的內容主要包含兩項，第一是明確提出出口型企業、技術先進型企業和能源、交通、通訊等社會基礎設施和基礎工業是吸引外資的重點；第二是吸引外資及引導外資投向的方式，由過去單獨地提供租稅減免優惠，轉為從政治、經濟、社會各方面全面改善投資環境著手。

　　經濟增長過快，使社會基礎設施不足，經營環境不佳的問題更加惡化，同時，外資大量湧入的結果，國內需配合投入的資金供應不足，在外資的選擇、引導和管理等方面均顯得力不從心，根本談不上與整體的產業發展政策配合。「國務院二十二條」鼓勵外資進入交通、通訊等社會基礎設施和能源、原材料生產部門，試圖改善經濟發展的瓶頸，稱得上是一項正確的決策。

　　為了配合此項政策，大陸對外資的各種優惠，已由過去的只從地域考量給予差別待遇，轉向地區與產業並列考量。大陸中央為了讓某些老工業基地和中心城市具備較好的經濟、技術條件，能多吸收外資、引進較高水準的技術，下放了一部分外資審批權力。上海、北京和天津可自行審批3,000萬美元以下投資項目，大連可自行審批1,000萬美元以下項目，其他省市的審批權上限金額為500萬美元。另一方面，大陸對出口型企業和技術先進型企業均給予特別的租稅優惠，不論企業設立的地點是否在經濟特區、沿海開放城市和經濟技術發展區或在內地。

　　「國務院二十二條」的頒布實施，對大陸外商經營環境的改善，確實產生了一些效果，尤其是有利於出口型與技術先進型企業。從事進口替代型的企業一直為外匯不能平衡感到困擾，這一項法規提供了

法源，准許外商投資企業和大陸的國營企業相互調劑外匯餘缺。這些調劑中心設在上海、廈門、深圳等地共有90多個。此外，大陸政府亦允許技術先進型外商投資企業擴大其產品的內銷比率，內銷產品並准以外匯計價，同類產品則限制進口。還允許外商投資企業以「綜合補償」的辦法來自行實現外匯平衡。[1]進口替代型企業也可以用其人民幣利潤，收購其他企業的產品供出口並賺取外匯。其次，由於外資企業是計畫外的經營實體，不能得到國家計畫調撥的原材料、能源和人才的供應，大陸當局乃允許外資企業自行招聘人才，並在各地設立外商投資企業物資中心，供應外資企業所需原材料及電力等。

為了加強對外資流向的引導和篩選，大陸國務院在1989年3月公布了《關於當前產業政策要點的決定》，提出外商投資審查標準。該決定指出，鼓勵外商投資的重點為：產品適應國內外市場需要，而國內不能生產者；可以擴大出口者；經濟效益高、技術先進者；能源、交通運輸和原材料工業急需者。另外，該決定也明確指出對某些投資項目，國內已經在開發或生產的、沒有出口競爭力的、不提供先進技術的、外匯不能自行平衡的，以及零配件依賴進口、產品主要在國內銷售的加工組裝生產線等，將限制投資。這個審查標準與「合資法」和「實施條例」等文件中公布的行業選擇標準相比，似較明確且具體些。

在這一段期間，大陸對外開放的程度愈來愈深，範圍也愈來愈大，由原來4個經濟特區、14個沿海開放城市，擴大到珠江三角洲、長江三角洲和閩南廈漳泉三角地區開闢為沿海經濟開放地區。嗣後又把沿海開放區再度擴大包含廣東、福建全省和遼東半島、山東半島，同時將海南島升格為省並指定為經濟特區。至此，大陸沿海便形成了面

1　外商投資企業如屬生產性企業，因外匯來源暫時存在困難時，可在一定期限內申請購買國內產品出口，賺取外匯，進行綜合補償。

積約42萬平方公里的新月形對外開放地帶。

　　另一方面，大陸當局進一步擴大下放給沿海各地審批外資的自主權，除北京、上海和天津三個直轄市外，廣東、福建兩省亦獲授權審批3,000萬美元以下的投資項目，遼寧省自行審批的權限也由500萬美元提高到1,000萬美元。

　　值得一提的是，在這一段期間內，大陸各地對外資的審批和行政管理工作上，有很大的改進。以上海市為例，過去外商要在上海市投資，申請書需經4個委員會、19個局批准，前後要蓋幾百個圖章。1988年6月間上海試行「一站式」服務，成立外商投資工作委員會，讓外商在同一窗口、同一機構辦理各項必要手續。審批所需時間之規定，也由原來的最少三個月減為最多不能超過45天。由於試行效果良好，天津、廈門、青島等省市也陸續效法，採取同樣的服務方式。

　　大陸發生「六四事件」之後，美國、日本及西歐各國先後宣布對大陸實施經濟制裁，取消和中止對大陸官方貸款和其他方面的經濟合作。社會的動盪不安也使得外商的投資意願大幅滑落，不只新的投資項目減少，甚至於已在大陸投資的外商，也有許多宣布撤退，大陸利用外資政策面臨嚴峻的挑戰。大陸為了提高大陸地區對外商投資的吸引力，除了不斷強調改革開放政策不變和既定的外資政策不變外，更積極採取一些作為。其中較重要者包括：

　　(一)進一步擴大外國投資者在大陸投資企業的經營自主權。大陸在1990年4月間修改「合資法」，除放寬合資期限規定外，合資企業的董事也不再規定必要由中方人員擔任。同時，在新的合資法中，還明確表示不對外商投資企業實行國有化，因社會需要而必須實行國有化時，也會有相應的賠償。

　　(二)為了協助外商投資企業解決資金融通問題，大陸當局採取了一系列的特別措施。其中主要有：專案撥款4億人民幣貸給外商投資企業從事固定資產投資；放寬對外商投資企業流動資金的

貸款；物資部門優先供應外商投資企業所需的鋼鐵、木材、塑膠原料等生產資料等。

(三)在投資形式上，以更靈活的方式允許外商在各地從事土地連片開發。這種形式自1987年起在深圳、廣州、上海、天津、大連等地試行，外國投資者經由競標程序取得土地，在承租有效期間內，可享有開發使用的自主權。

(四)1991年大陸中央正式宣布開發上海浦東新區。由於上海是大陸上傳統的工商業中心，具有優越的經濟、技術條件，浦東新區的開發又象徵大陸政府在1990年代對外開放的重點，因此，大陸政府的這個大動作對於外商赴大陸投資的促進作用非常明顯。

(五)外商投資項目的審批權限進一步放寬。除了北京、上海、天津及廣東、福建兩省外，海南、遼寧、河北、山東、江蘇、浙江、廣西等沿海省，以及深圳、珠海、汕頭、廈門4個經濟特區和大連、廣州、寧波、南京、青島等計畫單列市的審批權限均為每項目投資總額3,000萬美元以下。內地省、自治區和其他計畫單列市的審批權限為1,000萬美元以下。

此外，在1991年1月公布的《國民經濟和社會發展十年規劃和八五計畫》中，大陸中央再度強調利用外資發展經濟的政策，惟在目標上，希望利用政府間和國際金融組織的貸款，加強交通、通訊、能源、原材料等社會基礎設施和基礎產業之發展；而外商直接投資方面，強調要發展出口創匯型和技術先進型項目，特別希望外商直接投資能引進先進技術，加速帶動產業升級。

1992年初，鄧小平南巡倡導「加速改革、擴大對外開放」，大陸各地熱烈響應，外商到大陸投資再度掀起高潮。對外開放之「擴大」，主要包含兩項內容，一是擴大開放的領域，即指外商到大陸投資的行業，除製造業外，百貨商場等第三產業也准許外商投入，同時

外商投資企業產品內銷，基本上也不再予限制。二是擴大開放的地域範圍。大陸當局提出「四沿」戰略，把對外開放的地域由過去的沿海地帶，擴大包含了沿（長）江、沿邊（境）地帶和沿路（指歐亞大陸橋在大陸境內的陸路）。在這種「戰略」下，大陸當局在邊境及長江沿岸各省分別選擇13個和9個重要城市對外開放，另外，內陸其他省分也都各選擇一個城市對外開放（計13個），這些城市與早期的14個沿海開放城市，享受相同的優惠條件。為了吸引更多的先進技術型企業到大陸各地投資，大陸當局又積極闢建了許多「高新技術開發區」，同時也在上海、天津、深圳、廣州、大連等地開闢「保稅區」，以利「出口型」外資企業營運。

● 三、高速發展階段（1992～2001年）

　　1992年，鄧小平南巡發表重要談話和中共「十四大」決定建立社會主義市場經濟體制之後，大陸利用外商直接投資進入一個嶄新的階段。1992～1997年間，大陸政府在利用外資方面的主要政策措施，首先是進一步擴大對外開放領域。從1992年起，曾被禁止外資進入的商業、金融、保險、航空、律師和會計師等行業，允許進行試點，曾被限制外資進入的土地開發、房地產、賓館、信息諮詢等領域逐步放開。其次是進一步擴大引資地域，鼓勵外商對內陸地區投資。為了進一步加強引進外商直接投資，大陸國務院自1992年起陸續選定一些內陸地區城市，包括6個沿江港口城市、13個邊境城市和18個內陸省會城市，全面推進對外開放，這些城市是用沿海開放城市的優惠，以鼓勵外商對內陸地區投資。具體的政策措施主要包括：

　　(一)進一步擴大中西部地區，特別是沿邊地區和內陸中心城市對外開放的範圍和領域，尤其是在開發當地優勢資源和加快基礎設施建設方面。允許採取靈活多樣的方式，擴大中西部地區開發

利用本地資源的權限；對一些先行試點的領域和項目，在中西部有條件的地方安排一些試點；對內陸地區政府下放一部分外商投資項目的審批權，原則上與沿海開放地區一律平等。

(二)內陸地區採取和沿海地區相同的外商優惠政策。

(三)對內陸地區重點式利用外國政府及國際金融機構貸款，以改善內陸地區的投資環境。

(四)從速、從寬審批中西部地區大中型企業和科研院所的對外經營權。

(五)在對外貿易方面，結合中央配額、許可證管理制度的改革，對中西部地區採取某些傾斜；凡中西部地區為主產地的配額商品，要實行定向招標，將大部分配額分配給該地區；對其他產品則儘量予以照顧。

(六)在中央提供援助項目的安排上，對中西部地區實行「同等優先」的原則。

(七)對內陸地區提供引進外商投資所需的人民幣資金。

(八)支援內陸地區培養幹部和人才。

(九)加強對內陸地區提供信息。

1995年3月，李鵬在第八屆「人大」三次會議上提出「政府工作報告」及「九五」（1996～2000）計畫，均強調在產業政策和生產力布局方面將給予內陸地區必要的支持，發揮中西部的優勢，促進當地社會經濟發展，縮短東西部地區間的差距。

其次，為了引導外資投向，使之更符合大陸的產業政策和經濟發展戰略，大陸政府於1995年6月間頒布《指導外商投資方向暫行規定》和《外商投資產業指導目錄》，對鼓勵、允許、限制和禁止外商投資的項目作出明確規定。這是大陸政府第一次以法規形式，將引進外商直接投資的產業政策公諸於眾。

根據表2-1資料顯示，大陸當局鼓勵外商投資項目包括農業、能

源、交通、主要原材料、高新技術、資源利用等領域，以及中西部地區的合理開發等；限制外商投資項目則包括國家級吸收外資試點行業、實行專賣的行業、國內已開發或引進技術，並已能滿足國內需求的項目，以及從事稀有、貴重礦產資源探勘開採等方面的項目；禁止外商投資項目，則包括危害國家安全或損害社會公共利益、汙染環境等方面的項目。

　　另外，《指導外商投資方向暫行規定》還提到，對於少數關係到國計民生的產業及項目，必須由國有資產投資在股份有限公司形式的項目中占控股地位、在有限責任公司形式的項目中占控股地位、在有限責任公司形式的項目中註冊資本的比例占百分之五十以上。

表2-1　大陸關於外商投資方向分類表

類別	產業別	項目
鼓勵類	基礎性產業	·屬農業新技術、農業綜合開發項目 ·能源、交通、重要原材料工業建設項目
	技術性產業	·高新技術、先進技術項目 ·能夠改進產業性能的項目 ·節約能源和原材料項目 ·提高企業技術經濟效益項目 ·能適應市場需求而大陸生產能力不足的新設備或新材料之項目
	出口性產業	·能適應國際市場需求，提高產品檔次、開拓市場項目 ·擴大產品外銷、增加出口的項目
	再生性產業	·綜合利用資源和再生資源項目 ·防治環境汙染的新技術和新設備項目
	開發性產業	·能發揮中西部地區人力和資源優勢項目 ·符合產業政策項目
	其他	·符合法律、行政法規規定的其他鼓勵項目

表2-1　大陸關於外商投資方向分類表（續）

類別	產業別	項目
限制類	技術性產業	・大陸已開發或已引進技術產業的項目 ・大陸生產能力已能滿足市場需求的項目
	政策相關產業	・吸引外商投資試點項目 ・專賣產業的項目 ・統籌規劃的產業項目
	稀有資源產業	・稀有、貴重礦產資源勘探、開採的項目
	其他	・法律、行政法規規定限制的其他項目
禁止類	危害公益產業	・危害國家安全項目 ・損害社會公共利益項目 ・危害軍事設施安全和使用效能項目
	破壞資源產業	・對環境造成汙染損害項目 ・破壞自然資源項目 ・損害人體健康項目
	不利發展產業 特有技術產業	・占用大量耕地，不利保護、開發土地資源項目 ・大陸特有工藝項目 ・大陸特有的技術生產產品項目
	其他	・法律、行政法規規定禁止的其他項目

資料來源：《兩岸經貿通訊》（臺北：海峽交流基金會），第43期，1995年7月10日，頁15。

　　根據《外商投資產業指導目錄》，大陸政府鼓勵外商投資的行業主要包括：

(一)農業綜合開發和農業新技術項目，如荒地、荒山、灘滁開墾，中低產田改造，農作物優質高產新品種開發，及林木良種引進，優良種畜種禽繁育、飼料蛋白資源開發，高效、安全的農藥新品種，高濃度化肥等。

(二)基礎產業和基礎設施項目，如煤炭、石油、電力、鐵路、公路、港口、機場、鋼鐵、有色金屬、化工和建築材料等。

(三)機械電子、石油化工、汽車製造和建築業等今後要加快發展的
　　支柱產業。

(四)引進先進技術、改進產品性能、節約能源和原材料、提高企業
　　技術經濟效益或者產品填補空白，並適應市場需求的項目。

(五)提高產品檔次、擴大產品外銷、增加出口創匯的項目。

(六)工業能夠綜合利用資源和再生資源的新技術、新設備項目，如
　　低熱值燃料、伴生資源、廢棄物的綜合利用技術開發等。

　　在國內商業和對外貿易領域，由試點逐步對外商開放。自1992年
在北京、天津、上海、大連、青島、廣州等5個地區試點開放外商投資
商業零售企業；對外貿易方面，允許在沿海城市的保稅區內設立外商
投資的外貿公司，從事轉口貿易。

　　大陸於1996年頒布實施《關於設立中外合資對外貿易公司試點暫
行辦法》，允許外商參與進出口貿易行業，顯示國有外貿企業的獨占
局面不再存在，同時也象徵大陸的外貿體制進一步向國際靠攏。

　　在商品流通領域中，除了商業零售、批發和物資供銷對外商投資
尚有限制，其他在市場基礎設施（如倉儲、運輸流通、物資流通等經
營設施）、市場信息設施、市場服務行業等，均鼓勵外商投資。

　　第三是對外資銀行實行「國民待遇」。過去大陸吸引外資的主要
手段是租稅優惠，以及進出口經營權、信貸和使用外匯方面的優惠。
這些優惠對刺激外商的投資意願確曾發揮相當大的作用，不過卻也因
此造成一些問題，譬如出現「假外商」造成稅收流失、內資企業處於
競爭劣勢等，而外商企業在某些方面享受低國民待遇，如各種生產服
務價格、產業投向及信貸限制等，抵消了租稅優惠所得到的利益，則
迭有怨言。

　　大陸國家計委在「1997利用外資重點」的一份報告中明確提出，
要在「適當時機統一內外資企業收費標準，逐步對外商投資企業實施
國民待遇」。具體的做法主要有：

(一)內、外資企業的所得稅稅率趨向一致。1994年大陸稅制改革前，大陸國有大中型企業的所得稅稅率固定為55%，私營企業的所得稅稅率固定為35%，國有中小型企業和集體所有制企業的所得稅稅率適用八級超額累進稅率，為33%（含地方稅）。1994年大陸稅制改革後，企業所得稅稅率一律改為33%。

(二)統一內資和外資企業適用的稅種。廢除外資企業的「工商統一稅」，對內、外資企業一律課「增值稅」、「消費稅」及「營業稅」。

(三)終止優惠關稅。自1996年4月1日起，大陸海關已開始全面執行大陸國務院《關於終止三資企業、技術改造項目、經濟特區、進口設備和原材料等的減免稅通知》。這項措施是與大陸大規模降低關稅同時實施的。大陸試圖以「市場」吸引外資的政策已更加凸顯。

(四)對外商投資企業實行銀行結售匯制度。1996年7月1日起，大陸政府對外商投資企業實行銀行結售匯已擴大至全大陸地區，即外商投資企業的外匯買賣已納入大陸的銀行結售匯體系，外商企業的外匯操作更加方便。

對外資企業取消優惠關稅、實施「國民待遇」的同時，對於某些特殊的投資項目，仍依投資方向予以選擇性的優惠，並採取四項差別性措施，即：

(一)對產品出口企業保留原有的優惠政策，但對以內銷為主的企業則取消其優惠政策，並在外資股權的比例上從嚴限制。

(二)投資中西部的勞力密集型外資加工企業，不取消優惠政策。

(三)在取消部分外資企業優惠政策的同時，搭配推出開放內銷市場政策，以減輕因取消優惠政策而對外資企業產生的衝擊。

(四)外商投資基礎設施時，仍可享受較長時間的政策優惠。

1990年代末期，受到亞洲金融風暴的影響，外商對大陸的直接投

資出現停滯的現象，大陸政府引進外資的政策順勢做了一些調整。首先，自1998年開始，大陸政府加強鼓勵外商投資企業從事技術開發和創新，譬如，對外商投資設立的研發中心，自用設備及其配套的技術、配件和備件可免徵進口稅和進口環節稅；外國企業向大陸境內轉讓技術，可免徵營業稅和免徵企業所得稅等。

其次是，積極鼓勵並引導外商到中西部地區投資。1997年12月，大陸修訂了《外商投資產業指導目錄》，將能夠發揮中西部地區的人力、資源優勢，並符合中央產業政策的項目列為鼓勵外商投資領域；對於被列為限制外商投資的項目，但卻能夠發揮中西部地區資源優勢並符合產業政策的，則適當放寬政策。2000年6月，大陸政府進一步制定了《中西部地區外商投資優勢產業目錄》，對於向中西部地區投資的外商，在進口關稅、設立條件、允許進入的行業和所得稅減免等方面，給予更加優惠的政策。

第三是改善對外商企業的管理體制。2000年10月，九屆人大修改了《外資企業法》，取消對外商投資企業外匯平衡、優先使用國產配件，以及其他一些方面的要求。2001年3月，九屆人大四次會議另對《中外合資經營企業法》進行修改，取消了「合資企業生產經營計畫，應報主管部門的備案，並通過經濟合同方式執行。同時也取消合營企業所需要原材料、燃料和配套件等，應首先在中國購買」的規定。

四、全面發展階段（2002年～）

自2002年以來，大陸利用外商直接投資進入全面發展的新階段。2001年12月，大陸正式加入世界貿易組織（WTO），開啟了改革開放以來第二次外資戰略的重大調整。

大陸在1980年代展開一系列「區域傾斜」的沿海開放政策，吸引

大量的外資投入。進入1990年代，大陸的外資政策調整為「產業傾斜」，同時，前階段強調的沿海經濟發展戰略也調整為「四沿」，即「沿海、沿江、沿邊、沿線」的發展戰略。2000年，中共「十五屆五中全會」通過「十五計畫」，確立了西部大開發的政策，與「科技興國」戰略併列，形成了「區域傾斜」與「產業傾斜」並重的外資政策。

面臨加入WTO的新形勢，大陸利用外資的政策呈現「第二次戰略轉變」，與1992年「第一次戰略轉變」政策不同的是，在「第二次戰略」，大陸政府顯然較過去更加重視吸引外資要配合全國產業發展政策，同時也較過去更加重視法制化，政策透明和有效規範。

第一，取消與WTO《與貿易有關的投資措施協議》相違背的法規政策，主要包括取消當地成分要求，取消大陸外商投資法律中進口用匯限制（即外匯平衡規定），取消「以產頂進」、「替代進口」的規定，取消銷售比例限制措施，取消那些國內法或行政命令項下的限制性或可予強制執行的措施，或為取得優惠地位所必須的措施，刪除外商投資法中存在的其他產品出口及進口限制條件的投資措施、出口產品及數量限制措施。

第二，擴大可投資領域。根據加入WTO的協議，大陸將降低服務業領域的准入門檻，擴大服務貿易的對外開放。2002年4月，大陸開始實施新的外商投資產業指導目錄，該新目錄減少過去屬於限制類和禁止類的服務行業，擴大服務業的市場准入。其中，鼓勵類由186項增加到262項，限制類由112項減少到75項；同時放寬外商投資的持股比例限制，如取消港口共用碼頭的中方控股要求；將原禁止外商投資的電信和燃氣、熱力、供排水等城市公用事業，首次列為對外開放領域。新的目錄配合大陸加入WTO的承諾，按照承諾的地域、數量、經營範圍、股比要求和時間表，進一步開放銀行、保險、商業、外貿、旅遊、電信、運輸、會計、審計、法律等服務貿易領域。

　　第三，投資地域多樣化。鼓勵外資投向中西部地區，參與正在推動的中西部大開發戰略。新的外商投資產業指導目錄放寬外商投資西部地區的持股比率和行業限制。

　　2004年6月，大陸修訂頒布《中西部地區外商投資優勢產業目錄》，特別列出了中西部地區20個省（自治區、市）的優勢產業，以農牧業產品加工、發展旅遊、植樹造林、開發礦產資源、交通基礎設施和新型電子零配件開發製造等領域為重點，鼓勵外商進行投資。該目錄中所列的利用外資項目，享受在投資總額內進口的自用設備免徵關稅和進口環節增值稅等優惠政策。

　　2001年1月，中共中央正式發出《關於實施西部大開發若干政策措施的通知》，其中針對外資政策部分，首先是擴大投資行業領域；主要有：(1)要進一步擴大外商投資領域，鼓勵外資投資於西部地區的能源、礦產、水利、農業、生態、交通、市政、環保、旅遊等基礎設施與資源開發，以及建立技術研究開發中心。(2)擴大西部地區服務貿易領域對外開放，將外商對銀行、商業零售企業、外貿企業投資的試點擴大到直轄市、省會和自治區首府城市。(3)允許西部地區外資銀行逐步經營人民幣業務。(4)允許外商在西部地區依照有關規定投資電信、保險、旅遊業，興辦中外合資會計師事務所、律師事務所、工程設計公司、鐵路和公路貨運企業、市政公用企業和其他已承諾開放領域的企業。一些領域的對外開放，允許在西部地區先行試點。

　　其次，提出要進一步拓寬利用外資渠道：在西部地區進行以BOT方式利用外資的試點，開展以TOT方式利用外資的試點。

　　再次，提出要大力發展對外經濟貿易，及積極推進地區協作與對口支援。為鼓勵外商投資進入西部地區，大陸國務院西部地區開發領導小組辦公室在2001年9月間指出，相關部門已陸續制定了一系列優惠措施，其中內容包括：

　　1.擴大鼓勵外商投資的領域。外商投資西部地區優勢產業的項目，

可享受外商投資鼓勵類產業的優惠政策。

2.對外商投資企業實行稅收優惠。對設在西部地區國家鼓勵產業的外商投資企業，按15%的稅率徵收企業所得稅；對設在民族自治地區的外商投資企業，經省級人民政府批准，可以免徵或減徵地方所得稅；對外商在西部地區興辦交通、電力、水利等企業的企業所得稅實行「兩免三減半」；對外商投資於能源企業、高新技術企業、產品出口型企業、軟體和積體電路企業，實行相應稅收優惠政策；對國家鼓勵類產業的外商投資項目進口自用先進設備，免徵關稅和進口環節增值稅。

3.擴大服務貿易對外開放。將外商對銀行、商業零售企業、外貿企業投資的試點，擴大到西部直轄市、省會城市和自治區首府城市。允許西部地區的外資銀行逐步經營人民幣業務；允許外商在西部地區依照有關規定投資電信、保險、旅遊業、興辦中外合資會計師事務所、律師事務所、工程設計公司、鐵路和公路貨運企業、市政公用企業等；允許外商投資城市天然氣管網建設和經營。

4.拓寬外商投資渠道。在西部地區進行以BOT方式利用外資的試點，開展以TOT方式利用外資的試點；對中央鼓勵和允許類產業的企業，可通過轉讓經營權、出讓股權、兼併重組、中外合資企業基金、風險投資基金等方式吸收外商投資。

5.放寬利用外資條件。對外商投資於西部地區基礎設施和優勢產業項目，適當放寬外商投資的股比限制；外方可以控股西氣東輸管道工程；外商投資西部地區基礎設施和優勢產業項目，可適當放寬國內銀行提供固定資產投資人民幣貸款的比例；對國家鼓勵類產業的項目，國內銀行向其提供固定資產投資人民幣貸款不受比例限制；允許外商投資項目展開包括人民幣在內的項目融資。

6.鼓勵已在大陸外商投資企業再投資。外商到西部區再投資項目，

凡外資比例超過25%的，均可享受外商投資企業相應待遇；允許沿海地區外商投資企業，到西部承包經營管理外商投資企業和內資企業。

7. 鼓勵外資投資非油氣礦產資源開發。對於外商到西部地區以獨資或與中方合資、合作的方式勘查開採非油氣礦產資源的，除享受國家已實行的有關優惠政策外，還可以享受免繳探礦權和採礦權使用費一年、減半繳納探礦使用費兩年的政策；對於外商從事《外商投資產業指導目錄》中鼓勵非油氣礦產資源開採的，享受免繳礦產資源補償費五年的政策。

8. 建立國家級開發區。允許西部各省、區、市在其省會或首府城市及生產建設兵團所在地選擇一個已建成的開發區，申辦國家級經濟技術開發區。

9. 方便外籍人員出入境。在西部地區投資數額較大的外商投資企業，其外方投資者和企業的外籍高級管理人員、技術人員可獲提供出入境便利。

10. 改善投資軟體環境。放寬多種所有制企業市場准入，簡化國內投資項目審批程序，相應簡化外商投資項目審批程序。

第四，投資方式多樣化。歷年來，大陸利用外商直接投資的方式，主要是「新建投資」。2003年3月，大陸政府頒布了《外國投資者併購境內企業暫行規定》，履行加入WTO之承諾，開放外商採用購併方式在大陸設立企業。該項規定對外資併購企業的範圍、外商投資比例、併購後的債務債權承擔、股東的地位和併購交易價格等方面做了詳細的規範，顯示大陸政府將允許外商以多種方式在大陸各地投資，包括國際上流行的購併方式設立企業，例如允許進行協議購併、允許進入企業產權交易市場購併、允許進入股票市場開展購併、允許合資企業外方通過股權轉讓及增資擴股方式購併等。

第四節　近年來外資政策之調整

改革開放政策吸引大量的外資進入中國大陸，對於其經濟發展的貢獻不小，譬如，促進了大陸的資本形成、創造了大量的就業機會等。不過，利用外資的政策也引起大陸各界若干負面的議論，其中，較常被提到的問題包括跨國企業引入的技術非最先進、造成環境汙染、內外資企業稅賦不公平等，因此，近兩、三年來，大陸逐漸調整外資政策。其調整策略思維及具體作為可歸納從下列幾個方面分析：

一、塑造公平競爭的投資環境

外商企業在大陸一直享有租稅等優惠待遇。大陸加入WTO後，這種超國民待遇所衍生的不公平競爭，不利於內資企業的現象愈趨凸出。為塑造內外資企業公平競爭的環境，自2006年以來，大陸政府先後實行新的《企業所得稅法》和修訂《城鎮土地使用稅暫行條例》，取消對外資企業的稅收優惠待遇。

《企業所得稅法》於2007年3月經人大通過，並於2008年1月1日開始實施。該法的基本精神在於統一內、外資企業所得稅制，過去外商投資企業享受二十多年的超國民待遇將逐步走向終結，新的稅制將內、外資企業的所得稅合併，統一後的稅率為25%。惟對於已進入中國大陸投資多年的外商，租稅優惠仍然享有五年的緩衝期，也就是自2013年起，外商企業原有的企業所得稅優惠將自動失效。

新稅法首次將納稅人區分為「居民企業」、「非居民企業」，前者承擔全面納稅義務，就其來源於大陸境內外的全部所得納稅。「居民企業」是指按新稅法第二條規定，凡依照中國法律在境內成立，或者實際管理機構在境內的企業都屬之。在第三地成立的紙上公司因業

務需要，實際上是在中國大陸運作，有可能因為「實際管理機構在中國境內」而被認定為「居民企業」。

　　非居民企業一般指就來源於中國境內的所得納稅。新稅法對非居民企業應繳納的所得稅，實行源泉扣繳，非居民企業的所在地不同將有不同的稅率標準，與大陸簽訂有租稅協定者，適用較低稅率；臺灣因沒有與大陸簽訂租稅協定，適用的稅率較高。

　　關於城鎮土地使用稅，按舊有的規定，外商投資企業生產經營用地一般只繳納土地出讓金，不再繳納場地使用費；繳納場地使用費和土地出讓金的外商投資企業，不須繳納城鎮土地使用稅。修訂後的《城鎮土地使用稅暫行條例》，除了將稅額標準提高兩倍之外，另將外商投資企業納入徵稅範圍，目的是為了消除內外資企業用地成本的差異。該項新措施儘管有助稅賦公平，然而，對於臺（外）商企業來說，土地使用成本將大幅增加。[2]

　　原則上，自2011年開始，大陸外資企業享受的優惠政策與內資企業完全一樣，惟外國企業、外國人從大陸境外向大陸境內轉讓技術取得的收入，可以免徵營業稅。2010年底，大陸對外資企業開始徵收城建稅和教育附加稅。

　　2008年實施的《企業所得稅法》把內外資企業所得稅率統一為25%，同時，取消外資企業所得稅減免優惠政策。不過，對於2007年3月16日以前依法登記設立且已享受低稅率優惠政策的企業，可以在新稅法施行以後五年內，逐步過渡到該法規定的稅率。其中，享受企業所得稅15%優惠稅率的企業，2008年按18%的稅率執行，2009～2011

2　原條例規定，城鎮土地使用稅每平方米年稅額為：大城市0.5～10元、中等城市0.4～8元、小城市0.3～6元，修改後的稅額分別為1.5～30元、1.2～24元、0.9～18元。參閱《中國經濟新聞》（香港），2007年3月12日，第10期，頁16-17。

年間，每年分別按20%、22%、24%，2012年按25%稅率執行；原執行24%優惠稅率的企業，2008年1月起按25%稅率執行。

另外，自2008年1月1日起，原享受企業所得稅「兩免三減半」、「五免五減半」等定期減免稅優惠的企業，新稅法實行後繼續按原稅法及相關文件規定的優惠辦法和年限享受至期滿為止，但因未獲利而尚未享受前述稅收優惠的，其優惠期限自2008年度起計算。

值得注意的是，新企業所得稅法雖然取消了外資企業的稅收優惠，但各省市為招商引資及促進當地經濟發展，陸續推出新的優惠政策，其中，最受矚目的是當地政府的「返稅」優惠政策，即當地政府針對在當地註冊外資企業所繳納的稅收，把其中一部分再返還給外資企業。以上海崇明區為例，外資企業繳納的營業稅返還的比例可達40～50%，企業所得稅可返還16～20%，增值稅可返還6～9%。

此外，國家重點發展產業如高新技術企業、軟體企業、積體電路設計等行業，以及國家重點發展區域如西部大開發戰略計畫，外商投資企業仍然可以享受稅收減免優惠政策。

● 二、更加重視引進外資的素質

大陸利用外資的政策態度，已逐漸從「招商引資」轉向「招商選資」，不再來者不拒。2006年11月，大陸國家發改委發布《利用外資十一五規劃》宣示，將持續推動利用外資從「量」到「質」的根本轉變，使利用外資的重點從彌補資金、外匯缺口等考量，轉到引進先進技術、管理經驗和高素質人才方面；同時，更加注重環境保護、資源能源節約與綜合利用效率。事實上，在此之前，針對利用外資中加工貿易業的素質不高、結構不合理的現象，已先後發布一系列規範性政策文件，例如修訂《外商投資產業指導目錄》、頒布實施《關於鼓勵技術引進和創新、促進轉變外貿增長方式的若干意見》（2006年9月）

等。

　　大陸從2007年12月1日開始實行新版的《外商投資產業指導目錄》，除了強調引進外資促進產業的升級，鼓勵外商投資高新技術產業、裝備製造業、新材料製造業產業，以及鼓勵外資從事承接服務外包，現代物流等服務業之外，對一些大陸境內已經掌握成熟的技術，具備較強生產能力的傳統製造業，強調不再鼓勵外商投資。另外，更加強調節約資源，保護環境。對中國大陸稀缺或不可再生的重要礦產資源，不再鼓勵外商投資；一些不可再生的重要礦產資源，不再允許外商投資勘查開採；限制或禁止高物耗、高能耗、高汙染外資項目准入；不再繼續實施單純鼓勵出口的導向政策；對部分涉及國家經濟安全的戰略性和敏感性行業，持謹慎開放的態度。

　　2010年4月，大陸國務院頒布《關於進一步做好利用外資工作的若干意見》，提出修訂《外商投資產業指導目錄》，擴大開放領域的構想，鼓勵外資投向高端製造業、高新技術產業、現代服務業、新能源和節能環保產業，嚴格限制「兩高一資」高汙染、高耗能、資源型項目和鋼鐵、水泥等領域的盲目擴張；鼓勵中外企業加強研發合作；鼓勵跨國公司在大陸設立地區總部、研發中心、採購中心、財務管理中心、結算中心，以及成本和利潤核算中心等功能性機構，在2010年底以前，對符合規定條件的外資研發中心確需進口的科技開發用品，免徵進口關稅和進口環節增值稅、消費稅。

　　另外，也鼓勵外資以參股、併購等方式參與大陸本土企業改組、改造和兼併重組，引導外資向中西部地區轉移和增加投資。下放外商投資審批權，《外商投資產業指導目錄》中總投資3億美元以下的鼓勵類、允許類項目，除《政府核准的投資項目目錄》規定需由國務院有關部門核准外，由地方政府有關部門核准，較過去大陸地方政府授權核准的外商投資項目金額上限為1億美元寬鬆許多，是改革開放三十年來對外商投資審批權限下放幅度最大的一次。《外商投資產業指導

目錄》中總投資5,000萬美元以上的限制類項目,則仍由中央政府審批。為推動外資併購有序發展,2011年2月大陸頒布了《關於建立外國投資者併購國內企業安全審查制度的通知》,加強反壟斷審查和安全檢查。

2011年12月30日公布第五度修訂的《外商投資產業指導目錄》,新目錄鼓勵類條目增加3條,共354條;限制類和禁止類條目分別減少7條和1條,分別減為80條和39條。同時,取消了部分領域對外資的股比限制,有股比要求的條目比原來減少11條。新目錄顯示,大陸將特別鼓勵外商投資節能環保、新一代信息技術、生物、高端裝備製造、新能源、新材料、新能源汽車等戰略性新興產業,以提升大陸承接國際產業轉移的層次和水準,培育國際合作和競爭新優勢。另外,也將積極引導外商投資服務業,增加了9項鼓勵類條目,包括機動車充電站、創業投資企業、智財權服務、海上石油汙染清理技術服務、職業技能培訓等;醫療機構、金融租賃公司等從限制類調整為允許類。

為鼓勵外商投資設立研發中心,大陸商務部曾於2009年間發布的《關於繼續執行研發機構採購設備稅收政策的通知》,對於符合條件的外商投資企業進口科技研發用品、設備,給予免徵關稅和進口環節增值稅、消費稅等優惠,採購國產則全額退還增值稅。2011年10月發布通知,將上述優惠政策試用期間,由2010年底延長至2015年底,並擴大了享受政策的設備範圍。

三、促進加工貿易轉型升級

為了扭轉加工出口貿易擴張造成外貿順差逐年攀升所帶來之困擾,大陸政府積極採取一系列政策。首先是出口退稅率的調整。長期以來,大陸為了鼓勵出口,實施出口退稅政策。2007年6月中旬,大陸發布《關於調低部分商品出口退稅率的通知》,自7月1日起實行新的

出口退稅政策。該項新政策涉及2,831項產品，約占大陸海關稅則中全部商品總數的37%，調整的幅度堪稱為歷次調整之最。其主要內容包括三個部分：

一是取消553項「高耗能、高汙染、資源性」產品的出口退稅，主要包括：鹽和水泥等礦產品、肥料、染料等化工製品、金屬碳化物和活性炭產品、皮革、一般普炭焊管產品、非合金鋁製條焊等簡單有色金屬加工產品等。

二是降低2,268項容易引起貿易摩擦的商品之出口退稅率，主要包括：服裝、鞋帽、雨傘、羽毛製品、箱包、其他皮革毛皮製品、紙製品、塑膠、橡膠及其製品等。

三是將10項商品的出口退稅改為出口免稅政策，主要包括花生果仁、油畫、雕飾版、郵票和印花稅票。

出口退稅被取消，將使大陸外商企業的生產成本大幅增加，因為按規定出口不予退稅之貨物，視同內銷貨物計提銷項稅金或徵收增值稅。其中，採用一般貿易方式出口的企業較採用進料加工後出口貿易方式的企業所受衝擊程度大。出口退稅率調低對於相關企業的影響，適用「不徵不退」的企業不受影響，適用「免、抵、退」的企業則勢必增加生產成本。[3]大致上，在大陸當地購買原物料的比例愈高，受衝擊愈大。

為了改善出口商品結構、提升出口商品附加值、改變粗放型外貿

3　「進料加工」係指進口料件由經營企業付匯進口，製成品由經營企業外銷出口的經營活動。「不徵不退」係指出口貨物收入及工繳費收入不徵稅，但其所發生的任何進項稅金，亦不得抵扣內銷貨物的應納稅額，也不予退稅。「免、抵、退」的意義是，對生產企業出口的自產貨物，免徵本企業產銷環節的增值稅；其所耗用的原材料、零配件等所含的進項稅額，在扣除免抵退稅不得免徵和抵扣稅額後，可用於抵消內銷貨物的銷項稅額；其在當月內應抵消的進項稅額大於應納稅額時，對未抵消完的部分予以退稅。

擴張模式，大陸政府還多次調整加工貿易政策。2007年7月下旬，大陸政府公布新一批《加工貿易限制類商品目錄》，主要涉及塑料原料及製品、紡織紗線、布匹、傢俱、金屬、粗加工產品等勞動密集型行業，共計1,853個十位商品稅號，占全部海關商品編碼的15%，包括之前公布的394個十位商品稅號，加工貿易限制類商品目錄合計已達2,247個。對列入限制類的商品將實行銀行保證金臺帳「實轉」管理。[4]與以前公布的目錄只為限制進口類商品的做法不同，這次是首次把1,800多項商品列為出口限制類。

此外，這一次加工貿易政策之調整，禁止類目錄新增了184個十位海關商品稅號，主要包括皮革、肥料、化工、冶煉、冶金等行業。自1999年起，大陸政府開始對加工貿易活動實行商品分類管理，將加工貿易商品分為禁止類、限制類和允許類。迄今，禁止類目錄已發布過四次，1,140個十位稅號商品列入其中。對於列入禁止類目錄的商品，保稅資格被取消，只能用一般貿易方式進口商品。

這次加工貿易政策之調整，最讓企業吃不消的是保證金臺帳制度緊縮管理。按原來的管理辦法，大部分依法經營，無走私、違規行為的企業並不用繳納保證金；但在新政策下，被列入限制類商品的加工貿易業務，無論是那一類型企業，都必須繳納臺帳保證金。由於產品生產有週期，海關歸還保證金也需要行政作業時間，週期愈長，被押資金的時間愈久，企業的成本負擔愈重。

4　所謂「實轉」管理，是指企業在合同備案時，須向中國銀行繳納臺帳保證金，當企業在規定期限內加工成品出口，並辦理核銷結案手續後，保證金加計利息予以退還。

● 四、環保要求提高

　　長期以來，大陸外向型經濟發展模式，對於環保約束幾乎掛零，結果在高度經濟成長過程中付出了資源、環境、能源等方面高昂的代價。因此，近年來，大陸政府積極推動多項政策，試圖「轉變經濟增長方式」，在吸引外商直接投資的政策上，強調資源節約和環境保護，嚴格限制低水準、高消耗、高汙染的外資項目；鼓勵利用外資節約用水、節約土地、節約材料和加強資源綜合利用。

　　大陸在《利用外資「十一五」規劃》中宣示，要制定完善外商投資項目的能耗、水耗、占用土地等准入標準，依法對包括外商投資企業在內的各類企業實行強制淘汰高耗能、高耗水、落後工藝、技術和設備的制度。加強對各類企業環境保護監管，貫徹實行「清潔生產審核、環境標識和環境認證制度」。2007年6月間曾公布《節能減排綜合性工作方案》，明確提出2010年實現節能減排的工作目標。[5]

　　環保是大陸「十一五」規劃的重點工作，各地政府面對北京中央的要求，紛紛積極投入落實執行相關的環保規定，嚴厲要求各類工廠改善排汙設備、減少汙染排放總量和濃度，這些作為造成大陸各地外商面臨大幅提高成本的困擾。廣東省推動環保工作更是雷厲風行，宣示未來將走「高產出、低消耗、零汙染」的綠色經濟發展模式，提高對製造業的排汙標準，令在當地投資設廠的部分外商受到極大衝擊，沒有能力及財力改善排汙的工廠，可能將被迫歇業或遷移至他處。受影響較大的行業包括高汙染的皮革廠、電鍍廠、化工廠及漂染廠等。

5　首先，每萬元國內生產總值耗能將由2005年的1.222噸標準煤下降到1噸標準煤以下，降低20%左右；單位工業增加值用水量降低30%。其次，「十一五」期間，大陸主要汙染物排放總量減少10%；到2010年，全大陸設市城市汙水處理率不低於70%，工業固定廢物綜合利用率達到60%以上。

五、加強保障勞工權益

為加強維護勞工權益，2007年，大陸政府頒布實施《勞動合同法》（2007年3月公布、2008年1月1日開始實施）、提高最低工資標準，同時也加強勞動檢查。這些措施將增加外商用工成本。其中，以《勞動合同法》之實施對臺（外）商造成的衝擊最大。

歸納而言，《勞動合同法》實施之後，對大陸外商造成的不利影響，第一是不簽訂書面勞動合同，將面臨高昂的成本（#14-3、#82）；第二是降低無固定期限勞動合同訂立的門檻（#14-2、#14-3、#82-2）；第三是試用期限制更嚴格（#19、#20、#70、#83）；第四是違約金約定限制（#22-2、#23-2）；第五是勞動者解除合同的情境變多（#37、#38-2）；第六是裁員時規定強制留用人員，不利企業用人決策（#41-2）；第七是明訂勞動合同期滿終止應支付離職勞工經濟補償，將增加企業用工成本（#46）；第八是違法辭退員工，經濟補償成倍上升（#48、#87）；第九是企業規章制度不可片面制定，須與工會或職工代表平等協商（#4-2）。顯然，對於大陸外商而言，大陸實施《勞動合同法》後，原來具有的勞動力資源優勢將因此打了折扣，也就是說，未來將面臨升高的勞動成本，以及不可預期的勞工意識高漲可能帶來的困擾。

除了實施《勞動合同法》，為加強維護勞工權益，大陸政府近來還特別重視「勞動檢查」，取締非法加班超時工作、壓低加班費的企業；同時，調整最低工資標準，並明確規定最低工資必須是實得收入。這些新措施無疑使得外商用工成本大增，經營風險也隨之提高，將不利於外商企業生存與發展。據媒體報導，有許多座落在珠三角、長三角的外商，已因這些新措施帶來的威脅而掀起遷移潮。

六、推動跨境人民幣直接投資

　　為適應外國投資者發展的需要，提高投資便利化程度，大陸商務部、中國人民銀行於2011年10月分別頒布實施《關於跨境人民幣直接投資有關問題的通知》和《外商直接投資人民幣結算業務管理辦法》。依其中相關規定，境外投資者可以使用合法取得的境外人民幣進行直接投資。所謂合法取得的境外人民幣，主要包括通過跨境貿易人民幣結算取得的人民幣、匯出境外的人民幣利潤，以及轉股、減資、清算、先行回收投資所得的人民幣；在境外通過發行人民幣債券、人民幣股票，以及其他合法渠道取得的人民幣。

◉ 參考文獻 ◉

于洋、呂煒、蕭興志，《中國經濟改革與發展：政策與績效》，大連：東北財經大學出版社，2005年。

王志樂，《跨國公司在華發展新趨勢》，北京：新華出版社，2003年。

尹翔碩，《中國對外貿易改革的進程與效果》，太原：山西經濟出版社，1998年。

朱文暉，《中國出口增長奇蹟：實證檢驗、理論啟示、政策探討》，北京：經濟科學出版社，1998年。

李榮林、張岩貴，《我國對外貿易與經濟增長轉型的理論與實證研究》，北京：中國經濟出版社，2001年。

孫玉琴，《中國對外貿易體制改革的效應》，北京：對外經濟貿易大學出版社，2005年。

楊聖明主編，《中國對外經貿理論前沿》，北京：社會科學文獻出版社，1999年。

滕家國，《外商對華直接投資研究》，武昌：武漢大學出版社，2001年。

樊勇明，《中國的工業化與外國直接投資》，上海：上海社會科學院出版社，1992年。

張宇主編，《中國模式：改革開放三十年以來的中國經濟》，北京：中國經濟出版社，2008年。

「改革開放」與
大陸經濟發展成就

3

大陸自1979年實行「對內改革、對外開放」的政策迄今，已經歷超過三十年，「改革」從農村經濟體制推行「家庭聯產承包責任制」開始，到城市經濟體制「放權讓利」；「開放」從華南沿海地區開始，延伸到華北、華中和內陸地區。進入九十年代，大陸先後整合了「計畫」與「市場」，以及「姓社」與「姓資」的爭論，確立「社會主義市場經濟」的基本發展路線。1997年9月間，中共召開「十五大」，進一步克服了所有制意識型態上「姓公」和「姓私」的爭論，經濟體制改革逐漸深化。2001年12月，大陸完成加入WTO的必要程序，正式成為WTO締約成員，經濟全面對外開放，體制改革再向前邁進一大步。三十多年的經濟體制改革及開放，大陸經濟發展的成就已受到世界各國矚目。

第一節　總體經濟發展趨勢

中共在1950年代初，曾對當時的經濟制度進行改革，在農村推行農業集體化，在城市推行工商業社會化，並確定集中主要力量進行以重工業為中心的工業建設。自1953年開始實行中央集權式經濟計畫，依循不平衡發展的策略思維積極推動工業化的發展政策，具有下列特徵，其一是維持高投資比率，全力追求高速度之發展；其二是集中投資於發展重工業，特別是鋼鐵及機械製造業，貶抑輕工業及農業之發展；其三是著重大型及資本密集工業之發展；其四是榨取農業剩餘以支持工業部門的擴張。在這樣高度不平衡的發展模式下，由於投資資金多集中於資本密集型之工業建設項目，因此造成大陸的產業及經濟結構呈現畸形發展的現象。

● 一、改革前發展概況

在中央計畫經濟體制下，大陸經濟發展的整體表現差強人意。表3-1的資料顯示，1952～1978年間，大陸的國民生產總值增長了4.3倍，平均每年增長 6.6%；工業和農業總產值分別增長了3.6倍和2倍，平均每年增長率分別為5.8% 和2.7%；政府財政收人增長了5.2倍，平均每年增長 7.2%；居民消費水準增長了1.3倍，平均每年增長3.3%；全社會商品零售總額增長了8.1倍，平均每年增長9.0%；進出口貿易總額增長了9.6倍，平均每年增長9.5%；貨物周轉量增長了11.9倍，平均每年增長率為10.3%。大陸學者的研究指出，中國大陸若不發生1966～1976年的文化大革命事件，對其經濟造成了嚴重破壞，其經濟發展成就也許會更加突出。

在1978年以前，大陸的經濟發展戰略基本上具有以下幾項特徵，其一是以高速發展為主要目標。大陸在1950年代初曾經指出：經濟建設速度要成倍地、幾倍地、以至幾十倍地超過過去中國和超過一切資本主義國家。資本主義國家用一、二百年時間達到的生產規模，大陸要在一、二十年、甚至更短的時間內就要達到。這種把高速度發展作為主要目標的經濟發展戰略，在「大躍進」時期表現得最為明顯和突出。

其二是以重工業為最優先發展的重點。為了促使共產主義社會早日來臨，實現「各盡所能、按需分配」的理想，大陸當局認為唯有實現工業化，而工業化又是以發展重工業生產，即生產資料工業的生產為基礎。大陸當局更指出：由於重工業決定著國民經濟的發展水準和發展方向，決定著農業、輕工業和國民經濟各部門的技術水準和勞動生產力提高的程度，工業的生產和建設必須首先保證重點，工業的中心問題是鋼鐵和機械的生產。因此，從1958年開始，鋼鐵工業實際上已成為重工業的重點。

表3-1　改革開放前大陸經濟之發展

經濟指標	單位	1952	1978	1952～1978	
				年平均成長（%）	成長倍數
國民生產總值	億元人民幣	681	3,645	6.6	5.3
工業總產值	億元人民幣	349	1,607	5.8	4.6
農業總產值	億元人民幣	461	1,397	2.7	3.0
財政收入	億元人民幣	184	1,132	7.2	6.2
職工工資總額	億元人民幣	68.3	569	8.5	8.3
居民消費水準	元	76	175	3.3	2.3
全民所有制單位固定資產投資	億元人民幣	43.6	668.7	11.1	15.4
全社會商品零售總額	億元人民幣	175	1,559	9.0	9.1
進出口貿易總額	億美元	19.4	206.4	9.5	10.6
能源生產總量	標準煤萬噸	4,871	62,770	10.3	12.9
貨物周轉量	億噸公里	762	9,829	10.3	12.9

資料來源：參考國務院發展研究中性UNDP項目組，《經濟發展改革與政策》第一卷（上），頁20資料修訂而得。

　　其三是以粗放發展為主。在落後的工業基礎上，要想很快的發展經濟並優先發展重工業，必然需要大量地建設新的項目，這種發展模式係以粗放式發展作為經濟發展的主要途徑。1958年間鼓勵各地普遍而大量地發展小土群企業，以實現高速發展重工業、鋼鐵工業的目標，便是這種粗放式發展思想的充分表現。

　　其四是以實現經濟的自給自足為目標。受到西方國家對大陸採取「政治上孤立、經濟上封鎖」政策的影響，大陸政府不得不實行閉關自守、自給自足的經濟發展模式。在達到自給自足目標之前，儘管也有一段時間發展對外的經濟技術交流關係，但從本質上說，原有的經濟發展戰略是一種閉關自守的發展戰略，該項戰略要求把經濟的自給

自足程度作為衡量經濟發展程度的重要標誌。

　　在1978年以前，大陸經濟成長的動力主要依賴大量的資本和勞動力。資本的供給主要來源於國內的積累，在1949～1978年間，除了「一五」時期（1953～1957）及1951、1952年外，大陸很少接受到國外貸款。1952～1978年間，大陸的儲蓄以每年平均8.5%的成長率成長，同期間的積累率為29.5%。在集權計畫經濟體制下，大陸當局把企業利潤及農業稅收集中起來，然後透過政府預算支出的方式把資金分配給各經濟部門，較受重視的部門優先獲得較多的配額。

　　投資和消費的增長，尤其投資擴張是大陸經濟增長的拉動力。資料顯示，1953～1978年間，全民所有制單位固定資產投資每年平均增長11.1%；同時期，社會商品零售總額年均增長9.0%，其中，社會集團消費需求的增長略高於一般居民消費需求。

　　大陸的對外貿易在1952～1978年間也有相當幅度的擴張。表3-1資料顯示，進出口貿易總額由1952年的19.4億美元，增加到1978年的206.4億美元，增加近9.6倍，其中，出口額由8.2億美元增加到97.5億美元，增加了10.9倍。然而，大陸的對外貿易並沒有跟上世界貿易發展的步伐，以大陸出口貿易為例，其占全世界出口總額的比重自1953年的1.23%下降為1978年的0.75%，在世界各國中的排名由第17位後移到第32位。顯然，1953～1978年間，大陸出口貿易的發展速度低於世界出口貿易的平均發展速度。

　　由於改革之前，大陸政府不重視對外貿易，因此，對外貿易在宏觀經濟中只是補充性質，該階段大陸經濟發展與世界經濟的關聯可以說是不大，以對外貿易占國內生產總值的比重，即對外貿易依存度偏低的情形（後文將有更詳細的討論），即可發現大陸經濟與世界經濟的隔離狀況。1952～1978年間，除「一五」時期接受原蘇聯的156個援助項目及東歐其他國家的一些援助項目之外，幾乎沒有接受其他的外援，這又從另一個側面反映了大陸經濟的孤立狀況。

　　另外，值得一提的是，自1950年代初期以來，大陸經濟發展呈現週期波動的趨勢。1953～1976年，大陸經濟成長趨勢大致可劃分為五個週期（表3-2），第一個週期持續五年（1953～1957）；第二個週期也持續五年（1958～1962）；第三個週期持續六年（1963～1968）；第四個週期持續四年（1969～1972）；第五個週期持續四年（1973～1976）。表3-2資料顯示，大陸經濟的波動是非常劇烈的，其中以第二個週期的波動為最，其波峰為21.3%，波谷為－27.3%，兩者合計之波幅高達48.6%。第一週期和第五週期的波動幅度較小，大約在10%左右。

表3-2　改革開放前大陸經濟成長率變動趨勢

年分	經濟成長率（%）	年分	經濟成長率（%）	年分	經濟成長率（%）
1953	15.6	1962	－5.6	1971	7.0
1954	4.2	1963	10.2	1972	3.8
1955	6.8	1964	18.3	1973	7.9
1956	15.0	1965	17.0	1974	2.3
1957	5.1	1966	10.7	1975	8.7
1958	21.3	1967	－5.7	1976	－1.6
1959	8.8	1968	－4.1	1977	7.6
1960	－0.3	1969	16.9	1978	11.7
1961	－27.3	1970	19.4		

資料來源：中國國家統計局國民經濟核算司編，《中國國內生產總值核算歷史資料（1951～1995）》，大連：東北財經大學出版社，1997年。

　　大陸經濟的週期波動與西方國家的情形大不相同，其特徵為：週期波動大都是產量、產值在原有技術水準和產業結構基礎上的擴張或收縮，沒有明顯地伴隨技術水準的升級和產業結構的高級化。另外，

週期性出現的高漲與低潮，只表現為資本存量擴張或收縮引起的產出大波動，沒有出現大規模的資本存量調整與更新。大陸經濟波動的另外一個特點是物價波動不大，主要是因物價在計畫經濟體制下受到嚴格管制。

　　大陸的經濟波動與其發展戰略密切相關。改革開放以前，除了「一五」時期和1960年代初調整時期曾強調過平衡發展外，經濟發展基本上是在不平衡的戰略決策指導下進行的。如前所述，這種不平衡發展戰略的主要特徵是：以高速發展為主要目標；以重工業作為凸出固定的發展重點。為了達成這些目標，透過計畫及強制手段配置各種經濟資源，忽視了經濟發展的市場機制，不可避免地發生經濟結構失調的問題。

　　大陸經濟波動的本質與市場經濟國家不同，其一是大陸的經濟波動與政治權力鬥爭息息相關，極左思想居主導地位的大躍進和文革期間，經濟呈現明顯衰退趨勢；重視生產力發展的務實派抬頭時，經濟的表現則較好。其二是大陸的經濟波動幅度較一般市場經濟國家高出好幾倍，這種現象與大陸當局的宏觀調控政策多採用行政手段有關。大陸學者曾形容大陸當局以行政手段調控經濟活動的後果為「一放就亂、一亂就收、一收就死、一死就放」，顯示宏觀經濟運行的調整過程大幅震盪現象。

● 二、改革後發展概況

　　「改革開放」確實給大陸經濟發展注入生機與活力，並創造了舉世矚目的經濟成就。就總體經濟層面來看，1978～2010年間，國內生產總值（GDP）（按可比價格計算）成長將近20倍（表3-3），實質成長率每年平均達到9.6%。同期間，人均GDP水準也大幅提高了13.8倍，每年平均成長8.5%。

　　大陸經濟經過半個多世紀，特別是改革開放以後的發展，已經發生重大的變化，綜合國力顯著提升。首先，以GDP為指標來觀察，1952年，大陸GDP僅679億元人民幣，2000年時已增加到99,214億元，按固定價格計算，1952～2000年間成長32.81倍，每年平均成長7.68%。[1]若以實施改革開放政策的1979年為基準點，比較觀察後可以發現，1952～1978年間，大陸的GDP成長率每年平均約僅6.15%，而改革開放之後迄2010年，每年平均GDP之成長則將近10%。「十五」期間（即2001～2005年），大陸GDP繼續保持高速成長，平均每年成長8%。就人均GDP來看，改革開放後，每年平均成長8.5%，較改革開放前的6%高出三分之一；人均GDP成長的速度，1990年代之後比1980年代期間，平均而言也快了許多。

　　2008年間，大陸的GDP突破30萬億元人民幣（見表3-4），最近連續四年的經濟成長率都超過10%。GDP總量在世界各國之排名，自2001年起提升到第六名，僅次於美、日、德、法和英之後，在發展中國家則排名第一位。2005年間進一步竄升至第四名。經濟總量在全世界經濟中所占的份額已從1989年的2.2%上升到2002年的3.8%，目前更超過4%。大陸的經濟總量在全球的排名2010年已上升至第二位，約占9.3%，僅次於美國。[2]

1　參考大陸國家統計局出版的《中國統計年鑑2004》數據。

2　參閱世界銀行，《2001年世界發展指標》，北京：中國財政經濟出版社，2002年，頁12。

表3-3　1952～2010年大陸GDP和人均GDP成長情況

年	GDP		人均GDP	
	成長倍數	年均成長率（%）	成長倍數	年均成長率（%）
1952～2000	33.81	7.68	14.61	5.98
1952～1978	3.72	6.15	1.80	4.03
1978～2010	20.59	9.60	14.78	8.50
1990～2005	4.30	9.54	3.76	8.63
2000～2005	1.59	8.03	1.54	7.46
2005～2010	1.70	9.25	1.66	8.81

資料來源：根據歷年《中國統計年鑑》的數據整理。

　　經濟成長是大陸經濟實力增強的主要表現。大陸經濟持續高速成長，主要得益於下列兩個方面之因素，一是經濟體制改革所釋放出的強大動力，市場經濟體制逐步建立並取代原來計畫經濟體制，對增強經濟活力和提高經濟效率發揮巨大的作用；二是日益全球化的國際環境為大陸的外向型經濟發展提供了更為廣闊的空間，尤其是大陸加入WTO之後，更多的外國投資進入大陸，外國投資者不僅帶來了資金，同時也帶來了先進技術、管理和經營理念，使得大陸充分運用國內、國際兩個市場、兩種資源發展經濟，取得持續的高成長。

　　外商直接投資（FDI）對大陸製造業及整體經濟高成長，扮演關鍵的角色。由於大陸擁有低廉的勞動和土地等生產要素，加上巨大的市場潛力，1990年代以來受到世界跨國公司的青睞。截至2010年底為止，流入大陸的外商直接投資累計達10,484億美元，最近連續十六年吸引FDI居發展中國家之首，2010年吸引FDI達到1,057億美元（見表3-4），成為世界上吸引外資最多的開發中國家。

表3-4 大陸重要經濟指標變動趨勢

	單位	1978	1980	1990	2000	2005	2008	2010
GDP	億元人民幣	3,645	4,546	18,668	99,214 (7)	184,937 (4)	314,045 (3)	401,202 (2)
進出口總值	億美元	206 (32)	381	1,154 (16)	4,743 (7)	14,220 (3)	25,633 (2)	29,740 (2)
進口值	億美元	108.9	200.2 (22)	533.5 (17)	2,251 (7)	6,600 (3)	11,326 (2)	13,962 (2)
出口值	億美元	97.5	181.2 (26)	620.9 (15)	2,492 (7)	7,620 (3)	14,307 (1)	15,777 (1)
外匯存底	億美元	1.7	-13.0	110.9	1,656 (2)	8,189 (1)	19,460 (1)	28,473 (1)
FDI實際金額	億美元	—	—	34.9	407.2	603.3	924	1,057.4

說明：括弧中數字代表世界排名序位；GDP以億元人民幣表示，其他變數均為億美元。

資料來源：依據歷年《2011中國統計年鑑》資料整理而得。

　　外商直接投資促進了大陸的資本形成，同時也帶入了先進的技術和管理知識。跨國公司以全球經營戰略著眼，把國際產業鏈中部分加工組裝活動大規模移向大陸的結果，對於大陸製造能力之提升、產業結構之改善具有明顯的貢獻。資料顯示，大陸製造業增加值占全球製造業總增加值的比重，在1980年間約為1.4%，2005年間已上升至7%左右。以總量規模來看，大陸製造業產值在全世界排名已高居第三名，僅次於美國和日本。大陸製造能力提升，加上出口擴張導致大陸製品在國際市場占有率不斷增加，奠定了大陸的「世界工廠」地位。資料顯示，大陸貨品出口總值占全世界出口貿易總值的比重，2005年間達7.3%，較2000年的3.9%高出3.4個百分點。主要工業部門如家電、資訊、冶金、石化等都具有國際競爭力，尤其紡織、建材、有色金屬等

產業之相關產品，甚至已成為全球主要的供應基地。[3]根據大陸《中國統計年鑑》公布的資料顯示，2005年大陸製造的產品中已有100多種之生產規模位居世界第一位，例如彩色電視機、棉布、棉紗、鋼、煤、化肥等（見表3-5）。

進出口貿易總值是衡量一個國家經濟國力的另一項重要指標。表3-4資料顯示，大陸的對外貿易總值，在1978年間僅206億美元，1990年時增加至1,154億美元，1978～1990年間成長了4.6倍，平均每年成長15.4%，在全世界的排名由第三十二名竄升至第十六位。嗣後，大陸對外貿易繼續維持高度成長，到2000年時，大陸的進出口貿易總值已達4,743億美元，比1990年又成長了3.1倍，平均每年成長15.1%，在世界各國之排名進一步上升到第七位。2003年，大陸對外貿易總值已增加到8,510億美元，約占世界貿易總額的5.6%，居世界各國的第四位，僅次於美國（14.4%）、德國（8.4%）和日本（5.7%）。自2004年起，大陸對外貿易總值在全世界的排名已升至第三；2010年間，大陸對外貿易總值已突破至29,740億美元，同時大陸在全球貿易中的份額也由1980年的0.9%上升到2010年的9.7%左右。

大陸當局自1980年代以來一直採取鼓勵出口的政策，到1990年代逐漸收到成果，對外貿易由入超轉變為出超，同時出超的金額也逐年增加。資料顯示，1978～1989年間，除1982年之外，大陸對外貿易每年均出現入超，1985年間的入超規模達到最高峰，達150億美元，約占當年出口值的54.4%；自1990年以來，除1993年外，對外貿易每年則都呈現出超，2005年出超規模突破1,000億美元，2010年更進一步創造1,815億美元的出超高峰。

3　參閱高長，《展望大陸經濟變動趨勢與全球經貿版圖消長》，行政院經建會委託研究報告，2004年，頁6～7。

表3-5 大陸產量位居世界前列農工產品一覽表（2010年）

工業製品				農產品	
產品名稱	產量	產品名稱	產量	產品名稱	產量
彩色電視機	11,830萬臺(1)	積體電路	652億塊	穀物	49,637萬噸(1)
洗衣機	6,247萬臺	微型電子計算機	24,584萬臺	肉類	7,925萬噸(1)
電冰箱	7,295萬臺	移動通信手持機	99,827萬部	棉花	596萬噸(1)
房間空調器	10,887萬臺	水泥	188,191萬噸(1)	大豆	1,896萬噸(4)
棉布	800億米(1)	平板玻璃	66,331萬重量箱	花生	1,564萬噸(1)
棉紗	2,717萬噸(1)	化學肥料	6,338萬噸(1)	油菜籽	1,308萬噸(1)
成品糖	1,118萬噸	自行車	6,819萬輛	甘蔗	11,079萬噸(3)
化學纖維	3,090萬噸	生鐵	59,733萬噸	茶葉	148萬噸(1)
鋼	63,723萬噸(1)	硫酸	7,090萬噸	水果	21,401萬噸(1)
煤	32.4億噸(1)	乙烯	1,421萬噸		
原油	20,301萬噸(4)	汽車	1,827萬輛		
發電量	42,071億千瓦小時(2)				

說明：括弧中數字代表世界排名；表中所列數據工業製品為2010年統計數據，農產品為2010年統計數據。

資料來源：依據《2011中國統計年鑑》資料整理。

　　由於對外貿易出超逐年增加，加上外商直接投資絡繹不絕且總量規模不斷擴大，結果使得大陸的外匯存底逐年累積。資料顯示[4]，大陸的外匯存底在1979年間僅有8.4億美元，1990年間增加至110.9億美元，1994年突破500億美元。1996年間，大陸的外匯存底達到1,050.3億美元，總量規模居世界第二位，僅次於日本。亞洲金融危機期間，大陸外匯存底每年新增額雖然減少，不過，進入二十一世紀，又恢復大規模增加的趨勢。截至2010年底，大陸的外匯存底累計規模已達28,473億美元（見表3-4）。

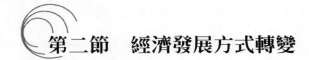

第二節　經濟發展方式轉變

　　改革開放三十多年，大陸經濟高速成長，創造了經濟奇蹟，可以媲美於1960～1970年代亞洲四小龍的成就。在東亞金融危機以後，亞洲地區包括四小龍在內的新興工業化國家經濟成長速度明顯回落，而大陸則繼續保持了強勁的成長趨勢。對於大陸經濟持續高速成長的成就，大陸及國際學術界從巨大的人口規模和市場需求、穩定的政府和經濟環境、高儲蓄率和投資率、低成本的人力資源、有效的政府干預、經濟的市場化、對外貿易擴張和利用外資、技術進步、二元結構的轉換、工業化和城市化等構面切入，進行廣泛而深入的研究，做了許多詮釋（張宇，2008）。簡單地說，改革開放後大陸採取了過去完全不同的經濟發展模式，是促成經濟高速成長的根本因素。

　　簡新華、葉林（2011）的研究指出，改革開放之前，大陸採取粗放型經濟發展方式，主要表現在高投入、高積累、低消費和低效率等

4　參考大陸國家統計局編，《2006中國統計摘要》，北京：中國統計出版社，2006年，頁87。

特徵。所謂高投入,是指資本形成占國內生產總額的比率偏高而言。根據《中國統計年鑑》的資料顯示,1978年以前大陸的資本形成率每年平均約30%左右,較1960～1978年間英美等國資本形成率平均20%左右高出許多。在缺乏外資進入的時空環境下,高投入必然伴隨著高積累;換言之,為了擴大生產規模,增加生產要素投入,必須增加投資,而投資的資金只能依靠大量的積累。基本上,高積累必須透過壓低消費的方式促成。改革開放前,大陸政府除了透過工農業產品價格管制,把農業的剩餘轉變為工業的積累之外,還透過壓低勞工工資和實施盈餘財政等措施,以實現資本快速積累。

以增加投入的方式追求經濟高速成長,必然帶來高消耗和低效率的問題。改革開放前,大陸並不重視資源使用效率,以能源為例,1953～1978年間,大陸的能源消耗量增加9.6倍,而國內生產總額僅成長3.4倍。高消耗衍生高排放,進一步引起資源供應緊張和環境汙染等問題。低效率主要表現在各要素生產力低下,以資本產出率(指每增加一單位產出所需增加的資本)來看,1953～1978年間大陸曾有三年為負值,也就是出現資本增加而產出減少的現象,全期間該項指標平均為22.3,最高時曾達到55.3(1976年間),而美國在1961～1978年間的資本產出率平均僅2.84,可見改革開放前大陸的資本使用效率非常低。再以總要素生產力(total factor productivity)(是指勞動、資本等生產要素投入之外的技術進步和能力實現等導致的產出增加)指標來看,王小魯(2000)、張軍、施少華(2003)、王豔麗、劉傳哲(2006)等人的研究都不約而同的指出,1953～1978年間大陸總要素生產力的成長率為負,其對產出成長的貢獻率為負,顯示該期間產出成長是以增加投入,不重視資源使用效率方式達成。

其次,改革開放前,受到西方國家對大陸實行封鎖禁運的影響,大陸被迫採用內向型經濟發展的方式,管制對外貿易,國內需求主要依靠國內生產來滿足。在內向型經濟發展模式下,大陸特別重視經濟

自主，實行貿易保護政策和高度集中統一的外貿和外匯管理體制，對進出口商品實行全面的許可證制度，因此，在1952～1978年間，大陸對外貿易占國內生產總額的比重（即外貿依存度）平均只有8.2%，促進經濟成長的動能主要來自於內需，特別是投資需求帶動。大陸官方的統計數據顯示，1952～1978年間，全大陸固定資產投資總額成長了14.35倍，固定資產投資總額占國內生產總額的比重，由1952年的6.4%逐年增加到1978年的18.4%。消費需求在國內生產總額中所占比重，在1952～1978年間呈現遞減的趨勢，顯示消費需求對經濟成長的貢獻愈來愈少。

第三，為了追求經濟獨立自主，強調自力更生，大陸以實現工業化為首要目標，特別重視重工業之發展，結果走上了優先發展重工業的道路。而選擇重工業優先發展模式，也是造成改革開放前高投資、高消耗、低效率的重要原因。

改革開放以來，大陸的經濟發展方式已發生變化，首先是逐漸由粗放型轉向集約型。以資本產出率來看，自1979年以來呈現了先下降後上升又下降的趨勢，迄2008年，三十年平均為3.22，比改革開放前降低許多，顯示資本使用效率在改革開放後這段期間已有明顯的改善。再以總要素生產力來看，郭慶旺、賈雪（2005）的研究指出，1979～2004年大陸總要素生產力的成長幅度比改革開放前提高，而且總要素生產力提高對經濟成長的貢獻也上升。可見要素生產效率之改善對大陸經濟發展的重要性增加，要素數量增加扮演的角色較過去弱化許多，經濟發展方式已逐漸轉向集約型。不過，由於總要素生產力的成長率和總要素生產力提高對於經濟成長的貢獻，仍然低於一些新興工業化國家，尤其投資率偏高（1979～2008年間資本形成率平均為37.7%，高於改革開放前的平均水準），顯示大陸的粗放型發展方式還沒有根本改變。

其次，自1979年以來，大陸改革了高度集中統一的外貿、外匯管

理體制，積極發展對外貿易，大量引進外資和國外先進技術及管理經驗，經濟發展方式也逐漸從內向型走向外向型。1978～2010年資料顯示，大陸進出口總額由206.4億美元增加到29,740億美元，成長了144倍，遠超過國內生產總值同期間成長的倍數（110倍）。大陸進出口總額在全世界的排名，同期間由第二十七位躍升至第二位；大陸的對外貿易依存度（指進出口總額占國內生產總值的百分比）則由1978年的9.74%逐年攀升至2006年的65.8%，近年來略為下降，2010年間還有50.3%。此外，大陸積極招商引資以促進經濟發展，實際使用外商直接投資金額由1983年的9.2億美元增加到2010年的1,057億美元，成長近114.9倍，平均成長率超過20%，對於大陸製造能力提升，創造就業機會、對外貿易擴張、產業結構升級、經濟成長等方面貢獻卓著。自1990年代後期以來，大陸利用外資的規模居全世界第二位，在發展中國家中則排名第一位。巨額的外資流入加上貿易盈餘，使得大陸的外匯儲備由1978年間1.67億美元增加到2010年的28,473億美元，居世界第一位。

　　在外向型經濟發展模式引導下，大陸採取了各種措施，擴大對外開放地區和外商投資領域、對外商投資企業實行各種優惠，給出口企業提供出口信貸、補貼以鼓勵出口等。隨著對外開放程度不斷提高，對外貿易快速發展，外需逐漸成為大陸經濟成長的重要因素，出口擴張的拉動作用不斷增強。資料顯示，大陸出口總額在1978年間只有108.97億美元，占國內生產總值的比重只有4%左右，可說是微不足道；到了2010年出口總額已增加至15,777億美元，出口依賴度已由1978年的4.6%大幅提高至2010年的26.7%，可見外需在大陸經濟成長中的貢獻愈來愈大。

表3-6　改革開放前後經濟發展方式比較

比較構面	改革開放以前	改革開放以來
要素使用	以粗放型為主；高投入、高消耗	逐漸轉向集約型；高投入、高消耗
投入產出關係	數量規模擴張、外延擴大為主；技術進步緩慢	數量規模擴張，外延擴大為主；技術進步加快
積累與消費	高積累、低消費	高積累、低消費
產業政策	重工業優先	產業結構不斷調整
對外經濟聯繫	內向型；強調獨立自主、自力更生	外向型；強調對外開放、積極引進外資
經濟成長動力	內需推動	投資，外需拉動為主
速度與效益	重速度、輕效益；高速度、低效率	高速度、重效益；效率偏低
資源環境	高消耗、高排放、資源短缺；犧牲環境	高消耗、高排放、資源短缺加劇、較重視可持續發展

資料來源：參考簡新華、葉林（2001）相關資料整理而得。

第三節　大陸經濟崛起的國際效應

　　國際上對於大陸日益增強的經濟實力，都表現了極大的關注，一方面，大陸強勁的經濟成長被認為是世界經濟成長的新動力；另一方面，「中國威脅論」的論調也在國際間引起討論。大陸作為一經濟大國，在促進世界經濟成長方面固然獲得了國際社會的肯定，不過，由於它在世界經濟中所占的份額呈現上升的趨勢，日益增長的經濟潛力和已經累積的經濟能量，也確實給國際社會，尤其給亞太地區的新興市場國家感受到極大的壓力。

　　世界銀行1997年出版的《2020年的中國》專書中曾指出：中國的經濟崛起為世界發展帶來機會，成為世界經濟成長和貿易成長的驅動

力之一。過去二十多年來，大陸經濟的高成長，增加了大量物美價廉產品對國際市場之供給，同時也擴大了資本財和中間製品的國際市場需求，對於世界經濟的繁榮可說有一定程度的貢獻。另外，大陸經濟的持續穩定成長，加上充沛低廉的生產要素供應，為跨國投資提供了一個具有吸引力的投資據點。

在全球化背景下，跨國公司實施全球化經營，將生產分工深入到價值增值的各個環節，即所謂的價值鏈分工。大陸的勞動力資源豐富且成本低廉，是全球跨國公司向大陸投資的主要動機。事實上，在跨國公司的全球經營戰略中，大陸主要被定位為勞動密集型低階產品的生產基地，該等趨勢在大陸當局實施特定的外資政策和產業發展政策配套下，逐漸奠定了「世界工廠」的地位。

大陸是否已成為「世界工廠」，近年來在大陸國內曾引起熱烈討論。必須指出的是，大陸的國際分工地位主要決定於外資的導向和定位，大陸似乎被跨國公司同時界定為「世界工廠」和「世界市場」的雙重角色。逐利的跨國公司一方面充分挖掘和利用大陸勞力資源充沛的優勢，選擇了大陸在其全球布局中承擔起全球加工廠的角色，另一方面則期待經濟成長帶給大陸老百姓更高的國民所得，成為全球最具潛力的市場。從短期來看，大陸作為全球較低階勞力密集產品的生產基地，極易在國際間轉移，也容易遭受國際市場景氣波動的衝擊，這種定位對大陸的產業結構升級和競爭力提升並非有利，不過，大陸當局試圖運用全球化潮流跨國公司積極建構全球價值鏈分工體系的契機，主動參與國際分工，從長期來看，引導大陸邁向更高一級的國際分工地位，並非不可能。由於大陸在國際分工中的「生產基地」地位逐漸確立，產業群聚效應進一步帶動跨國企業在大陸成立研發中心，該趨勢持續發展的結果，無疑地將對大陸製造能力之提升有益。

近十多年來，大陸對外貿易強勁成長的表現，與外商直接投資密

切相關。資料顯示[5]，外商企業出口值占大陸出口總值的比重，在1990年間僅為12.6%，嗣後，該項比例逐年快速增加，到2005年時已增加至58.3%。進口貿易方面，外商投資企業扮演的角色與出口貿易類似，2005年的資料顯示，大陸進口貿易總值中有58.7%係由外商企業所經營的。由於外商投資企業的經營模式偏向外向型，隨著FDI流入大陸快速增加趨勢，其外向型發展模式之特色是促成大陸對外貿易快速擴張的主要因素。此外，跨國公司龐大的全球產銷體系為大陸製品進入國際市場，提供一個穩定、有利的通路；外商企業帶入的技術在大陸內部擴散，提升了大陸外貿產業的製造能力和出口競爭力，也都有助於大陸對外貿易擴張。

　　大陸對外貿易擴張，牽動了東亞經貿版圖，甚至對全球經貿版圖也造成影響。資料顯示，大陸55%以上的出口依靠加工業，而發展出口加工業需要自國外進口原材料、半成品和零組件。據估計，大陸每出口100美元的商品，就會有50～70美元的進口原料[6]，而這些工業原材料、半成品和零組件絕大部分是從東亞各國進口，因而隨著大陸出口擴張，自東亞各國進口金額快速成長，導致東亞國家區域內出口貿易的比重大幅提高；換言之，大陸挾其低廉要素成本的優勢，逐漸成為東亞生產基地的角色，並成為東亞國家出口品的主要吸納市場。

　　表3-7和表3-8資料顯示，大陸對外貿易擴張趨勢和貿易結構演變情形。以進口為例，2010年大陸自亞洲、北美和歐洲等三個地區進口的比重分別為59.8%、8.4%和15.6%，與1980年的份額相比，大陸進口的地區分布最大的變化，是從日本和歐、美的進口比重下降。資料顯示，1980～2010年間，大陸自日本和美國進口的比重分別由26.4%、

5　請參閱大陸國家統計局編，《2006中國統計年鑑》相關資料。

6　參閱張幼文、徐明棋，《經濟強國：中國和平崛起的趨勢與目標》，北京：人民出版社，2004年，頁180。

表3-7　大陸進口商品的地區分布

單位：億美元；%

地區別	1980		1990		1995		2000		2005		2010	
	金額	比重	金額	比重	金額	比重	金額	比重	金額	比重	金額	比重
總計	195.5	100.0	330.5	100.0	1,320	100.0	2,250	100.0	6,600	100.0	13,962	100.0
亞洲	74.2	38.0	145.2	43.9	780	59.1	1,413	62.8	4,415	66.9	8,350	59.8
日本	51.7	26.4	80.5	24.3	290.0	22.0	415.1	18.4	1,004	15.2	1,767	12.7
南韓	–	–	–	–	102.9	7.8	232.1	10.3	768.2	11.6	1,383	9.9
臺灣	–	–	–	–	147.8	11.2	254.9	11.3	746.8	11.3	1,157	8.3
香港	5.7	2.9	7.9	2.4	35.9	2.7	94.3	4.2	122.2	1.9	123	0.9
新加坡	1.9	1.0	4.6	1.4	33.9	2.6	50.6	2.2	165.1	2.5	247	1.8
東協四國	4.6	2.4	8.1	2.5	60.0	4.6	159.4	7.1	553.9	8.4	1,206	8.6
北美洲	46.5	23.8	63.1	19.1	26.8	2.0	261.2	11.6	561.6	8.5	1,170	8.4
美國	38.3	19.6	49.9	15.1	161.1	12.2	223.6	9.9	486.2	7.4	1,021	7.3
歐洲	50	25.6	86.6	26.2	278	21.1	407.8	18.1	964.3	14.6	2,179	15.6

資料來源：依《中國統計年鑑》相關資料計算。

表3-8　大陸商品出口的地區分布

單位：億美元：%

地區別	1980 金額	1980 比重	1990 金額	1990 比重	1995 金額	1995 比重	2000 金額	2000 比重	2005 金額	2005 比重	2010 金額	2010 比重
總計	183	100.0	520.6	100.0	1,487	100.0	2,492	100.0	7,620	100.0	15,777	100.0
亞洲	114.8	62.7	340.0	65.3	92.0	61.9	1,323	53.1	3,664	48.1	7,320	46.4
日本	40.3	22.0	88.7	17.0	284.6	19.1	416.5	16.7	839.8	11.0	1,210	7.7
南韓	—	—	—	—	66.9	4.5	112.9	4.5	351.0	4.6	688	4.4
臺灣	—	—	—	—	31.0	2.1	50.4	2.0	165.5	2.2	297	1.9
香港	43.5	23.8	185.9	35.7	359.8	24.2	445.2	17.9	1,245	16.3	218	1.4
新加坡	4.2	2.3	18.6	3.6	35.0	2.4	57.6	2.3	166.3	2.2	323	2.1
東協四國	7.7	4.2	12.5	2.4	55.0	3.7	93.3	3.7	314.6	4.1	770	4.9
北美洲	11.2	6.1	52.1	10.0	15.3	1.0	552.7	22.2	1,747	22.9	3,058	19.4
美國	9.8	5.4	48.2	9.3	247.1	16.6	521.0	20.9	1,629	21.4	2,833	18.0
歐洲	40.5	22.1	87.4	16.8	229.8	15.5	454.8	18.3	1,656	21.7	3,552	22.5

資料來源：同表3-7。

19.6%下降至12.7%和7.3%，分別下降了13.7和12.3個百分點。此外，2010年大陸從東亞新興發展中國家進口的份額為29.5%，比1980年上升23個百分點，其中最大的變化來自於與臺灣和韓國的貿易。1980年間，大陸與韓國和臺灣的直接貿易微不足道，不過，到了2010年間，大陸自韓國和臺灣之進口占其進口總額的比重已分別達到了9.9%和8.3%。

從出口面來看（表3-8），1980年大陸的貿易伙伴主要為日本、香港和歐洲，其占當年大陸出口總額的份額分別為22.0%、23.8%和22.1%。最近幾年，美國已成為大陸最主要的出口市場，2010年所占份額高達18%，較1980年增加了13個百分點；對日本出口所占比重，同期間呈現逐年下降趨勢，到2010年時僅占7.7%；對歐洲各國的出口所占比重同期間則大致不變。

大陸經濟崛起，提供東亞各國出口的機會，發揮了區域內貿易引擎的角色。資料顯示，東亞國家對大陸（含香港）出口依存度已由1991年的10.3%增加至2002年的18.9%，其中尤以臺灣和南韓對大陸出口依存度增加的幅度最大，同期間，分別由1991年的16.3%和8%增加至31.2%和19.2%（表3-9）。相反的，東亞國家對歐、美國家出口比率則呈現減少的趨勢，在1991～2002年間分別由15.9%和26.6%降至14.1%及26.1%。[7]這種現象顯示，大陸積極參與國際分工，已導致國際分工格局發生重大變化，大陸憑藉充沛的要素資源和廣大的市場腹地等經濟優勢，在全球產業結構調整中，成為跨國企業最為依賴的生產基地。

大陸經濟崛起，打破了東亞經濟發展的「雁行模式」，過去扮演領頭雁的日本，儘管在亞洲經濟中仍具重要地位，但其風光已大不如前；當對地，由於大陸吸引數以萬計的跨國公司投資，製造能力大幅

7　參閱鍾景婷、洪淑惠（2003），頁32。

提升，尤其大陸吸引的FDI，有**70%**左右係來自東亞國家，因此，大陸與周邊國家橫向內在的聯繫不斷加強，東亞地區以大陸為軸心的區域經濟整合正在發展。

表3-9　東亞各國對大陸（含香港）的出口依存度

單位：%

	對大陸（含香港）的依存度				對日本的依存度			
	1986	1991	1996	2002	1986	1991	1996	2002
臺、星、韓	6.8	11.3	16.8	21.6	12.3	12.9	10.5	8.4
臺灣	7.3	16.3	23.6	31.2	11.4	12.1	11.8	9.2
新加坡	9.0	8.6	10.9	14.7	8.6	8.7	8.2	7.1
南韓	4.9	8.0	16.4	19.2	15.6	17.2	11.5	8.8
東協四國	4.5	5.8	8.1	9.6	28.3	22.9	17.8	14.6
日本	8.1	7.9	11.5	15.4	—	—	—	—
大陸（含香港）	—	—	—	—	10.1	9.1	12.9	11.0

說明：東協四國是指印尼、泰國、馬來西亞、菲律賓。

資料來源：鍾景婷、洪淑惠，「東亞經貿整合趨勢與台灣角色」，《台灣經濟論衡》（臺北），2003年11月，頁25。

無疑地，在全球經濟舞臺上，大陸已成為重要角色。值得重視的是，大陸不只在融入全球經貿體系的態度上非常積極，以爭取更高的國際分工地位，而且以發展中國家的領導者自居，積極參與國際組織的運作，試圖在國際社會爭取更大的發言權和影響力。大陸領導人曾不諱言地公開表示，作為一個經濟和政治大國，參與國際經濟體制不僅要以負責任的態度去接受和遵守規則，更要主持國際正義。各種跡象顯示，隨著經貿實力增強，由於國際社會對於大陸的期望甚高，大陸在發展國際政、經關係上更顯得得心應手。

第四節 經濟環境之變化

　　二十多年的經濟體制改革及對外開放，對大陸經濟已造成全面性的影響，一方面，如前節所述，經濟持續快速成長，已使得大陸的綜合國力大幅提升；另一方面，宏觀經濟的體質也產生巨大變化，特別是集權計畫經濟的主導作用減弱、市場化和國際化的程度則不斷提高，非公有制經濟所占比重愈來愈大等方面。茲分別從下列幾方面進一步分析。

一、國際化程度提高

　　國際化是指大陸融入世界經濟體系，與世界各國經濟互動關係愈來愈密切的意思，通常可以由對外貿易總值占國民生產總值（或GDP）的比重，也就是外貿依存度的變化得知梗概。表3-10資料顯示，改革開放以來，大陸的進出口貿易總額占GDP的比重是不斷提高的，從1978年的9.7%提高到2005年的63%，平均每年約增加2個百分點。外貿依存度的增加，說明大陸經濟成長受到進出口貿易的影響愈來愈大，同時也顯示，大陸經濟和世界經濟更加深入的融合。

　　進一步的觀察（圖3-1），可以發現大陸對外貿易依存度的迅速提高，第一階段是在1980年代，由1980年的12.6%逐年增加到1990年的30.1%；其次，進入1990年代，大陸的外貿依存度雖然仍呈現增加之勢，但相對平穩；第三階段是進入二十一世紀以後，大陸的對外貿易擴張非常迅速，從而外貿依存度也由1999年的36.1%，迅速提升到2007年的69.4%，其中，尤其以出口貿易依存度提升的速度最快。不過，最近幾年來，隨著內需市場擴張，大陸經濟的外貿依存度已逐年降低。

　　外商對大陸直接投資持續增加，是大陸經濟快速發展的主要貢獻

表3-10　1978～2010年大陸外貿依存度之變化

單位：%

	外貿總額	出口貿易	進口貿易
1978	9.7	5.1	4.6
1980	12.6	6.0	6.6
1985	23.2	9.1	14.1
1990	30.1	16.2	13.9
1995	40.1	21.2	21.3
2000	44.0	23.1	20.9
2005	63.0	33.8	29.2
2008	56.7	31.6	25.1
2010	50.6	26.8	23.8

資料來源：根據《2011中國統計摘要》相關資料計算。

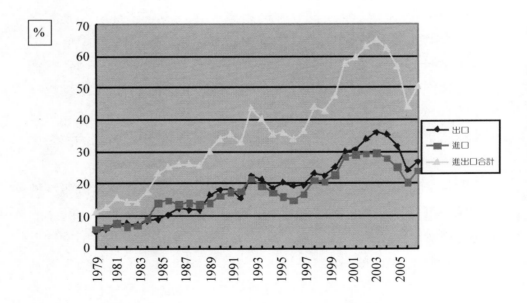

圖3-1　大陸經濟對外貿易依存程度變動趨勢

因素。其具體的貢獻主要表現在資金流入，彌補大陸地區資本短缺；移轉技術促進大陸產業升級；創造就業機會、提升勞動力素質；增加國內生產值及財政收入；促進出口擴張，改善國際收支；加速大陸經濟體制改革及市場經濟的發展；協助大陸更廣泛地參與國際資本市場和國際的生產分工，促進大陸外向型經濟發展等方面。

　　國際化程度提高，一方面表示有利於大陸參與國際分工，結合國外經濟資源進一步推動其經濟發展；另一方面，當然也表示大陸的經濟發展更依賴世界經濟體系，更容易受到國際經濟景氣的影響。值得注意的是，隨著大陸經濟規模總量增大，同時，大陸製品在國際市場占有率提高，大陸對於國際經濟景氣波動也漸具影響力。

🔘 二、非公有化的程度逐漸提高

　　大陸經濟體制改革的重要內容之一是所有制改革，旨在將計畫經濟體制下單一公有制的型態，改為多元化所有制，也就是允許非公有經濟擁有生存與發展空間。改革的結果已使得所有制結構發生很大的變化。以勞動力就業結構為例（表3-11），在1978年間，國有企業和集體所有制企業僱用職工所占比重分別為78.3%和21.5%，其他所有制企業職工只占0.2%。到了2010年間，國有經濟職工所占比重已逐年下降至18.8%，集體所有制企業職工所占比重也下降至1.7%，而其他所有制企業職工所占比重則大幅增加至74.2%。其他所有制經濟包括個體戶、私營經濟、鄉鎮企業、股份合作企業、聯營企業等多種形式的經濟，這些經濟活動在整體經濟中所占的份額增加，顯示，大陸經濟體制基本上已從一個公有制為主體的中央集權計畫制度，轉變為一個非公有制為主體的制度。由於這些非公有企業之經營策略採市場導向，對於公有制企業之競爭威脅日增，因此，非公有化趨勢，一方面表示市場競爭愈趨劇烈，另一方面也顯示公有制企業受到競爭壓力，被迫加速

改革。

表3-11　不同所有制就業結構之變化

單位：萬人；%

	國有企業		集體企業		境外投資企業		其他企業		合計	
	萬人	%	萬人	%	萬人	%	萬人	%	萬人	%
1978	7,451	78.3	2,048	21.5	—	—	15	0.2	9,514	100.0
1980	8,019	76.2	2,425	23.0	—	—	81	0.8	10,525	100.0
1985	8,990	70.2	3,324	26.0	—	—	494	3.9	12,808	100.0
1990	10,346	60.7	3,549	20.8	66	0.4	3,080	18.1	17,041	100.0
1995	11,261	59.1	3,147	16.5	514	2.7	4,118	21.6	19,040	100.0
2000	8,102	35.0	1,499	6.5	642	2.8	12,908	55.8	23,151	100.0
2005	6,488	22.9	810	2.9	1,245	4.4	19,846	69.9	28,389	100.0
2008	6,447	20.1	662	2.1	1,622	5.1	23,372	72.8	32,103	100.0
2010	6,516	18.8	597	1.7	1,823	5.3	25,751	74.2	34,687	100.0

資料來源：依國家統計局編，《2010中國統計摘要》資料計算，北京：中國統計出版社，2006年。

　　進一步以工業為例，2010年全國經濟普查的資料顯示（表3-12），在全部工業企業中，國有企業數量的比重已經占不到2%，產值的比重約在8%左右，所吸收的就業人數比重不及7%。非國有企業在大陸經濟成長中扮演的角色愈來愈重要，尤其大陸的私營經濟高速發展，工業企業總數量中，私營企業約占六成，生產總值占三成，吸納的就業人數所占比重更是高達34%。國有企業所占比重下降的原因，是非國有企業發展較快，一部分國有企業轉制成為非國有企業，另外還有一部分國有企業被市場淘汰了。值得一提的是，境外投資企業（包括港澳臺商投資企業和外商投資企業）數量的比重不是很大（2005年間僅約占7%），其所獲得的利潤和總產值占全部工業企業總量的比重分別高

達29.1%和30.2%，吸納的就業人數只占20%左右，顯示境外投資企業具有較高技術和管理水準，從而表現出較高的經營效率。

表3-12　按登記註冊類型分之工業企業結構

單位：%

企業類型	企業單位數		工業總產值		利潤總額		從業人數	
	2005	2010	2005	2010	2005	2010	2005	2010
國有及國有獨資	1.99	1.93	15.06	8.16	13.21	6.23	13.57	6.68
集體企業	10.31	2.02	4.42	1.49	3.85	1.52	7.40	1.98
私營企業	65.63	60.34	22.36	30.54	18.49	28.47	34.66	34.70
境外投資企業	7.72	16.35	30.20	27.19	29.13	28.31	21.41	27.72
其他類型企業	14.35	19.36	27.96	32.63	35.32	35.47	22.96	28.92
合計	100.00	100.00	100.00	100.00	100.00	100.00	100.00	100.00

資料來源：根據《中國統計年鑑，2006》及《中國統計年鑑，2011》相關資料計算。

　　個體戶、私營經濟等民營企業之所以能快速發展，主要是傳統的制度束縛鬆綁了，同時大陸政府透過立法保障民營企業產權，產生鼓勵的效果。例如，1988年修訂後的憲法明文規定，「國家保護個體經濟、私營經濟等非公有制經濟的合法權利和利益」，確定了私營經濟的合法地位。2003年1月，大陸開始實施《中小企業促進法》，以非國有企業為主的中小企業受到政策的支持。同年10月，中共「十六屆三中」全會通過《中共中央關於完善社會主義市場經濟體制若干問題的決定》，強調要「清理和修訂限制非公有制經濟發展的法律法規和政策」，要「依法保護各類產權、保障市場主體的平等法法律地位和發展權利」。2005年2月間，大陸國務院發布《鼓勵支持和引導非公個體私營經濟發展的若干意見》，進一步放寬非公有制經濟市場准入，加大對非公有制經濟的財稅金融支持，維護非公有制企業和職工的合法權益等，這是大陸政府有史以來第一部以促進非公有制經濟發展為

主旨的中央政府文件。2007年10月，中共「十七大」進一步確立了物權平等保護、經濟平等競爭的制度安排，拓寬了非公有經濟更大發展空間。

● 三、市場化

　　經濟體制改革的重要內容之一是重建市場機制，經過二十多年的改革，市場機制在大陸已逐步建立，取代了傳統的計畫經濟體制。首先從產品的市場化來看，在改革開放前的計畫經濟體制下，政府幾乎控制了包括消費財和資本財在內的所有產品之生產數量和價格，產品價格極度扭曲。自1979年開始，大陸政府放寬集市貿易的限制，逐步取消農副產品的統購統銷制度，縮小計畫品種，擴大市場調節範圍。在產品價格市場化方面，1980年代期間，價格形式存在政府定價、政府指導價和市場調節價三結合的現象。到1990年代初，大部分的消費財價格基本上都已放開；工業原材料、中間製品等的價格市場化，經歷了一個計畫內國家定價、計畫外市場調節同時並存的「雙軌制」階段。1992年，大陸中央將政府定價的商品和服務項目確定為141種，嗣後，由中央政府有關部門定價的商品和服務項目逐年減少，至2004年底時已減少至11種，96%以上的商品價格已放開由市場定價（表3-13）。

　　相對於產品市場化的成就，大陸的要素市場化進展相對遲緩許多。以資本市場化為例，儘管大陸的利率改革始於1978年，但直到1996年，大陸政府開放了銀行間同業拆借市場利率，利率市場化改革才有了突破性進展，自1997年開始，利率市場化改革明顯加速，舉其要者，如1997年間，放開了銀行間債券市場債券回購和現券交易利率；1998年，改革再貼現利率和貼現利率制度，放開貼現和轉貼現利率；1999年，放開了金額在3,000萬元以上、期限在五年以上的保險公

表3-13 三種價格形式比重（2004年底）

單位：%

產品類別	政府定價	政府指導價	市場調節價
一般消費品	2.6	1.3	96.1
農副產品	2.6	2.9	94.5
工業原材料、中間製品	9.7	3.0	87.3

資料來源：《國家發改委辦公廳關於2002年三種價格形式比重測算情況的通報》，間接引自北京大學中國國民經濟核算與經濟增長研究中心，2006年，頁119。

司協議存款利率；2000年，放開外幣貸款利率；2001年，放開了全大陸社保基金協議存款利率；2002年，中國人民銀行宣布浙江、福建、黑龍江、吉林和內蒙古等六個省（區）的若干信用社進行利率市場化改革試點，存款利率最大浮動範圍是30%，貸款利率的最大浮動範圍是100%。

2004年，大陸推動利率市場化改革有較明顯的進展。1月間，中國人民銀行進一步擴大金融機構貸款利率浮動區間；同時，貸款利率浮動區間不再根據企業所有制性質、規模大小分別制定，擴大商業銀行自主定價權，企業貸款利率最高上浮幅度擴大到70%，下浮幅度10%。3月間，中國人民銀行決定實行再貸款浮息制度；4月間，推出差別存款準備金率制度；10月間，放開貸款利率上限和存款利率下限，商業銀行可與借款人協商確定貸款利率及其計結息方式和再定價方式。

從制度的建構來看，大陸在利率市場化已有相當的進展。不過，在實務面，資本價格（利率）的決定，基本上仍由政府行政管制，而不是市場定價；尤其在間接融資市場上，國有金融資本仍居絕對統治地位。就直接融資市場來看，其市場化程度更低。

在各類要素市場發展中，勞動力市場化速度可說是較快速的，從

勞動力競爭機制上看，勞動力供需雙方都擁有自主選擇的權利，勞動力在產業間、區域間或城鄉間的流動已相當自由。從勞動力價格機制來看，資料顯示，無論是農村勞動力還是城鎮勞動力，工資報酬（價格）基本上已由市場決定，政府行政性決定工資水準的比例已經很低。

● 四、改革開放後的治與亂

中國大陸經歷二十多年的改革開放，經濟持續成長，國民所得水準不斷提升，總體經濟環境不只發生「量」變，也產生了「質」變，例如，經濟國際化程度提高，經濟體制上已朝向市場化、非公有化發展，經濟管理權限逐漸分散、地方經濟勢力擴張，政府行政愈來愈重視法制等。這些重大的變化可以說是大陸政府推動改革開放政策的重要成就，這些成就奠定了經濟進一步發展的基礎。

然而，我們也必須注意到，「改革開放」固然對大陸經濟發展具有多方面正面的效應，但由於「改革」採「漸進式」，經濟發展戰略採「不平衡模式」，因而在體制變革過程中造成許多不協調的局面。這些不協調局面使經濟改革的代價日益增大，同時也使進一步的經濟改革難度增加，對於大陸經濟未來長期持續發展將具有嚴重的負面作用。

舉例來說，經濟體制改革的目的是要減少指令性計畫，增加市場機制對資源配置的作用，不過，由於計畫經濟走向市場經濟體制並非一蹴可幾，結果在演變過程中，形成了兩制併存的「雙軌制」局面，典型的例證如：非國有經濟已大致融入市場經濟，而國有經濟尚未與市場經濟有機地結合；沿海地區市場機制的作用在經濟活動中已占優勢，而在內陸原有的計畫體制的作用還很強大。「雙軌制」相對於原來的單一計畫體制雖有所進步，但雙軌之間的摩擦和衝突所形成的消

極效應也不小，對於大陸經濟未來的發展相當不利。

「雙軌制」局面帶給大陸經濟發展的負面效應，主要可歸納從下列幾方面觀察：一是「雙軌制」為「尋租」活動提供了充分的條件，由此導致「以權謀私」、「權錢交易」行為；二是雙軌摩擦造成對國有資產價值的不當管理，譬如企業股份化改造、興辦中外合資企業時，對國有資產的低估，土地批租過程中的不當定價等，造成國有資產大量流失；三是收入分配出現了嚴重的不公平現象。原有的收入分配不公問題如「平均主義」式分配的現象仍然存在於國有部門，如腦體倒掛、城鄉收入差異、工農部門收入差異等現象有逐漸惡化跡象，而改革之後更產生新的分配不公問題，如沿海與內陸之間、工薪階層與非工薪階層之間、國有企業職工與非國有企業職工之間的收入差距擴大。

改革開放以來，大陸的市場化程度逐漸提高，雖然對市場競爭機制的建立與資源的有效配置具有正面影響，但由於大陸的市場體系不夠健全，許多市場規則也未完善建立起來，因而普遍造成不公平競爭的現象，以及市場失序問題。譬如針對人力資源的配置問題，在原來的計畫經濟體制下實行「統包統配」辦法，求職求才雙方只能透過勞動行政部門的安排，別無選擇；勞動就業體制改革使勞動市場逐漸建立，市場機制逐漸發揮作用，改善了人力資源配置與運用效率。又如在商品、物資方面，計畫經濟體制下採用「統購統銷」辦法，改革以來市場經濟體制逐漸建立，市場化程度逐漸提高，有利於各類物資流通，進而促進生產效率，提升消費者福利水準。

然而，必須指出的是，大陸經濟體制改革在市場化方面的進度，主要還是侷限在商品等有形的市場，在無形的市場環境方面如法律規章、文化、社會價值觀等，仍然相當不足，市場規範不健全及落後的市場觀念造成不正當競爭行為及嚴重的地下經濟活動，使得市場機制無法充分發揮，甚至更嚴重地造成失序或扭曲現象。

此外，在改革開放政策下，大陸採取「沿海地區先富起來」的不平衡經濟發展戰略，目的是希望藉具有比較優勢條件的東部地區優先發展起來，再輻射擴散到中西部地區，最終實現共同富裕。這項戰略實施之後，果然促使東部地區之經濟高速發展。不過，由於大陸地區幅員遼闊，這種經濟發展戰略卻也使得原本地區間資源優勢與經濟優勢的不平衡性問題更加突出。

大陸東部沿海地區，相對於中西部地區具有較雄厚的經濟、技術、人才基礎，不平衡的發展戰略促使其很快的實現工業化、現代化和市場化。中西部地區則由於基礎設施嚴重落後、資金短缺，且科技水準較低、勞動力素質相對較低、經濟效益較差等不利因素之制約，無法吸引東部地區之資金、技術向中西部擴散，甚至中西部地區本來就十分短缺的資金、技術、人才等向東部流出，結果形成了東、中、西部地區發展差距愈來愈大的局面，陷入了二元經濟的不良循環。

過去二十多年來，大陸經濟發展雖然歷經多次波動起伏，但從長期趨勢觀察，其總量規模卻呈現大幅擴張之勢，綜合國力已顯著提升。世界銀行1997年出版的《2020年的中國》專書中曾指出：中國的經濟崛起為世界發展帶來機會，成為世界經濟成長和貿易成長的驅動力之一。《紐約時報》2002年6月27日亦發表專文指出：大陸經濟蓬勃發展，吸引巨額的FDI，進出口需求旺盛，已成為亞洲經濟成長的發動機。過去二十多年來，大陸經濟的高成長，增加了大量物美價廉產品對國際市場之供給，同時也擴大了資本財和中間製品的國際市場需求，對於世界經濟的繁榮可說是有一定程度之貢獻。另外，大陸經濟的持續穩定成長，加上充沛低廉的生產要素供應，為跨國投資提供了一個具有吸引力的投資據點。跨國公司將大陸同時賦予「世界工廠」和「世界市場」的雙重角色。

● 參考文獻 ●

高長（1997），「大陸投資經營環境的評估」，發表於「兩岸企業經貿與管理」研討會，中華民國管理科學學會和信義文化基金會共同主辦，臺北。

高長（2000），「改革三十年中國內地經濟環境的變遷：回顧與展望」，收錄於《中國經濟改革與社會結構調整》，胡耀蘇、陸學藝主編，北京：社會科學文獻出版社，頁104～124。

高長（1999），「由量變到質變：大陸經改二十年」，《貿易雜誌》（臺北），第22期，頁4～9。

北京大學中國國民經濟核算與經濟增長研究中心編（2007），《中國經濟增長報告（2007）》，北京：中國經濟出版社。

北京大學中國國民經濟核算與經濟增長研究中心編（2006），《中國經濟增長報告（2006）》，北京：中國經濟出版社。

世界銀行（2002），《2001年世界發展指標》，北京：中國財政經濟出版社。

高長（2004），《展望大陸經濟變動趨勢與全球經貿版圖消長》，臺北：行政院經濟建設委員會。

張幼文、徐明棋（2004），《經濟強國：中國和平崛起的趨勢與目標》，北京：人民出版社。

鍾景婷、洪淑惠（2003），「東亞經貿整合趨勢與台灣角色」，《台灣經濟論衡》（臺北），1（11），頁29～47。

大陸經濟波動與宏觀調控

4

大陸經濟崛起一直是國際社會關注的焦點，譬如，大陸經濟成長的表現亮麗，國際社會卻多所質疑，認為大陸的統計數據不可靠。又如，人民幣匯率低估問題，造成國際市場不公平競爭，國際社會要求人民幣升值的聲音不絕於耳，甚至引來大陸政府操控匯率的罵名；大陸當局不願面對人民幣為強勢貨幣、應有更大幅度升值的事實，則引發熱錢流入的困擾。此外，大陸政府針對經濟景氣波動，頻頻採取宏觀調控措施，是否會導致大陸經濟「硬著陸」[1]？從而波及全球經濟正常發展，則是另一個引起國際社會關注和討論的話題。

第一節　大陸經濟週期波動的本質

從長期趨勢看，任何一個經濟體的經濟將持續成長，但並不排除實際經濟運行在短期間可能偏離長期經濟成長趨勢。當實際經濟運行與長期經濟成長趨勢出現偏離，即產生經濟波動現象，而週期性的經濟波動即為經濟週期。通常經濟週期會有經濟起落、擴張與收縮的過程，一個週期包含繁榮、衰退、蕭條和復甦等四個階段。每個週期內，經濟成長率的最高點（即繁榮）和最低點（即蕭條）的落差，稱為波動幅度。自一個繁榮到下一個繁榮經歷的期間，稱為波動頻率。

表4-1資料顯示，1953～1978年間，大陸經濟運行共經歷了4個週期，呈現大起大落的現象，三次「大起」出現在1958年的21.3%、1964年的18.3%和1970年的19.4%；三次「大落」出現在1961年的−27.3%、1967年的−5.7%和1976年的−1.6%。最大落差發生在第二週期，達

---

[1]　所謂「硬著陸」，是指經濟由高度成長的境界，因調控政策執行不當，而產生大幅滑落、出現經濟嚴重衰退的現象。相對上，執行調控政策使經濟過熱趨於和緩，並保持適當的經濟成長，則被形容為「軟著陸」。

45.6個百分點；1965～1969年間的波動幅度也有22.6個百分點。1978年改革開放以來，大陸再經歷四個經濟週期，經濟成長率的最高點降到15%左右，最低點則提高至3.8%～7.6%；週期波動的幅度在改革開放初期已縮小至10個百分點，自90年代初以來則進一步縮小至6～7個百分點左右。至於波動的頻率，長期以來一直維持在四至八年出現一個週期，第七個週期（1993～2006）則延續了十三年之久。顯然大陸經濟週期波動在改革開放前後呈現的特點大不相同，改革開放以來，大陸經濟週期波動的高峰成長率降低，低谷的成長率上升，經濟成長的穩定性提高；波動幅度大幅縮小，週期的持續時間拉長（波動頻率降低）。

表4-1　歷年來大陸經濟週期波動趨勢

序號	起訖年分	高峰成長率	谷底成長率	波動幅度（百分點）	波動頻率（年）
1	1953～1958	1958年，21.3%	1954年，4.2%	17.1	5
2	1959～1964	1964年，18.3%	1961年，−27.3%	45.6	5
3	1965～1969	1969年，16.9%	1967年，−5.7%	22.6	4
4	1970～1978	1970年，19.4%	1976年，−1.6%	21.0	8
5	1979～1984	1984年，15.2%	1981年，5.2%	10.0	5
6	1985～1992	1985年，14.2%	1990年，3.8%	10.4	7
7	1993～2006	1993年，14.0%	1999年，7.6%	6.4	13
8	2007～2011	2007年，14.2%	2009年，9.2%	5.0	4

資料來源：根據《中國統計年鑑》數據整理

　　造成經濟週期性波動的直接原因，是社會總供給和總需求的變動不一致，當總供給的成長大於總需求的成長，可能導致總體經濟運行動能減弱，呈現衰退趨勢；反之總體經濟運行動能增強，呈現復甦趨勢。總供給和總需求的變動之所以不一致，原因有很多，舉例來說，石油危機、農業歉收或戰爭爆發等因素，對總供給可能造成衝擊，而

國際貿易環境惡化不利於出口，可能對總需求造成衝擊。不過，這些因素只能說明隨機性的經濟波動現象，並不能用於說明為何經濟波動會有週期性，必須從經濟制度本身去尋找答案。

在改革開放之前，大陸實行計畫經濟體制，公有制企業占絕對主導的地位。這些公有制企業在各級政府的呵護下，都不同程度地具有軟預算約束的特點，特別是國有企業的軟預算約束最為嚴重。在軟預算約束的條件下，企業的一切支出（包括投資和消費）不是決定於企業經營狀況和貨幣存量，因此，各企業普遍存在投資飢渴和消費攀比現象，從而造成整個社會的投資需求和消費需求膨脹，最終導致總需求膨脹和總供給短缺，「短缺經濟」成為計畫經濟體制的基本特徵。當膨脹的總需求把經濟拉向波峰時，受到資源短絀和結構失衡問題的抑制，經濟運行隨之逆轉逐漸沉入波谷。當經濟波谷運行一段時間，結構調整獲得成效之後，計畫經濟體制中國有的投資飢渴和消費攀比力量，再度將經濟拉向波峰，如此循環不已。

計畫經濟體制下的經濟週期波動，是以需求膨脹為特徵，把經濟推向過熱的制度因素，除了公有制企業的軟預算約束機制，大陸各級政府，特別是中央政府扮演推波助瀾的角色，因為他們主導國民經濟運行，與企業一樣具有強烈的擴張動機和投資衝動，並且它們的預算約束也是軟的。只有當經濟熱絡導致資源短絀和結構失衡嚴重惡化，大陸政府的擴張驅動力才會有所收斂。

改革後，大陸的計畫經濟色彩逐漸淡化，社會主義市場經濟體制則逐步建立；在另一方面，經濟快速成長，經濟波動的幅度則較改革之前縮小許多。改革後經濟波動幅度之所以縮小，主要是因改革後，以經濟建設為重心，政治運動因素衝擊經濟運行的力道減弱，特別是在1990年代過後；其次，農業生產穩定成長，尤其糧食等主要農產品不再匱乏，使得農業週期大致消失；第三，大陸政府的宏觀調控水準提高，這主要反映在調控的及時性和調控手段上，改革後宏觀調控的

政策工具，行政手段和人為直接干預的成分減少，經濟手段的成分增加，使得經濟運行的調整過程較為平順。

然而，由於改革採取漸進模式，大陸經濟體制逐漸由計畫轉向市場，儘管已獲得進展，但基本上還未擺脫計畫經濟架構。具體而言，「政企不分」、預算軟約束的公有制企業仍是國民經濟的主體，特別是金融領域，幾乎所有商業性金融機構的虧損全數由大陸政府買單；要素市場，特別是金融市場還很不完備；政府的職能尚未根本轉變，在經濟活動中仍然扮演球員兼裁判角色；經濟快速成長，粗放式、資源約束也未完全消除，因此，經濟週期波動並未脫離計畫經濟的本質。

改革開放以來大陸的經濟週期，基本上都是由中央或地方政府主導的，政府的「擴張衝動」引發了投資膨脹，進而發生經濟過熱、資源約束加劇、通貨膨脹。隨後，採取緊縮性政策使經濟降溫、物價漲幅回落，經濟運行逐漸恢復常態。不過，與改革之前比較，改革後造成經濟過熱的主體似已逐漸轉變，1978～1984年間的經濟過熱現象，是中央政府實行赤字財政所引發的；1984～1992年間則是源於中央政府信貸工作失控。自1992年以來的二個週期，經濟過熱都是源於地方政府，在前一週期，各地政府利用鄧小平「南巡講話」，大幅度擴張固定資產投資；在後一週期，各地方政府則是利用「十六大」前後人事更迭，以及推進「城市化」的機會，擴大投資所引起的。

地方政府成為大陸經濟週期的主要策動者，是制度所使然。首先，自1980年代開始實施的「財政包幹」，以及用經濟成長指標考核政府官員考績等措施，使得地方政府有強烈的誘因努力促進轄區內經濟成長，又有主導及操控權力，從而造成竭力爭奪資源、擴張投資的衝動。其次是銀行體系為地方政府實現擴大投資提供資金。各級政府的財政收支幾乎可以不受約束，投入競爭性行業所需資金，都能得到銀行的支持。

此外，必須指出的是，1980年代的經濟週期波動，除了肇因於體制因素，政府權力鬥爭也是重要原因之一。所謂「保守派」和「改革派」相互掣肘，加上行政手段的調控政策不當，結果造成經濟大起大落；進入1990年代，地方政府的投資衝動逐漸成為經濟週期波動的主要推動者，近十多年來，由於大陸經濟對國際經濟之依賴度提高，國際經濟景氣波動對大陸經濟週期波動的影響愈來愈顯著。

樊綱（1997）的研究指出[2]，在1980年代導致大陸經濟波動的體制性原因，主要為「計畫者衝動」與「軟約束競爭」等因素。不過，在經濟改革的不同階段上，由於體制的變化，兩種因素所起的作用大小是不同的。大致上，在1980年代初期，主要是由中央計畫當局高速投資所帶動，與傳統體制下的經濟波動特徵，在本質上是相同的。嗣後發生的兩次經濟波動，主要是與分權化改革有關，譬如，財政制度實行「財政包幹制」；針對國有企業先後實行「利潤留成」、「外匯留成」和「利改稅」等改革措施；針對專業銀行，取消貸款的指令性計畫，允許多存多貸等改革措施。這些體制變化，使得地方政府和企業投資自主權的擴大，而地方政府和企業投資擴張的慾望，比以前更容易得到滿足，結果導致投資、消費雙膨脹，尤其非預算內投資成長幅度最大。1987～1988年間的經濟過熱、通貨膨脹以及搶購風潮，基本上是國有經濟放權讓利、缺乏約束所引起的，尤其放權讓利導致企業、地方政府的各種短視行為，導致經濟產業結構惡化，從而經濟成長愈容易受到「瓶頸」的制約。

2　參閱樊綱，《體制改革與宏觀穩定—中國體制轉軌新時期的宏觀經濟問題研究》，杭州：浙江人民出版社，頁295-306。

第二節　經濟波動與宏觀調控

對經濟運行情勢進行調節、控制和引導的手段，在大陸稱為「宏觀調控」。隨著經濟體制改革的演進，大陸的宏觀調控理念、目標、方式和手段等都已發生根本性的改變，宏觀調控體系逐漸由直接調控轉向間接調控，由以計畫、行政手段為主的調控轉向以經濟手段為主的調控。

1978年以前，大陸實行計畫經濟體制，指令性計畫直接控制國民經濟運行。在1949～1956年間，大陸政府透過統一財政、整頓金融、管制外貿、調整工商業等一系列措施，促進財政收支、金融信貸、進出口貿易和重要產品之供需等領域的平衡，建立了傳統高度集中的行政指令性計畫經濟體制。1957～1978年間，行政指令曾一度被應用至極端，成為大陸政府調控經濟運行的唯一方式。

1979～1991年間，隨著經濟體制改革的進展，大陸逐漸由計畫經濟向「有計畫商品經濟」，再向市場經濟邁進。在該期間，由於經濟整體上處於短缺狀態，宏觀調控的主要任務在於治理通貨膨脹；就調控的手段而言，儘管已開始引入市場調節，進行市場化改革，並引入貨幣政策、財政政策的概念和工具，但基本上，宏觀調控是在計畫經濟的架構內進行的。

在1980年代初期，由於傳統的計畫體制沒有根本改變，經濟過熱本身是由中央制定的高成長計畫引起的，因此，抑制經濟過熱也是利用直接的行政計畫手段，強制壓縮各部門基建規模、削減財政赤字、凍結物價上漲。投資自主權下放後，大陸當局曾嘗試利用利率、準備金率等金融調控手段，處理經濟過熱問題，不過，實踐證明其效果不如對信貸實行直接的控制。例如，自1988年第三季開始實施的「治理、整頓」政策，初期提高居民儲蓄存款利率、對部分產品徵收消費

稅等抑制消費的間接調控政策，效果有限；真正發生調控作用的是從1989年初開始執行的壓縮投資與控制信貸規模政策，其中最主要的是壓縮投資的各種直接的行政控制手段，包括規定壓縮幅度、停建緩建各種項目的指令性計畫、派出固定資產投資檢查小組等；其次是嚴格控制工資總額成長，控制消費基金成長過快，特別是壓縮集團購買力；第三是控制貨幣發行，引導購買力分流；緊縮金融和財政、加強對貸款的計畫管理、壓縮財政支出。

自1992年開始，大陸確立「社會主義市場經濟」發展政策，市場經濟逐步發展的結果，導致生產過剩和相對短缺並存，以及通貨膨脹與緊縮壓力並存的現象。該階段的宏觀調控已逐漸由過去直接的行政和計畫手段為主，轉向以經濟、法律等間接手段為主，財政、貨幣政策工具愈來愈受到倚重。

1992年間，大陸經濟再度遭受經濟過熱問題之困擾，進入1993年後，大陸經濟形勢出現了一些混亂的現象，被概括為四熱（房地產熱、開發區熱、集資熱、股票熱），四高（高投資膨脹、高工業成長、高貨幣發行和信貸投放、高物價上漲），四緊（運輸緊張、能源緊張、重要原材料緊張、資金緊張），一混亂（經濟秩序混亂）。從經濟體制和經濟行為的角度看，此次經濟過熱與自1985年以來所發生的現象有共同之處，其基本特點仍是國有企業和地方政府的投資膨脹所導致的；所不同的是，1992年以來，隨著土地市場、證券市場和資金市場等逐步發展，地方的自主權進一步擴大，使得投資需求擴大的速度比以前更快，規模也更大，造成的通貨膨脹壓力自然也比以前歷次更大。必須指出的是，進入1990年代，除了投資因素，資金的跨地區流動、社會上非銀行信用規模擴大（如政府或企事業發行的各種債券、各種企業間債務等），以及價格改革、市場預期和結構失衡等因素，對於經濟波動也產生了重要的作用。

1993年3月，朱鎔基正式接任副總理，為處理當時經濟過熱問題，

他隨即於6月間採取十六項宏觀調控措施，並有效地將超過12%的經濟成長率逐年調降至1997年的9%左右，大陸各界人士形容這段期間的經濟降溫成就為「軟著陸」。此一階段的宏觀調控措施，基本上仍是以行政手段為主，譬如，十六項宏觀調控措施中，關於整頓經濟秩序的幾項包括：針對金融部門，糾正違章拆借資金；靈活運用利率槓桿，增加儲蓄存款；規範有價證券之發行和交易；加快金融改革步伐；強化中央銀行的金融調控能力等。針對財政秩序，包括制止違法集資、限期完成國庫券發行任務、強化稅收徵管、嚴格控制社會集團購買力成長等。針對整頓市場秩序，包括加強房地產市場宏觀管理、改進外匯管理辦法、穩定外匯市場價格、停止地方管理的物價調價措施等，都是屬於行政手段。

此外，在實行適度從緊的貨幣政策上，嚴格控制貨幣發行及信貸總規模、停止人民銀行對非銀行金融機構發放貸款、限制中央銀行再貸款的貸款對象、控制固定資產投資等作為，其實也都是透過行政手段進行。與1980年代不同的是，此一階段，大陸當局開始試圖透過利率之靈活調整，發揮經濟槓桿作用，似較過去更重視經濟手段。1993年5月和7月，中國人民銀行兩次提高存、貸款利率，並開辦保值儲蓄；同時，大陸財政部也提高了國庫券利率，並保值；1995年1月和7月，大陸央行又兩次提高貸款利率，強化調控力度。

1990年代後期，大陸經濟受到亞洲金融風暴所波及，出現衰退的景象，為扭轉這一局面，大陸當局實施擴張性宏觀調控政策[3]。自1996年開始，大陸積極實施貨幣政策，試圖刺激民間投資，例如，從1996年5月開始到1999年6月，七次降低存、貸款利率，一年期定期存款利率從10.98%降到2.25%，貸款利率（一年期流動資金）則由10%降到

---

3 參閱馬洪、王夢奎主編，《中國發展研究》，北京：中國發展出版社，2000年，頁38-41。

5.85%；存款準備金率由1998年3月的13%下調到1999年11月的6%；1998年初，取消國有商業銀行貸款的限額控制，改為指導性計畫，實行「計畫指導、自求平衡、比例管理、間接調整」的信貸資金管理體制。另外，為了鼓勵消費，貨幣政策也趨向寬鬆，例如停止保值儲蓄（1996年4月）、允許開辦個人住房信貸（1998年5月）、允許所有中資商業銀行消費性信貸業務（自1999年起）。

在財政政策方面，主要包括取消財政性基金（資金、附加、收費）項目、增發建設國債等。為刺激消費需求，一方面調整收入分配政策，提高城鄉居民收入。從1999年7月1日起，將國有企業下崗職工基本生活費、失業保險金、城鎮居民最低生活保障，即社會保障「三條線」水準提高30%，另一方面則增加機關事業單位在職員工工資和離退休人員離退休費等。1998年11月間，大陸財政部將42.5億元的專款由中央借給地方，用於支持各地政府做好國有企業下崗職工基本生活保障、企業離退休人員養老金發放工作。另外，大陸政府也採取了提高出口退稅措施以刺激出口。

大致上，1999年之前，大陸當局的調控措施以刺激投資為主，之後則轉向投資、消費、出口等全面刺激需求成長，因而政策調控手段也日趨多元化。在刺激投資成長的措施方面，主要有降低利率、增加國債投資、稅收優惠、技術改造、投資貼息貸款、取消行業准入限制、改善投資環境等；在刺激消費需求方面，主要措施包括增加中低收入居民可支配收入、提高公務員薪資、擴大消費信貸的規模與範圍、延長節日假期、改善消費環境等；在鼓勵出口方面，從提高出口退稅率擴展到加強出口信貸、提高通關效率、進一步改革貿易體制等。

1997～2002年的擴張性宏觀調控政策，主要採取積極的財政政策和穩健的貨幣政策組合，基本上對於扭轉大陸經濟成長下滑趨勢、促進經濟復甦發揮了重要的作用。根據大陸官方資料顯示，2002年間的

經濟景氣已由谷底回升，經濟成長率逐季提高，突破了**8%**的水準，超過官方預期的成長目標。促進經濟成長的動力主要來自於投資高速成長和出口擴張，前者主要是依靠國有部門的大量投資與大陸當局實行積極的財政政策有關；後者除了因前期間鼓勵出口的相關政策措施奏效外，主要是國際景氣好轉、美元走軟、加入WTO的效應，以及跨國公司將其生產和採購中心轉入大陸等因素造成的。

第三節　胡溫體制下的大陸經濟形勢

　　大陸經濟歷經亞洲金融風暴，自2003年下半年開始，經濟成長逐漸加速，包括固定資產投資在內的多項經濟指標，擴張速度居高不下，曾引起大陸經濟學界辯論經濟是否過熱，宏觀調控是否有必要更加緊縮。

　　大陸官方公布的統計資料顯示（表4-2），自2003年開始每年的經濟成長率均超過兩位數，創下了近十多年來的最高紀錄。造成經濟成長率一再創新高的背景原因，主要是固定資產投資的高速成長。資料顯示，自2002年以來，大陸固定資產投資的成長率都超過20%，投資占國內生產總值（GDP）的比重，在2004年間達到44%的空前水準。由於投資的高度成長，導致了一系列生產資料供應短絀，價格上揚，例如夏天電力短絀，緊接著油品和煤炭均出現供不應求的現象，煤炭、鋼材、水泥、化工產品等的價格上揚幅度最高時曾達20～30%。

表4-2 2000年以來大陸主要經濟指標變動趨勢

單位：%；億美元

	經濟成長	固定資產投資	民間消費	物價	貨幣供給		出口	貿易盈餘（億美元）	外匯存底（億美元）	人民幣匯率
					M_1	M_2				
2000	8.4	10.3	9.7	0.4	16.0	12.3	27.9	241	1,666	8.2784
2001	8.3	13.1	10.1	0.7	12.7	14.4	6.8	226	2,122	8.2770
2002	9.1	16.9	11.8	−0.8	16.8	16.8	22.4	304	2,864	8.2770
2003	10.0	27.7	9.1	1.2	18.7	19.6	34.6	255	4,032	8.2770
2004	10.1	26.8	13.3	3.9	13.6	14.7	35.4	321	6,099	8.2768
2005	11.3	26.0	12.9	1.8	11.8	17.6	28.4	1,020	8,189	8.1917
2006	12.7	23.9	13.7	1.5	17.5	17.0	27.2	1,775	10,663	7.9718
2007	14.2	24.8	16.8	4.8	21.1	16.7	26.0	2,643	15,282	7.6040
2008	9.6	25.8	21.6	5.9	9.1	17.8	17.2	2,981	19,460	6.9451
2009	9.2	30.0	15.5	−0.7	32.4	27.7	−16.0	1,957	23,992	6.8310
2010	10.4	23.8	18.4	3.3	21.2	19.7	31.3	1,815	28,473	6.7695
2011	9.2	23.6	17.1	5.4	7.9	13.6	20.3	1,551	31,811	6.3281

資料來源：根據《中國統計年鑑》資料整理。

　　大量投資所形成的產能自2005年起逐漸釋放，表現在各行各業庫存增加，相關產品價格下跌、企業獲利減少、虧損增加。固定資產投資成長偏高可能隱藏著產能過剩問題，儘管產能過剩問題目前尚未出現嚴重後果，表面上看，工業快速成長，企業獲利也有所改善，但是就深層觀察，產能過剩問題或有可能被投資高速成長，吸收了一些原來過剩的產能所掩蓋；另外，消費者物價指數能夠在各項製造成本不斷上升壓力下，維持在較低的水準，也可能是產能過剩所造成的。大陸商務部在2006年上半年針對600種主要消費品之調查報告指出，2006年下半年供過於求的商品約占71%[4]。世界銀行預測，大陸的投資熱潮

4　參閱《國際金融報》，2006年8月10日，一版。

仍可能持續[5]。

　　與固定資產投資相比，大陸的居民消費成長率偏低許多，自2004年以來，大陸社會消費品零售總額成長幅度，扣除價格因素，都在13%左右，與固定資產投資大幅成長的趨勢比較，極不協調，顯示「內部失衡」現象。根據統計，居民消費占GDP的比重約僅55%，較韓國和日本歷史上消費率最低的時候為60%到70%還要低一些。大陸的消費率之所以會偏低，一方面是因社會保障體系嚴重滯後，以及房價上漲失控，導致儲蓄率偏高；另一方面則是因為投資成長太快。投資和消費失衡問題更困擾大陸經濟發展的是投資效益低，以「增量資本產出率」，即每增加1元GDP需要投資多少來衡量，大陸大約是1比5到7，而美國、德國、印度等國僅1比2，顯示其投資效益極差[6]。

　　其次是外部失衡問題持續惡化。外部失衡表現在國際收支經常帳和資本帳的「雙順差」。從1999～2004年，大陸的外貿順差占GDP的比重基本上維持在2%左右的水準，但自2005年開始每年順差大幅增加，占GDP的比重也不斷上升。2008年外貿順差再創新高。「雙順差」不斷轉變為外匯存底，資料顯示，迄2006年底止，大陸外匯存底累計已突破1兆美元，結果導致大陸境內基礎貨幣大量投放，擴大了貨幣供給的壓力。貨幣供給的成長又透過商業銀行的存貸款機制，促使貨幣信貸的高速成長。

　　客觀而言，「雙順差」對於促進大陸經濟成長，擴大就業等方面有一定的貢獻，儘管如此，「雙順差」也給大陸經濟發展帶來一些負面影響。譬如貿易順差擴大，加劇了大陸對外貿易摩擦，同時造成對外依存度過高；而外匯存底大幅成長，則不利於貨幣政策的獨立操作。貿易順差實際上是根源於大陸國內儲蓄偏高（消費偏低）的因

5　參閱《國際金融報》，2006年8月16日，二版。

6　參閱《中國經濟新聞》，第23期，2006年6月19日，頁23。

素，也就是內部失衡的問題。解決問題的方法，一方面是要擴大內需，另一方面則是應該調整鼓勵出口的政策。

　　第三是貨幣供應量偏高、貨幣信貸成長速度過快。隨著經濟成長加速，貨幣供需的形勢也出現根本性的變化。首先，從貨幣需求面來看，投資需求高漲，刺激了融資需求，扭轉了貸款有效需求不足的局面；同時，社會大眾在預防動機和投機動機增強，也增加了貨幣需求。在另一方面，2002年各級政府改組，新上任的地方首長出現所謂「投資衝動」現象，進一步加大了對貸款的需求。其次，從貨幣供給面來看，由於外匯儲備大量增加，使得中國人民銀行相對釋出的基礎貨幣大量增加；同時，就商業銀行而言，由於其資金較充裕，其放款行為也從過去「惜貸」變為積極放貸。供需兩方面因素的作用結果，使得銀行貸款規模快速成長，並導致物價持續上漲。

　　2005～2007年間的資料顯示，廣義貨幣供應量（M_2）的漲幅，連續二十多個月保持在17%左右，超過大陸央行設定的預期目標。就貨幣信貸來看，大陸全部金融機構人民幣各項貸款的漲幅保持15%左右，也較往年偏高。由這些數據可以發現，自2004年下半年開始，大陸的金融形勢一直呈現「寬貨幣、寬信貸」的局面。大陸金融機構的貨幣信貸成長很快，究其原因，一是經濟成長加速，對貸款的需求迫切；二是貨幣環境寬鬆，流動性充裕，銀行存貸差擴大；三是商業銀行追求獲利動機，增加放貸。貨幣信貸成長太快與固定資產投資成長過快等問題交織在一起，相互促進的結果，加劇了經濟結構失衡問題，同時也增加了金融信貸自身的風險。四是房地產炒作問題。自2003年以來，大陸政府就開始著手控制房地產之高速投資，不過，該措施似未發揮預期的效果，房地產投資增速依然超過20%。大陸國家統計局公布房地產業的固定資產投資景氣指數顯示迭創新高[7]，其中，

7　參閱《國際金融報》，2006年8月3日，二版。

上海、北京等大城市的炒作風潮更甚。房地產投資熱潮不減的主要原因，一方面是社會上的游資和熱錢炒作，包括外資投入的效應、體制外資金流入、期房預售制度供給房地產開發商充裕的資金；另一方面更與地方政府違法不當開發和運用土地有關。

2007年間，美國爆發次貸危機，並不斷升級，進而引發了全球經濟金融危機，大陸經濟形勢也受到波及。尤其自2008年下半年開始，國際金融海嘯對大陸影響不斷加劇，對外貿易呈現衰退之勢，經濟成長減緩，上市公司業績下降，股市在波動中大幅走低，融資額和成交額明顯萎縮；證券行業利潤下降和資產規模減少；保險業總資產成長減緩、投資風險加大；商業銀行信貸投放逆勢成長，信用風險增加。

2008年下半年，美國次貸危機對經濟的衝擊逐漸擴散，並演變成為全球金融海嘯，大陸經濟面臨嚴峻的挑戰，例如對外貿易成長逐月減緩，2008年第四季甚至出現負成長，且持續惡化，到2009年5月達到谷底後才開始緩慢回升；2009年上半年，大陸的出口和進口貿易額較上年度同期分別下降了21.8%和25.4%；工業生產之成長速度也從2008年第一季的16.4%，逐月下降，到2008年底時已跌至5%左右；2009年上半年工業生產值成長率平均只達7%。就經濟成長率來看，2008年上半年維持兩位數的高成長，下半年的經濟景氣則逆轉直下，到2009年第一季時已跌至6.1%。

全球金融海嘯對大陸經濟造成的衝擊，大致在2009年第一、二季間觸底後緩慢復甦，到2010年時基本上已恢復到全球金融危機爆發前的水準。以對外貿易為例，衰退的形勢在2009年下半年已逐漸扭轉，全年平均成長雖然仍是呈現負值（出口為-16%；進口為-11.2%），但已較上半年的表現好很多；2010年更是大幅反彈，出口和進口貿易的成長率分別高達31.3%和38.7%。又如工業生產，自2009年第三季開始也逐漸復甦，11月當月成長19.2%，創2007年6月以來最高水準，全年平均成長率提高至11%，2010年大致已恢復正常水準，全年平均成長率

達15.7%。就經濟成長率來看，2009年第一季探底之後開始緩慢回升，當年第二季、第三季分別成長7.9%和8.9%，全年達9.2%。

　　翌年，在「保增長、促發展」的政策基調引導下，大陸經濟已逐漸擺脫金融海嘯的糾纏，快速邁向復甦之路，前三季平均經濟成長率10.6%，較上年同期高出2.5個百分點；前九個月進、出口貿易分別成長了42.4%和34%；其他如民間消費、固定資產投資、工業生產等重要經濟指標，都呈現快速擴張之勢。與此同時，物價水準漲幅則由第一季的2.2%，逐季上升至第三季的3.5%，通膨跡象日益明顯。

　　2011年初，大陸經濟持續高速成長之勢，通膨壓力有增無減，不過從第二季開始，由於一方面前一期緊縮性經濟政策收效，另一方面歐債危機逐漸蔓延，全球金融市場波動加劇，全年度大陸經濟的表現開高走低。2011年第四季，帶動大陸經濟成長的三大動力中，外需欲振乏力，投資和消費等兩大需求也趨於疲軟。大陸官方公布的經理人採購指數（PMI）11月降到49，是三十二個月以來最低，顯示實質面持續減速。由於國內外經濟環境不佳，尤其歐債危機未解、貿易保護盛行、國內物價水準偏高、流動性不足、房地產調控進退維谷等，都已對大陸經濟穩定成長構成嚴峻的挑戰。

第四節　胡溫政府的宏觀調控政策

　　為消除經濟成長加速可能導致經濟過熱之疑慮，「胡溫」政府改變了自1998年以來實施的以鼓勵投資為特徵的積極財政及金融政策，自2003年下半年開始實施多項收縮性政策。以2004年4月間提出的宏觀調控政策措施為例，主要包括三部分，第一是提高投資專案貸款准入門檻，鋼鐵業自有資金比例由原來的25%提高為40%及以上；水泥、電解鋁、房地產開發等行業自有資金比例，則由原來的20%提高至35%及

以上。

　　第二是收縮資金供應鏈。先是銀監會發布新的貸款規定，限制銀行向內部人或關係人提供貸款，並建議禁止貸款用於投資股市或金融衍生產品，以提高銀行業的風險控制。接著中國人民銀行上調了存款準備率0.5個百分點，並進行公開市場操作；銀監會則要求金融機構落實政府宏觀調控政策，加強金融檢查和貸款審批，以抑制固定資產投資過快，進一步加強貸款風險管理。

表4-3　改革開放以來大陸財政和貨幣政策及其特點

時間	財政政策	貨幣政策	特點
1979～1980年	鬆	鬆	財政支出連續大幅成長；大幅增加現金和貸款投放，通貨膨脹上升
1981年	緊	鬆	基建投資支出減少，縮減財政赤字；現金投放減少，但貸款增加
1982～1984年	鬆	鬆	財政減收增支；貸款總額成長
1985年	緊	緊	控制財政支出；緊縮銀根
1986～1988年	鬆	鬆	擴大國債規模；貨幣發行量和銀行貸款投放增加
1989年	緊	緊	治理整頓
1990～1993年	鬆	鬆	相對於1989年，財政支出和貨幣投放有所增加
1994～1997年	緊	緊	嚴格控制信貸規模，推動分稅制改革
1998～2004年	鬆	鬆	積極財政政策和穩健貨幣政策
2005～2008年	適度從緊	適度從緊	穩健的財政政策和穩健的貨幣政策
2009～2009年	鬆	鬆	積極的財政政策和適度寬鬆的貨幣政策
2010年	鬆	中性偏緊	積極的財政政策和穩健的貨幣政策

資料來源：根據聶晴（2010）表1資料補充整理。

　　第三是利用行政手段抑制經濟過熱。國家發展委員會、銀監會與中國人民銀行聯合公布《當前部分行業制止低水平重複建設目錄》，

針對鋼鐵、有色金屬、機械、建材、石化、輕工、紡織、醫藥、印刷等行業，明列禁止類和限制類投資目錄。另外，更加強清理固定資產投資專案工作，清理的重點主要包括鋼鐵、電解鋁、水泥、黨政機關辦公大樓和培訓中心、城市快速軌道交通、高爾夫球場、會展中心、物流園區、大型購物中心等項目，以及2004年以來新開工的所有項目。2004年間又陸續推出差別存款準備金率，再貸款利率浮動、提高消費信貸門檻（汽車消費貸款從當年4月1日起首付款提高到30%）、提高鋼鐵、電解鋁、水泥、房地產開發投資項目的資本金比率、產業政策和信貸政策配合控制投資過快成長、緊縮房地產貸款、整頓土地市場、加強金融檢查等緊縮性政策。

　　然而，這一系列的緊縮政策對大陸經濟成長速度似乎沒有產生抑制作用，自2004年開始，每年都呈現兩位數成長，且迭創新高。2005年間，大陸的固定資產投資、貨幣供給量及經濟成長率等指標一直維持在高檔，經濟過熱問題並未改善。出現這種現象的原因可以概括為二，一是大陸中央政府的態度較保守，雖不希望經濟過熱，但也不希望經濟過冷，尤其地方政府一直有反彈力量，導致緊縮性政策未能貫徹；二是中央政府似乎不願急促的大幅緊縮，採取相關的緊縮性措施只是被動的回應，旨在向外界表示國內經濟情勢能夠得到控制的姿態。

　　為了抑制經濟過熱，自2006年以來，大陸政府似較過去更重視運用貨幣政策工具。首先是利用公開市場操作，調節銀行體系流動性。針對外匯存底驟升導致基礎貨幣增加，以及固定資產投資和貨幣信貸大幅增加的情況，大陸央行自2005年第四季以來即多次增加票據的發行，以近期信貸增加較多的銀行為發行對象。

　　其次是發揮利率槓桿的調控作用，試圖從需求面控制貸款總量。為了抑制經濟過熱問題，大陸央行曾自2004年10月開始至2007年底止，先後九次調高存貸款基準利率，調整後一年期存貸款基準利率分

別由2.25%和5.58%，提高至4.14%和7.47%。

第三是上調金融機構存款準備金率，試圖從供給面抑制貨幣信貸總量過快成長。2006年7月間，大陸央行上調了金融機構人民幣存款準備金率0.5個百分點，8月中旬和11月中旬，大陸央行又兩度上調金融機構存款準備金率各0.5個百分點；嗣後，在2007年至2008年6月底一年半期間，大陸央行上調金融機構存款準備金率達十五次，大型金融機構的存款準備金率已高達17.5%。金融機構存款準備金率調整如此頻繁，凸顯大陸央行緊縮政策的態度堅定，同時也凸顯經濟過熱問題的嚴重性。

大陸政府利用貨幣政策工具治理經濟過熱問題，借重經濟手段的企圖心至為明顯，不過，行政手段並沒有因此而被忽視，其中，最重要的是透過行政指導，譬如規範地方政府不當地招商引資，要求商業銀行克制信用貸款等。在這一波經濟過熱的風潮中，房地產業投資高速成長也是源頭之一，因此，土地調控是宏觀政策的重點，其中，除了緊縮房地產的信貸，還有從嚴控制新開工項目、規定開發商預先訂房價再拿地、強化地方政府的土地管理責任、禁止各地擅自將農用地轉為建設用地等。

大陸在2006～2008年間的宏觀調控政策，在手段上似較過去更重視經濟手段，試圖透過市場化的手段，加快經濟結構和產業結構調整；調控的重點則較過去更注重供給和需求雙向引導。金融手段是該期間調控的主要內容之一。不過，坦白說，該輪宏觀調控政策對當時經濟過熱問題的抑制效果不如預期，原因在於：提高金融機構法定存款準備金率之前，大陸各商業銀行已握有龐大的超額存款準備金，儘管多次提高法定存款準備金率，抵扣之後，仍然有超過6,000億元的流動性過剩，又即使再扣除大陸央行發行的定向票據，大陸各商業銀行仍有為數不少的超額準備金，甚至吸納定向票據最多的中國建設銀行和中國銀行之信貸業務不會受到什麼影響，尤其他們境外上市籌集的

資金規模很大，資本充足率高。大陸著名經濟學家樊綱認為，加息並不足以遏制經濟過熱大勢，除非政府輔以對信貸進行直接量化控制。

　　運用貨幣政策工具進行宏觀調控未發揮預期作用的另一個原因，是國際收支順差過大，導致外匯存底快速累積，從而造成基礎貨幣大幅增加，流動性過剩，貨幣供應和信貸擴張。自2003年以來，大陸的外匯存底每年新增的規模都超過2,000億美元。基礎貨幣投放的直接效果就是銀行存款增加，存差擴大。根據統計，2000～2005年，大陸金融機構存差的擴大，83%的因素是因為國際收支「雙順差」所導致。顯然，只要外匯存底（實際上就是外匯流入）增加不停止，銀行信貸的快速擴張無法避免，控制固定資產投資和信貸規模也不會有明顯的長期效果；行政手段縱使能收短期功效，過一、二年可能會有更大幅度反彈，2006年以來的信貸和投資大幅擴張或可看出端倪。因此，為了降低流動性，抑制經濟過熱，保證宏觀政策長期穩定有效，釜底抽薪之計應是減少「雙順差」，讓人民幣升值應是最直接有效的方法。然而，大陸央行一直不願意積極面對人民幣升值問題，即便在2005年7月間進行匯率形成機制改革，人民幣匯率之決定仍然未擺脫行政干預。

　　2008年伊始，大陸經濟形勢基本上仍處在「三高」、「三快」的狀態，前者是指投資、消費、進出口三大需求均保持較高的成長速度；後者是指人民幣升值、居民消費者價格漲幅、資產價格上漲較高的現象，因此，大陸宏觀調控政策的取向仍以「雙防」為中心任務，即著重在防止經濟全面過熱，防止股票市場產生大的波動。當年中央經濟工作會議確立了穩健的財政政策和從緊的貨幣政策組合，強調要繼續嚴把土地、信貸「兩個閘門」，大力控制新開工項目；減少銀行體系的流動性，加強信貸工作的引導；進一步加大公共服務領域的投入，積極支持「三農」、基礎教育、社會保障、公共醫療衛生、住房保障等各項事業和發展；加快轉變外貿成長方式；進一步推進資本市

場的制度建設等。總體的目標是「控總量、穩物價、調結構、促平衡」。

　　然而，隨著美國次貸危機惡化，全球經濟成長明顯放緩，大陸經濟也受到波及逆勢而下，自2008年7月開始，大陸宏觀調控政策的基調轉變為積極的財政政策和適度寬鬆的貨幣政策，採取一攬子經濟刺激計畫，「保持經濟平穩較快成長」；在擴大內需方面，特別編列預算4兆元人民幣在兩年內投入公共投資。為落實適度寬鬆的貨幣政策，2008年下半年，先後四次下調存款準備金率，增加銀行體系流動性供應，其大型金融機構累計下調2個百分點，至15.5%中小型金融機構累計下調4個百分點，至13.5%。其次，自2008年9月起至同年底，大陸央行先後5次下調金融機構人民幣貸款基準利率、四次下調存款基準利率。結果，一年期貸款利率由7.47%降至5.31%，累計調降2.16個百分點；一年期存款利率則由4.14%降至2.25%，累計調降1.89個百分點。第三是操作公開市場業務，2008年7月，大陸央行暫停發行三年期央行票據，並於當年第四季逐步調減央行票據發行規模和頻率；提高公開市場操作利率彈性。第四，透過窗口指導等手段，引導金融機構依循「區別對待、有保有壓」原則投放信貸。第五，運用再貼現引導信貸資金投向，包括下調再貼現利率（由4.32%降至1.8%）、增加再貼現額度等。

　　自2009年下半年開始，大陸經濟逐漸擺脫全球金融海嘯的糾纏邁向復甦之路，進入2010年，大陸經濟成長率再度突破二位數，物價水準逐月上漲，房地產市場交易熱絡。為防範經濟過熱，大陸央行自2010年初開始，一年內連續六次調升存款準備金率；二次升息，並擴大公開市場操作。2010年12月，中央經濟工作會議確立下年度要實施積極的財政政策和穩健的貨幣政策，增強宏觀調控的針對性、靈活性和有效性。

　　為了抑制經濟過熱，2011年大陸央行再度調高存款準備金率六

次，每次0.5個百分點，由18.5%增加至21.5%；人民幣存、貸款基準利率調升三次，每次0.25個百分點，由2.75%增加至3.5%。然而，受到歐債危機蔓延、全球金融市場波動加劇的影響，大陸經濟情勢持續下行，房市、股市及出口成長力道持續走弱。2011年底中央經濟工作會議定調「穩中求進」的目標，「穩」就是保持宏觀經濟政策、經濟成長和物價水準穩定；「進」就是要在調結構、深化改革開放和改善民生方面取得進展。為達成這些目標，過去一年中性偏緊的貨幣政策開始放鬆，事實上，為阻止經濟持續衰退，在12月初已調降存款準備金率0.5個百分點；惟利率的調整相對保守，因為負利率現象已造成銀行存款流失、地下金融氾濫，不太可能完全放鬆，結構性減稅措施是其中重點之一。

● 參考文獻 ●

王夢奎（2006），「經濟發展，社會和諧，體制保障」，收錄於馬
　　洪、王夢奎主編，《中國發展研究》，北京；中國發展出版社。

世界銀行（2002），《2001年世界發展指標》，北京：中國財政經濟
　　出版社。

李善同、侯永志、劉雲中、何建武（2006），「2005-2020年中國經
　　濟增長前景分析」，收錄於馬洪、王夢奎主編，《中國發展研
　　究》，北京；中國發展出版社。

馬洪、王夢奎主編（2000），《中國發展研究》，北京：中國發展出
　　版社。

高長（2004），《展望大陸經濟變動趨勢與全球經貿版圖消長》。臺
　　北市：行政院經濟建設委員會。

高長（2007），「對大陸連續調整存款準備金率與利率之解析」，
　　《兩岸經貿》（臺北）第186期，頁1-4。

樊綱（1997），《體制改革與宏觀穩定—中國體制轉軌新時期的宏觀
　　經濟問題研究》，杭州：浙江人民出版社。

韋群耀、胡礦（2010），「改革開放以來我國經濟宏觀調控述評」，
　　《經濟問題探索》（北京），第8期，頁25-30。

馮梅、王之泉（2010），「中國宏觀調控的回顧與展望」，《經濟問
　　題》（北京），第1期，頁23-26，49。

聶晴（2010），「新形勢下我國財政政策與貨幣政策的路徑選擇」，
　　《商業時代》（北京），第21期，頁58-61。

人民幣匯率制度改革與人民幣國際化 5

人民幣匯率是否合宜，長期以來一直受到國際社會的關注與討論。改革開放前，大陸實行集權的計畫經濟制度，人民幣匯率的水準，基本上是由中央計畫部門統一規定的，無法反映真實的水準，因而造成嚴重的扭曲。改革開放之後，隨著體制改革之進展及對外開放範圍擴大，涉外經濟活動的規模愈來愈大，人民幣匯率不合理所造成的扭曲成本愈為凸顯，於是大陸當局開始著手逐步推動人民幣匯率制度改革。

進入二十一世紀以來，人民幣匯率低估的問題再度受到各界關注。在擺脫亞洲金融風暴之後，大陸出口成長的力道逐年增強，出超的規模愈來愈大，同時經濟成長表現亮麗，外商直接投資大量進入，外匯存底快速累積，在人民幣緊盯美元，且物價相對穩定的情況下，人民幣逐漸成為強勢貨幣，人民幣升值的預期漸趨強烈。人民幣匯率低估，造成國際市場上的不公平競爭，國際社會紛紛要求改革人民幣匯率制度及重估人民幣匯率。

第一節　有關匯率決定的相關理論

匯率是由一國貨幣所表示的另一國貨幣的價格，又稱為匯價或兌換價；匯率制度則是指一國關於本國貨幣對其他國貨幣兌換率的制度安排。從匯率形成機制劃分，匯率制度大致可分為三大類，即固定匯率制度和浮動匯率制度，以及介於兩者之間的可調整的固定匯率制度和有管理浮動匯率制。固定匯率制度是指按各種貨幣的含金量作為確定匯率的基礎，或由政府規定本國貨幣同他國貨幣的法定比價，並將兩國匯率的波動界限規定在一定幅度內。浮動匯率制度是指一國貨幣不確定含金量，也不規定黃金平價，對外國貨幣的比價不加以固定，也不規定匯率波動的上下限，而是由外匯市場的供求關係決定本國貨

幣對外國貨幣比價的匯率制度。

　　文獻上，有關匯率決定的理論，主要有國際借貸論（Theory of International Indebtedness）、購買力平價論（Theory of Purchasing Power Parity）、利率平價論（Theory of Interest Rate Parity）和貨幣主義匯率理論等。國際借貸論者認為：匯率的決定與變動是由外匯的供求所決定的，而外匯的供求則是由國際借貸所引起的，包括商品的進出口、勞務和旅遊業之發展，以及資本的移動等，都會產生國際借貸關係，當一國的流動債權（即外匯收入）大於流動債務（及外匯支出）時，則外匯的供給量大於需求量，因而匯率就會下降（即本國貨幣升值）；反之，當一國的流動債權小於流動債務時，則外匯的供給量小於需求量，匯率就會上升（即本國貨幣貶值）；當外匯收支相抵時，匯率即趨於均衡狀態，不須調整。

　　購買力平價論者則指出，人們之所以需要某一種貨幣是因為該貨幣具有購買力，當一國向國外提供自己的貨幣時，實質上是對外提供了本國國內的購買力，因此，人們對本國貨幣和外國貨幣的評價，主要取決於兩種貨幣購買力的比較，就某一定時點觀察，兩國貨幣之間的兌換比率取決於兩國貨幣的購買力之比，而由於「購買力」實事上就是一般物價水準的倒數，所以匯率水準可以用本國一般物價水準相對於外國一般物價水準的比率來表示。就兩個時點內匯率的變動觀察，由於在某一段時間內匯率的變化，受到兩個國家在這段時期中的物價水準或購買力變化的影響，因此，兩個時點的匯率相比，與同時期內兩國物價水準的相對變動成比率。

　　利率平價論者認為，匯率與利率的關係極為密切。在資本具有充分的國際流動性前提下，投資者的套利行為將使得國際金融市場以不同貨幣計價和相似資產之收益率趨於一致。也就是說，套利資本的跨國自由流動使得「一價定律」（The Law of one price）在國際金融市場上得以實現。當不考慮匯率風險因素時，投資者在國際金融市場上對

以不同幣值計算的資產進行充分的套利，以不同貨幣計價的資產對投資者來說具有完全的替代性，則本國利率高於（或低於）外國利率的差額，等於本國貨幣的預期貶值（或升值）幅度。

當考慮風險因素時，投資套利者對以不同幣值計算的資產，因其風險不同而有不同偏好，套利者將利用遠期外匯市場確定未來交易時的匯率，以避免匯率波動造成的影響，本國利率高於（低於）外國匯率的差額等於本國貨幣的遠期貼水（升水）。高利率的貨幣在遠期外匯市場上必為貼水，低利率的貨幣在遠期外匯市場上必為升水。如果國內利率高於國外利率水準，國際資金將流入國內牟取利潤。套利者為避免匯率風險，往往在進行套利的同時，在遠期外匯市場上簽訂與套利方向相反的遠期外匯合同，以確定在到期日交割時所使用的匯率水準。套利者大量購買遠期外匯的結果，將使現匯匯率下浮，遠期匯率上浮。隨著這種套利行為不斷進行，遠期匯率和現匯匯率的差額會不斷擴大，直到兩種資產所得到的報酬率完全相等。當本幣遠期貼水恰好等於國內利率高於國際利率的差額，套利活動就會停止。

貨幣主義匯率理論主張匯率的變動與貨幣供求形勢息息相關。在貨幣數量理論中，物價水準乃決定於流通中的貨幣數量、貨幣流通速度與商品的交易數量等三個因素，在貨幣流通速度與商品交易量不變的前提下，物價水準將與流通中的貨幣數量變動呈正向變動關係。所以當一國貨幣供給量增加過快時，價格水準就會趨於上升，透過購買力平價關係，本幣勢必貶值。當一國實質國民所得上升時，就會出現超額貨幣需求，在名目貨幣供應量不變的情況下，會抑制國內物價上漲或引起國內物價下降，通過購買力平價的作用，將使本幣升值；反之，則將貶值。又，當一國名目利率上升時，就意味著預期通貨膨脹上升，實際貨幣需求就會下降，從而抬高物價，通過購買力平價的作用，本幣勢將貶值；反之，則將升值。

貨幣主義論者認為，匯率是由貨幣市場的存量均衡所決定的，主

要取決於名目貨幣存量，實際國民所得水準、實際利率、預期通貨膨脹等因素。與傳統匯率決定理論比較，主要的分歧點在於，傳統理論認為外匯供求取決於進出口所需要和取得的外匯，是用外匯流量來衡量的，在滿足進出口彈性的條件下，固定匯率體制採取貶值措施，可以產生鼓勵出口、抑制進口，收到改善國際收支狀況的作用。貨幣主義論者則強調，傳統理論忽略了相對價格變動和國際收支變化之間貨幣需求的關鍵傳遞作用，一國貨幣貶值會帶來對本幣資金需求的增加和對外幣需求之減少。如果本國貨幣供應量不變，或者貶值後對外幣需求減少的效果不彰，則貶值對國際收支的影響不能持久，匯率也會隨著貨幣（本、外幣）的供求狀況而繼續作出調整。貨幣主義的匯率理論，從強調貨幣市場和貨幣存量的供需情況對匯率的影響出發，突破了傳統理論將匯率決定侷限在國際貿易或國際收支的範圍，從而引導入與貨幣政策的協調問題。

第二節 人民幣匯率決定的機制

1950年代初期，人民幣匯率之決定係採「物價對比法」，也就是參照大陸進出口商品國內外的價格水準和僑匯購買力來制定。該期間人民幣匯率的安排，表現為一個由市場供求關係、購買力平價和物價漲跌決定的匯率機制；人民幣匯率政策的目標主要在於「鼓勵出口、兼顧進口、照顧僑匯」。

1953～1972年，大陸建立了高度集中的計畫經濟體制，在國際結算中試行了人民幣匯價結算。在該期間，人民幣匯率按照大陸國內外消費物價對比計算，促進了非貿易及僑匯的發展。但由於大陸物價長期固定不變，價格被嚴重扭曲，而人民幣匯率又按照購買力平價制定，與進出口商品國內外比價脫節，從而導致人民幣嚴重高估。

　　1953～1979年，大陸採用了人民幣「一籃子貨幣」盯住匯率制度，根據貨幣籃子平均匯率的變動情況來確定匯率。籃子中的貨幣是由當時大陸對外經貿往來中經常使用的外幣組成，籃子中的外幣匯率權重反映了對有關國家的貿易比重和政策需要；此外，還要根據前一日國際外匯市場上這些貨幣的匯率變動，計算出人民幣匯率[1]。由此可見，此一時期的匯率決策取決於籃子貨幣和市場匯率的變化，其中籃子貨幣又涉及貿易比重和政策需要。不過，在維持人民幣堅挺的政策目標下，加上美元不斷貶值，導致人民幣被高估。

　　根據大陸學者吳念魯和陳全庚的研究，關於籃子貨幣的幣種和權重，大陸在最初乃選擇採用倫敦市場美元、法國法郎、日圓、西德馬克、瑞士法郎等11種貨幣算出平均匯價的變動情況確定人民幣的匯價，嗣後至1975年間，曾三次改變籃子貨幣的幣種，至1975年11月間，改按美元、西德馬克兩個集團共13種貨幣平均匯價計算人民幣匯價[2]。1973～1975年短短三年之間，大陸當局三次改變人民幣匯率定價方法，顯示其決策部門在習慣了固定匯率制以後，面對國際社會普遍採用浮動匯率的新形勢，在匯率政策方面遭遇到一些困難。不過，這一套盯住一籃子貨幣的人民幣匯率制度一直沿用到1980年。

　　為了配合對外貿易體制等改革，大陸自1981年起實行人民幣雙重匯率制度。其一是貿易外匯內部結算匯價，主要適用於進出口貿易外匯的結算，人民幣匯價係按1978年全國出口平均換匯成本加上一定的利潤計算出來的[3]。其二是公布牌價，即以前的人民幣匯價，主要適

1　參閱吳曉靈主編，《中國外匯管理》，北京：中國金融出版社，2001年，頁64。

2　參閱吳念魯、陳全庚，《人民幣匯率研究》，北京：中國金融出版社，1992年，頁55、頁61。

3　出口換匯成本之計算係將以人民幣計值的出口成本（包括一定的利潤）除以以外幣計值（用每1美元計算）的銷售價格。對貿易公司而言，該出口成本相

用於非貿易外匯的兌換和結算，還是沿用原來的一籃子貨幣加權平均法，參照國內外消費物價的變化制定。實施雙重匯率的目的首先在於鼓勵出口，其次是在於抑制進口、增加外匯儲備。不過，人民幣雙重匯率制度在1985年1月1日取消內部結算價之後宣告結束，重新實行以貿易匯價為基礎的單一匯率制度。

另外，為了配合對外貿易推行承包制，取消對出口的財政補貼，大陸各地自1980年起陸續實行外匯調劑制度，設立外匯調劑中心，並自1988年起開辦外匯調劑公開市場業務，形成了官方匯率和調劑市場匯率並存的匯率制度。而調劑市場的匯率在一定程度上可以反映市場決定的匯價，為官方匯率水準之調整提供了參考的基準。

1994年1月1日改革外匯管理體制後，人民幣官方匯率與外匯調劑市場匯率並軌，建立了全大陸單一的、有管理的浮動匯率制度，實行銀行結售匯，取消用匯的指令性計畫和審批制度，允許人民幣在經常項目下有條件可兌換；同時也創建了全大陸統一的銀行間外匯市場。

人民幣匯率之決定，基本上是由中國人民銀行按照前一營業日銀行間外匯交易市場形成的加權平均匯率，公布人民幣對美元、港幣、日圓三種貨幣的基準匯率。至於人民幣與上述三種貨幣之外的其他貨幣之間的匯率，則由各家金融機構根據中國人民銀行公布的人民幣對美元匯率的中間價，以及國際外匯市場上美元對其他貨幣的匯率，進行套算得出。

當時大陸外匯市場上開辦人民幣對美元、人民幣對日圓和人民幣對港幣等三種外匯的即期交易。銀行間外匯市場人民幣對美元買賣價，可以在基準匯率上下0.3%的幅度內浮動，對港幣和日圓的賣買可以在基準匯率上下1%的幅度內浮動。對客戶的交易，對美元匯率波動

當於出口商品的國內批發價，若是製造商直接出口，出口成本則是指生產和銷售成本。

幅度規定為基準匯率上下0.15%，對港幣、日圓買賣匯率波動的幅度，規定不得超過基準匯率的1%。此三種貨幣以外的其他外幣匯率，則按美元基準匯率，參照國際市場外匯行市套算中間匯率，規定買賣匯率不得超過中間匯率的0.5%。對超過100萬美元的交易，銀行與客戶可以在規定的幅度內議價成交[4]。

　　此一時期的人民幣匯率制度，大陸當局稱之為由市場供需關係決定的、單一的、有管理的浮動匯率體制。不過在實務操作上，尤其自1997年亞洲金融風暴發生以來至今，大陸實際上實行的是盯住美元的固定匯率制度[5]。也就是說，人民幣與美元保持了基本固定的穩定匯率關係，人民幣與其他主要國家貨幣的匯率，則是跟隨美元的波動而同步升降，譬如，如果美元對歐元貶值，那麼人民幣也隨著美元對歐元貶值，反之亦然。這一匯率政策的缺點在於人民幣的強弱主要取決於美元的強弱，同時美國的經濟政策和經濟週期的變化，透過美元而對大陸經濟產生影響。

　　從外匯管理體制面來看，1994年匯改以來，人民幣匯率形成機制受到下列幾項制度參數的影響[6]。第一是銀行結售匯制度。在結匯方面，對經常項目外匯收入實行強制結匯和超限額結匯制度，對資本項目外匯收入實行審批和一定限制。在售匯方面，根據「經常項目完全可兌換、資本項目外匯實行管制」的原則，經常項目須憑有效商業單據和憑證、資本項目須憑有效憑證和外匯局核准文件，銀行才可辦理售付匯。

4　參閱吳曉靈主編，《中國外匯管理》，北京：中國金融出版社，2001年，頁68-69。

5　國際貨幣基金（IMF）對各國匯率制度之分類，原將大陸歸為管理浮動制，自1999年實行新的分類法後，改列為盯住制。

6　參閱王雅範、管濤、溫建東，《走向人民幣可兌換：中國漸進主義的實踐》，北京：經濟科學出版社，2002年，頁144。

第二是關於銀行結售匯周轉頭寸管理。1995年以前，銀行結售匯周轉頭寸採上限單向管理，嗣後，隨著外匯供求形勢好轉，改採上下限雙向管理。也就是說，低於下限的話，銀行必須要到銀行間市場補足，超過上限則必須到銀行間市場拋出，在上下限之間，銀行可以自由選擇買或賣，抑或是不進入市場交易。

第三是中國人民銀行公開市場操作。中國人民銀行將視外匯市場供需形勢，於美元對人民幣匯率達到規定的浮動上下限，或者銀行結售匯周轉頭寸超過規定幅度時，進場買或賣外匯，以平抑供求，穩定外匯。

第四是銀行間市場交易管理。銀行間外匯市場開辦了美元、日圓、港幣對人民幣之交易。銀行需提前一天向中國外匯交易中心報告第二天擬在市場賣出或買入外匯的量，且當天只能做買入或賣出的單向交易，不可以買賣雙向同時進行。匯價可以有浮動空間，人民幣對美元的匯價浮動空間為0.3%，日圓和港幣則為1%，中國人民銀行只對美元對人民幣的交易進行必要的干預。

1994年匯改之後，表面上人民幣匯率制度形式是有管理的浮動匯率制度，實質上卻是盯住美元的固定匯率制度，只有「管理」，沒有「浮動」。會出現這種結果，一方面與中央銀行穩定匯率的政策取向有關，另一方面也與匯率形成機制的制度安排有關。由於實施強制性銀行結售匯制度和銀行結售匯周轉頭寸管理，企業和銀行都是匯價的接受者，因此，市場上反映的主要是中央銀行干預下的匯率水準。而且，強制結售匯制度和銀行結售匯周轉頭寸管理的制度安排，是使得中央銀行長期陷於被動干預地位的重要原因。中央銀行頻繁進入市場干預可能產生兩種副效應，一是央行犧牲了貨幣政策的獨立性，二是人為調控的匯率偏離了均衡匯率的真實水準，容易引發市場的不當預期。

這樣的匯率制度在政策操作上存在著一些問題。首先，從理論上

講，在開放經濟條件下，各國均面臨資本自由流動、貨幣政策獨立性和匯率穩定等三個政策目標中，只能取其二的困境[7]。回顧自1994年匯率並軌以來，大陸匯率政策的最高目標似在於穩定匯率，1997年以前，面對匯率持續升值的壓力，大陸央行一方面在銀行間市場大量收購外匯，投放基礎貨幣，另一方面，為減輕由此引起的通貨膨脹壓力，大陸央行則同時採取回收對金融機構再貸款等沖銷措施，因此，可以說該期間大陸是通過犧牲貨幣政策的獨立性來維持人民幣匯率的穩定。亞洲金融風暴期間，面對外匯資金流向逆轉，為維持人民幣匯率穩定，犧牲了資本自由流動的目標，也就是在「經常項目可兌換、資本項目管制」制度下，加強經常項目真實性的查核，以及遏制違規資本外逃。貨幣政策目標主要在於積極刺激內需，治理通縮和改善經濟基本面狀況。

其次，盯住美元的人民幣匯率制度，外匯市場參與者的資格及其交易行為受到嚴格限制，交易相對集中，市場具有明顯的封閉性和雙邊壟斷性，使得人民幣匯率無法反映真實的匯價，進而影響了進出口貿易的正常發展。譬如，亞洲金融危機期間，周邊國家貨幣大幅貶值，人民幣盯住美元的結果造成高估的現象，不利於出口擴張。大陸當局採取提高出口退稅比率、對出口商品貼息等措施，其實無異於人民幣貶值，問題是，這樣做一方面會增加政府財政負擔，另一方面則誘發出口騙退稅行為，更重要的是造成價格扭曲。又如，近兩年來美元持續貶值，人民幣盯住美元的結果造成低估現象，大陸當局採取了降低出口退稅率等措施來因應。

第三，人民幣匯率盯住美元而呈現穩定的狀態，表示匯率風險不存在或很小，當國內外利率出現差異時，就會容易導致套利行為。儘管在大陸實行資本項目管制，套利行為存在一定的成本，但當潛在的

7　參考 R. A. Mundell, *International Economics*, Macmillan, New York, 1968.

套利收益超過成本時，套利還是會通過非法逃套等形式進行。例如，在1997年以前，在本外幣正利差較大、外資大量流入的情況下，各地紛紛利用引進外商投資固定回報項目的形式，繞開外債規模管理。近年來，本外幣正利差加上人民幣成為強勢貨幣，大規模的套利、套匯資金流入，再度給大陸經濟帶來困擾。

2005年7月21日，大陸央行宣布實行「以市場供求為基礎、參考一籃子貨幣進行調節、有管理的浮動匯率制度」。在新的制度下，人民幣匯率不再盯住單一美元，而是參照一籃子貨幣，根據市場供求關係進行浮動；大陸央行在每個工作日休市後，公布當日銀行間外匯市場美元等交易貨幣對人民幣匯率的收盤價，作為次日該貨幣對人民幣交易的基準匯價；當時，銀行間外匯市場美元對人民幣交易價每日的浮動區間為0.3%，非美元貨幣對人民幣交易價每日的浮動區間為3%。在新的匯率制度下，美元對人民幣交易價格調整為1美元兌8.11元人民幣，外匯指定銀行可以參考此匯價作為基準價格對外掛牌。

此次匯改之後，大陸又陸續推出了一系列改革人民幣匯率形成機制的政策和措施，舉其要者如：2005年8月，大陸外匯交易中心推出銀行間遠期外匯交易品種；2005年9月，銀行間即期外匯市場非美元貨幣對人民幣交易價格的浮動幅度，從原來的0.15%擴大到0.3%；2006年1月，大陸央行在銀行間即期外匯市場上引入詢價交易，同時引入做市商制度，改進人民幣匯率民間價的形成方式；2007年5月，人民幣兌美元交易價浮動幅度從0.3%擴大至0.5%，增加人民幣匯率的彈性。

第三節　人民幣升值趨勢與國際化

2005年7月21日，大陸首次實施了人民幣與美元脫鉤，及與一籃子貨幣掛鉤的匯率制度改革，並宣布讓人民幣匯率隨市場狀況浮動調

整。到2008年間全球金融海嘯爆發之前，人民幣匯率累計調升了21%左右。全球金融危機爆發後，國際經濟嚴重衰退，大陸對外貿易直接受到衝擊，國內經濟受到連累，整體表現呈每下愈況的趨勢，於是大陸政府悄悄重回人民幣緊盯住美元的匯率制度。自2008年中以來，人民幣兌美元之匯率基本上穩定在6.82元和6.83元左右的水準。隨著金融海嘯造成的衝擊逐漸減弱，相對於全球經濟復甦的力道緩慢，且仍存在許多不確定性，大陸經濟復甦情勢則表現亮麗，人民幣匯率低估的問題再度引起國際社會的關注，成為眾矢之的。

面對國際社會要人民幣升值的壓力，大陸當局雖然一再強調不會屈服，但是人民幣盯住美元的匯率政策，並不符合現階段大陸經濟面臨轉型的需求，也就是說，當前大陸經濟發展面臨結構性失衡的問題，譬如過度仰賴出口擴張、國內消費需求不足的內外失衡問題，還有沿海與內陸、城市與鄉村之間區域發展差距過大的區域失衡問題，以及房地產市場過熱、通貨膨脹壓力上升等，人民幣若能適度升值，應有助於改善這些結構性失衡問題，促進經濟健全、穩定發展。大陸政府乃選擇在2010年6月中旬、G20高峰會前夕公開宣布推出新的匯率改革措施。

從內容上來看，新的匯改措施與2005年7月間所提出的匯率改革方案比較，並沒有太多的新意，不過，該項新措施公布之後，仍然引起國際社會的關注，美國、日本、歐盟等主要國家及國際貨幣基金等國際組織，紛紛表示歡迎與肯定。大陸新的匯改方案之所以受到重視，主要是在人民幣匯率市場化作為上給人有新的想像空間，尤其增強人民幣匯率彈性或將有助於減少國際經濟不平衡，符合各方利益。自新匯改宣布迄今，人民幣兌美元匯率雙向變動升值之勢大致在市場預期中，不過，升值的幅度似乎未符合國際社會，尤其是美國的期待，人民幣的走勢持續承受國際監控的壓力有增無減。

大陸新一波匯率制度改革措施提出後，立即在國際股匯市激起波

瀾，尤其是經濟基本面表現較好的亞洲各國，預料未來人民幣匯率調整勢將牽動亞洲貨幣的比價效應，國際熱錢流向亞洲更將是無可避免。在大陸對資本帳還進行管制下，逐利而居的國際短期資金不易進入中國大陸炒作，相對的，熱錢前進亞洲其他國家炒作的可能性較高。這樣的氛圍已讓亞洲各國央行都上緊了發條，嚴陣以待。

　　大陸政府強調，新的匯改措施將「增強人民幣匯率彈性」，並不必然等於人民幣升值。誠然，彈性匯率是指可以升值，也可以貶值，應由金融市場價格機制決定。不過，就中長期趨勢觀察，人民幣升值仍是各界共同的看法，有所不同的是升值的幅度與速度方面。人民幣看升的主要原因，一方面是大陸對外貿易順差及資本淨流入預料仍將持續；另一方面，人民幣匯率制度改革，適時合理的升值亦是大陸經濟實現「擴大內需和調整產業結構」國家宏觀戰略的內在需要。值得注意的是，大陸官方考量經濟現實，以及日幣大幅升值導致資產泡沫的殷鑑不遠，或將不會允許人民幣匯率完全由外匯市場供需決定，而是會充分運用「彈性」機制，按照漸進性、可控性原則推動，強調不受外在壓力的影響。國際主流的論述雖不主張人民幣快速大幅升值，但強調人民幣匯率之決定必須擺脫人為操控，回歸市場機制，大陸作為全球最大的債權國，對導正全球經濟失衡應有大國責任和相對作為。

　　近年來，大陸政府在推動匯改的同時，隨著國際經濟形勢變化，也在認真思考將人民幣推向國際。大陸學者的研究曾指出，大陸當局將以三十年的時間，循序漸進實現人民幣國際化；近年來中國大陸在全球經濟體系中的影響力日增，將人民幣推向國際的企圖心愈來愈強烈。全球金融海嘯爆發後，大陸當局深感歐美國家長期主導國際金融體系，卻無法有效監管自身金融正常運行，造成國際金融亂象及經濟波動，危害到大陸的國家經濟利益和經濟安全，乃積極倡議新國際儲備貨幣，促推人民幣國際化的動作愈來愈大。大陸當局認為，有效將

人民幣推向國際化，提高人民幣作為貿易計價的工具及貨幣交易的功能，不但可以提升在國際貨幣體系中的影響力，更可以減輕持有大量美元外匯資產（包括美國的股票、政府公債、機構債券與公司債等，迄目前累計金額超過1兆美元），因美元波動而可能造成的經濟損失。

　　事實上，大陸將人民幣推向國際化的意圖，早自2002年即開始，不過初期因人民幣強烈升值預期導致嚴重的套匯投機問題，而放慢了腳步。2008年以來，金融風暴肆虐全球，大陸有感於造成國際經濟劇烈波動之主要根源，為執國際貨幣體系牛耳之美元幣值不穩，遂加速推進人民幣國際化的時程。大陸當局的如意算盤，是想趁著近來美元地位下降、歐元面臨危機、日圓及英鎊實力大不如前之時機，順勢而為，在構建三邊均勢貨幣格局或提升大陸在國際金融體系中的分工地位上搶得先機。

　　從策略面來看，大陸推促人民幣國際化主要從三方面著手，首先是推動人民幣作為跨境貿易結算工具。早在2008年12月間，大陸國務院宣布允許珠江三角洲、長江三角洲與港澳地區貿易可以人民幣結算，並將廣西、雲南與東協國家之貨物貿易納入人民幣結算試點，邁出了人民幣走向國際的第一步。2009年4月8日決定由上海、廣州、深圳、珠海和東莞等五個城市作為跨境貿易人民幣結算試行地點；同年7月2日，大陸央行公布《跨境貿易人民幣結算試點管理辦法》，正式啟動了跨境貿易人民幣結算試點。2010年6月間，跨境貿易人民幣結算試點地區擴大到北京、天津等20個省、市、自治區（翌年再擴及全部31個省市自治區），試點業務範圍也擴大包括跨境貨物貿易、服務貿易和其他經常項目人民幣結算；同時也不再限制境外地域，企業可以按照本身的需求自主選擇使用人民幣結算。該項措施對於提高人民幣國際信用有益，從而將有利於發揮人民幣的國際計價、媒介和結算功能。

　　其實，在全球金融危機爆發之前，透過合格境內機構投資者

（QDII）制度，人民幣已可走出境外，不過，該項措施無論是商業銀行的代客境外理財、保險公司資金境外運用或是基金管理公司在海外的金融投資業務，都只是單向的允許國內居民往海外市場進行投資，嚴格而言，不是真正的國際化。而在應對國際金融危機的形勢下，開展跨境貿易人民幣結算對大陸而言可有多重效果，一是有助於減少企業成本，減緩大陸外貿衰退的壓力，二是有助於鞏固香港國際金融中心地位，三是真正邁出人民幣走向國際化的第一步。

第二項作為是與貿易夥伴國家簽訂貨幣互換協議。自2008年12月起，大陸先後與韓國、香港、馬來西亞、白俄羅斯、印尼、阿根廷等六個國家和地區簽訂貨幣互換協議，累計規模已超過6,500億美元，2010年6、7月間貨幣互換再添冰島和新加坡兩國。另外，在國際貨幣基金組織發行特別提款權和債券等籌資期間，大陸選擇用人民幣購買500多億美元，也是推動人民幣走向世界的重要作為。人民幣與簽約國貨幣互換，表示雙邊貿易無須透過美元交易，不但可降低雙邊貿易活動中面臨的美元匯率波動風險，且有利於促進大陸和該國的跨境貿易和投資，並發揮人民幣的跨境結算和儲備貨幣功能，促進人民幣走出去。2010年10月，首度在新疆試點開辦「跨境投資」人民幣結算業務。

第三項作為是發展人民幣離岸中心，鬆綁人民幣在離岸中心的流通限制。大陸自2004年起有計畫地逐步推動建設香港成為人民幣離岸中心，陸續擴大香港銀行人民幣業務，也開放大陸境內金融機構及香港企業在港發行人民幣債券，以及將香港作為人民幣貿易結算中心。2010年7月間，中國人民銀行與香港金融當局就擴大人民幣貿易結算安排達成共識；另外，新修訂的《香港銀行人民幣業務的清算協議》，將不再限制香港的銀行為金融機構開設人民幣帳戶與提供各類服務，並容許香港人民幣存款可於銀行間往來轉帳，取消企業將港元兌換為人民幣的上限。一系列以人民幣計價的金融商品在香港陸續推出，包

括存款和貸款、保險、基金以及金融衍生商品。

　　大陸當局試圖將人民幣推向國際的策略路線圖可說是相當清晰，即先由周邊化開始，再區域化，最後達到國際化；先促進人民幣作為區域流通及貿易結算計價的貨幣，再逐步開放金融體系，包括建立外匯借貸市場、人民幣清算市場，以及人民幣債券市場等措施，提升人民幣作為國際的貨幣交易和儲備功能。自2009年以來，人民幣通過跨境貿易、貨幣互換等渠道實現了跨境使用，在境外的流通規模已逐漸增加，尤其在香港及大陸周邊地區，顯示了人民幣國際化在大陸周邊地區已逐漸呈現效果。在國際上已出現要求將人民幣作為外匯儲備的呼聲，而流往境外的人民幣現鈔也有回流大陸境內的跡象，在人民幣國際化發展過程中，這些都是正面的訊息。

　　關於人民幣國際化的發展前景，我們認為在當前國際金融形勢下，美元實際地位已大不如前，歐元區陷入債務危機，日圓和英鎊則欲振乏力，國際信用皆大不如前；相對的，人民幣則因大陸經濟崛起，外匯存底不斷累積呈現強勢而大受歡迎，大陸欲順勢將人民幣推向國際，的確有它的機會存在。以跨境貿易結算為例，自2009年7月開始實施至當年末，半年時間內，全大陸跨境貿易人民幣結算業務規模不足100億元，2010年上半年則大幅增加至706億元，2010年全年跨境人民幣貿易結算總額達5,060億元（其中香港所占比重達到75%），顯示人民幣被境外交易對手接受的程度逐漸提升。不過，人民幣要真正成為國際貨幣可能還需要經歷一段漫長的過程，其中，最常被提到有待清除的路障是資本帳下的自由兌換，另一方面，金融市場開放進程緩慢且機制不完善，也是制約人民幣國際化的重要因素。

　　人民幣朝國際化發展是大陸當局既定的政策，儘管短期內無法達到預期的目標，人民幣本身也還沒有與美元、歐元等國際主要貨幣抗衡之實力，且近年來大陸當局促推人民幣作為區域流通及貿易結算計價之貨幣，積極強化人民幣之貨幣交易功能，主要流通範圍仍只限於

香港和東南亞等地,在歐、美等地的流通極為有限,但人民幣國際化的氣候逐漸形成卻是不爭的事實,尤其在東南亞的國際地位已日益提升。然而,未來大陸當局若能擴大讓在境外人民幣資金的投資回流、資本和金融帳戶下的自由兌換,以及健全的、有相當規模的金融市場等方面積極改革與建設,人民幣國際化或有可能得到較大的發展。

2010年6月間大陸央行提出市場化的匯改方案,也為人民幣國際化做了重要的鋪墊。中國大陸推動人民幣國際化的作為,在全球金融海嘯爆發之後愈趨積極,迄今在人民幣作為跨境貿易結算工具、發展人民幣離岸中心等方面已有初步的成果,境外的企業和銀行對用人民幣結算的興趣明顯增加。人民幣國際化可以說是個大趨勢,儘管其全面國際化並實現全球儲備貨幣的地位,必須伴隨著資本項目之開放和貨幣之可自由兌換,還有很長的一段路要走,但是未來在國際化與市場化的相互作用下,齊力推動大陸經濟進一步量變和質變,其影響至為深遠,值得密切觀察。

● 參考文獻 ●

吳曉靈主編（2001），《中國外匯管理》，北京：中國金融出版社。

吳念魯、陳全庚（1992），《人民幣匯率研究》，北京：中國金融出版社。

王雅範、管濤、溫建東（2001），《走向人民幣可兌換：中國漸進主義的實踐》，北京：經濟科學出版社。

張宇主編（2008），《中國模式：改革開放三十年以來的中國經濟》，北京：中國經濟出版社。

朱鮀華（2007），《人民幣匯率問題研究》，北京：人民出版社。

葉輔靖等（2007），《人民幣匯率形成機制研究》，北京：中國計畫出版社。

舒幼冬（2001），「市場化與人民幣匯率的有管理浮動」，《金融研究》（北京），第2期，頁73-79。

栗志剛（2008），《透視人民幣匯率：人民幣匯率制度演變的政治分析》，北京：中國經濟出版社。

大陸對臺經貿政策　　**6**

1979年以前，兩岸基本上係處於軍事對抗的狀態，大陸強調要「以武力解放臺灣」，而臺灣則以「反共復國」的軍事或準軍事計畫相抗衡，因此，在該期間，兩岸關係可說是敵視對立且完全隔絕的。這種形勢到了1979年間，大陸決定實行經濟改革與對外開放政策，積極進行四個現代化建設之後，才開始出現轉折。

　　1978年10月，中共「十一屆三中全會」決議實行改革開放政策，其對臺政策也相應做了調整。1979年1月1日，大陸全國人大常委會發表《告臺灣同胞書》，提出「實現中國的統一，是人心所向，大勢所趨」，對臺政策隨即由過去的「以武力解放臺灣」調整為「和平方式實現祖國統一」。1981年9月，大陸人大委員長葉劍英進一步提出「實現祖國和平統一的九條方針」（一般稱之為「葉九條」），提出國、共兩黨談判與第三次合作的主張。次年元月，鄧小平提出「一國兩制」的對臺政策思想，宣示「承認臺灣地方政府在對內政策上可以搞自己的一套」，「臺灣的黨政軍系統，都由臺灣自己管」。從此，「和平統一」和「一國兩制」即成為大陸對臺政策的基本方針。

第一節　大陸對臺政策演變

　　「葉九條」的論點主要包括：(一)強調和平統一的大政方針；(二)國共兩黨對等談判，第三次合作，共同完成「祖國統一」大業；(三)建議雙方共同為通郵、通航、通商、探親、旅遊，以及開展學術、文化、體育交流提供方便，達成有關協議；(四)統一後，臺灣可作為特別行政區，享有高度自治權，可保留軍隊；(五)歡迎臺灣工商界人士到大陸投資，興辦各種經濟事業；(六)希望國民黨當局堅持「一個中國」，反對「兩個中國」之立場，以民族大業為重。一言以蔽之，「葉九條」的思維主軸在強調兩岸應共同追求「和平統一」。從此，對臺政

策的指導思想，從毛澤東時代的「解放」改為「統一」。

　　鄧小平的「一國兩制」論述，進一步闡述了對臺政策的內涵，其精神在於強調臺灣在兩岸統一後，可享有相當程度的自主行政權力，兩岸的統一「不是我吃掉你，也不是你吃掉我」。「一國兩制」的具體論點主要有[1]：(一)「三個不變」：包括臺灣的現代社會經濟制度不變、生活方式不變、與外國的經濟文化關係不變；(二)「六個保護」：包括臺灣的私人財產、房屋、土地、企業所有權、合法繼承權、外國人投資等，均受法律保護；(三)臺灣享有行政管理權、立法權、獨立司法權和終審權；(四)臺灣可以與外國簽訂商務、文化協定，享有一定的外事權；(五)臺灣的黨、政、軍、經、財等事宜自行管理；(六)臺灣有自己的軍隊，大陸方面不派軍隊，也不派行政人員駐臺；(七)臺灣特別行政區政府和各界代表人士，可以出任國家行政機構的領導職務，參與全國事務管理。

　　「一國兩制」的政策目的在於達成「和平解決臺灣問題，邁向統一的中國」，故其現實的意涵高於理論意涵。迄今為止，大陸的對臺政策方針，基本上都沒有偏離過這一基調。值得一提的是，此一時期對臺政策的決策機制，已逐漸由原來由上而下的「一言堂」，轉變為有參與、有討論的決策模式。按，在大陸對臺決策機制中，中共中央對臺工作領導小組的位階最高，主要透過黨小組的運作以統一領導事權，發揮最高決策與協調功能。隨著對臺政策之調整，大陸陸續在廈門大學（1981年）和中國社會科學院（1984年）設立「臺灣研究所」，加強對臺灣相關問題之研究，並賦予智庫的角色。同時，在1988年間，大陸國務院設立「臺灣事務辦公室」，嗣後又在中央一級的各部、委、辦、局及各省、市、區，以及地方的縣、市、州級的政府成立「臺辦」的單位，從此，大陸的對臺工作已從原先的軍事情

1　參閱《文化報》，1988年6月15日，一版。

報、對敵宣傳、統戰鬥爭等工作性質，調整為日常行政和公開操作的方式，人員參與更是大幅增加。

江澤民在天安門事件後接任總書記，並自1993年10月起取代楊尚昆成為中共對臺工作領導小組組長。此一改組象徵中共第二代領導正式將包括統一在內的所有任務完全交付給第三代領導人。1993年8月31日，大陸國務院臺灣事務辦公室發表《臺灣問題與中國統一》白皮書指出[2]：「和平統一、一國兩制是建設有中國特色的社會主義理論和實踐的重要組成部分，是中國政府一項長期不變的基本國策。」其中還特別強調：「為結束敵對狀態，實現和平統一，兩岸應儘早接觸談判，在一個中國的前提下，什麼問題都可以談。」

江澤民掌權後，1991年12月16日正式成立「海峽兩岸關係協會」，隨後在1992年10月與臺灣的「海峽交流基金會」在香港進行事務性協商，復於次年4月27日在新加坡進行第一次辜汪會談，並簽署四項協議。在1995年1月30日農曆除夕茶話會上，江澤民發表「為促進祖國統一大業的完成而繼續奮鬥」講話，就當時發展兩岸關係及推進兩岸和平統一之進程，提出八項看法和主張（一般簡稱為「江八點」）。該項談話內容可視為大陸第三代領導集體接班後的對臺政策綱領性文件，其要點為[3]：

(一)堅持一個中國原則，是實現和平統一的基礎和前提。中國的主權和領土絕不容許分割；任何製造「臺灣獨立」的言論和行動，都應堅決反對；主張「分裂分治」、「階段性兩個中國」等，也應堅決反對。

(二)對於臺灣同外國發展民間性經濟文化關係，不持異議，但反對以搞「兩個中國」、「一中一臺」為目的的所謂「擴大國際生

2　共黨問題研究叢書編輯委員會編（1994），頁106～125。

3　中共中央臺灣工作辦公室編（1998），頁90～94。

存空間」活動。

(三)進行海峽兩岸和平統一談判。作為第一步，建議雙方可先就「在一個中國原則下，正式結束兩岸敵對狀態」進行談判，並達成協議。

(四)努力實現和平統一，中國人不打中國人；不承諾放棄使用武力，絕不是針對臺灣同胞，而是針對外國勢力干涉中國統一和搞「臺灣獨立」圖謀的。

(五)大力發展兩岸經濟交流與合作；主張不以政治分歧去影響、干擾兩岸經濟合作；贊成商談並簽訂保護臺商權益的民間性協議。

(六)中華民族兒女共同創造的五千年璀璨文化，始終是維繫全體中國人的精神樞紐，也是實現和平統一的一個重要基礎。

(七)充分尊重臺灣同胞生活方式和當家作主的願望，保護臺灣同胞一切正當權益，中共各有關部門包括駐外機構，要加強與臺灣同胞的聯繫，儘可能幫助他們解決困難。

(八)歡迎臺灣當局領導人以適當身分前來訪問，也願意接受臺灣方面邀請前往臺灣。中國人的事不需要借助任何國際場合。

歸納「江八點」的內容，可以發現「江體制」對臺政策的底線為堅持一中原則，反臺獨、反分裂，並強調不承諾放棄使用武力。大陸為了掌握對臺和平統戰的主動性和積極性，刻意不提「一國兩制」的終極安排，顯示第三代領導人的對臺政策，較以往更具穩健和務實。

兩岸關係和諧之氛圍，隨後因大陸不滿李登輝總統訪問美國之言行，展開一連串「文攻武嚇」動作而陷入谷底，原先海基會和海協會已進行多次的事務性協商宣告中斷。1998年10月，海基會董事長辜振甫先生率團訪問大陸，曾為兩岸關係之改善帶來一線曙光，然而，該道曙光隨即於次年因李登輝總統公開表示兩岸關係是「國家與國家，

至少是特殊國與國的關係」（一般簡稱為「兩國論」）而消失。[4]面對「兩國論」之提出，大陸高層甚至做出決定，表示要充分準備，一旦臺灣將臺灣獨立付諸行動，將別無選擇，以武力手段提前解決臺灣問題。為此，大陸特別成立了直屬於江澤民領導，包括各軍種、各大軍區司令員在內的軍事委員會，研擬攻臺和嚇臺方案，包括「打、封、登」及各種軍事演習，加大對臺的軍事威嚇。此階段大陸對臺政策的強硬態度進一步具體的表現在2002年2月21日國務院臺灣事務辦公室所發表的《一個中國的原則與臺灣問題》白皮書中。

2000年，民進黨贏得總統大選，兩岸關係出現新的局勢，大陸重申這樣的結果「改變不了臺灣是中國領土的一部分之事實」，「絕不允許任何形式臺獨，絕不在一個中國原則和主權問題上妥協讓步」，「一個中國原則是和平解決臺灣問題的基礎和前提」，「將與一切贊成一個中國原則、反對臺獨、主張發展兩岸關係的臺灣各界、各黨派加強接觸，為發展兩岸關係，推進統一進程奮鬥」。對臺工作小組副組長錢其琛更將對臺工作任務簡化為「對臺灣新領導人聽其言，觀其行」。在具體的政策上，大陸把「三通」提到戰略高度，儘可能彈性處理；並加強與臺灣執政黨之外的政、商、學、媒體等各界人士的溝通，採取較為寬鬆的統戰政策。不過，另一方面，大陸也在沿海地區布置導彈，並舉行大規模軍事演習，加強對臺武備及提升軍人在對臺政策上的決策角色。

中共「十六大」之後，以胡錦濤為首的領導班子正式接任，世代交替後的對臺政策基本上仍承襲「和平統一，一國兩制」與「江八點」的一貫政策，「軟硬兩手，內外有別」交替使用的策略也未有太大變化，在軟的方面是以經濟力量促使兩岸整合，硬的方面是以政治

4　「兩國論」是李登輝總統於1999年7月9日接受德國一家電臺「德國之聲」專訪時提出的，詳情可參閱行政院大陸委員會編（1999），頁1～9。

及軍事力量加大對臺灣施壓。胡錦濤體制對臺政策的論述，以2003年3月在全國人大會議上所發表的對臺工作四點意見（一般稱為「胡四條」）最為具體，其內容為：一是要始終堅持一個中國原則；二是要大力促進兩岸的經濟文化交流；三是要深入貫徹寄希望於臺灣人民的方針；四是要團結兩岸同胞共同推進中華民族的偉大復興。胡錦濤除重申「江八點」的對臺政策精神，另強調「凡是有利於臺灣人民的利益、凡是有利於祖國統一、凡是有利於中華民族偉大復興，我們都要全力推動」。[5]

2004年，陳水扁總統競選連任成功，中共臺辦和國務院臺辦，在陳水扁總統就職前夕發表聲明（一般稱為「五一七聲明」），表示「當前兩岸關係情勢雖嚴峻，但堅決制止旨在分裂中國的臺灣獨立活動，維護臺海和平穩定是兩岸同胞當前最緊迫的任務」，同時強調「臺獨沒有和平，分裂沒有穩定」。2004年9月，胡錦濤在中共「十六屆四中全會」接任軍委主席，在反獨重於促統的對臺政策思維下，開始積極推動制定《反分裂國家法》，意圖以法理上的反分裂法來對付其指責民進黨政府所謂的法理上的臺獨。《反分裂國家法》之制定，展現「胡體制」對臺政策強硬的一面，即堅決反對臺獨；不過，胡錦濤也有軟的一手，譬如開放臺灣農產品銷往大陸、推動春節包機等。

2005年3月初，胡錦濤發表新形勢下發展兩岸關係的「四點意見」（一般稱為「胡四點」），指出「臺灣任何人、任何政黨朝著承認一個中國原則，承認『九二共識』，不管是什麼人、什麼政黨，也不管他們過去說過什麼、做過什麼，我們都願意同他們談發展兩岸關係、促進和平統一的問題」，並表示「只要確立了一個中國的大前提，我們對任何有利於維護臺海和平、發展兩岸關係、促進和平統一的意見和建議都願意做出正面回應，也願意在雙方共同努力的基礎上尋求接

5　　請參閱《中國時報》，2003年3月12日。

觸、交往的新途徑」。並強調「堅持一個中國原則絕不動搖，爭取和平統一的努力絕不放棄，貫徹寄希望於臺灣人民的方針絕不改變，反對臺獨分裂活動絕不妥協」。此四點意見是繼「葉九條」、「江八點」之後，中共對臺政策的重要宣示。

在這個「四點意見」的指導下，2005年3月14日，十屆全國人大三次會議審議通過《反分裂國家法》，該法為大陸政府反對和遏制臺獨分裂活動提供了法律依據。「胡四點」之發表與《反分裂國家法》的通過和實施，從戰略和法理的高度為兩岸關係發展定下基調。

胡錦濤對臺決策模式可用「原則堅定、操作細膩、恩威並濟、靈活彈性、反應迅速」等二十個字來形容。[6]「原則堅定」是指針對一個中國的原則態度堅定。「操作細膩」是指針對一個中國原則，在提法上更具彈性，例如，胡錦濤曾提及「自1949年以來，儘管兩岸尚未統一，中國大陸和臺灣同屬一個中國的事實從未改變，這就是兩岸關係的現狀」。首度在文字上含蓄承認兩岸分裂分治；另外，也強調只要承認「一個中國」、「九二共識」，什麼都可以談。「恩威並濟」是指懷柔與高壓手段交互使用，前者強調「寄希望於臺灣人民」，積極推出各種優惠政策以全力爭取臺灣各界的好感，後者主要是制定反分裂國家法。「靈活彈性」是指靈活運用武裝鬥爭和統一戰線兩大工具，在武裝鬥爭上「準備打」，在統一戰線上，一方面爭取談，另一方面則爭取主要國家不支持臺獨的承諾。對臺政策的最優先則從促統改為防獨，展現其不怕拖的自信。

大陸政府在2006年初提出2006～2010年的五年期經、社建設規劃，一般稱為「十一五規劃」，該項規劃亦提出對臺政策的基本方針，共有五條：

6　參閱趙建民，「胡錦濤時期中共對臺政策的變化」，中華歐亞基金會，政策報告NO.940003，2005年8月，頁7～8。

(一)推進兩岸關係發展和祖國統一大業。貫徹「和平統一、一國兩
制」的基本方針和現階段發展兩岸關係、推進祖國統一進程的
八項主張（即「江八點」）。

(二)堅持一個中國原則絕不動搖、爭取和平統一的努力絕不放棄、
貫徹寄希望於臺灣人民的方針絕不改變、反對「臺獨」分裂活
動絕不妥協（即「胡四條」）。

(三)貫徹實行反分裂國家法，推動在一個中國原則基礎上恢復兩岸
對話和談判，加強與反對「臺獨」、主張發展兩岸關係的臺灣
各黨派的對話與交流。

(四)擴大兩岸民間交流與來往，維護臺灣同胞的正當利益，推動全
面、直接、雙向「三通」，促進建立穩定的兩岸經貿合作機
制，促使兩岸關係發展，維護臺海和平穩定。

(五)支持海峽兩岸和其他臺商投資相對集中地區的經濟發展，促進
兩岸經濟技術交流合作。

表6-1　大陸對臺政策主要事件與官方文件彙整表

公布時間	大事記或官方文件名稱	主要內容
1979/01/01	人大常委會發表《告臺灣同胞書》	提出「和平方式實現祖國統一」構想；鼓吹兩岸「三通」、「四流」
1981/09/30	人大委員長葉劍英發表「進一步闡明關於臺灣回歸祖國實現和平統一的方針政策」（俗稱「葉九條」）	提出國、共兩黨談判與第三次合作主張
1984/02/22		鄧小平在會見美國喬治城大學戰略與國際問題研究中心代表團時，正式提出「一個中國，兩種制度」論點
1990/09/12	兩岸紅十字會簽署《金門協議》	作為雙方遣返違反有關規定進入對方地區民眾、刑事犯及嫌犯之法源

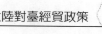

表6-1　大陸對臺政策主要事件與官方文件彙整表（續一）

公布時間	大事記或官方文件名稱	主要內容
1993/04/27	第一次辜汪會議於新加坡舉行三天，會後雙方共同簽署四項協議書	兩岸簽署《兩岸公證書使用查證協議》、《兩岸掛號函件查詢、補償事宜協議》、《兩岸聯繫會議制度協議》、《辜汪會談共同協議》等
1993/08/31	政務院臺辦發表《臺灣問題與中國統一》白皮書	
1995/01/30	江澤民發表「為促進祖國統一大業的完成而繼續奮鬥」講話（俗稱「江八點」）	堅持在「一個中國」、「一國兩制」框架下發展兩岸關係
1995/07	大陸對臺灣進行「文攻武嚇」，兩岸關係陷入谷底	
2000/02/21	大陸國務院臺辦發表《一個中國的原則與臺灣問題》白皮書	提出「三個如果」的主張，被各界解讀為大陸對臺用武的三條件
2000/05	對民進黨執政事實，表達「聽其言，觀其行」看法	
2003/03/11	胡錦濤在全國人大發表對臺工作四項意見（簡稱「胡四條」）	堅持「一個中國」原則，促進兩岸之經濟文化交流，重申寄希望於臺灣人民，另外重申「江八條」對臺政策之看法
2004/05/17	中共臺辦和國務院臺辦發表聲明）（俗稱「五一七聲明」）	表示堅決制止臺獨活動，強調臺獨沒有和平，分裂沒有穩定
2005/03/04	胡錦濤發表「新形勢下發展兩岸關係的四點意見」（簡稱為「胡四點」）	只要承認「一個中國」，承認「九二共識」，對任何有利於發展兩岸關係，促進和平統一的意見和建議都可以談
2005/03/16	大陸全國人大通過《反分裂國家法》	透過立法，對抗臺灣和「法理臺獨」，宣示遏制臺獨的決心
2005/09/05	大陸允許臺灣民航客機飛越大陸飛行情報區	
2006/01/08	大陸商務部宣布恢復自2001年底全面暫停的對臺漁工勞務合作	

表6-1　大陸對臺政策主要事件與官方文件彙整表（續二）

公布時間	大事記或官方文件名稱	主要內容
2006/03	大陸全國人大通過「十一五規劃」，詳述對臺政策方針	重申「江八點」、「胡四條」、「和平統一、一國兩制」基本方針，「反獨」、擴大兩岸交流、促進兩岸經濟技術交流和合作
2007/10/15	胡錦濤在中共十七大政治報告中提出兩岸「命運共同體」概念	凸顯兩岸血脈相連，對大陸和臺灣同屬一個中國的註解
2008/12/31	胡錦濤在紀念「告臺灣同胞書」發表三十週年座談會上發表「胡六點」	提及雙方可就過渡時期的「政治關係」展開務實探討
2011/01	對臺工作會議	深入貫徹「寄希望於臺灣人民」的方針；推動兩岸交流的工作重心應從北部向南部移，並應採取創新、靈活的形式，深入南臺灣基層民眾、社團組織、原住民部落
2011/07	胡錦濤在中共建黨九十週年談話	要牢牢把握兩岸關係和平發展主題，全面深化兩岸交流合作，擴大兩岸各界往來，共同反對和遏制臺獨分裂活動
2011/11	胡錦濤會見連戰談話	和平是兩岸發展的基石，雙方應堅持和維護「九二共識」，繼續引領和推動兩岸關係發展

資料來源：作者根據相關材料自行整理而得。

　　2007年10月間，胡錦濤在中共黨「十七大」報告中指出，「13億大陸同胞和2,300萬臺灣同胞是血脈相連的命運共同體」，該項「命運共同體」之表述，與「一國兩制」的基本方針有內在的邏輯關係，是對「大陸和臺灣同屬一個中國」的另一種註解。2008年歲末，胡錦濤在紀念《告臺灣同胞書》發表三十週年座談會上，發表題為《攜手推動兩岸關係和平發展、同心實施中華民族偉大復興》的「六點意

見」（簡稱為「胡六點」）。該項公開談話以恪守「一個中國原則」為基石，闡明了進一步發展兩岸關係的方向和有效途徑，並第一次提出「臺灣同胞愛鄉愛土的臺灣意識不等於臺獨意識」的看法，同時也第一次表達了「只要民進黨改變臺獨分裂立場，我們願意做出正面回應」的態度，顯示大陸對臺政策呈現新的思維。

2011年1月，大陸召開「對臺工作會議」，提出將深入貫徹「寄希望於臺灣人民」的方針，要求各省市與社團組織在推動兩岸交流時，應將工作重心從北部向南移，深入基層民眾。2011年3月，大陸「人大」及「政協」兩大會議正式通過了「十二五規劃」，首次把兩岸關係列為專章，表達今後幾年兩岸經濟關係發展方向。溫家寶在「兩會」上的政府工作報告表示，將「增進兩岸政治互信，鞏固兩岸關係和平發展的政治基礎，共同維護兩岸關係和平發展的良好局面」，凸顯兩岸政治互信與和平發展關聯。胡錦濤在2011年元旦茶話會、七月中共建黨九十週年及十月辛亥百年紀念活動上，曾多次強調要牢牢把握兩岸關係和平發展主題，全面深化兩岸交流合作，擴大兩岸各界往來，共同反對和遏制臺獨分裂活動等概念，顯示和平發展、擴大交流和遏制臺獨是現階段大陸對臺政策的主軸。

第二節　大陸建構對臺經貿政策的思維

大陸對臺政策自1979年開始調整，由過去的「武力解放」改變為「和平統一」，在新的政策架構下，特別重視促進兩岸經貿交流。從大陸的立場看來，加強兩岸經貿交流，不只可利用臺灣地區的資金、技術、現代化管理經驗，促進大陸地區經濟發展，增強經濟實力，更可以促使臺灣經濟對大陸經濟的依賴程度不斷提高，最後造成臺灣地區之經濟難以獨立於大陸之外自力成長，有利於兩岸「和平統一」早

日實現。

　　大陸建構對臺經貿政策的思維邏輯，基本上是在思考如何發揮有利條件及排除各項不利的條件，以早日完成「祖國統一」，顯然，大陸對臺經貿政策本身所期望達到的目標，其實不只涉及經濟層面，其政治目的甚至還要高於經濟上的目的。1990年7、8月間的一份內部文件即曾明確指出：擴大兩岸經貿交流可以產生四大作用[7]，第一是將「加深兩岸在經貿上的結合」，「突破臺灣當局『三不』政策（指不談判、不接觸、不妥協）的限制」；第二是擴大雙邊的經貿往來「是遏制臺灣分離傾向的重要途徑」；第三是「不僅是祖國和平統一的需要，也有利於我國的四化建設」；第四是大量利用臺灣資金，「對打破西方國家對我的經濟制裁，也有積極意義」。該份文件還特別強調，「在經濟交往的過程中，未來臺灣地區在政治上將出現一群和大陸有密切關係的利益集團」，「發展兩岸經濟關係，對促進祖國和平統一具有決定性的作用」。

　　就大陸的立場而言，臺灣與世界各國發展更緊密的經貿關係，尤其是經貿外交的不斷擴展，是兩岸邁向統一的重要障礙。臺灣是一個資源貧乏的海島型經濟體，對世界經濟的依賴程度一向偏高，大陸當局認為，如果在策略上能夠切斷臺灣和他國的經濟關係，同時採取各種利誘措施發展兩岸經貿關係，則臺灣的外向發展勢必向大陸傾斜。為了達到此一目的，大陸當局對於臺灣政府積極參與國際經貿組織及推動的各項務實外交，不斷的加以阻擾，而對兩岸經貿交流活動則採取多種鼓勵措施。

　　大陸對臺政策的基本策略之一，就是孤立中華民國在國際上的活動，迫使臺灣在無法立足於國際社會的狀況下，向中國大陸靠攏。大

7　參閱黎建，「中共發展兩岸經貿往來的目的與最新舉措」，《中國大陸》（臺北），1991年元月，頁13。

陸始終將臺灣視為其政權下的一個地方政府，因此主張臺灣當局及臺灣人民不需要外交空間，對於臺灣爭取國際活動空間的行動則視為圖謀建立「兩個中國」、「一中一臺」，遂行「臺灣獨立」的目的。在此思維邏輯下，大陸當局堅持凡是與其建交的國家，都必須承認其是全中國唯一合法的政府，而臺灣是中國的一部分；此外，大陸也要求凡是與其建交的國家都必須與臺灣斷絕外交關係，否則大陸將不派外交人員前往設館。大陸打擊臺灣與世界各國發展經貿關係，目的在圍剿臺灣的向外發展空間，以達到全面孤立的效果。

　　大陸對臺政策的另一重要部分，則是在積極建立大陸與臺灣的經貿關係。在兩岸的互動中，政治、外交等非經濟層面多處於對抗或零和賽局氛圍下，而經貿層面則較不涉及大陸的基本原則或方針，甚至兩岸之間具有互補、互利的關係，因此，在經濟層面上，大陸一向採取積極支持、籠絡與鼓勵的政策態度。例如，1979年5月間，大陸政府公布《關於開展對臺灣貿易的暫行規定》，其中第一條的內容即明確指出，「對臺灣貿易是臺灣回歸祖國過渡期間的一種特殊形式的貿易，為了促進大陸和臺灣的經濟聯繫，團結爭取臺灣工商界人士，為統一祖國創造條件」。此外，大陸當局自1980年代初期以來，亦陸續頒布多種單行法規，提供各種優惠條件，吸引臺灣廠商赴大陸投資。這些作為的目的，均在企圖拉攏與大陸素無淵源的臺灣廠商，以建立並增進大陸與臺灣之關係。

　　大陸當局以優惠、禮遇及鼓勵的方式拉攏臺灣廠商及臺灣民心，具有深刻的政治意涵。江澤民曾公開表示，「要多做臺灣大中企業家的工作，吸引臺資尤其是大宗臺資到大陸，使大陸和臺灣的經濟，你中有我，我中有你，密不可分，在經濟上把臺灣拖住，這也就是用經濟促統一」。[8] 顯然，大陸對臺經貿政策採取務實的作為，既是一種

8　參閱《聯合報》，1994年3月1日，第四版。

目的，即在於促進大陸經濟發展；也是一種手段，即在於為中國統一創造條件。吳新興（1995）的研究指出，大陸對臺經貿政策之務實主義，乃是兩岸關係發展的短、中程目標，而政治上的統一才是大陸當局推動兩岸關係發展的遠程目的。[9]

第三節　促進兩岸雙邊貿易的政策措施

　　大陸對臺經貿政策，大致可從促進兩岸雙邊貿易和吸引臺商投資等兩方面來了解。就促進兩岸雙邊的作為來看，表6-2的資料顯示，大陸當局自1979年起即持續採取各種優惠措施，開放貿易口岸，成立小額貿易公司或設立「對臺工作站」，鼓勵兩岸進行直接貿易。例如，1979年5月間，大陸對外貿易部公布《關於開展對臺灣地區貿易的暫行規定》密件，指令其所屬各地外貿公司和外貿局，設法與臺灣廠商、企業機構進行直接貿易或間接貿易，以「團結爭取臺灣工商界人士，為祖國統一創造條件」，同年12月底，中共統戰部與外貿部共同決定，設在港、澳各公司均可陳設、銷售臺灣產品。[10]

　　自1980年代初開始，大陸當局即陸續頒布各種優惠措施，鼓勵廠商進行兩岸直接貿易。舉例來說，1980年3月，大陸商業部頒布《購買臺灣產品的補充規定》，明確指示凡須進口之日用品而臺灣有能力製造者（如電風扇、黑白電視機、自行車、布料等），原則上要向臺灣購買，且開放在大陸各市場擺設，同時給予臺灣製品進口免除關稅之待遇。同年4月，大陸海關總署正式宣布，接受對臺灣的進出口許可申

9　參閱吳新興，《整合理論與兩岸關係之研究》，臺北：五南，1995年，頁194。

10　參閱陳德昇，《中南海政策動向》，臺北：永業出版社，1992年，頁242。

請，對直接進口或原裝轉運進口的臺灣貨品免徵進口關稅。此外，臺灣廠商向大陸購買貨品時，不僅優先供應且在價格上可以享有八折以下的優待。[11]

1980年8月，大陸外貿部公布《關於對臺貿易管理試行辦法》，規定凡持有臺灣產地證明之貨品，經向外貿部申請許可，無論直接或間接進口，都予免徵關稅；並且在北京、天津、上海、廣州等地，公開陳列銷售標明臺灣製的貨品。同年，大陸外貿部特別派遣貿易小組，專程赴香港採購臺灣產品，總值達數千萬美元。[12]

1981年10月，大陸外貿部再頒布《關於促進大陸和臺灣通商貿易進一步發展的四點建議》，表示歡迎臺灣工商界赴大陸參觀考察，洽談生意或設立公司代表機構，並願意以優惠價格供應臺灣所需煤炭、石油和中藥材，對直接由臺灣輸入大陸的貨品，進口手續之辦理給予特別方便。1985年10月，中共統戰部公開宣示，放寬進口臺灣產品，以家電和紡織兩類為主，並規定進口臺灣貨品時，如能符合直接貿易形式之某些條件者，可完全免徵關稅、調節稅，並優先結匯。翌年1月，大陸外貿部公布《對臺貿易三原則》，表示凡能直接洽談、直接運貨及能提出臺灣產地證明者，可免稅進口。臺灣貨品如不合乎上述條件者，仍可享受優惠關稅。

11　參閱侯家駒，《對中共經濟作戰戰略之研究》，臺北：中華戰略協會，1983年，頁33。

12　參閱宏仁，「兩岸經貿關係發展情況之研究」，《大陸經濟研究》，臺北，1991年，13(31)，頁32～33。

表6-2　大陸促進對臺貿易主要政策與措施

時間	相關文件或宣示	主要內容
1979/05	外貿部頒布《關於開展臺灣地區貿易的暫行規定》	·對臺灣貿易是臺灣回歸祖國過渡期間的一種特殊形式的貿易，為祖國統一創造條件。 ·鼓勵大陸各地外貿機構與臺灣公民營企業進行貿易。
1980/03	商務部頒布《購買臺灣產品的補充規定》	·規定凡持有臺灣產地證明之貨品者，其進口視同國內貿易，免徵關稅。 ·凡須進口的日用品而臺灣有能力製造的，原則上要向臺灣購買。 ·凡臺灣商人購買大陸貨品，不但優先供應，並有八折以下優惠價格。
1980/08	外貿部頒布《關於對臺貿易管理試行辦法》	·凡持有臺灣產地證明之貨品，經向外貿部申請許可，免徵關稅。 ·在北京、天津、上海、廣州等地，公開陳列出售標明「臺灣製」的產品。
1981/05	國務院宣布	·取消對臺灣產品的優惠關稅。 ·取消大陸輸往臺灣產品之優惠價格；規定一定要在臺灣具有身分之人士親赴大陸，才能便宜20%。 ·廢除臺貨免稅規定，改課「調節稅」。
1981/10	外貿部頒布《關於促進大陸和臺灣通商貿易進一步發展的四點建議》	·歡迎臺灣工商界人士來大陸參觀考察，洽談生意。 ·本著互通有無、調劑餘缺的精神，進行物資交流。 ·對直接由臺灣輸入大陸的商品在辦理手續上給予方便。 ·歡迎兩岸經貿官員進行會晤。
1982/08	國務院宣布	任何臺灣進口的產品、設備、出版物，皆須經「對臺工作小組辦公室」或其所屬各省市「對臺辦公室」批准。

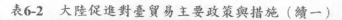

表6-2　大陸促進對臺貿易主要政策與措施（續一）

時間	相關文件或宣示	主要內容
1983	中共中央臺辦、福建省臺辦宣布	・開放福建省福州、泉州、廈門為對臺貿易口岸。 ・設立「永宇」、「高平」兩個對臺工作站。 ・在福建成立「新興貿易公司」，負責福建地區對臺貿易工作。
1985/06	國務院宣布	・禁止購買臺灣之消費品。 ・臺貨集中管理，指定由福建、海南兩地負責對臺貿易，其他各省市不得進行。
1985/10	中共統戰部宣布	放寬進口臺灣產品，以家電和紡織品為主，並規定進口臺貨時，如能符合直接貿易形式之某些條件者，可完全免徵關稅、調節稅，並優先給匯。
1986/01	外經貿部公開說明	宣布對臺貿易三原則：凡能直接洽談、直接運貨及能提出產地證明者可免稅進口；臺貨如不符合上述條件者，仍可享受優惠關稅，稅率為45%。
1987/07	國務院頒布《關於集中管理對臺灣省貿易的暫行辦法》	・對臺灣地區進出口商品實行許可證管理制度，並須報外經貿部審批。 ・對臺貿易統一由外經貿部集中管理。 ・各類貿易公司不得通過外國、外國人及其公司居間進行對臺貿易。 ・不與設在港澳地區以外的企業從事大陸對臺之貿易。
1988/12	外經貿部表示	・外經貿部設「對臺經貿關係司」。 ・宣布自1989年1月1日起減少自臺灣輸入消費品，對臺灣居民到大陸探親所攜帶物品之免稅規定，將原來的「三大五小」減為「一大五小」。
1989/08	外經貿部宣布	核准68家公司有權經營對臺進口業務。

表6-2　大陸促進對臺貿易主要政策與措施（續二）

時間	相關文件或宣示	主要內容
1990/02	國務院頒布《關於加強對臺經貿工作之通知》	・積極擴大對臺貿易，對臺進出口貿易必須依循相關法規歸口管理，並加強規範與整頓東南沿海小額貿易。 ・加強對臺經貿管理與協調。
1991/07	外經貿部宣布	・促進兩岸經貿交流的五項原則：直接雙向、互利互惠、形式多樣、長期穩定、重義守約。 ・核准89家公司有權經營對臺進口業務。
1993/10	外經貿部與海關總署聯合發布《對臺灣地區小額貿易的管理辦法》	・對臺小額貿易僅能由指定之對臺小額貿易公司與口岸進行。 ・限使用一百萬噸以下臺灣船隻，每航次進出口限額各為10萬美元，應以易貨形式為主。
1995/01	江澤民發表《為促進祖國統一大業的完成而繼續奮鬥》（簡稱「江八點」）	兩岸直接通郵、通航、通商，是兩岸經濟發展的客觀需要，也是兩岸同胞利益之所在，應加速實現直接「三通」。
2000/12	對外經貿部頒布《對臺灣地區貿易管理辦法》	・宣示外經貿部是對臺貿易的主管機關。 ・依法從事對外貿易經營活動的法人和其他組織，可以在其經營範圍內與臺灣地區的法人和其他組織或者個人進行對臺貿易。 ・對臺貿易合同以及貨物上不得出現違反「一個中國」原則的字樣和標記。 ・對臺貿易的貨物及其包裝上需要標明原產地的，臺灣貨物應當標明，大陸貨物根據實際情況可採中性處理。 ・對臺貿易中涉及國家統一、聯合經營或總量控制的商品，以及許可證、配額管理的商品，按照國家有關進出口的規定辦理。 ・對臺貿易的貨物由海關依法徵收關稅及進口環節稅。
2004/07	成立「對臺經貿工作協調小組」，組長為國務院副總理吳儀	

表6-2　大陸促進對臺貿易主要政策與措施（續三）

時間	相關文件或宣示	主要內容
2011/03	王毅人大會議上談話	全面推進兩岸經濟合作架構協議的各項後續協商；大力開展兩岸各領域、各層次廣泛交流；採取切實措施，使兩岸關係和平發展成果惠及更多兩岸同胞
2011/07	胡錦濤在中共建黨九十週年談話	全面深化兩岸交流合作。

資料來源：作者依相關資料自行整理。

　　為加速推動兩岸雙邊貿易往來，並凸顯兩岸直接貿易的事實，大陸當局自1980年開始即在大陸東南沿海的福建、廣東、浙江、江蘇四省和上海市，成立許多小額貿易公司，積極拓展與臺灣的漁民和商人進行「沿海小額貿易」或「海上直接貿易」，這類貿易公司在沿海各地的「臺灣漁民接待站」設分公司，與臺灣漁民及商人直接交易。資料顯示，1980年代期間，大陸當局陸續開放福建沿海20多個口岸作為對臺小額貿易窗口，設立對臺工作站、對臺貿易小商品市場、對臺貿易商場、臺貨交易市場等。同時，實行若干配套措施，例如在當地海關核發落地簽證、自臺灣進口金額在5萬美元以下者免徵進口稅、從大陸直接出口臺灣者一律免徵出口稅、鼓勵直接貿易。

　　綜觀1980年代大陸對臺貿易政策的內容，除了提出各種優惠措施，鼓勵臺商從事兩岸雙邊貿易活動，尤其是直接貿易，另外尚有兩點特徵值得進一步討論，一是相關的鼓勵政策及措施變化非常快，二是逐漸加強規範和管理。

　　關於政策變化快的問題，最典型的例子是，1980年3月間，大陸當局宣布進口之日用品優先自臺灣採購，並給予免除關稅之待遇。不過，才事隔一年，該項優惠措施隨即調整，大陸以「進口臺貨，使臺灣增加外匯以購買軍備，不利於和平統一」為由，自1981年5月起，通

令大陸各地海關，進出口公司、各省市外貿部門，取消對臺灣的優惠待遇；另外，也取消輸往臺灣的大陸製品之優惠價格。在臺灣具有身分之人士（如政府官員或大企業負責人）親赴大陸採購時，仍可繼續享受優惠，惟為表示此一貿易形式仍屬國內貿易，乃將所課之關稅改為「調節稅」。[13]

1982年1月，大陸當局突然宣布不准直接向臺灣購買布料、電器及建材等產品；同年8月，大陸國務院又通令指示，凡臺灣之貨品、設備、出版品等，不論自哪一口岸輸入大陸，均須事先經「國務院對臺工作小組辦公室」或省市「對臺辦公室」批准，且須詳細註明臺灣廠商地址、負責人姓名、產品規格、品質檢驗、運輸方法、轉運中介及通訊處等資料，藉以管制臺灣貨品之進口。這些決定，基本上可說是推翻了1980年3月間大陸商業部所頒《購買臺灣產品的補充規定》所給予臺灣的優惠待遇。

關於加強規範與管理方面，較重要的措施包括自1985年6月開始，大陸當局對臺灣貨品實施集中管理，指定由福建、海南兩地負責對臺貿易，其他各省市不得進行。嗣於1987年7月間，國務院公布實施《關於集中管理對臺灣省貿易的暫行辦法》，開始對臺灣地區進出口貨品實行許可證管理制度，且規定全面由國務院外經貿部負責審批，黨政軍機關、各群眾團體、個人（包括臺屬），一律不得設立對臺貿易機構。各類外貿公司不得透過外國、外國人及其公司居間進行對臺貿易。[14]此一時期，大陸當局緊縮對臺貿易且實施集中管理的做法，除了是因地方政府在對臺貿易上各行其道，造成亂象，必須加以整頓之

13　參閱李非，《海峽兩岸經貿關係》，北京：對外貿易教育出版社，1994年，頁81。

14　參閱張榮豐、林昱君，「兩岸經貿政策及其影響」，發表於二十一世紀基金會舉辦之「對大陸貿易與投資研討會」，1989年6月23日，頁5～6。

外，主要是北京中央企圖掌控兩岸經貿關係發展全局。

為加強管理臺灣貨品進口，大陸對外經貿部曾先後於1989年7月和1991年7月間，分別核准了大陸68家及89家貿易公司有權經營對臺進口業務。在出口業務方面則沒有特殊的規定。「小額貿易」一向受到大陸當局的重視與鼓勵，不過，大陸在1990年2月間頒布《關於加強對臺經貿工作的通知》之後，開始對東南沿海地區「小額貿易」據點進行整頓，把小額貿易納入省、直轄市指定的貿易點進行，由海關進行監管。1993年10月間，大陸外經貿部和海關總署共同發布修訂之《對臺灣地區小額貿易的管理辦法》，規定對臺小額貿易只能由臺灣地區居民同大陸的「對臺小額貿公司」進行，而這類公司是由外經貿部授權的沿海省市對外經貿主管機關批准，且限定在指定的口岸（包括福建、廣東、浙江、江蘇、山東、上海）進行交易；從事小額貿易的臺灣船隻限制在100噸以下，且每航次進出口限額各為10萬美元。[15]除另有規定外，對臺小額貿易進出口貨物均按海關有關徵稅規定進行管理。

大陸在加強規範對臺貿易的同時，對於兩岸雙邊貿易失衡及未能「三通」（即通郵、通航、通商）的現象表達關切。1990年12月間，大陸召開全國對臺工作會議，在《關於進一步加強對臺工作的通知》文件中，強調指出「對臺經貿工作既要按經濟規律辦事，又要為促進和平統一的政治任務服務」，應「擴大對臺商品輸出，縮小逆差」；1991年7月，大陸外經貿部提出促進兩岸經濟交流的五項原則：直接雙向、互利互惠、形式多樣、長期穩定、重義守約。1994年，大陸國務院確定了「積極主動、發揮優勢、互補互利、共同發展」的兩岸經貿關係發展總方針。1996年2月，大陸外經貿部部長吳儀在紀念「江八

15　《人民日報》海外版，1993年10月13日，第五版；轉引自姜殿銘主編，《臺灣一九九三》，北京：中國友誼出版社，1994年，頁425。

點」週年座談會上指出，大陸將以「推動兩岸直接通商、吸引臺資、努力擴大對臺出口、逐步減少對臺貿易逆差」，作為今後對臺經貿交流的重點工作。[16]

2000年12月29日，大陸外經貿部頒布實施《對臺灣地區貿易管理辦法》。按大陸官方說法，該項管理辦法是為了進一步推動兩岸直接三通而制定的，共十五條。該項辦法強調「一國兩制」的基本原則，首度明確定位兩岸經貿交流是「在一個主權國家內部」，在「一個中國」前提下，「祖國大陸」同臺灣地區之間的經貿交流，刻意彰顯大陸對臺主權的政治意涵（第六條、第十二條），顯示大陸當局對臺政策過去所採用的政、經分離兩手策略已做微調，「一個中國」政策的基本原則，已有加大力度推向經貿、投資領域的趨向。具體而言，新的辦法第六條明文規定：「對臺貿易合同及貨物上不得出現違反『一個中國』原則的字樣及標記，不得出現有礙『祖國統一』的內容。」此一作為隱含高度的政治味，或將對企業的實務操作造成困擾。

兩岸先後於2001年底、2002年初分別加入WTO，在貿易自由化的規範下，大陸商務部一再表達臺灣應擴大開放大陸產品進口；在另一方面，大陸中央也要求各省市持續舉辦各種展覽會、貿洽會及商品交易會，以促進兩岸貿易往來。2006年4月間，首次召開的國共論壇曾達成7項「共同建議」及15項對臺優惠措施，包括提供11種臺灣蔬果零關稅登陸、擴大臺灣捕撈和養殖水產品在大陸銷售。2006年10月，第二次國共經貿論壇結束後，大陸再次公布20項擴大和深化兩岸農業合作措施，並給予臺灣農產品進口優惠，提供臺灣農產品在大陸運輸服務和通行保障等措施。全球金融海嘯爆發以來，兩岸貿易往來嚴重受創，大陸經貿高層鼓勵各省市組織採購團，加強對臺灣採購。

16　參閱《聯合報》（臺北），1996年2月3日，第一版。

第四節　吸引臺商投資的政策措施

為爭取臺商前往大陸投資，大陸採取許多措施加以鼓勵與引導（如表6-3所示），主要可歸納從提供各項優惠措施、改善投資環境、提供法律保障，以及各種行政上的協助等方面來觀察。

表6-3　大陸吸引臺商投資主要政策與措施

時間	相關文件或宣示	主要內容
1981/09	「葉九條」	歡迎臺灣工商界人士到大陸投資，興辦各種經濟事業，保證其合法權益和利潤。
1983/04	《關於臺灣同胞到經濟特區投資的特別優惠辦法》	稅捐減免、提供30%產品內銷，以及臺資企業在建設期間和投產一定期限內，免徵土地使用費。
1988/07	《關於鼓勵臺灣同胞投資的規定》	提供臺商較一般外商更多優惠之條件，如經營期間不受限制、審批手續更加簡化、投資方式更加靈活、對臺商投資者和其他資產不實行國有化等。
1989/03	國務院表示	發布新措施，給予臺商特別優惠待遇，如授予臺資在沿海地區的土地開發經營權，以及公司股票、債券、不動產的購買權。
1989/05	國務院宣布	正式批覆福建省關於設置「臺商投資區」的報告，設置地點在：廈門的杏林、海滄、閩江口琅岐島等。
1990/02	國務院《關於加強對臺經貿工作的通知》	・認真做好吸引臺資工作，按國家產業政策引導，爭取大型臺資項目。 ・努力改善投資環境，並積極解決臺商投資所面臨的難題。
1992/05	外經貿部宣布	・開放內銷市場與第三產業，並給予臺商特殊優惠。 ・福建漳州新闢臺灣農經技術開發區。

表6-3　大陸吸引臺商投資主要政策與措施（續一）

時間	相關文件或宣示	主要內容
1994/03	全國人大常委會通過《臺灣同胞投資保護法》	・依法保護臺灣同胞投資者的投資、投資收益和其他合法權益。 ・臺資企業可享有充分的經營自主權。 ・臺灣同胞投資者可以用投資獲得之收益進行再投資。 ・可依法成立臺胞投資企業協會。 ・在優惠、仲裁方面，給予立法保障。
1994/04	人民銀行發布《臺資在大陸辦銀行與監管問題的通知》	・同意准予試辦臺資銀行。
1999/12	國務院頒布《臺灣同胞投資保護法實施細則》	・臺資企業經營管理自主權受國家法律保護。 ・規範臺商投資範圍。 ・享受國民待遇。 ・投資者投資的產權、工業產權、投資收益和其他合法權益，可以依法轉讓和繼承。 ・合法收益可依法匯出境外或匯回臺灣。
2003/03	國臺辦和民政部聯合發布《臺灣同胞投資企業協會管理暫行辦法》	・加強對臺資企業協會的管理。
2006/05	福建省政府發布《海峽兩岸（福建）農業合作試驗區發展規劃》	
2007/01	國臺辦推動成立「臺商權益保障工作聯席會議」	・由33個中央級機關單位組成。
2008/12	發改委及國臺辦聯合頒布《關於大陸企業赴臺灣地區投資項目管理有關規定的通知》	・規範陸資企業到臺灣投資。
2008/12	王毅在第四屆兩岸經貿文化論壇閉幕談話	・宣布10項對臺經貿優惠措施。

表6-3　大陸吸引臺商投資主要政策與措施（續二）

時間	相關文件或宣示	主要內容
2009/05	王毅在福建廈門「海峽論壇」活動上宣布	・宣布促進大陸居民赴臺旅遊等8項措施。

資料來源：作者依相關資料自行整理。

一、提供優惠待遇

　　大陸提供臺灣投資者的優惠待遇，其優惠之程度甚至超過一般外商所能享受的。舉例而言，大陸規定日、美和西歐各國商人投資的設備需屬現代化的先進設備，而臺商卻可以使用過的舊機械設備前往投資。臺資企業在建設期間和開始生產後一定期限內可免徵土地使用費，產品可以內銷30%，並可享受稅捐減免。

　　關於合資企業所得稅，一般外商合資企業只能享受「二免三減」（即前兩年免稅，後三年減半徵收）的優惠，臺資企業卻可享受更多的優惠，1983年間規定的待遇為「四免五減」，1985年間改為「三免四減後八折」。另外，先進技術企業減免企業所得稅期滿後，臺商可以申請延長減免稅期到九年，較一般外商只能延長三年減半繳納的規定也寬鬆許多。[17]

　　1988年7月起，大陸雖規定臺商企業所得稅優惠只能「享受相應的外商投資企業待遇」，但依據《鼓勵臺灣同胞投資之規定》，大陸對臺商仍有若干比外商更為優惠的待遇，例如：

　　(一)投資領域不限，對於企業的技術水準和設備是否屬先進不予限制。

　　(二)臺資企業可以不規定投資期限。

　　(三)臺胞可擔任合資及合作經營企業的董事長。

17　參閱陳東壁（1992），頁5。

(四)在企業工作的臺胞個人可免稅進口自用的生活用品和交通工具。

(五)臺商投資的審批手續由各地對外經貿部門或地方政府指定的機關統一受理申請，審批時間最長不超過四十五天。

(六)臺商可以購買大陸企業的股票、債券、固定資產和房地產，也可在某些特定地區從事土地開發經營。

(七)臺灣投資者可委託大陸親友為其代理人。

(八)臺灣投資者個人及其企業從境外聘請的技術和管理人員，可申請辦理多次入出境的證件。

不過，必須補充說明的是，大陸給予臺灣投資者的這些優惠待遇，隨後也適用於海外華僑和港、澳同胞。同時，大陸對於其他外商投資的限制也逐步放寬，臺商投資所能享受的優惠待遇，若干年後已逐漸被拉平。例如，1990年4月修訂的《中外合資經營企業法》中，大陸取消了原法不許外方人士擔任企業董事長的限制（新法第六條第一款）。又，新法也修改了合資企業期限的規定，允許某些行業不需約定合營期限（新法第十二條）。關於土地開發經營和購置房屋的土地使用權，原屬臺灣投資者和在個別經濟特區及經濟開發區的外商才能享有的，自1990年大陸公布實行《城鎮國有土地使用權出讓和轉讓暫行條例》和《外商投資開發經營成片土地暫行管理辦法》之後，已普遍開放給所有境外的公司、企業、組織和個人。

1990年7月間，大陸吸引臺商投資的優惠政策曾做了部分調整，主要內容有：[18]

(一)對高汙染工業及大陸已過剩之產業加以限制，吸引資本，技術密集與高科技產業為重點。

---

18 參閱經濟部，「中共對臺經貿策略與動向」，《中共對外經貿研究》，第390期，1992年，頁7。

(二)大陸各地區對臺商所提出的優惠條件予以統一。

(三)督促臺資企業確保勞工權益及重視環保問題。

(四)繼續鼓勵中小企業投資，加強吸引「大臺商」與重大投資項目，並鼓勵臺商轉赴大陸內地投資設廠。

這些改變已充分顯示，大陸對臺灣廠商赴大陸從事商務活動之管理，有逐漸嚴格的趨向。

二、改善投資環境

大陸當局為吸引臺灣工商界人士到大陸投資並利於控制管理，在四個經濟特區及福建沿海加緊基礎建設，改善用電、用水、通訊以及交通運輸條件等投資環境。另外，又在福建、廣東、海南沿海特定地區相繼闢建多處「臺商投資區」、「臺灣工業區」、「臺灣加工區」，提供各種特殊優惠措施，以吸引臺商前往投資。

1990年代之後，隨著開放地區不斷擴大，臺商到大陸投資有逐漸向北移動的傾向。大陸為鼓勵及吸引臺商赴內陸及北方地區投資，設置「臺商投資區」，築巢引鳥的做法快速擴展至大陸各地，並積極改善臺商投資區基礎設施不足和行政效率不佳等問題。

另外，針對某些地方攤派及收費浮濫，影響臺商企業正常經營的現象，大陸當局明令禁止；同時也加強對臺資企業生活領域的服務，臺胞在購買住房、住宿、醫療、辦理機動車牌證及臺胞子女上學等方面，均可享有優惠。

三、提供法律保障

為消除臺灣投資者的不安全感，大陸各地皆曾發布鼓勵臺商投資的法規，但以在1988年7月間國務院公布的《關於鼓勵臺灣同胞投資之

規定》較為具體。其中內容較重要者包括：

(一)對「臺灣投資者的投資和其他資產不實行國有化」（第八條）。

(二)若為社會公益需要，徵收臺胞投資企業時，將依法辦理並給予相應的補償（第九條）。

(三)「在大陸的投資、購置的資產、工業產權、投資所得到的利潤和其他合法權益受國家法律保護，並可依法轉讓和繼承」（第七條）。

(四)「投資獲得的合法利潤，其他合法收入和清算後的資金，可以依法匯往境外」（第十條）。

(五)投資爭議可提交大陸或香港的仲裁機構仲裁（第二十條）。

(六)在大陸投資企業，「除適用本規定外，參照執行有關涉外經濟法律、法規的規定，享受相應的外商投資企業之待遇」（第五條）。

(七)臺資企業集中地區可申請成立臺商協會（第十八條）。

上述《關於鼓勵臺灣同胞投資的規定》係由國務院制定發布，在法律位階上屬行政法規。1994年3月間，大陸全國人大會議另通過公布《臺灣同胞投資保護法》，提升對臺商投資保障的法律位階，以彰顯其對臺商投資權益保護的關切，其重要內容整理如表6-4。

大陸國務院嗣於1999年12月間公布實施《臺灣同胞投資保護法實施細則》。細則的內容主要包括臺商可投資領域、審批及管理制度、稅賦及其他優惠、應受保障之權益、商務糾紛之解決及仲裁方式等。歸納其中重點，首先是確定了臺商的外商地位。該實施細則明訂，臺灣同胞投資適用「投資保護法」及本細則，「投資保護法」及本細則未規定的，「比照適用國家有關涉外經濟法律、行政法規」。由此可知，直接投資的臺商在法律上準照外商（第五條），間接投資的臺商為法律事實上外商，則可以比照適用本實施細則（第三十條）。

表6-4　1994年版《臺灣同胞投資保護法》主要內容

適用對象	臺灣地區的公司、企業、其他經濟組織或個人
投資形式	・可以舉辦獨資、合資、合營企業。 ・可以採用法律、行政法規規定的其他投資形式。 ・舉辦企業，應當符合國家的產業政策，有利於國民經濟的發展。
投資項目	適用其他法律、行政法規對臺胞投資的規定。
出資形式	・可自由兌換之貨幣。 ・機器設備或者其他實物。 ・工業產權。 ・非專利技術。 ・可用投資獲得利益再投資。
投資之保護	・國家依法保護投資者的投資、投資收益和其他合法權益。 ・投資必須遵守國家的法律、法規。 ・投資不實行國有化和徵收：在特殊情況下，根據社會公益的需要，可以依照法律程序實行徵收，並給予相應的補償。 ・投資的財產、工業產權、投資收益和其他合法權益，可以依法轉讓和繼承。 ・投資者依法獲得的投資收益、其他合法收入和清算後的資金，可以依法匯回臺灣或者匯往境外。
經營期限	適用其他法律、行政法規對臺胞投資之規定。
自主權之保障	依照法律、行政法規和經審批機關批准的合同、章程進行經營管理活動，其經營管理自主權不受干涉。
審批方面	・應當向國務院規定的部門或者國務院規定的地方政府提出申請。 ・審批機關應當自接到全部申請文件之日起四十五日內決定批准或不批准。 ・收到批准證書之日起三十日內，依法向企業登記機關登記註冊，領取營業執照。
稅收優惠	依照國務院關於鼓勵臺灣同胞投資的有關規定享受優惠待遇。
非稅收優惠	・可以委託親友作為其投資的代理人。 ・投資集中的地區，可以依法成立臺灣同胞投資企業協會，其合法權益受法律保護。

表6-4　1994年版《臺灣同胞投資保護法》主要內容（續）

適用對象	臺灣地區的公司、企業、其他經濟組織或個人
爭議之解決	·發生與投資有關的爭議時，當事人可以通過協商或調解解決。 ·當事人不願協商、調解的，或者經協商、調解不成的，可以依據合同中的仲裁條款或者事後達成的書面仲裁協議，提交仲裁機構仲裁；當事人未在合同中訂立仲裁條款，事後又未達成書面仲裁協議的，可以向人民法院訴訟。

資料來源：《國人赴大陸投資的契機與風險》，一版（臺北：法務部調查局出版，1994年6月），頁74。

　　其次是增列國民待遇條款（第十九、二十三條）。例如，第二十三條規定：「國家機關對臺灣同胞投資企業收費的項目和標準，應當與大陸其他同類企業相同。」

　　第三是對臺商權益與人身自由之保護（第二十至二十五條）。該實施細則特別強調對臺灣同胞投資者之投資，不實行國有化和徵收，但在特殊情況下，根據社會公共利益的需要，可以依照法律程序實行徵收，並給予相應的補償；臺灣同胞投資的財產和依法獲得的投資利益，得依法轉讓和繼承，其他合法收入得依法匯出。對臺商人身自由安全的保障，依第二十五條規定，「除依照國家有關法律規定辦理外，不得對臺灣同胞採取限制人身自由的強制措施」，顯得比較籠統。

　　第四是投資爭議之處理有明確規定（第二十三、二十七、二十八、二十九條）。值得一提的是仲裁條款。《臺灣同胞投資保護法》第十四條規定，並未限制或暗示仲裁機構的範圍，實施細則第二十九條規定了仲裁機構為「中國的仲裁機構」，其地點模稜兩可，無法確定。就字面上了解，似乎只能選擇「中國的」仲裁機構。臺灣同胞投資者究竟是否享有外國投資者的法律地位？若是，則臺商在大陸與大陸企業、其他經濟組織或者個人所簽訂的合同，屬於對外合

同，可以選擇世界各地任何仲裁機構；否則，只能選擇「中國的仲裁機構」。

四、開放內需市場

大陸外經貿部於1992年5月公開表示，要開放大陸內需市場和第三產業，並給予臺資企業特殊優惠，以吸引臺商赴大陸投資。《臺灣同胞投資保護法》頒布實施之後，福建省、廈門市、北京市、撫順市、四川省、南京市、江蘇省等七個省市先後頒訂名稱不一的臺胞投資保護法，給予臺資企業某一比例的內銷權，部分省市甚至給予百分百內銷權。

隨著臺灣逐漸放寬廠商赴大陸投資的限制，大陸乃積極爭取臺灣大企業、大財團投資，尤其是臺灣高科技產業，如電子資訊和半導體產業頗具規模，在國際上也具有相當大的競爭力，成為大陸各級政府積極拉攏的對象，不只給予土地、租稅的優惠，更提供低利融資的協助。江蘇、廣東、上海等省市憑藉優越的區位，以及積極招商的行動，成為臺灣高科技產業偏好選擇的投資地點，並逐漸形成產業聚落。

五、其他各種行政上的協助與方便

首先是縮短審批時間，例如大陸當局在《鼓勵臺灣同胞投資的規定》第十九條中規定，各級政府對外經貿部門或指定機關在受理臺灣投資者申請投資之案件時，應在收到全部申請文件之日起四十五天內完成審批手續。這項規定顯然較一般外商所適用的三個月限期之規

定[19]，審批作業更具效率。其次，大陸為吸引臺商投資，先後在北京、上海、天津、大連等大城市成立「臺胞經貿服務中心」，提供各種投資諮詢服務，包括對臺經貿政策和法律服務、承辦兩岸經貿項目洽談業務、提供各項經貿信息及諮詢服務、協助解決經營困難與糾紛仲裁等。又如，為擴大兩岸經貿交流，強化對漁民之服務與接待，除修建福建、江蘇和浙江等省分沿海漁港港埠設施外，更設立「臺灣同胞接待站」，提供各種必要之服務。

第五節　胡溫體制下對臺經貿政策

中共「十六大」（2002年11月）之後，以胡錦濤為首的領導班子正式接任，世代交替後的對臺政策，基本上仍承襲「和平統一、一國兩制」與「江八點」的一貫主張，[20]「軟硬兩手、內外有別」交替使用的策略也未有太大變化，在「軟」的方面，主要是藉經濟力量促進經濟整合，「硬」的方面則是以政治及軍事力量加大對臺灣施壓，譬如在「五一七聲明」中強調「臺獨沒有和平，分裂沒有穩定」，在福建沿海部署導彈瞄準臺灣，舉行大規模軍事演習等。另外，在反獨重於促統的對臺政策思維下，制定《反分裂國家法》，展現胡溫體制對臺政策強硬的一面，堅決反對臺獨。

19　參閱大陸國務院公布《關於鼓勵外商投資的規定》第十七條規定，1986年10月11日公布實施。

20　江澤民在1995年1月30日農曆除夕茶話會上發表「為促進祖國統一大業的完成而繼續奮鬥」講話，就當時發展兩岸關係及推進兩岸和平統一之進程提出八項看法和主張（一般稱之為「江八點」），主要內容為：堅持一個中國原則、反臺獨、反分裂，強調不承諾放棄使用武力。

● 一、民進黨執政時期（2000年5月～2008年5月）

北京當局對於主張臺灣獨立的民進黨政府，從2000年的聽言觀行，到後來的定性定調、冷處理、區別對待，甚至嚴苛警告。2005年3月初，胡錦濤發表新形勢下發展兩岸關係的「四點意見」（一般稱之為「胡四點」），指出「臺灣任何人、任何政黨朝著承認一個中國原則、承認『九二共識』，……我們都願意同他們談發展兩岸關係、促進和平統一問題」。

「胡四點」可以說是民進黨執政後期對臺政策的綱領。「胡四點」的重點是：「堅持一個中國原則絕不動搖；爭取和平統一的努力絕不放棄；貫徹寄希望於臺灣人民的方針絕不改變；反對臺獨分裂活動絕不妥協。」大陸領導人還不斷地公開表示，只要是對臺灣同胞有利的事情，只要是對促進兩岸交流有利的事情，只要是維護臺海地區和平有利的事情，只要是對和平統一有利的事情，都會盡最大努力去做。胡、溫體制強調「一個中國原則」是發展兩岸關係、和平統一的基石，態度強硬，因而對陳水扁總統的「催生臺灣新憲法」、「新憲公投」、「廢除國統會、國統綱領」等言論大肆抨擊，毫不姑息。不過，對於政治以外的議題，特別是經貿方面，大陸政府則展現了友善、靈活的政策態度，譬如開放原產臺灣的水果關稅進口、臺灣居民來往大陸簡化手續、臺灣學生在大陸實行同等收費標準、放寬臺灣人士在大陸就業的條件等，這是北京高層所展現的「軟的一手」，目的在積極爭取臺灣民心。

2005年間，國民黨、親民黨與新黨等泛藍陣營人士，先後組團訪問大陸，就推動兩岸經貿關係、促進兩岸關係改善和發展交換意見，並達成許多共識。大陸當局為展現誠意，陸續採取了多項經貿推動措施，包括實現臺商春節包機；擴大臺灣水果准入品種（由12種增加至18種），並對其中15種水果實行進口零關稅措施；批准福州、漳州

「海峽兩岸農業合作實驗區」功能擴大到福建全省範圍；在福建、山東、黑龍江等地設立或籌設臺灣農民創業園；舉行兩岸論壇共同研商制定資訊產業技術標準；由國家開發銀行提供臺商企業300億元人民幣額度的開發性專業貸款等。

2006年4月中旬，國共經貿論壇在北京召開，會後中共中央臺辦主任陳雲林宣布「促進兩岸交流合作、惠及臺灣同胞的十五項政策措施」，主要包括：

(一)對臺灣水果檢驗檢疫准入品種由18種擴大到22種，新增柳橙、檸檬、火龍果和哈密瓜等4種。

(二)開放甘藍、花椰菜、萵苣、芋頭、山葵等11種主要蔬菜檢驗檢疫准入，並實行零關稅。

(三)擴大臺灣捕撈和養殖的水產品在大陸銷售，對臺灣部分鮮、冷、凍水產品實行零關稅優惠措施和檢驗檢疫便利。

(四)新批准在廣東佛山和湛江、廣西玉林等地設立兩個海峽兩岸農業合作試驗區；批准在福建漳浦、山東棲霞設立兩個臺灣農民創業園。

(五)將適時組團赴臺灣採購，協助臺灣農民解決水果、蔬菜豐產時出現的銷售困難。

(六)在福建廈門建立臺灣水果銷售集散中心，對入駐中心的進口臺灣水果經銷商，給予免交保鮮冷凍儲存使用費以及經銷場地免一年租金的優惠。

(七)開放臺灣農產品運輸「綠色通道」，臺灣農產品在大陸運輸，享受部分地區過路、過橋費減免的優惠政策。

(八)自即日起，正式認可臺灣教育主管部門核准的臺灣高等學校學歷。

(九)公布《大陸居民赴臺灣地區旅遊管理辦法》。

(十)在原有開放海口、三亞、廈門、福州、上海等五個口岸落地簽

　　證之外，增設瀋陽、大連、成都等三個口岸。

(十一)開放臺灣同胞參加報關員考試。

(十二)在有條件的地方，挑選一些資質好的醫院，設立專門門診
　　　部，接待臺灣同胞，實行「一條龍」服務。按規定經批准，
　　　取得在大陸行醫許可的臺灣醫師，可在大陸接診。

(十三)將為臺灣同胞在大陸就醫後回臺灣報銷醫療費用提供便利。

(十四)繼續歡迎和鼓勵臺灣醫療機構與大陸合資合作興辦醫院，臺
　　　灣投資者最高股權可占70%，合作期限暫訂二十年，合作期
　　　滿可申請延長。

(十五)准許符合規定條件的臺灣同胞在大陸申請職業註冊和短期行
　　　醫。臺灣同胞可在大陸申請參加醫師資格考試、註冊、執業
　　　或從事臨床研究等活動。

　　在大陸宣布15項開放措施中，關於農漁業的有7項，有關醫療的內容占了4項，以及學歷承認、開放大陸人士赴臺觀光、增設臺胞落地簽證口岸、開放臺胞報考報關員等4項，有媒體評論謂這些新措施「無所不包」。就實質內容看，大陸政府似有計畫地加強對臺農漁民工作；譬如，自2001年終止向臺灣輸出漁工的政策，2006年5月中旬公開宣布再次開放大陸漁工輸臺，雙方民間行業組織並簽署《關於合作開展漁工勞務業務的協議》。

　　2006年10月中旬，國共在海南島共同舉辦「兩岸農業合作論壇」，陳雲林再度在論壇閉幕式上宣布了20項擴大兩岸農業合作的新政策措施，涉及四大方面，第一是關於進一步完善海峽兩岸農業合作試驗區和臺灣農民創業園建設，主要內容包括到園區投資的農民可依規定申請設立個體工商戶、簡化投資審批手續、提供財政支持、協助用地取得等。

　　第二是關於鼓勵和支持兩岸農業合作與技術推廣、擴大合作領域方面，主要內容包括提供特定資金支持、歡迎到大陸參加農產品的展

覽及推銷活動、優先安排臺灣製造藥品在大陸銷售、臺灣漁船自捕水產品開放輸往福建及廣東汕頭、鼓勵和支持兩岸農業界開展農漁牧產品加工合作及貿易等。

第三是關於優化服務、便利兩岸農產品貿易和大陸臺資農業企業產品銷售方面，主要內容包括縮短大陸臺商自臺灣引進種子種苗及其栽培介質檢疫許可的審批週期、自臺灣進口自用的與農林業生產密切相關的種源品種，可以零關稅進口；對臺灣農漁產品進口商提出的「網上支付」申請，海關部門將優先受理、審批；進一步完善臺灣鮮活農產品公路運輸「綠色通道」等。

第四是關於保護臺灣農產品智財權，維護臺灣農民正當權益方面，主要內容有加強市場監督管理、取締假冒臺灣水果名義在大陸市場銷售；歡迎臺灣農產品在大陸註冊商標，取得《商標法》的保護。

2006年，大陸對臺灣政策上另有一項重要事件，值得提出討論。該項重要事件係指「十一五規劃」將「海峽西岸經濟區」（以下簡稱「海西區」）列入其中，並將之視為「推進兩岸關係發展和統一大業」的重要戰略舉措。按大陸官方說法，海西區的發展目標有很多，其中在兩岸關係方面，希望發展海西區「成為臺灣產業轉移的密集地、成為促進國家完全統一、與臺灣經濟區對接的橋頭堡」，「成為海峽兩岸經濟、政治、文化、社會的融合區；對臺工作的重點區；以及對臺新政策、新策略的試驗區」，「形成與臺灣經濟關係密切的開放格局」。顯然，大陸希望運用福建對臺特殊的地理、經濟與人文條件，突出其政經地位，使其成為「對臺工作新平臺」。在兩岸關係的發展上，希望達到落實省對省、兩岸交流地方化的政治目的，並以各種誘因，吸引臺商投資。

「海西區」發展計畫已被列入「十一五規劃」中，嗣又因2006年初期，胡錦濤到福建視察並發表對臺政策重要講話，海西區之推展隨即成為大陸對臺工作的重點。2009年5月，大陸國務院發布《關於支

援福建省加快建設海峽兩岸經濟區的若干意見》後，將「海西區」定位為深化兩岸經濟合作的實驗場，尤其在平潭島規劃設立「兩岸合作試驗區」，對臺灣的部分商品進行減讓關稅、推動金融合作等政策作為，可視為兩岸經濟合作架構協議（ECFA）的先行試驗區。

● 二、國民黨再度執政時期（2008年5月以後）

　　2008年3月22日國民黨贏得總統大選，兩岸關係隨即逐漸升溫、互動頻繁。馬、蕭政府所揭示的兩岸政策，在經貿方面，強調「兩岸經貿往來全面正常化」，減少管制、擴大開放、促進經濟合作，基本上是受到北京當局歡迎的。在4月中旬博鰲亞洲論壇上，胡錦濤與副總統當選人蕭萬長見面時曾提出「四個繼續」，表示將「繼續推動兩岸經濟文化等各領域交流合作、繼續推動兩岸週末包機和中國居民赴臺旅遊的磋商、繼續關心臺灣同胞福祉並切實維護臺灣同胞的正當權益、繼續促進恢復兩岸協商」。兩個星期後，胡在北京會見造訪的連戰，進一步提出「建立互信、擱置爭議、求同存異、共創雙贏」十六字箴言，作為兩岸共同努力開創和平發展新局的目標。另外，胡也再次呼籲，在「九二共識」的基礎上儘早恢復兩岸協商機制，務實解決各種問題。

　　2008年12月31日，胡錦濤在紀念「告臺灣同胞書」三十週年座談會發表重要演說，全面歸納了近五年多來對臺工作經驗，提出確保兩岸關係和平發展六點論述（俗稱之為「胡六點」），成為今後指導對臺工作的綱領性文件。「胡六點」承襲鄧小平、江澤民對臺政策，包括重申「和平統一、一國兩制」、一個中國原則、結束敵對狀態以及達成和平協議等，有其政策一貫性。與過去略有不同的，主要表現在於表達「兩岸可以簽訂綜合性經濟合作協議，建立具有兩岸特色的經濟合作機制」，實現兩岸經濟關係正常化，正面回應了馬總統的兩岸

政策。其次，對於兩岸和平協議、建立軍事安全互信機制、臺灣參與國際空間等議題，「胡六點」也做出了積極的論述。

　　有關大陸政府對臺經貿政策，除了「胡六點」之外，中共中央臺辦主任王毅在2008年12月間第四屆兩岸經貿文化論壇閉幕式上宣布的十項政策措施最為具體。茲摘述如下：

(一)支持大陸的臺資企業發展。大陸扶持中小企業的財稅、信貸政策，同樣適用於臺資中小企業。支持臺資企業參與大陸擴大內需的建設工程和項目。

(二)加強臺資企業融資服務。中國工商銀行、中國銀行等先後宣布，在今後二到三年內為大陸臺資企業包括中小企業提供特殊融資，額度分別為500億元人民幣。國家開發銀行也宣布，將在原有專項融資支持臺資企業300億元人民幣的基礎上，三年內再追加300億元人民幣額度。

(三)支持和幫助大陸臺資企業轉型升級。邀請兩岸專業人士共同組成服務團隊，提供臺資企業有關法規政策、產業資訊、技術創新、專利轉讓、人才培育等方面的輔導服務，促進臺資企業在大陸可持續發展。

(四)鼓勵和扶持臺資企業自主創新。鼓勵臺資企業參與各級政府科技計畫；支持臺資企業參與創新體系建設，並享受有關加強、鼓勵和扶持企業自主創新能力的政策。

(五)推動兩岸雙向投資。頒布實施《關於大陸企業赴臺灣地區投資項目管理有關規定的通知》，支持大陸企業參與臺灣經濟建設項目。

(六)加強兩岸產業合作。特別針對開發利用新能源、促進傳統中藥現代化、電子信息產業，以及其他具優勢互補的產業，加強合作，共同提高兩岸產業在國際市場上的競爭力。

(七)攜手促進平板顯示產業發展。大陸電子視像行業協會為此邀集

　　兩岸相關企業成立工作組；大陸企業決定擴大採購臺灣企業的面板，先期達成20億美元的採購意向。

(八)拓展兩岸農業合作平臺。新增設立江蘇南京江寧、廣東汕頭潮南、雲南昆明石林等三個「臺灣農民創業園」。中國進出口銀行將臺灣農民創業園基礎設施建設，納入國家出口基地建設貸款支持範圍。

(九)擴大臺灣鮮活農產品在大陸銷售。兩岸儘早就臺灣鮮活農產品在大陸銷售的通關和檢驗檢疫合作進行協商；加快建立兩岸檢驗檢疫聯繫和通報機制，促進兩岸農產品貿易健康發展。

(十)允許符合條件的臺灣居民在大陸從事律師職業。制定管理辦法加以規範。

　　溫家寶在2009年5月初曾到廈門考察臺資企業，並公開表示，今後對臺仍採取「同等優先、適度放寬」的政策，「海峽西岸經濟區」（以下簡稱「海西區」）可作為先行先試地區，一般認為，溫家寶的態度是想藉由「海西區」的發展加速推動兩岸經貿的往來及整合。5月中旬，大陸首度在廈門舉辦「海峽論壇」，論壇舉行期間及前後，中共中央及地方陸續提出多項對臺新措施。王毅在「海峽論壇」大會上指出，大陸願意以積極和開放態度，與臺灣商談簽署符合兩岸經濟發展需要，具有兩岸特色的「經濟合作框架協議」，另宣布促進大陸居民赴臺旅遊等8項惠臺措施：

(一)推動大陸企業赴臺投資，電子、通訊、生物醫藥、海洋運輸、公共建設、商貿流通、紡織、機械、汽車製造業等列為優先項目。

(二)擴大對臺產品採購。

(三)鼓勵和支援有條件的臺資企業擴展大陸市場，並參與大陸擴大內需的基礎設施和重大工程建設。

(四)增加大陸居民入臺旅遊，2009年內努力推至60萬人次。

(五)推動協商建立兩岸經濟合作機制。

(六)進一步向臺灣居民開放專業技術人員資格考試項目，包括統
　　計、審計、價格鑑定證照等。

(七)加強兩岸農業合作。

(八)許可臺灣地區律師事務所在福州、廈門兩地試點設立分支
　　機構。

　　為了吸引臺商赴海西區投資，福建近年來在福州、廈門及漳州、泉州等地，設立了各種形式的臺商投資區、高新科技園區、經濟技術開發區、保稅區、沿海經濟開發區、兩岸農業合作試驗區等政策；另透過舉辦各種投資貿易洽談會及展覽活動等平臺，持續對我相關產業招商，並在稅收上給予臺商投資優惠。大陸各級政府不斷釋出對臺新措施，對臺商均具有一定程度的吸引力。

　　2008年6月以來，兩岸恢復海基、海協制度化協商，在先經濟後政治、先易後難的原則下，迄今累計簽署了16項協議，兩岸經貿關係穩定發展。王毅在2011年3月人大會議上指出，大陸在制定「十二五規劃」時首次把兩岸關係列為專章加以闡述，其中內容，不僅指明今後幾年兩岸經濟關係發展方向，也具體指出未來兩岸經濟合作重點領域和主要內容。積極支援大陸臺資企業轉型升級、依法維護臺灣同胞正當權益等，同時也寫入五年規劃中。王毅強調，當前兩岸關係發展的工作重點，一是全面推進兩岸經濟合作架構協議的各項後續商談；二是大力開展兩岸各領域、各層次的廣泛交流；三是採取切實措施，使兩岸關係和平發展成果惠及更多兩岸同胞，尤其是臺灣基層民眾；四是積極落實ECFA，加強產業合作，加快新興產業、金融等現代服務業合作發展，支援有條件的大陸企業赴臺灣投資。

參考文獻

中共中央臺灣工作辦公室編（1998），《中國臺灣問題》，北京：九洲圖書出版社。

王泰銓（2000），「大陸《臺灣同胞投資保護法實施細則》評析」，《兩岸經貿》（臺北），第97期，頁41～43。

行政院大陸委員會編（1999），《李總統登輝特殊國與國關係中華民國政策說明文件》，臺北：行政院大陸委員會。

共黨問題研究叢書編輯委員會編（1994），《中共對臺工作研析與文件彙編》，臺北：法務部調查局，一版。

宏仁（1991），「兩岸貿易關係發展情況之研究」，《中國大陸研究》（臺北），13（3），頁32～33。

李非（1994），《海峽兩岸經貿關係》，北京：對外貿易教育出版社。

吳新興（1995），《整合理論與兩岸關係之研究》，臺北：五南圖書出版社。

侯家駒（1983），《對中共經濟作戰戰略之研究》，臺北：中華戰略協會。

高長（1993），「中共對臺經貿政策的構想與做法」，發表於中共對臺策略與兩岸關係研討會，政大東亞所主辦，臺北。

高長（1999），「臺灣同胞投資保護法實施細則綜合評析」，《臺商張老師月刊》（臺北），第20期，頁4～5。

姜殿銘主編（1994），《臺灣一九九三》，北京：中國友誼出版社。

陳東壁（1992），《大陸涉臺經貿法律問題之研究》，臺北：海峽交流基金會。

陳德昇（1992），《中南海政策動向》，臺北：永業出版社。

張榮豐、林昱君（1989），「兩岸經貿政策及其影響」，發表於二十一世紀基金會舉辦之「對大陸貿易與投資研討會」。

趙建民（2005），「胡錦濤時期中共對臺政策的變化」，中華歐亞基金會政策報告，NO.940003。

黎建（1991），「中共發展兩岸經貿往來的目的與最新舉措」，《中國大陸》（臺北），1991年1月，頁13。

劉相平（2005），《經濟全球化與兩岸經貿關係》，北京：社會科學文獻出版社。

連戚（2009），「從『一國兩制』到『六點意見』：30年來大陸對臺政策回顧」，《經濟研究導刊》（北京），總第64期，頁196～197。

臺灣對大陸經貿
政策

7

　　海峽兩岸長期以來一直處於政治對峙狀態，而受到兩岸政治對峙氛圍的影響，雙邊經貿往來迄未正常化發展。例如，大陸政府為了遂行兩岸「和平統一」的政治目標，一方面積極採取各種手段促進兩岸經貿關係，提高臺灣對大陸經濟的依賴程度；另一方面，則經常利用其國際政治的影響力，孤立臺灣在國際間之活動，阻礙臺灣與世界各國發展外貿及經濟聯繫。對於大陸對臺政策的「兩手」操作，臺灣政府認為是不友善的，兩岸經貿交流若無限制的擴張，將會傷害到臺灣的經濟安全，不符合國家利益，因而主張採取限制的政策。

　　不過，值得注意的是，從整個發展歷程觀察，由於臺灣與大陸在經濟上具互補特性，合則兩利，因此，兩岸執政者各自採取了「非對抗性的經貿政策」。對臺灣而言，其大陸經貿政策具有較濃厚的防衛色彩，以維持臺灣經濟競爭優勢為前提，採取選擇性、循序漸進式的開放原則，大致上歷經1980年代初期的「禁重於導」，到嗣後的「禁導並用」，再到1990年代的「導多於禁」的思維邏輯，過去二十多年來，臺灣對大陸經貿政策呈現只放不收的趨勢。

第一節　戒嚴時期（1987年以前）

　　1979年以前，兩岸處於軍事對抗狀態，國民政府力圖「反攻大陸」，而大陸政府則積極備戰意圖「解放臺灣」，雙方高度的軍事對立，兩岸經濟往來全面中斷。

　　1979年元旦，大陸發表《告臺灣同胞書》，對臺政策的主軸隨即由過去的「解放臺灣」改為「和平統一」，並強調鼓勵兩岸經貿交流。面對中國大陸積極的統戰作為，臺灣政府以「不妥協、不接觸、不談判」的「三不」政策回應。時任總統的蔣經國先生公開聲明指出：中華民國不論在任何情況下絕對不與中共政權交涉，並且絕對不

放棄光復大陸解救同胞的神聖任務，這個立場絕不會變更。同時，政府也發布各種命令禁止兩岸交流，包括禁止外籍商船直接往返於大陸及臺灣各港口、臺商不得與大陸直接貿易、禁止廠商直接或間接將產品銷往大陸或進口大陸產品，以及禁止旅客私自攜帶大陸藥品返臺等。違反規定者，可能揹上「資匪通敵」罪嫌。

嗣後，隨著國內外環境變化，政府的大陸經貿政策曾做微調。1984年間，經濟部宣布放寬自港澳轉口輸入大陸貨品之限制，允許民間經由轉口途徑與大陸地區進行貿易。1985年7月間，政府進一步宣布「對港澳地區轉口貿易三項基本原則」，重申禁止與大陸直接通商，廠商不得與大陸設在海外的機構或人員接觸，不過，對轉口貿易不予干涉。同時，政府又宣布，臺灣人民在接觸國際學術、科技、體育及文化等方面的交流，可以和大陸人員接觸，並同意以「中華臺北」名稱重返國際奧會。1987年7月，政府宣布解除戒嚴，同年11月，開放公職人員及現役軍人之外，在大陸有三親等內親屬的一般民眾，可經由第三地赴大陸探親。解嚴有助於兩岸良性及正常化的交流與互動，政府的大陸政策漸由過去的消極且被動的態度，轉趨務實且逐漸放寬限制。

此一時期，臺灣的大陸經貿政策已逐漸放寬，「對港澳地區轉口貿易三項基本原則」公布後，等於是默許了兩岸之間的轉口貿易。1987年7月，經濟部首度公開宣布，開放農業用種子、馬毛、非食用牛油、鰻苗等27項大陸農工原料的間接進口。政府以行政命令及政策宣示方式，開放臺灣地區未生產之中藥材及部分農工原料轉口輸入；另對轉口輸出採不干預態度，使臺灣廠商經由第三地之轉口輸出合法化，可說是對大陸經貿政策務實考量之濫觴。

表7-1　臺灣對大陸重要經貿政策措施

時間	重要措施	說明
1979/04	「三不」政策	不妥協、不接觸、不談判。
1984	放寬自港澳轉口輸入大陸產品之限制	允許民間經由第三地以轉口方式與大陸地區進行貿易。
1985/07	公布「對港澳地區轉口貿易三項基本原則」	重申禁止與大陸直接通商，廠商不得與大陸機構或人員接觸，對轉口貿易不予干涉。
1987/08	開放27項大陸農工原料間接進口	
1987/11	開放一般民眾赴大陸地區探親	除現役軍人及現任公職人員外，凡在大陸地區有三親等內之親屬者，均可赴大陸地區探親，每年一次為限，每次停留不得逾三個月。
1988/08	訂定《大陸產品間接輸入處理原則》	大陸地區產製之農工原料符合以下三項原則得間接輸入，一是不危害國家安全，二是對國內相關產業無不良影響，三是有助於我產品外銷競爭力之提升。
1989/06	頒布《大陸地區物品管理辦法》	正式開放大陸地區物品間接輸入，公告准許輸入之大陸地區物品項目，並可標明在大陸地區生產製造。
1990/08	發布《對大陸地區間接輸出貨品管理辦法》	開放得以間接方式對大陸地區輸出物品，除部分高科技產品應依有關出口規定辦理外，其餘不加以限制。
1990/10	發布《對大陸地區從事間接投資或技術合作管理辦法》	開放廠商得經主管機關許可後，經由第三地區對大陸地區間接投資，採正面表列。
1991/01	成立行政院大陸委員會	
1991/01	行政院通過《國家統一綱領》	
1991/08	訂定《現階段金融機構辦理對大陸地區間接匯款作業要點》	開放臺灣地區外匯指定銀行及郵政儲金匯業局經由第三地區銀行，辦理對大陸地區間接電匯、信匯及票匯業務。

表7-1 臺灣對大陸重要經貿政策措施（續一）

時間	重要措施	說明
1991/12	訂定《指定銀行對臺灣地區廠商辦理大陸出口臺灣押匯作業要點》	正式實施「大陸出口、臺灣押匯」政策，適用於臺灣地區各銀行與外商銀行在臺分行。
1992/09	頒布實施《臺灣地區與大陸地區人民關係條例》	其中第三十五條規定，經主管機關許可，可在大陸地區從事投資或技術合作；或與大陸地區人民、法人、團體或其他機構從事貿易或其他商業行為。
1993/03	頒布實施《在大陸地區從事投資或技術合作許可辦法》	依據《兩岸人民關係條例》訂定。
1993/04	・頒布實施《臺灣地區與大陸地區貿易許可辦法》 ・頒布實施《臺灣地區與大陸地區金融業務往來許可辦法》	依據《兩岸人民關係條例》訂定。
1993/05	頒布實施《大陸地區產業技術引進許可辦法》	依據《兩岸人民關係條例》訂定。
1994/01	頒布實施《在大陸地區從事商業行為許可辦法》	
1994/07	陸委會發布《臺海兩岸關係說明書》	宣示在和平統一前，中華民國主張以理性、和平、對等、互惠四項原則處理兩岸關係；中華民國政府將繼續以互補互利為原則，擴展兩岸經貿關係，促使兩岸互動良性發展。
1995/04	李登輝總統提出「六點主張」	
1995/05	頒布《境外航運中心設置作業辦法》	定位境外航運中心與大陸地區港口間之航線為特別航線，並限定以外國船舶或權宜輪行駛兩岸之間。
1996/09	宣示「戒急用忍、行穩致遠」政策	李登輝總統在「第三屆全國經營者大會」致詞時，提出對大陸採取「戒急用忍、行穩致遠」的政策。

表7-1　臺灣對大陸重要經貿政策措施（續二）

時間	重要措施	說明
1999/07	提出特殊國與國關係	李登輝總統宣稱兩岸關係為「國家與國家，至少是特殊國與國關係」。
2000/05	陳水扁總統就職演說宣示「四不一沒有」	提出「四不一沒有」主張，即「不宣布獨立、不更改國號、不推動兩國論入憲、不推動改變現狀的統獨公投，以及沒有廢除國統綱領及國統會」的問題。
2001/01	宣布實行「小三通」政策	開放金門、馬祖與對岸的廈門、福州馬尾定點直航。
2001/05	開放國內銀行至大陸設立代表人辦事處	
2001/08	宣布「積極開放、有效管理」政策	全國經濟發展會議決議對大陸經貿政策由「戒急用忍」調整為「積極開放、有效管理」，相關法規隨之配合做修正。
2001/11	陸委會、財政部、中央銀行共同擬定「規範大陸臺商資金流向機制」。	主要在建立臺商資金流向的管理機制。
2002/02	開放外匯指定銀行與大陸金融機購進行直接業務往來	
2002/04	開放陸資到臺灣投資土地及不動產	
2002/08	開放臺灣地區保險業赴大陸地區設立分公司、子公司	
2002/08	財政部准許近10家銀行國際金融業務分行（OBU）開辦對大陸臺商放款；兩岸春節包機首航	
2003/09	宣布實施兩岸航空貨運便捷化措施	

表7-1　臺灣對大陸重要經貿政策措施（續三）

時間	重要措施	說明
2004/04	開放兩岸在保險業務直接往來，以及保險經紀人、代理人赴大陸設辦事處；開放臺灣地區保險業赴大陸地區參股投資。	
2005/03	開放證券商赴大陸地區進行業務投資、設立子公司或分公司	
2005/10	開放金門、馬祖金融機構試辦人民幣兌換業務	符合金、馬「小三通」往來大陸地區與金、馬之國人及大陸地區人民，憑出入境有效文件，在金、馬地區金融機構買賣人民幣，以20,000元為上限。
2006/01	陳水扁總統元旦文告	調整對大陸經貿政策，由「積極開放、有效管理」，改為「積極管理、有效開放」。
2006/02	國統會終止運作，國統綱領終止適用	
2007/03	宣示「四要一沒有」	陳水扁總統出席「臺灣人公共事務會」晚宴時，宣示「臺灣要獨立、臺灣要正名、臺灣要新憲、臺灣要發展，臺灣沒有左右問題」的主張。

資料來源：作者根據相關資料整理。

第二節　開放交流時期（1988～1995年）

　　隨著開放探親政策之實施，兩岸經貿交流逐漸加溫。面對這種情勢，政府的大陸經貿政策也開始務實地逐步調整。1988年4月，政府宣示，兩岸間接貿易只要符合「三不原則」，即「不直接由大陸通商口

岸出航、不直接與大陸進行通匯、不直接由臺灣公司進行接觸」，即屬不違法。1988年8月，經濟部公告《大陸物品間接輸入處理原則》，指出大陸產製之農工原料符合以下三項原則者得間接輸入，一是不危害國家安全，二是對國內相關產業無不良影響，三是有助臺灣產品外銷競爭力之提升。同時公告開放50項大陸農工產品間接進口。嗣後，政府以正面表列方式，逐年分批選擇性擴大開放大陸農工產品間接進口項目；同時也開放臺商在大陸生產的半成品以間接方式回銷臺灣，從而使自大陸輸入貨品從農工原料擴大到包括了半成品。截至1994年底止，共開放29批、2,127項產品。至於臺灣貨品輸往大陸地區，基本上與輸往一般地區或國家並無差別，皆採負面表列方式。依當時政策，除少數稀有動物、高科技產品及影響國家安全與經濟發展者外，幾乎沒有限制。截至1995年底，管制出口貨品項目僅有101項，約占出口貨品項目總數的1%。[1]

　　1990年8月間，臺灣政府制定了《對大陸地區間接輸出貨品管理辦法》，規定廠商對大陸輸出「准許出口類貨品」，應向國貿局申請許可；對於輸出「管制出口類貨品」或高科技產品，則依有關規定嚴加限制。同時設立出口預警系統，防止臺灣產品外銷過分依賴大陸市場。

　　1988年7月，國民黨第十三次全國代表大會通過《現階段大陸政策》案，決議成立「大陸工作指導小組」和「大陸工作會報」等相關黨政機構，至此，「三不政策」已名存實亡。1990年5月，李登輝總統在就職演說中宣示，「如中共當局能推行民主政治及自由經濟、放棄在臺灣海峽使用武力，不阻撓我們在一個中國前提下開展對外關係，則我們願以對等地位建立雙方溝通管道、全面開放學術、文化、經貿與科技交流。」政府在同年6月間召開國是會議，與會人士也主張「功

1　　參閱經濟部，《兩岸經貿白皮書》，1996年，頁15。

能性的交流從寬、政治談判從嚴」，並以專責的政府機關和授權的民間中介機構處理兩岸關係。

此階段，政府的大陸經貿政策已由過去的「三不政策」修正為「不鼓勵、不禁止」的「兩不政策」，同時，政府也積極對兩岸之間的交流活動進行法治化建設。例如，1990年10月，李登輝總統邀集朝野各界人士，於總統府成立「國家統一委員會」，並研商制定《國家統一綱領》；1991年元旦正式成立「行政院大陸委員會」，統籌處理大陸事務；1991年3月，行政院院會通過《國家統一綱領》，成為大陸政策最高指導原則；同時，成立「財團法人海峽交流基金會」，接受政府委託處理有關兩岸談判、對話、文書查驗證、民眾探親、商務旅行往來糾紛調處等涉及公權力的相關業務，大致完成臺灣對大陸工作體系的建置。1992年9月，頒布實施《臺灣地區與大陸地區人民關係條例》，為兩岸人民之往來及衍生問題的處理立下法源，開啟了兩岸經貿往來法治化的歷程。隨後，政府相關單位依據該項條例訂定相關規範，逐步建立兩岸經貿交流制度。例如，《在大陸地區從事投資或技術合作許可辦法》（1993年3月）、《臺灣地區與大陸地區貿易許可辦法》（1993年4月）、《臺灣地區與大陸地區金融業務往來許可辦法》（1993年4月）、《在大陸地區從事商業行為許可辦法》等。

作為大陸政策最高指導原則的《國家統一綱領》，宣示兩岸關係之發展將依循近程、中程和遠程等三個階段，並將各階段規劃推動的工作敘述如下。[2]

一、近程——交流互惠階段

(一)以交流促進了解，以互惠化解敵意；在交流中不危及對方的安

2　參考行政院大陸委員會網站：http://www.mac.gov.tw/big5/rpir/2nda_3.htm

全與安定，在互惠中不否定對方為政治實體，以建立良性互動關係。

(二)建立兩岸交流秩序，制定交流規範，設立中介機構，以維護兩岸人民權益；逐步放寬各項限制，擴大兩岸民間交流，以促進雙方社會繁榮。

(三)在國家統一的目標下，為增進兩岸人民福祉：大陸地區應積極推動經濟改革，逐步開放輿論，實行民主法治；臺灣地區則應加速憲政改革，推動國家建設，建立均富社會。

(四)兩岸應摒除敵對狀態，並在一個中國的原則下，以和平方式解決一切爭端，在國際間相互尊重，互不排斥，以利進入互信合作階段。

二、中程──互信合作階段

(一)兩岸應建立對等的官方溝通管道。

(二)開放兩岸直接通郵、通航、通商，共同開發大陸東南沿海地區，並逐步向其他地區推展，以縮短兩岸人民生活差距。

(三)兩岸應協力互助，參加國際組織與活動。

(四)推動兩岸高層人士互訪，以創造協商統一的有利條件。

三、遠程──協商統一階段

成立兩岸統一協商機構，依據兩岸人民意願，秉持政治民主、經濟自由、社會公平及軍隊國家化的原則，共商統一大業，研訂憲政體制，以建立民主、自由、均富的中國。

關於兩岸雙邊貿易活動之規範，主要是依據《臺灣地區與大陸地區貿易許可辦法》，其中除明確規定兩岸貿易應以間接方式為主，即

買方或賣方應為大陸地區以外直接貿易的第三地區業者，其貨品運輸應經由第三地區進行的原則外，該法還對大陸地區物品允許輸入臺灣種類、許可通關等問題作了規定。

1990年5月，臺灣政府正式開放臺灣廠商赴大陸進行工商考察，為間接投資合法化邁出重要的一步。同年10月，公布實施《對大陸地區從事間接投資或技術合作管理辦法》，規定凡在臺灣已無法發展、不涉及國防、不是由政府財政預算資助開發的技術，以及不影響臺灣經濟發展的非高科技產業，以正面表列方式核准可赴大陸間接投資。開放的項目範圍涵蓋化工、紡織、機械、電機、資訊等五大類，第一批開放的產品共計2,875項；同時也列出包括超合金、積體電路、光電半導體等14項禁止赴大陸投資或技術合作的產業項目。[3]嗣後，隨著國內外經濟環境之變化，對大陸投資項目的限制逐步調整放寬。

除了貿易和投資，此段期間，臺灣政府還通過包括農業技術援助、智慧財產保護、大陸資源開發等12項對大陸經貿政策；同時，進一步放寬經貿人員往來，大陸經貿人士，包括企業界人士和經貿官員，可申請赴臺進行工商考察、經貿訪問或出席會議，大陸臺資企業的管理幹部和主要技術人員也可申請到臺灣參觀和接受技術培訓。在開放兩岸金融往來方面，此一階段有若干突破性的作為，例如，開放臺灣銀行業辦理對大陸間接匯款業務（1991年8月）、開辦「大陸出口、臺灣押匯」的商業模式（1991年11月）、開放在臺灣的外商銀行和本土銀行國際金融業務分行，與大陸金融機構海外分行或外國銀行

3　14項禁止赴大陸投資或技術合作的產業項目包括：超合金，電腦數據控制積及高級自動化產業機械、航空器及其零組件、超級微電腦及精密電腦周邊設備、光纜及光纖通訊設備、積體電路、多層印刷電路板、光電半導體、重型電機設備、工程塑膠、遺傳工程、細胞融合、固定化酵素及組織培養等相關生物工程技術、碳纖維、電子級玻璃纖維及航空級複合材料、電子導電塗料等特用化學品、精密陶瓷用粉體等。

大陸分行往來（1993年4月）、放寬臺灣銀行業者第三地子銀行可赴大陸設立辦事處等。

第三節　戒急用忍時期（1996～2001年）

　　大陸擁有充沛的勞動力、成本低廉的土地，又有廣大的市場腹地，吸引臺商前往投資的熱潮不斷。臺灣各界對於兩岸經貿交流如此熱絡，是否會造成產業空洞化、資金外流不止、對大陸經濟依存度過高等問題？疑慮愈來愈深。1995年，李登輝總統訪問其母校美國康乃爾大學並做公開演講，大陸當局對於臺灣多年來積極推展務實外交的不滿，藉此機會宣洩，造成了1995～1996年間臺海飛彈危機[4]，原本和平、熱絡的兩岸關係急轉直下，兩岸關係的緊張局面似有隨時引爆戰爭的可能。

　　為因應兩岸關係新的局勢，1996年9月，李登輝總統在「全國經營者大會」致詞時，正式提出「戒急用忍、行穩致遠」之新政策。同年12月，政府整合朝野各界代表，召開體制外的「國家發展會議」（簡

4　臺海飛彈危機發生在1995年到1996年間。由於中國不滿李登輝總統積極推展務實外交，故在1995年6月訪問美國後以武力演習威嚇，先是在7月21日至28日對彭佳嶼附近公海試射飛彈，接著又在8月15日至25日在東海進行第二次飛彈及火砲射擊練習。10月中旬，中國又在黃海舉行軍事演習。此種軍事威嚇造成臺灣人心惶惶、股市暴跌、臺幣大幅貶值。次年，臺灣舉行第一次總統直選，中國又在投票前後的3月8日至25日，在東海沿岸和臺灣海峽舉行導彈發射訓練、海軍實彈實兵演習和三軍聯合作戰演習，直接向臺灣南北兩端的基隆與高雄外海試射M族飛彈，造成1996年的臺海危機，意圖影響選情未遂。美國調遣兩艘航空母艦戰鬥群到臺灣附近海域，美國國會也通過「美國應幫助保衛臺灣」的決議案。中國則抗議美國干涉中國內政，加劇臺海緊張局勢。

稱為「國發會」），針對國家發展的重要議題廣泛探討，藉以凝聚共識，形成政策。其中，「兩岸經貿關係之建構」被列為「兩岸關係」六大議題之一。最後，兩岸經貿發展原則、方向（目標）及策略三個層次達成共識。茲分述如下[5]：

一、原則

(一)由於大陸政權對我仍有敵意，兩岸經貿發展應格外考量政治風險。因此，必須在維持我國家安全及兩岸和平的前提下，循序漸進地推動相關政策。

(二)兩岸經貿關係應該順應亞太經濟整合趨勢及國際產業分工潮流，本著互利互惠之雙贏原則穩定發展。

(三)我國經濟發展應有多元化的全球策略，兩岸經貿關係也是臺灣整體對外經貿關係的一環。

二、方向

(一)積極改善國內投資環境，加速自由化、國際化腳步，以提升國際整體競爭力。

(二)兩岸三通問題，應依安全與互惠的原則，在時機成熟時，經由協商解決。在此之前，應繼續推動「境外航運中心」，以改善兩岸航運關係，並為未來進一步關係之發展奠定基礎。

(三)面對兩岸即將加入世界貿易組織的新形勢，政府應早日規劃因應策略。

5　引自國家發展會議，「兩岸關係議題總結報告」。

●三、策略

(一)在投資方面：第一，政府應對國內企業赴大陸投資作政策性規劃，循序漸進；對於大型企業赴大陸投資，需審慎評估，合理規範。第二，政府應運用有效的投資保障管道，提供相關資訊及諮詢服務，以加強對臺商之聯繫與協助。第三，配合多元化的全球策略，政府應積極開展包括南向政策在內的各種對外經貿關係。

(二)在貿易方面，應兼顧持續追求兩岸貿易之穩健成長與風險分散。

(三)現階段推動兩岸經濟交流與合作，原則上可由民間機構共同出資在第三地成立基金會進行。

在國發會之後，「戒急用忍」政策成為大陸經貿政策的階段性指導方針。經濟部依據國發會朝野共識，針對廠商前往大陸投資行為設定新的規範，並自1997年7月起開始實施，其具體的政策措施主要包括以下幾項：

(一)規定廠商對大陸投資規模之上限。對廠商赴大陸投資累計金額占其淨值的比重，規定不得超過40%。廠商之資本額規模超過50億元以上者，則超過50億元的部分，赴大陸投資的額度，規定不得超過淨值的30%；超過100億元部分，該項比例則不得超過20%（見表7-2）。個人及中小企業投資累計金額以新臺幣6,000萬元為上限。

(二)申請赴大陸投資個案投資金額，不得超過5,000萬美元的上限。

(三)經濟部將對大陸投資項目依產業別區分為禁止、准許及專案審查三類。公布禁止赴大陸投資的重大基礎建設項目清單，主要包括機場、水利、港口、工業區開發、鐵公路、超過二萬瓦的

電廠、大型焚化爐等基礎設施項目，乙烯、丙烯等上游石化產品、電子科技產品，以及房地產、銀行、保險等合計超過300項，並納入修訂後的《大陸地區從事投資或技術合作審查原則》中。

(四)專案審查類係依產業及個案特性評分，再依評分的高低決定放行與否。放行的門檻標準將視兩岸關係而定，經濟部另設指標，作為審訂兩岸關係的標準（見表7-3）。

表7-2　對大陸投資累計金額上限之規定

企業類別	資本額或淨值	對大陸投資累計金額或比例之上限
個人及中小企業		6,000萬元新臺幣
非上市、上櫃公司		6,000萬元或淨值的40%
上市、上櫃公司	50億元	淨值的40%
	50億至100億元	50億×40% ＋（淨值－50億）×30%
	100億元以上	50億×40%+50億×30% ＋（淨值－100億）×20%

資料來源：經濟部投審會。

表7-3　大陸投資專案審查指標

類別	考量因素	評比分數	備註說明
產業特性	該產業在臺灣及大陸國際競爭力比較	25	臺灣愈不具國際競爭力，分數愈高。
	對上、下游產業關聯效果	7.5	產業關聯效果愈低，分數愈高。
	產業資本密集度	7.5	資本密集度愈低的產業，分數愈高。
	產業技術密集度	10	技術密集度愈低的產業，分數愈高。
	產品特性	±10	依據單一產品與產業之技術、競爭力與關聯性等之差異調整。

表7-3　大陸投資專案審查指標（續）

類別	考量因素	評比分數	備註說明
個案特性	國內相對投資情形	10	國內與國外投資比例1：1者給5分，國內相對投資愈高者，分數愈高。
	對大陸投資占海外投資比例	10	大陸投資占海外投資之比例為1：3者給5分，對大陸投資占海外投資之比例愈高者，分數愈低。
	財務結構	10	負債對淨值比例1：1者給5分，負債比率愈高者，分數愈低。
	資金來源	10	國內與國外資金來源比例1：1者給5分，國外資金來源比例愈高者，分數愈高。
	汰舊換新	10	利用汰舊設備投資比例愈高，分數愈高。
	企業規模	＋10	個人與中小企業視其差異性酌予加分。

資料來源：同表7-2。

(五)要求投資人應檢附大陸投資計畫對國內經濟效益評估及預估投資損益；其已赴大陸投資者，應提出以往投資損益紀錄。

　　戒急用忍政策對臺灣廠商赴大陸投資作出嚴屬的規範，特別是針對一些涉及高科技和基礎建設的大型投資案（超過5,000萬美元），實施之後受到社會各界的批評乃是預料中的事。問題是該項政策提出的時空背景是在大陸當局對臺灣極不友善，甚至是敵意驟升之時，在國家安全的大框架下，產業界也只能選擇配合執行。

　　相對於對大陸投資實行緊縮性政策，此期間對於大陸貨品之進口卻採取較過去寬鬆的政策，例如，簡化大陸製造貨樣進口手續，完稅價格在新臺幣1.2萬元以下者可免辦輸入許可證；擴大大陸貨品進口免簽範圍，凡經經貿主管相關登記的貿易商及其他進口者，自大陸進口貨值在1萬美元以下的大陸農產品，均可逕向海關報關進口；增加開放大陸貨品進口項目；大陸貨物進口改採進口貨品原產地認定標準。同時，臺灣政府也在此期間擴大加工出口區進口大陸物品加工功能，加

工出口區進口大陸原物料、零組件，除可加工外銷外，還可以原型或加工後轉售給保稅工廠；此外，加工出口區內其他事業、科學工業園區事業同時還可以委託區外廠商代為加工，惟加工後的產品必須全部外銷。

值得一提的是，儘管此期間兩岸關係氛圍不佳，但臺灣政府仍務實地推進兩岸通航政策，於1995年5月頒布《境外航運中心設置作業辦法》，將設置在高雄的境外航運中心與大陸地區港口間之航線定位為「特別航線」，開放外國船舶或權宜輪行駛於兩岸之間，大陸與歐美間的貨櫃貨物能夠以「不通關、不入境」的方式在高雄轉運。該項政策於翌年得到大陸政府正面回應。1997年4月，兩岸之權宜輪航行於高雄和廈門、福州之間，正式開啟了兩岸直航卻未直運的新紀元。

第四節　後「戒急用忍」時期（2001～2008年）

進入二十一世紀，臺灣面臨的國內外環境已發生很大變化，例如，長期在野的民進黨贏得總統大選，取得執政大權；另一方面，臺灣與大陸在2001年底先後完成必要的行政程序，正式加入WTO成為締約成員。為了因應此一新形勢的需要，實施多年的「戒急用忍」政策在社會各界的期待下進行檢討，並思考替代政策方案。

2000年民進黨執政，陳水扁總統在就職演說中，就兩岸關係提出「四不一沒有」的主張。陳總統指出，只要中共無意對臺動武，保證在任期之內，不會宣布獨立、不會更改國號、不會推動兩國論入憲、不會推動改變現狀的統獨公投，也沒有廢除國統綱領與國統會的問題。2000年12月25日，行政院公布實施《試辦金門、馬祖與大陸地區通航實施辦法》，並決定自翌年元旦起開辦兩岸「小三通」。該政策主要是在兩岸尚未開放直接「三通」之前，先由金門、馬祖與澎湖等

離島與大陸的廈門、福州進行直接通郵、通商、通航的方案。其法源依據為《離島建設條例》第十八條，其中執行方案規劃項目主要包括航運、商品貿易、人員往來、金融往來、郵政往來、工商及農漁業發展等七大方面。

2001年5月底，公布實施修訂後的《臺灣地區與大陸地區金融業務往來許可辦法》，進一步開放OBU辦理兩岸金融業務往來，以方便臺商在中國大陸籌資；並允許國內金融機構赴大陸設立代表人辦事處，以利蒐集當地金融資訊。

2001年8月，民進黨政府召開經濟發展諮詢會議（以下簡稱「經發會」），決定以「積極開放、有效管理」取代「戒急用忍」，作為兩岸經貿政策的基本方針。政府相關部門全面檢討對廠商赴大陸投資之各種限制性的規範，其內涵與特色大致可歸納為下列幾項[6]：

一、簡化大陸投資產業分類

將現行「禁止類」、「許可類」及「專案審查類」簡化為「禁止類」及「一般類」。基於國際公約、國防或國家安全需要之重大基礎建設及產業發展考量（如核心技術或關鍵零組件）的產業或產品，禁止赴大陸投資；非屬禁止類者，只要通過個案審查，皆可赴大陸投資。

二、建立專業、客觀的產業開放檢討機制

成立由產、官、學組成之專案小組，定期檢討放寬大陸投資產業

6　以下內容主要參考自陸委會「落實大陸投資『積極開放、有效管理』政策說明」，http://www.mac.gov.tw。

及產品項目。

檢討之基準主要包括:

(一)凡有助於提高國內產業競爭力、提升企業全球運籌管理能力者,應積極開放。

(二)國內已無發展空間,須赴大陸投資方能維繫生存發展者,不予限制。

(三)赴大陸投資可能導致少數核心技術移轉或流失者,應審慎評估。

三、建立兼顧效率與便民及標準明確的專案審查機制

(一)調整大陸投資累計金額及比例上限。為使企業能夠根留臺灣,現行對個人及企業赴大陸投資累計金額或比例上限之規定仍予以保留,但放寬個人及中小企業赴大陸投資累計金額上限,由新臺幣6,000萬元調整為8,000萬元。至於計算基準原定不得逾其資本額或淨值(兩者取其高)之一定比例,改採僅以淨值計算。同時,為鼓勵資金回流,大陸投資事業之股本及盈餘匯回得扣減累計金額。

(二)取消大陸投資個案金額上限規定。取消大陸投資個案累計金額5,000萬美元的上限規定。投資人申請「一般類」之大陸投資案件,只需符合對個人及企業赴大陸投資累計金額或比例上限規定,不再受其他金額限制。

(三)建立簡易審查制度。凡個案累計投資金額在2,000萬美元以下者(含2,000萬美元),將採簡易審查方式,即針對投資人進行大陸投資之基本條件,包括財務狀況、技術移轉之影響、勞工法律義務履行情況等進行審查。主管機關並得以書面方式會商各相關機關意見後,逕予准駁;惟如遇有將投資化整為零或

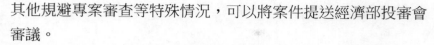

其他規避專案審查等特殊情況，可以將案件提送經濟部投審會
審議。

(四)建立專案審查的明確標準。凡個案累計投資金額逾2,000萬美
元者，由投審會進行專業審查，審查項目包括事業經營考量因
素、財務狀況、技術移轉情況、資金取得及運用情形、勞工事
項、安全及策略事項等。對於少數影響重大的案件，經參與審
查機關認定需作政策決定者，則提報行政院召開跨部會首長會
議審查。

四、建立動態調節機制

(一)為兼顧企業發展需要及整體經濟的安全，由主管機關每年定期
或視需要邀集相關機關審酌各項因素，以決定是否調整個別企
業累計投資金額或比例上限，以及簡易審查之個案累計投資金
額標準，或是否需採取其他必要的措施，以降低大陸投資對整
體經濟之風險。

(二)動態調節機制的審酌因素，主要側重於與投資相關的總體經濟
指標，包括國內超額儲蓄率、赴大陸投資占GDP之比重、赴
大陸投資占國內投資之比重、赴大陸投資占整體對外投資之比
重、赴大陸投資廠商資金回流情形、外匯存底變動情形、國
內就業情形、兩岸關係之狀況，以及其他影響總體經濟之因
素等。

五、加強事後管理

針對累計大陸投資金額達2,000萬美元以上的企業或投資個案，將
加強對其進行大陸投資後之管理，促使其財務透明化。

● 六、其他相關配套做法

(一)放寬上市、上櫃公司資金運用限制。具體措施包括將上市、上櫃公司發行及募集有價證券不得逾越赴大陸投資累計投資金額20%之上限規定,放寬經濟部投審會之大陸投資限額標準;以及自海外資本市場籌募資金用於轉投資大陸之發行限額,由現行20%提高為40%。

(二)准許未經核准赴大陸投資廠商補辦登記。

(三)開放直接投資。在投資審查新機制下,准許企業直接赴大陸投資,毋須在第三地成立子公司。

(四)強化大陸臺商輔導體系,主要包括規劃建立大陸臺商產業輔導體系,整合大陸臺商與政府聯繫管道,以及協助相關技術及管理服務機構赴大陸服務臺商;此外,政府亦同步檢討排除大陸臺商資金匯回的各種障礙,以促使兩岸資金靈活、平衡的流動。

此外,在促進兩岸資金靈活流動方面也有下列新的做法:

● 一、加強發展OBU成為海外及大陸臺商資金調度中心

(一)准許國際金融業務分行(OBU)在有完備可行之糾紛處理、債權確保及風險管控計畫下,得與大陸地區金融機構及海外分支機構、大陸地區法人、團體、其他機構等進行直接金融業務往來,其範圍包括收受存款、辦理匯兌、簽發信用狀及信用狀通知、進出口押匯相關事宜、代理收付款項等。至於臺商以子公司名義存放在OBU資金,中央銀行亦將開放准許其挹注母公司資金,並得循環使用。

(二)研議進一步擴大OBU之功能，如辦理貸款、籌資等業務，以鼓
勵臺商將海外之財務調度據點移回國內OBU。

二、建立企業投資大陸資金匯回可循環運用機制

央行研議「企業大陸資金匯回可循環使用」機制，並提出具體措
施，鼓勵臺商資金回流。除投資人將大陸投資事業之股本或盈餘匯回
可扣減投資累計金額外，在外匯管理上，根據中央銀行之規劃，在大
陸或第三地區之子公司以「關係企業往來」名義，將多餘資金匯入供
在臺母公司使用，及母公司於未來還本付息時，均得不計入每年5,000
萬美元結匯額度。

三、消除資金匯回之稅賦問題

修正《兩岸人民關係條例》第二十四條，允許經第三地赴大陸投
資之廠商，於申報所得稅時，列報第三地投資收益者，其源自轉投資
大陸之收益部分，得扣抵其在大陸地區及第三地區已繳納之所得稅。

臺灣與大陸先後成為WTO正式成員之後，行政院乃依據「經發
會」決議，於2002年1月間核定「加入WTO兩岸經貿政策調整執行計
畫」，規劃開放直接貿易，適度擴大開放大陸物品進口，開放陸資來
臺投資服務業，准許臺商直接赴大陸投資，並開放兩岸直接通航、通
郵、通匯等業務，以及設立「兩岸經貿安全預警機制」。另外，為落
實「經發會」之共識意見，2002年4月初，立法院修訂《兩岸人民關係
條例》第六十九條，開放大陸地區人民、法人、團體或其他機構、或
渠等於第三地區投資之公司，得經主管機關內政部許可後，在臺灣地
區取得、設定或移轉不動產物權。

經發會共識意見提到，政府將分階段開放國內金融機構與大陸直

接通匯,財政部於2002年8月間修訂公布《兩岸金融業務往來許可辦法》,開始受理外匯指定銀行與郵匯局申請,辦理與大陸地區銀行直接匯款及進出口外匯業務;同時也開放國內銀行之OBU與海外分支機構辦理大陸臺商授信業務,開放臺灣地區保險業赴大陸地區設立分公司、子公司。2004年4月間,進一步開放國內保險業赴大陸參股投資。

政府於2003年8月中旬公布兩岸直航之影響評估報告,宣示在過渡時期積極推動貨運便捷化措施。次月公布航空貨運便捷化的具體方案和相關作業辦法,開放由臺灣航空業者先飛的間接貨運包機。翌年5月,陸委會宣布兩岸海運便捷化措施,境外航運中心的適用港口,由高雄港擴及臺中港與基隆港,並開放兩岸權宜輪及外籍輪承攬國際貨,不限兩岸轉運貨。

2006年元旦,陳水扁總統公開談話提到兩岸經貿政策的「新思維、新做法」,以「積極管理、有效開放」取代了2001年8月「經發會」所形成的「積極開放、有效管理」之共識。「積極管理、有效開放」政策的主要目標,是為了推動有秩序的兩岸經貿開放政策,改善經貿開放所衍生的負面影響,確保臺灣經濟的主體性,並落實經濟「深耕臺灣、布局全球」的總體發展策略,降低對大陸經濟的依賴。

為了落實「深耕臺灣」的政策,行政院推動了多項優惠措施或方案,積極吸引臺商返臺投資,其中包括將工業區土地租金優惠措施(即○○六八八方案)適用期限延長為二至五年的中長期計畫;建立資金回流機制,鼓勵臺商匯回投資盈餘;提供租稅優惠;提供研發補助;低利融資貸款;訂定《臺商回臺投資專案融資貸款要點》,落實臺商企業回臺灣投資專案融資計畫。此外,政府亦宣示未來將從協助臺商因應大陸市場經營環境變遷,與競爭壓力的角度,從旁協助及輔導;推動「臺商回臺投資輔導機制」、研究規劃臺商利用「自由貿易港區」與在臺設立「營運總部」的商業模式。對於晶圓製造、晶圓封裝測試、TFT-LCD前、中段製程、輕油裂解等重要禁止類項目,要

建立明確管理機制，避免造成企業全球布局與兩岸經貿活動的不確定性，以維持臺灣產業在兩岸分工格局中之優勢。

2006年夏天，臺灣政府召開「臺灣經濟永續發展會議」，其中有關全球布局與兩岸經貿議題達成「兩岸經貿政策調整」的結論。首先要強化兩岸經貿風險管理機制，強調政府應每年進行兩岸貿易與投資影響評估報告，並對外公布，評估內容應涵蓋各項兩岸及總體經濟指標；相關機關應就兩岸人員、投資、金融與技術往來等領域，建構有效的風險管理機制；政府應積極推動攸關兩岸經貿秩序之協商議題，包括臺商投資權益及人身安全保障、兩岸經貿糾紛調處及共同打擊犯罪、智財權與商標保護及開放中國大陸人民來臺觀光、兩岸金融監理機制、兩岸客貨運包機等。

其次，在開放大陸人士來臺方面，優先放寬從事正常商務活動之人員往來，譬如，放寬跨國企業邀請中國大陸員工來臺召開會議及從事相關活動之人數及資格限制，適度放寬臺灣企業邀請中國大陸商務人士來臺限制；並在加強吸引外國觀光客之前提下，推動開放中國大陸旅客直接來臺觀光（第一類）。

第三，在兩岸投資及貿易方面，對大陸投資政策將在有效管控風險下持續進行，譬如，重大投資案件之審查，必須充分考量在臺相對投資、全球布局、技術移轉、僱用員工變動、財務計畫及對母公司回饋，以及對相關產業與總體經濟之影響等重要因素，並應落實事後監督及考核，中國大陸物品進口之開放將審慎推動等。

第四，兩岸金融往來需在建立金融監理機制並做好防火牆下循序推動。在確保國家主權及安全前提下，與大陸政府進行對等協商並簽署協議，建立兩岸金融監理制度，並就開放銀行在中國大陸辦事處升格分行相關政策事宜，綜合各方意見，研提風險評估報告；另持續推動兩岸協商簽署證監備忘錄。

第五，關於兩岸直航問題，兩岸直航之實施，須在確保國家主權

及安全前提下，與大陸政府進行對等談判簽署協議後付諸實施，以穩健有序的步驟，持續推動。

總之，兩岸經貿政策之目標為「深耕臺灣、布局全球」，以及建立兩岸經濟關係正常化與交流秩序；政策的指導原則為「積極管理、有效開放」；「臺灣主體性、政策主動性」；「立場堅定、務實推進」。在政策方向上，強調要以國家安全及總體利益為優先，在有效管控風險前提下，持續調整相關政策；在加強落實推動「臺灣優先」、「全球布局」前提下，達成增加投資臺灣、創造就業機會、拉近城鄉距離、縮短貧富差距等目標，以確保臺灣總體經濟利益。

兩岸經貿政策在「積極管理」方面的作為，主要有強化臺灣的兩岸經貿風險管理機制（例如，對大陸投資案件之政策審查、技術審查）、積極透過兩岸協商與協調建立兩岸經濟交流秩序（例如，開放大陸人士來臺觀光和兩岸客貨運包機之協商；智財權與商標保護、兩岸共同打擊犯罪、保障大陸臺商投資權益及人身安全等協調工作等）。在「有效開放」方面的作為，主要有：春節包機、開放4吋或以下的小面板與低階封測赴大陸投資、四項專案包機（專案貨運包機、假日包機常態化、緊急醫療包機、專案人道包機）、放寬跨國企業邀請中國大陸員工來臺召開會議及從事相關活動之人數及資格限制、放寬大陸商務人士來臺的人數限制、開放0.18微米製程的晶圓技術赴大陸投資、持續進行觀光議題談判、規劃推動人民幣定點及定量試點兌換等。

第五節　開啟經貿關係正常化時期（2008年5月以後）

2008年，國民黨先後在立法委員選舉和總統大選中獲勝，重新取

得全面執政的權力，兩岸關係逐漸改善，互動愈趨頻繁。該年4月中旬，副總統當選人蕭萬長先生應邀參加博鰲亞洲論壇，並與胡錦濤會晤，吸引了兩岸及國際社會的關注。胡在會晤蕭時提出，在新的形勢下將繼續推動兩岸經濟文化等各領域交流合作，繼續推動兩岸週末包機和中國大陸居民赴臺旅遊的磋商，繼續關心臺灣同胞福祉並切實維護臺灣同胞的正當權益，繼續恢復兩岸協商等「四個繼續」。蕭針對兩岸關係未來發展，則向胡提出「正視現實、開創未來、擱置爭議、追求雙贏」等十六字箴言，同時也提出：希望兩岸直航可以儘快落實、希望大陸儘快開放觀光客入臺旅遊、希望促進兩岸經貿關係正常化、希望儘快恢復兩岸協商機制等「四項要求」。「蕭胡會」是兩岸分裂分治以來最高層級的在位領導者之會晤，從雙方發言的內容來看，可以說有相當程度的交集。

「蕭胡會」的良好氛圍為兩岸關係之發展注入活力。二個星期後，胡錦濤在北京會見到訪的國民黨榮譽主席連戰時，進一步提出「建立互信、擱置爭議、求同存異、共創雙贏」等十六字箴言，作為兩岸共同努力開創和平發展新局的目標。比較「蕭胡會」、「連胡會」上雙方的發言內容，可以發現在「擱置爭議」、「追求雙贏」、「共創雙贏」等方面已有相當的共識；「直航」、「開放中國大陸觀光客入臺灣」、「恢復兩岸協商機制」、「促進兩岸經貿關係正常化」等議題，則都是雙方感到迫切要推動的工作。

馬總統推動兩岸關係的藍圖，強調優先處理兩岸經貿關係正常化問題，在正式上任後陸續推出。首先，2008年6月中旬，中斷十多年的海基、海協兩會制度化協商機制重新啟動，並在北京完成兩項協議之簽署工作，其涉及的兩岸週末包機直航及中國大陸觀光客入臺等兩項協議也都在次月4日付諸執行。2008年11月，海基、海協第二次協商（在臺北舉行）簽署了四項協議，包含：(一)空運協議（主要為客運包機常態化安排，也就是開放平日包機；空中航路規劃，也就是航

路截彎取直；貨運包機等）；(二)海運協議；(三)食品安全協議；(四)郵政協議。自2009年開放迄今，海基、海協先後舉行了七次正式協商（「江陳會」），歷次會議共簽署了十六項協議及達成一項共識，包含共同打擊犯罪和司法互助協議、空運補充協議；金融合作協議、兩岸經濟合作架構協議（ECFA）、兩岸智慧財產權保護合作協議等（表7-4）。另外一項共識是指，針對陸資來臺議題交換意見後發表的共同聲明，沒有簽署協議。

表7-4　海基、海協兩會制度化協商主要成果（2008年～）

時間	簽署協議主題
2008年6月，第一次（北京）	1.海峽兩岸包機會談紀要（即週末包機） 2.海峽兩岸關於大陸居民赴臺灣旅遊協議
2008年11月，第二次（臺北）	1.海峽兩岸空運協議 2.海峽兩岸海運協議 3.海峽兩岸郵政協議 4.海峽兩岸食品安全協議
2009年4月，第三次（南京）	1.海峽兩岸空運補充協議 2.海峽兩岸金融合作協議 3.海峽兩岸共同打擊犯罪及司法互助協議 4.發表「陸資赴臺投資」共同聲明
2009年12月，第四次（臺中）	1.海峽兩岸農產品檢疫檢驗合作協議 2.海峽兩岸標準計量檢驗認證合作協議 3.海峽兩岸漁船船員勞務合作協議
2010年6月，第五次（重慶）	1.海峽兩岸經濟合作架構協議 2.海峽兩岸智慧財產權保護協議
2010年12月，第六次（臺北）	海峽兩岸醫藥衛生協議
2011年10月，第七次（天津）	海峽兩岸核電安全協議

資料來源：陸委會網站

　　除了前述七次正式協商簽署十六項協議和一項共同聲明外，馬總

統執政後的兩岸政策還陸續提出了多項具體的鬆綁措施（表7-5），例如，自2008年6月30日起，開放臺灣地區辦理人民幣兌換業務，臺灣民眾可以向已經核准的金融機構，進行2萬元人民幣以內的人民幣買賣。在經貿領域方面，還包括放寬兩岸證券投資、放寬大陸投資金額上限

表7-5　近一年來政府大陸政策重要措施

類別	政策措施之內容	簽署／開始實施時間
經貿類	1.開放臺灣地區辦理人民幣兌換業務	2008.6
	2.放寬兩岸證券投資	
	(1)調整兩岸證券投資方案——短期計畫	2008.6
	(2)重新檢討放寬基金投資涉陸股之海外投資比率	2008.7
	3.放寬大陸投資金額上限及審查便捷化	2008.8
	4.開放陸資來臺直接投資	2009.6
	5.修正「在大陸地區從事投資或技術合作禁止類項目」，由禁止類改為一般類共11項，並調整部分項目之禁止範圍或審查原則	2010.2
	6.鬆綁海外企業來臺上市、適度開放陸資投資國內股市	
	(1)鬆綁海外企業來臺上市	2008.7
	(2)開放大陸合格境內機構投資人（QDII）來臺投資證券期貨市場	2008.12
	7.發布兩岸金融、證券期貨、保險業務往來及投資許可辦法、放寬投資限制	2010.3 2011.9
交通運輸類	1.擴大放寬「小三通」	2008.6
	2.「小三通」正常化，包括實施澎湖「小三通」常態化等	2008.9
文教類	1.恢復新華社及人民日報來臺駐點採訪、開放大陸五家地方媒體來臺駐點	2008.6
	2.延長陸生來臺研修期限為1年	2008.10
	3.放寬大學赴大陸及金、馬地區辦理推廣教育	2008.11
	4.同意大陸東南衛視及福建日報社二家地方媒體來臺駐點採訪	2008.11

表7-5　近一年來政府大陸政策重要措施（續）

類別	政策措施之內容	簽署／開始實施時間
其他	1.放寬（縣）市長赴大陸地區交流	2008.7
	2.大陸專業人士來臺便捷化	2008.7
	3.放寬大陸商務人士來臺相關規定及簡化流程，另放寬大陸經貿專業人士來臺相關措施	2009.6
	4.放寬大陸人民來臺從事商務活動	2010.4
	5.放寬跨國企業內部調動之大陸人士申請來臺相關措施	2010.4
	6.核准香港貿發局來臺設立臺灣分公司	2008.10
	7.通過兩岸條例修正，保障大陸配偶在臺權益	2009.6

資料來源：陸委會

及審查便捷化、鬆綁海外企業入臺上市、適度開放陸資投資國內股市、開放大陸合格境內機構投資人（QDⅡ）入臺投資證券期貨市場；在交通運輸領域方面，主要有擴大放寬「小三通」、「小三通正常化」；文教類方面，主要包括恢復新華社及人民日報入臺駐點採訪、開放大陸五家地方媒體入臺駐點、陸生入臺研修期限由4個月延長為1年、放寬大學赴大陸及金馬地區辦理推廣教育等。其他的鬆綁措施還包括放寬縣（市）長赴大陸地區交流、大陸專業人士入臺便捷化、核准香港貿發局入臺設立臺灣分公司、通過兩岸條例修正保障大陸配偶在臺權益等。

　　馬總統執政後的兩岸政策迥異於民進黨政府，選擇「要鬆綁、要開放」，其背後的邏輯，主要是因為過去實行管制政策所期待的效果並未落實，反而是付出昂貴的代價，有必要檢討改進。民進黨執政期間，兩岸政治關係陷入低潮，政府的大陸經貿政策較為保守，主要是希望避免對大陸經濟依賴太高，喪失經濟自主性。然而，保守的兩岸政策實際上並沒有達成預期的目的。譬如，政府管制臺商赴大陸投

資，希望臺商多多留在臺灣投資，使臺灣有更大的發展動力，壯大臺灣經濟實力，然而，這些管制並沒有有效阻止臺商赴大陸投資的行動。反而是兩岸政治對立升高，挫傷了臺商及外商在臺灣投資的意願，也讓中國大陸採取更激進的政策或手段對付臺灣，讓臺灣在國際空間處處碰壁，寸步難行。結果造成臺灣經濟成長減緩、成長動能減弱。經建會公布的資料顯示，1993～1999年平均每年經濟成長率達6.3%，同一期間和東亞其他國家做比較，臺灣僅次於新加坡，排名第二，表現不差；2001～2007年間平均每年經濟成長率跌落至3.8%，在東亞各國當中排名倒數第二，僅超過日本的1.6%。[7]

　　過去選擇的發展道路，走了那麼多年，走不出理想大道，確有必要重新檢討，以探尋走出較有益之路，這是兩岸政策鬆綁的主要論證基礎。另外，在全球化潮流下，我們也有必要重新理解中國大陸在國際分工中已占有重要地位的現象。長期以來，我們一直認為大陸是臺灣發展上最大的威脅，事實上，大陸市場對我們而言，也是一個機會。過去把大陸視為威脅，兩岸關係選擇「保持距離」的政策，幾乎不思考威脅之外也有機會；若能透過採取一些政策措施，讓這些威脅降低，事實上背後所潛藏的機會將更實際。一段所謂的威脅，基本上是從政治的觀點出發，政治這個議題如果能讓它更淡化，比如擱置爭議、減少政治衝突，當政治衝突或政治對立減少，互信的基礎就會慢慢地累積，很多的機會就出來了。威脅會減少，機會會變大，這也是兩岸政策為什麼要鬆綁的重要理由。馬政府兩岸政策的目標是和平與繁榮，強調「以臺灣為主，對人民有利」的理念。在國際分工如此精細的環境中，我們應秉持開放的思維，審慎利用大陸的資源來壯大臺灣的經濟實力。對臺灣而言，最大

7　參閱經建會出版之*Taiwan Statistical Data Book* 2008.

的國家安全保障來自於經濟實力，發展經濟、拼經濟才是最重要的途徑。面對全球經濟區塊化潮流，進一步加強兩岸經濟合作，甚至協商簽署兩岸經濟合作協議，是促進臺灣經濟穩定發展難以迴避的選擇。

參考文獻

中共中央臺灣工作辦公室、國務院臺灣事務辦公室（1998），《中國臺灣問題》，北京：九州圖書出版社。

行政院大陸委員會編（1994），《臺海兩岸關係說明書》，行政院大陸委員會印行。

李非（2000），《海峽兩岸經濟合作問題研究》，北京：九州出版社。

高長（2001），「入會後大陸投資政策之調整對臺灣企業之影響及因應策略」，發表於「整合兩岸分工體系，再創科技產業新契機」研討會，中華經濟研究院主辦。

經濟部（1996），《兩岸經貿白皮書》，臺北：經濟部。

傅豐誠（2001），「當前大陸經貿政策的共識與紛歧」，收錄於《兩岸經濟論壇報告（第三年）》，臺北：中華經濟研究院。

行政院大陸委員會，「政府大陸政策重要措施」，http://www.mac.gov.tw//big5/impolicy/index.htm

行政院經濟建設委員會（2008），《臺灣經濟發展政策演進圖解之建構》，臺北：行政院經濟建設委員會。

馬政府的兩岸經貿政策與執行成效

8

　　有鑑於兩岸政治對立，不利於臺海和平與臺灣經濟穩定發展，馬總統執政後乃致力於改善兩岸關係，主張擱置兩岸政治爭議，以協商代替對抗，以和解代替衝突，並積極促進兩岸經貿關係發展。

　　馬總統在就職演說中勾勒出兩岸關係政策框架，就總體目標來看，主要在強調「維持現狀、謀求雙贏」，其中，「不統、不獨、不武」的「三不」表述，旨在重申維持兩岸和平、分治、交流現狀，最終是要謀求兩岸和平發展和繁榮，創造最大的共同利益。就策略面觀察，馬總統呼應蕭副總統在博鰲亞洲論壇中的十六字箴言，強調「兩岸走向雙贏的起點，是建構在『九二共識、一中各表』的基礎上」，他認為「臺灣要安全、要繁榮才能夠向前發展」，因此，他強調優先處理兩岸經貿關係正常化問題，然後再討論「臺灣國際空間」和「臺海安全」等兩大政治議題。他呼籲「兩岸不論在臺灣海峽或國際社會，都應該和解休兵，並在國際組織活動中相互協助，彼此尊重」，兩岸應儘早「就臺灣國際空間與兩岸和平協議進行協商」。

第一節　馬政府兩岸政策新思維

　　兩岸政治對立關係，在1990年代初期曾有一段短暫期間的緩和。不過，自1995年6月李前總統訪美歸國之後，兩岸政治關係陷入低潮；民進黨執政期間，兩岸對立的程度不減反增。1995～2008年間，政府為了避免經濟對大陸過度依賴，喪失經濟自主性，對大陸經貿政策採取較為保守或是管制的政策，希望臺商多留在臺灣，減少到大陸投資，增進臺灣經濟實力。結果，這些管制政策的預期目標根本未達成。以貿易為例，臺灣對外貿易總額中大陸所占比重，自1995年的9.8%，逐年上升至2000年的11.2%，2007年間更攀升到21.9%，大陸已成為臺灣第一大貿易伙伴；同期間，臺灣對大陸的投資也逐年增加，

臺灣至海外投資，平均60%以上集中在大陸。兩岸經貿關係的實務發展與政策目標背道而馳。

而更嚴重的是，這些管制性政策讓臺灣付出重大的代價，主要是兩岸政治對立升高，大陸採取更激進的政策或手段對付臺灣，讓臺灣在國際社會處處碰壁，更讓外資不願到臺灣投資，國內民間投資意願也下挫，最後，削弱了臺灣經濟成長的動能。經建會公布的資料顯示，1993～1999年間，臺灣經濟成長率平均每年6.3%，同一期間和東亞其他國家做比較，僅次於新加坡的7.7%，排名第二位，表現不差；2001～2007年間，臺灣平均每年經濟成長率跌落至3.8%，在東亞各國家中排名倒數第二，僅略高於日本的1.6%，前後兩個期間對比，經濟成長力道大幅衰退。在民間投資方面，前一階段每年平均成長7.43%，後一階段平均成長率也大幅縮減到只有0.93%；政府公共投資，前一階段還保持每年平均5.5%的成長，後一階段卻呈現每年5.43%的負成長。民間投資意願不高，外資不願冒兩岸對立的政治風險來臺投資，政府又將預算花在公共投資以外的領域，導致臺灣經濟成長減緩的後果並不意外。

對大陸實行管制性經貿政策所期待的效果未實現，反而是付出了慘痛的代價，確有必要重新檢討，採取更有益臺灣經濟發展的政策方案。尤其在全球化潮流下，有必要重新理解中國大陸在國際分工中已占有重要地位的現實。如果兩岸政策選擇跟大陸劃清界線，只顧慮意識型態，並非明智之舉。也就是說，大陸在整個國際分工中已占有重要地位，若刻意排斥跟大陸經濟往來，就等於是自縛手腳，與國際分工體系隔離。因此，在全球化浪潮下，臺灣不能鎖國，加強跟大陸的經濟聯繫，有助於落實「深耕臺灣、連結全球」的目標；同時也可以降低兩岸對立氛圍，累積互信，謀求區域和平與兩岸經濟繁榮。

區域和平與兩岸關係改善，對於臺灣經濟環境自由化、國際化發展非常重要，臺灣的區位優勢條件才能得到充分發揮。臺灣北邊是全

球第三大經濟體的日本，太平洋對岸是全球第一大經濟體美國，中國大陸在臺灣西邊，是全球第二大經濟體。臺灣的地理位置在全球三大經濟體之間，居東亞地區交通要道上，這樣的區位優勢條件臺灣一直沒有充分運用，十分可惜。新加坡前總理李光耀先生曾公開表示，非常羨慕臺灣有這麼好的地理位置，臺灣未曾好好運用這樣的區位優勢，創造更大的經濟成就，新加坡為臺灣感到惋惜。

　　長期以來，中國大陸一直被認為是臺灣發展上最大的威脅。大陸對臺灣之所以有威脅，基本上是政治面的觀點；也就是說，兩岸之間一直存在政治與主權爭議，推測大陸隨時可能動用武力手段，併吞臺灣，因而，過去臺灣對大陸的政策傾向保守、消極。事實上，大陸經濟持續成長，市場腹地遼闊，對臺灣而言也可能帶來機會。兩岸若能透過採取某些政策措施改善互動關係，減少政治對立，大陸對臺灣的威脅可能降低，相對的機會即可能增加。多從正面思考，找出審慎利用大陸經濟資源和市場腹地，是壯大臺灣經濟實力之道。對臺灣而言，最大的安全保障來自於經濟實力，發展經濟、拼經濟應列為最優先的策略選擇。

　　改善兩岸政治關係，促進臺海的和平與區域的安定，讓臺灣經濟上更有發展，是我們該追求的目標。兩岸互動的最大障礙在於主權方面的爭議，而主權爭議卻無法在短期內得到解決，因此，馬總統執政後，秉持「正視現實、開創未來、擱置爭議、追求雙贏」的十六字箴言，積極尋求兩岸共同利益平衡點。在兩岸關係的立場方面，主張在中華民國憲法架構下，維護「不統、不獨、不武」臺海現狀；同時也主張雙方應擱置政治爭議，務實面對兩岸現狀，以「九二共識、一中各表」為基礎，推動兩岸交流及協商，逐漸走向「互不否認」的階段。在國際社會上，主張「活路外交」政策，終止兩岸在外交戰場上的惡性競爭，同時積極推動與美國、歐盟、日本等友好國家的實質關係，提升臺灣的國際地位。

第二節　重啟兩岸制度化協商與政策鬆綁

馬政府兩岸政策的另一項重要主張，是恢復及強化中斷將近十年的兩岸制度化協商，希望透過制度化協商機制，處理及解決兩岸經貿、文化、社會等層面交流互動所衍生的各種問題，以維護兩岸人民權益；並希望以協商代替對抗，以和解代替衝突，逐步建立雙方互信，促進兩岸間的良性互動與發展。

現階段政府大陸政策的最高指導綱領，是堅守「以臺灣為主、對人民有利」的原則，「以臺灣為主」的意旨是，在兩岸交流、協商的過程中，要堅守臺灣的主體性；推動兩岸協商，從議題的設定、協商腹案及底線的研擬，到協商程序相關安排，均以能否彰顯臺灣主體性，不損害國家主權與尊嚴，維護全體臺灣人民利益為最優先考量。在協商的具體安排上，馬政府秉持「先經濟後政治」、「先易後難」、「先急後緩」的原則，並以推動兩岸經貿關係制度化，以及維護交流秩序為最重要考量，優先協商處理攸關民生及經濟發展的議題，循序漸進推動兩岸經貿關係正常化，並累積經驗、建立互信基礎，再進一步處理或解決更複雜的議題。

自2008年6月以來，迄2011年底，海基、海協兩會共舉行了七次「江陳會談」，並簽署了16項協議，達成一項共識，涉及的議題主要包括大陸居民赴臺灣旅遊、兩岸海空運直航、郵政往來、食品安全、金融合作、共同打擊犯罪及司法互助、農產品檢疫檢驗、標準計量檢驗認證、漁船船員業務合作、兩岸經濟合作架構、智慧財產權保護合作、醫藥衛生合作、核電安全合作、陸資赴臺灣投資等（如表8-1）。

表8-1　海基、海協兩會制度化協商主要成果（2008年～）

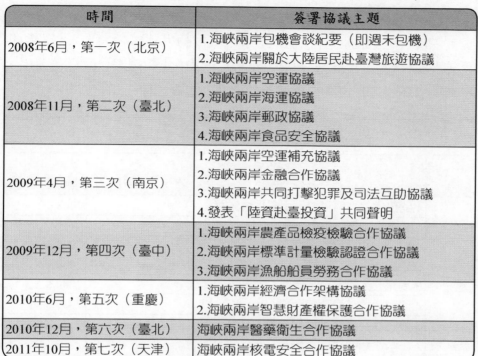

時間	簽署協議主題
2008年6月，第一次（北京）	1.海峽兩岸包機會談紀要（即週末包機） 2.海峽兩岸關於大陸居民赴臺灣旅遊協議
2008年11月，第二次（臺北）	1.海峽兩岸空運協議 2.海峽兩岸海運協議 3.海峽兩岸郵政協議 4.海峽兩岸食品安全協議
2009年4月，第三次（南京）	1.海峽兩岸空運補充協議 2.海峽兩岸金融合作協議 3.海峽兩岸共同打擊犯罪及司法互助協議 4.發表「陸資赴臺投資」共同聲明
2009年12月，第四次（臺中）	1.海峽兩岸農產品檢疫檢驗合作協議 2.海峽兩岸標準計量檢驗認證合作協議 3.海峽兩岸漁船船員勞務合作協議
2010年6月，第五次（重慶）	1.海峽兩岸經濟合作架構協議 2.海峽兩岸智慧財產權保護合作協議
2010年12月，第六次（臺北）	海峽兩岸醫藥衛生合作協議
2011年10月，第七次（天津）	海峽兩岸核電安全合作協議

資料來源：行政院大陸委員會網站

　　除了致力於恢復及強化兩岸制度化協商，為了活絡兩岸經貿交流，促進臺灣的經濟繁榮與發展，改善人民生活福祉，馬政府同時積極採取一連串的興革措施，其中經貿領域主要包括開放大陸觀光客來臺、開放兩岸海空運直航、開放臺灣地區辦理人民幣現鈔兌換業務、放寬辦理對大陸地區匯出款限制、重新檢討放寬國內外基金投資涉陸股之海外投資比率、放寬臺商赴大陸投資金額上限及審批便捷化、鬆綁海外企業來臺上市、適度開放陸資投資臺灣股市、開放大陸合格境內機構投資人（QDII）來臺投資證券期貨市場、放寬兩岸證券投資〔如開放臺港指數股票型基金（ETF）相互掛牌、香港掛牌企業來臺上

市或上櫃、開放證券商得受託、自行買賣港澳地區證券市場發行之紅
籌股等有價證券〕、放寬陸資來臺從事事業投資、放寬陸資投資不動
產，以及持續推動「小三通」正常化、推動大陸專業人士入臺便捷化
等（表8-2）。這些措施有利於創造臺灣自由化、國際化的經營環境，
達到吸引外商在臺直接投資，並促進海外臺商回流。

表8-2　2008年以來政府大陸政策重要措施

類別	政策措施之內容	簽署／開始實施時間
經貿類	1.開放臺灣地區辦理人民幣兌換業務	2008.6
	2.放寬兩岸證券投資 (1)調整兩岸證券投資方案——短期計畫 (2)重新檢討放寬基金投資涉陸股之海外投資比率	 2008.6 2008.7
	3.放寬赴大陸投資金額上限及審查便捷化	2008.8
	4.開放陸資來臺直接投資	2009.6
	5.修正「在大陸地區從事投資或技術合作禁止類項目」，由禁止類改為一般類共11項，並調整部分項目之禁止範圍或審查原則	2010.2
	6.鬆綁海外企業來臺上市、適度開放陸資投資國內股市 (1)鬆綁海外企業來臺上市 (2)開放大陸合格境內機構投資人（QDII）來臺投資證券期貨市場	 2008.7 2008.12
	7.發布兩岸金融、證券期貨、保險業務往來及投資許可辦法、放寬投資限制	2010.3；2011.9
交通運輸類	1.擴大放寬「小三通」	2008.6
	2.「小三通」正常化，包括實施澎湖「小三通」常態化等	2008.9

表8-2　2008年以來政府大陸政策重要措施（續）

類別	政策措施之內容	簽署／開始實施時間
文教類	1.恢復新華社及人民日報來臺駐點採訪、開放大陸五家地方媒體來臺駐點	2008.6
	2.延長陸生來臺研修期限為1年	2008.10
	3.放寬大學赴大陸及金、馬地區辦理推廣教育	2008.11
	4.同意大陸東南衛視及福建日報社二家地方媒體來臺駐點採訪	2008.11
	5.修訂公布陸生三法，開放陸生入臺就學、採認大陸高等教育學歷	2010.8
其他	1.放寬（縣）市長赴大陸地區交流	2008.7
	2.大陸專業人士來臺便捷化	2008.7
	3.放寬大陸商務人士來臺相關規定及簡化行政流程，另放寬大陸經貿專業人士來臺相關措施	2009.6
	4.放寬大陸人民來臺從事商務活動	2010.4
	5.放寬跨國企業內部調動之大陸人士申請來臺相關措施	2010.4
	6.核准香港貿發局來臺設立臺灣分公司	2008.10
	7.通過兩岸條例修正，保障大陸配偶在臺權益	2009.6

資料來源：根據陸委會網站資料整理

　　另外，為增進兩岸社會及文教交流，也逐步鬆綁相關的限制，並修訂相關法規，健全法制，改善兩岸交流秩序。譬如在文教方面，開放大陸媒體記者入臺駐點採訪，並簡化渠等入臺申辦手續、延長在臺停留時間、放寬駐點媒體人數每家增至5人、取消駐點記者赴外地採訪需事先報備要求等，使大陸新聞從事人員在臺採訪可以享有充分自由與便利。同時，也開放大陸的影片、廣播電視節目及出版品等在臺發行、映演或播送，以及開放大陸的大專學術專業用書在臺公開銷售。另為促進兩岸青年學生良性互動，增進大陸學生深入了解臺灣民主自由，放寬大陸學生來臺研修時間；2010年8月中旬立法院通過《兩岸

關係條例》第二十二條、《大學法》第二十五條、《專科學校法》第二十六條（所謂「陸生三法」），開放陸生入臺就學、採認大陸高等教育學歷。

在社會交流方面，修正兩岸條例相關規定，縮短大陸配偶取得身分證的年限為六年、全面放寬大陸配偶工作權，並放寬大陸配偶父母親來臺探親停留期間、未成年親生子女來臺探親及停留。放寬直轄市長、縣（市）長、政務人員均得申請赴大陸從事業務相關活動，大陸官員亦得應政府機關或民間團體邀請申請來臺進行參訪交流；建立公務員赴大陸交流返臺後之申報及協處機制。

為促進兩岸人員交流制度化，放寬大陸地區專業或商務人士交流管理規範、提供更為便捷化之程序，例如增列專業人士種類、簡化申請流程；同時放寬大陸專業人士來臺之停留期間，停留期間屆滿得申請延期；取消自然人擔任保證人之規定，改由邀請單位負擔相關責任。另外，配合開放陸資來臺投資政策，放寬大陸專業人士任職於在臺陸資企業及來臺從事相關活動，放寬陸資來臺取得、設定或移轉不動產。

第三節　兩岸政策鬆綁的執行效果

馬政府在執政不到四年期間，透過制度化協商簽署了16項協議和達成1項共識，並逐步放寬經貿、社會、文教等方面兩岸交流的限制，已為兩岸經貿關係制度化發展奠定初步的基礎。

一、開放大陸居民赴臺灣旅遊，促進兩岸人民相互了解

2008年6月，第一次「江陳會談」簽署大陸居民赴臺灣旅遊協議，

雙方同意：(一)大陸居民赴臺旅遊以組團方式實施，採團進團出形式；
(二)雙方指定組團社、接待社分別代辦，並相互確認旅遊者的通行手
續；(三)雙方互設旅遊辦事機構；(四)旅遊配額以平均每天3,000人次為
上限（後來已放寬為4,000人次）；(五)旅遊團每團人數限10人以上、
40人以下（下限已修正為5人）；(六)旅遊團在臺停留時間，自入境次
日起計算不超過10天（後來已放寬為15天）。

　　2008年7月4日大陸觀光客首發團抵臺，7月18日協議正式實施，迄
今已超過三年。開放的省市地區由最初的13個逐漸增加，目前已全面
開放；可辦理來臺旅遊業務之組團社由最初33家，逐漸增加至目前的
164家，臺灣辦理接待陸客業務之接待社，從正式開放前的148家，於
開放後陸續增加至目前的384家。兩岸並於2010年初落實互設辦事機
構，作為雙方從事促銷和事務性業務溝通的平臺。為擴大受益層面，
2011年6月間進一步推出大陸觀光客來臺自由行政策，初期規劃開放北
京、上海、廈門等三個城市，每日限額500人。

　　自全面開放大陸觀光客赴臺迄2011年底止，到臺灣觀光的旅客
累計已達314.4萬人次，每日來臺人數由2008年的300人次、2009年的
1,661人次、2010年的3,199人次，增加至2011年的3,351人次。其中，自
由行旅客累計至2011年底共有28,335人次，平均每日約155人。估計大
陸觀光客到臺灣旅遊，為臺灣帶來新臺幣1,620億元的外匯收入。

● 二、落實兩岸海空運直航，提升兩岸客貨運輸效能

　　兩岸先後於2008年6月和11月簽署週末包機、空運和海運協議，實
現了兩岸海空運直航。關於週末包機的安排，雙方達成的共識：(一)
各自指定包機承運人，並事先知會對方；(二)凡持有效旅行證件往返兩
岸的旅客均可搭乘客運包機；(三)包機承運人得在對方航點設立辦事機
構；(四)在週末客運包機實施後三個月內就兩岸貨運包機進行協商；

(五)儘快就開通兩岸定期直達航班進行協商；(六)陸方開放5個航點，臺灣開放8個航點；(七)週末包機每週各飛18個往返班次，飛航時段為每週五至下週一計四個全天。

2008年11月，兩岸簽署空運協議，在週末包機的基礎上增加航班（每週108班）、航點（大陸方面的航點由5個擴大為21個），並將客運包機常態化；開通貨運包機，航點包括臺灣的高雄小港、桃園，大陸的上海浦東、廣州。此外，雙方也同意建立兩岸直達航路（即俗稱的空中航線截彎取直）。

2009年4月，兩岸簽署「空運補充協議」，進一步開放定期航班、新闢航路、增加航點。在新闢航路方面，除了原有的臺灣海峽北線航路，再開通南線和第二北線雙線直達航路；在增加航點方面，大陸新增6個航點，合計27個航點；新增航班方面，客運定期航班和包機班次總量為每週270個往返班次，以及開放貨運定期航班，每週為28個往返班次，另相互開放客運定期腹艙載貨；開放兩岸航空公司可在對方設置代表機構。

在前述兩岸空運補充協議的基礎上，兩岸航空主管部門對航班、航點持續進行不定期協商，迄2011年底，兩岸定期航空客運容量班次已增加為每週558班，另加不定期旅遊包機每個月20班；貨運航點6個，總班次增加為每週56班。陸方客運航點開放41個，我方開放9個。海運港口我方已開放11個，陸方則開放70個，其中53個海港，17個河港。

兩岸海運協議內容主要包括：(一)兩岸資本並在兩岸登記的船舶，經許可得從事兩岸客貨運直接運輸；(二)原已經從事境外航運中心、兩岸三地貨櫃班輪運輸、砂石運輸的兩岸資本權宜輪，經特別許可，從事兩岸海上直接運輸；(三)兩岸登記之船舶，自進入對方港口至出港期間懸掛公司旗，船艉及主桅暫不掛旗；(四)雙方現階段相互開放港口，臺灣方面為基隆（含臺北）、高雄（含安平）、臺中等11個港口；大

陸方面為63個港口（包括48個港口和15個河港）；(五)航運公司在對方取得的運輸收入，雙方同意相互免徵營業稅及所得稅；(六)雙方航運公司可在對方設立辦事機構及營業性機構。

　　兩岸直航政策開放迄今已超過三年，為兩岸的民眾和企業減少運輸時間和成本，並提供很大的便利，對於兩岸人流和物流造成重大的影響。以兩岸航空客運直航為例（表8-3），自2008年7月4日開放週末包機迄2012年1月底為止，兩岸往返航班累計48,269班次，疏運旅客1,721.2萬人次，載客率平均為77.5%；其中我國籍航空經營的航班共計23,633班次，約占49%，載客數1,012.9萬人次，約占59.0%，載客率平均接近八成，顯示臺灣籍航空飛航兩岸的客機容量相對較大。表8-3的資料顯示，在週末包機和平日包機實施期間，臺灣籍航空在兩岸航空

表8-3　兩岸航空客運直航相關統計

階段	業者	往返航班	載客人次	載客率
週末包機 （2008.7.4～ 2008.12.14）	我國籍航空	428	206,040	87.20%
	大陸籍航空	431	130,231	82.50%
	小計	859	336,271	85.30%
平日包機 （2008.12.15～ 2009.8.31）	我國籍航空	2,062	1,059,524	83.70%
	大陸籍航空	2,029	649,509	77.00%
	小計	4,091	1,709,033	81.00%
定期航班 （2009.8.31～ 2011.11.30）	我國籍航空	21,143	8,863,524	77.43%
	大陸籍航空	22,176.5	6,303,642	76.32%
	小計	43,319.5	15,167,166	76.97%
總計	我國籍航空	23,633	10,129,088	78.22%
	大陸籍航空	24,636.5	7,083,382	76.49%
	合計	48,269.5	17,212,470	77.50%

註：1.0.5個航班表示往返目的地不同或空機飛渡。

　　2.航班為往返2架次。

資料來源：交通部民航局。

客運市場的占有率都超過六成，不過在開放定期航班之後，大陸籍航空公司積極投入，人海戰術奏效，臺灣籍航空的市占率已降至58%左右。就載客率來看，週末包機期間最高，平日包機期間次之；臺灣籍航空的載客率自開放兩岸直航迄今，一直都高於大陸籍航空。

根據內政部移民署統計，搭乘兩岸直航空運入出境旅客，定期航班實施之前，70%為擁有臺灣戶籍居民，大陸籍居民約占25%左右；兩岸定期航班實施之後，大陸籍旅客增加速度相對較快，以累計數據計算，迄2011年底止，兩岸空運乘客大陸籍旅客約占三成，我國籍旅客約占65%。

兩岸海運直航自2008年12月15日正式啟動。根據陸委會公布資料，兩岸直航前原境外航運中心及國際貨之船舶估計80艘，目前已增加至164艘，包括臺灣籍40艘、大陸籍62艘、權宜籍62艘。迄2012年1月底，進出兩岸港口累計航次達46,990航次，其中36%集中在高雄港；貨櫃量510.8萬TEU，其中57%集中在高雄港；貨物24,388萬（計費）噸，其中45%集中在高雄港。基隆港和臺中港在進出港航次、貨櫃量和貨物量，大致約各占二成左右。

● 三、兩岸郵件直接寄送，快捷便利又安全

2008年11月，兩岸簽署及實施郵政協議，開辦兩岸直接平常和掛號函件、小包、包裹、快捷郵件及郵政匯兌等業務；安排郵件封發局，臺灣地區包括臺北、高雄、基隆、金門、馬祖，大陸地區包括北京、上海、廣州、福州、廈門、西安、南京、成都等。

兩岸直接通郵帶來的效益，主要是擴大郵政服務範圍，滿足用郵大眾需求，有效提升兩岸經貿往來的效益；其次是兩岸郵件可利用空中及海上直接運輸，並增加封發局，縮短郵件運送時間，提高郵件遞送時效；第三，兩岸郵政匯兌業務，落實雙向通匯，提升匯款時效，

滿足兩岸民眾更便捷之匯款服務需求。

● 四、兩岸金融合作，提升臺灣金融產業國際競爭力

　　2009年4月，兩岸簽署金融合作協議，嗣於同年11月，兩岸金融監理機關簽署銀行業、證券及期貨業和保險業三項金融監理合作了解備忘錄（Memorandom of Understanding, MOU）。雙方同意兩岸金融合作先由商業銀行等適當機構，通過適當方式辦理現鈔兌換、供應及回流業務開始，再逐步建立兩岸貨幣清算機制；並就兩岸金融機構准入及開展業務等事宜進行磋商，儘快推動雙方商業性金融機構互設機構；相互提供金融監督管理與貨幣管理資訊，並遵守保密要求。

　　為因應兩岸金融三項合作備忘錄生效後開放兩岸金融市場雙向往來之管理需要，金管會於2010年3月中修正公布金融、證券及期貨和保險等三個行業，兩岸業務往來及投資許可管理辦法，增訂兩岸金融業互設分支機構及參股投資的管理規定；並在辦法中訂有事前審查、風險控管及事後追蹤管理機制。另外，依據兩岸經濟合作架構協議（ECFA），銀行業、證券及期貨業和保險業已列入服務貿易早期收穫計畫，並已於2011年1月1日正式實施。

　　截至2011年底止，金管會已核准11家國內銀行赴大陸地區設立分（支）行（共14件申請案），其中6家已開業，另有4家已獲陸方核准籌設；另設有8家辦事處。陸資銀行在臺灣已設立4家辦事處，並已核准中國銀行和交通銀行籌設分行。在證券及期貨業部分，金管會已核准4家投信事業赴大陸地區參股設立基金管理公司，其中1家已營業；另並有13家證券商赴大陸設立25處辦事處，2家投信事業赴大陸設立辦事處。在保險業部分，金管會已核准9家國內保險業赴大陸地區參股投資，其中6家已營業，另並設有15處代表人辦事處。

　　配合大陸人民來臺觀光衍生的人民幣兌換需求，自2008年6月30日

起，開放人民幣在臺兌換，隨後進一步開放臺灣信用卡業務機構得與大陸地區同業從事信用卡或轉帳卡之業務往來，範圍包括大陸地區機構發行之信用卡在臺灣刷卡消費之收單業務，以及交易授權與清算業務。迄2011年底為止，已核准臺灣224家金融機構共3,709家總分支機構辦理人民幣買賣業務；另經許可辦理人民幣收兌業務的外幣收兌處達209家。臺灣銀行和兆豐銀行獲許可為臺灣地區人民幣現鈔之拋補銀行，與中國銀行（香港）簽署協議，辦理人民幣拋補業務。

五、開放陸資來臺從事事業投資

為改善臺商單向投資大陸的失衡現象、活化吸引外資政策、充裕資金供應，以及創造就業機會，馬政府積極推動開放陸資入臺從事事業投資的政策，在完成法制作業及相關配套措施之後，於2009年6月30日正式發布實施。

開放陸資入臺投資各種事業採循序漸進原則，初期正面表列製造業及服務業項目共計192項，嗣後再經過二次檢討，新增55項，尚未准許赴大陸投資的核心技術產業暫不開放；愛臺十二建設及公共建設BOT計畫優先開放予包含陸資在內的外資參與投資。截至2012年1月底止，經濟部投審會已核准217家大陸公司來臺投資事業，投資金額約2.72億美元，創造了5,100多個就業機會。政府持續檢討與改善相關政策與執行機制，盼吸引更多的陸資來臺從事事業投資。

六、建立兩岸經濟合作架構，促進臺灣經濟國際化

兩岸經濟合作架構協議（ECFA）於2010年6月29日簽署，同年9月12日正式生效實施。兩岸簽署ECFA，旨在建構兩岸經貿交流的制度化架構，循序漸進推動兩岸經貿協商和經濟合作，為臺灣創造更多商機

和增加就業機會；俾利臺灣參與亞洲經濟整合，促進臺灣經濟與世界市場接軌；讓臺灣在國際上獲得公平競爭地位，突破經濟孤立，避免被邊緣化。

ECFA係一架構性協議，與國際上通行的自由貿易協定（FTA）類似，不同之處主要在於，不若FTA全面性、一次性實現貿易自由化及開放市場，ECFA是逐步減少或消除雙方之間貨品貿易的關稅和非關稅障礙、服務貿易的市場准入限制。透過協商優先納入先期實施項目，也就是所謂早期收穫計畫（early harvest programme），貨品貿易部分我方承諾267項，大陸方承諾539項，關稅分兩年三階段調降至零；服務貿易部分我方承諾9項，陸方承諾11項，市場開放分兩階段落實。此外，協議內容還包括（主要）：提供投資保護，促進雙向投資；促進貿易和投資便捷化和產業交流與合作；協議生效後六個月內展開貨品貿易、服務貿易、投資、爭端解決等議題之後續協商，惟不限定磋商完成的期限；雙方成立「兩岸經濟合作委員會」，成員為雙方指定的代表，負責處理協議相關的事宜；借鑑國際經驗，明訂「終止條款」，提議終止的一方必須以書面通知另一方，經過磋商未能達成一致，自通知一方發出終止通知之日起180日終止。

自2011年1月1日起，雙方貨品貿易和服務貿易早期收穫計畫已全面實施，效果並已逐漸呈現。以貨品貿易為例，依據大陸海關統計，2011年全年大陸自臺灣進口額平均成長8.0%，其中屬早收清單貨品進口金額成長9.88%，獲減免關稅約1.23億美元；另據我國海關統計，2011年臺灣自大陸進口額成長21.29%，其中屬早收清單貨品進口金額成長28.14%，關稅減免合計約2,276萬美元。自2012年起，超過九成ECFA早收清單項目關稅稅率降為零，預期將擴大兩岸雙邊貿易，進一步帶動臺灣經濟正面效益。

ECFA早收計畫有關服務貿易部分，我方銀行業爭取到包括縮短辦事處升格分行與辦理人民幣業務之等待期等，較一般外資銀行更為優

惠的經營條件。截至2012年2月底止,已有4家臺灣銀行業者在大陸設立甫滿一年之辦事處,升格分行之申請案件獲金管會核准,其中3家已獲陸方核准籌設;6家已在大陸開業的臺資銀行,正準備向大陸提出辦理人民幣業務之申請。另外,有8家臺灣投信事業向陸方提出申請合格境外機構者(QFII)資格,其中5家已獲大陸證監機構和外匯管理機構核准投資額度各1億美元;有7家臺灣保險業向陸方提出申請QFII資格,3家獲陸方證監機構核准資格,惟尚未獲大陸外匯機構核准投資額度。

非金融服務業部分,依據經濟部投審會統計,屬於ECFA服務業早收清單中,2011年全年核准陸資入臺投資件數為31件,投資金額1,466.4萬美元,以涉及產品設計業(共16件)最多;核准臺商赴大陸投資件數為120件,投資金額約2.03億美元,以電腦軟體設計業占最多(共有44件)。

ECFA生效實施為臺灣經濟成長增添新的動能,成為臺灣開啟參與區域經濟整合的第一步。根據經濟部的評估,ECFA帶給臺灣的整體效益包括可取得領先競爭對手國進入大陸市場優勢、有利傳統產業轉型、配合區位優勢吸引外商到臺灣投資及設立亞太運籌中心、促進海外臺商回臺成立全球營運總部、改善臺灣整體經濟環境等。ECFA早收清單全面落實之後,臺灣經濟成長率可額外增加0.4個百分點,新增6萬個工作機會。據經濟部投資業務處統計,2011年全年臺灣成功吸引外資在臺灣投資95.32億美元,促成就業人數23,938人。156件外商到臺灣投資案件中,來自日本最多有43件,美國27件居次;同期間,臺商回臺投資達469億元新臺幣,投資金額連續四年成長。

七、建構完善的兩岸交流環境和交流秩序

兩岸交流有序發展,有助於雙方增進相互了解,減少彼此猜疑,

因此，政府相關部會結合民間資源，積極推動兩岸專業人士參訪與合作研究，辦理兩岸青年學者及學生交流；增加大陸媒體來臺駐點採訪，以及邀請大陸新聞人員入臺專題採訪，擴大兩岸資訊的流通，修正相關法規及政策等。

為解決兩岸人民往來日益頻繁所衍生的相關法律糾紛及跨境犯罪問題，兩岸已簽署「共同打擊犯罪及司法互助協議」，並在協緝及遣返通緝犯、交換犯罪防制情資、文書送達、司法互助、人身安全通報等方面，有了初步成效。譬如，自2009年6月協議生效後至2012年1月底止，雙方相互提出之司法文書送達、調查取證、協緝遣返等案件超過21,000件；兩岸合作破獲詐欺、擄人勒贖、毒品、殺人、強盜及侵占洗錢等案，逮捕嫌犯3,058人；陸方已遣返臺方刑事犯及刑事嫌疑犯172名，有效保障兩岸民眾人身、財產及司法權益。

此外，為推動落實兩岸食品安全協議，兩岸已建立制度化聯繫窗口，即時通報不安全食品訊息，迄2012年2月底止，總計臺方向陸方通報91次，主要為農藥殘留問題；陸方向臺方通報558件，通報項目包含自大陸進口的白木耳農藥殘留、鮑魚檢出禁用動物用藥、工業用鹽混充食用鹽輸入，及塑化劑事件等相關訊息，有效將問題產品阻擋於境外。經由協議平臺之溝通，大陸方面已同意將加強源頭生產端的農藥使用管理。兩岸食品安全業務主管部門，也就兩岸「食品安全檢驗技術」、「食品安全標準」及「進出口食品安全」等議題，推動成立工作小組，建立即時有效之溝通平臺。

2010年12月，兩岸簽署「醫藥衛生合作協議」，並於翌年6月生效實施兩岸已著手建立醫藥品（包括藥品、醫療器材、健康食品及化妝品）的通報及協處等安全管理機制，杜絕不良醫藥品在兩岸流通；針對大陸輸入中藥材進行源頭管理，加強進出口檢驗措施，保障消費者使用安全；推動兩岸新藥研發及臨床試驗之合作，提升兩岸醫藥生技產業的競爭力；對於發生重大意外事故的兩岸民眾，即時提供緊急救

治措施之協助，使兩岸民眾的生命健康更有保障。

為協助解決臺灣民眾在大陸面臨的智慧財產權問題，兩岸於2010年6月簽署「智慧財產權保護合作協議」，雙方同意：相互承認專利、商標及植物品種權「優先權」；建立主管部門溝通平臺與協處機制；保護臺灣著名商標、防止惡意搶註行為，共同打擊盜版、仿冒及農產品虛偽產地標示；建立著作權認證合作機制，一方影音製品於他方出版時，得由一方指定之相關協會或團體辦理著作權認證等。

迄2011年12月底止，陸方共受理臺方優先主張之專利申請案件共4,708件、商標42件；臺方受理陸方之專利申請案則有3,132件、商標案37件，強化了兩岸人民研發成果之權利保護。關於協處機制之運作，截至2012年1月底止，臺灣主管部門收到請求智財權保護協處之案件合計144件，其中25件已完成協處、45件已通報陸方主管部門，尚在協處程序中；另有74件已提供法律協助。臺灣著名的「MSI微星」、「臺銀」、「台鹽生技」等商標，過去在大陸遭惡意搶註事件，亦透過該機制，成功獲得解決。著作權認證部分，臺灣已指定「社團法人臺灣著作權保護協會」（TACP）辦理著作權認證，認證作業時間約2～3天，迄2012年1月底止，TACP接受臺灣影音業者請求認證的案件，計錄音製品199件、影視製品12件。

第四節　國內外對馬政府兩岸政策的評價

兩岸政策鬆綁及協議落實的成效，是臺灣民意對政府推動兩岸制度化協商及對大陸政策支持與否的重要指標。根據前一節的論述得知，馬總統執政三年多所推行的兩岸政策，基本上已獲得相當顯著的成效，隨著執行的時間拉長，成效還有可能進一步擴大。

不過，不可否認的是，各項施政仍存在若干問題，值得關注並檢

討改善。例如大陸觀光客來臺旅遊品質欠佳；兩岸直航協議存在航班不足、票價太高、航班時間待安排、依照國際民航營運慣例的客貨轉運等問題；食品安全協議之「三聚氰胺求償」；共同打擊犯罪協議之重大經濟罪犯遣返、接返在陸服刑國人等問題；臺商在大陸的人身、財產安全未能獲得充分保障等問題。目前已在海基、海協的制度化協商平臺建立機制，定期檢討兩岸協議執行成效，積極尋求改善之道。

　　馬政府的兩岸政策，儘管仍然存在許多可改善的空間，但是臺灣的主流民意基本上是支持的。2011年9月陸委會委託政大選研中心所做的民調資料顯示，臺灣民眾對兩岸制度化協商機制高度肯定，有近八成受訪民眾支持政府透過制度化協商處理兩岸交流問題（不支持的比率只有10%）。三年多來，馬政府在中華民國憲法架構下，以「不統、不獨、不武」的原則，維持臺海現狀的大陸政策，也獲得高達四分之三的民意支持（不支持的民眾占16.7%）。對於政府主張「『九二共識』就是『一中各表』，『一中』就是中華民國」的立場，有49.4%的受訪民眾表示認同；同時，亦有48.4%的民意贊成政府以「九二共識、一中各表」作為推動兩岸制度化協商的基礎。陸委會表示，民調結果反映馬總統執政三年多來，主張在中華民國憲法架構下，維持「不統、不獨、不武」的臺海現狀，在「九二共識、一中各表」的基礎上，推動兩岸制度化協商，引領兩岸關係正面發展，是正確的方向，獲得臺灣主流民意的支持。

　　臺灣民眾對於馬政府上任以來整體兩岸關係的看法，超過半數以上受訪民眾認為兩岸關係變得「比較緩和」（占55.2%），遠高於認為「沒有改變」（30.2%）及「比較緊張」（9.0%）的比例。對於目前兩岸交流的速度，認為「剛剛好」的民眾占多數（46.4%）高於認為「太快」（29.5%）和「太慢」（14.4%）的比例，也明顯高於2008年馬總統剛執政時的比例（只有三成左右）。這些民調結果顯示，臺灣民眾多數肯定馬政府的大陸政策，認為過去兩岸關係的緊張態勢在馬總統

執政後已緩和許多。

　　此外，2011年10月陸委會委託中華徵信所執行的民調資料發現，有84.8%的受訪民眾支持政府持續透過制度化協商機制，處理兩岸交流問題（不支持者只占13%）。對於馬總統執政三年多來，兩岸透過制度化協商簽署16項協議，對臺灣利益及國家主權的影響的看法，該次調查結果也顯示，逾六成（60.9%）受訪民眾認為有維護臺灣的利益（認為沒有者占28.7%），認為有維護國家主權的受訪民眾也約占56.3%（認為沒有者占31.8%）。陸委會委託政大選研中心執行的另一項民調結果（2011年5月），顯示臺灣多數民眾對於兩岸簽署15項協議的協商成果感到滿意（占62.2%），高於不滿意的比例（30.2%）；針對臺灣國際參與的議題，有63.7%的受訪民眾認為兩岸關係改善，有助於擴大臺灣的國際空間（認為沒有幫助者占28.9%）；同時，有六成的受訪民眾認為馬總統上任以來推動「活路外交」政策，有助於擴大臺灣國際空間。顯然，馬政府三年多來推動的兩岸政策獲得多數臺灣民意的肯定，符合臺灣社會普遍的期待。

　　馬政府的兩岸新政，使臺海緊張情勢降低，為區域和平與臺灣社會安定帶來顯著的貢獻。澳洲經濟與和平研究所（IEP）發表2011年「全球和平指數報告」指出，在全球153個國家和地區評比中，臺灣排名第27位，相較於2008年民進黨執政時進步了17名，顯示兩岸關係的和緩，受到國際社會矚目。

　　兩岸政經關係明顯改善，除了兩岸人民受益外，對於臺灣的國際空間與對外關係，也產生了顯著的正面效益。譬如，2009年5月，臺灣首次以「中華臺北」（Chinese Taipei）名稱、觀察員身分參加世界衛生大會（World Health Assembly, WHA），嗣後又以相同模式參與WHA例會；2009年1月，世界衛生組織（WHO）宣布將臺灣納入國際衛生條例（IHR）運作體系中，從此WHO將直接與臺灣指定窗口聯繫，不必再透過中國大陸通知國際重大疫情；2009年7月，正式加入WTO政府

採購協定，成為締約成員之一。此外，臺北市爭取承辦世界大學運動會，先後經過五次的努力，終於在2011年底叩關成功。可見在兩岸關係改善後，臺灣參與國際事務的空間較過去增加許多。

兩岸關係改善也使得臺灣的對外關係獲得大幅進展。民進黨執政期間，兩岸「外交競賽」如火如荼，急進的作為使臺灣成為國際社會眼中的「麻煩製造者」；馬總統上任後，與大陸形成「外交休兵」的默契，推動務實外交，塑造「和平締造者」的形象；同時也積極修補和重建與美、日、歐盟等主要國家的互信，大幅改善了國際關係。2009年12月初，臺北駐日經濟文化代表處札幌分處開館；翌年10月，臺北松山與東京羽田機場實現直航；2011年8月，臺日簽署投資協議；與新加坡、紐西蘭洽簽經濟合作協定的協商工作正在進行。此外，給予臺灣免簽證的國家和地區由2008年的53個，增加至2011年底的126個，顯示臺灣的國際形象受到國際社會的肯定。

兩岸關係和緩，臺海緊張情勢降低，再加上兩岸簽署16項協議和配套鬆綁諸多經貿措施，臺灣的經濟環境已較過去顯著改善，國際評比機構對臺灣國際競爭力的評價大幅提高（表8-4）。例如，瑞士洛桑國際管理學院（IMD）公布的世界各國競爭力評比，臺灣的排名由2009年第二十三名，晉升到2011年第六名，是有史以來最好的表現；IMD特別指出ECFA的簽署與兩岸關係穩定，是臺灣競爭力評比排名上升的主要原因之一。此外，BERI的投資環境風險評估、世界銀行的經商容易度、美國傳統基金會經濟自由度等國際評比，馬總統執政三年多來，臺灣的排名都有明顯的進步。世界經濟論壇（WEF）全球競爭力排名，最近兩年臺灣都維持在第十三位，名次雖不變，但評分連續兩年進步，而且2011年，臺灣有8項指標在納入評比的142個國家中名列第一，較2009年多了5項；有10項指標名列全球三名之內，有16項指標名列全球五名之內，分別較2009年多了5項和7項，顯示臺灣競爭力呈現逐年提升的趨勢。

表8-4　臺灣的國際競爭力全球排名變化

	BERI（投資環境風險評估）	IMD（世界競爭力）	WEF（全球競爭力）	世界銀行（經商容易度）	美國傳統基金會（經濟自由度）
2006	6	17	13	58	37
2007	6	18	14	61	26
2008	5(50)	13(55)	17(134)	46(183)	25(157)
2009	5(50)	23(57)	12(133)	33(183)	35(183)
2010	4(50)	8(58)	13(139)	24(183)	27(183)
2011	3(50)	6(59)	13(142)	25(183)	25(183)

說明：括弧中的數字代表納入評比的個體數。

資料來源：作者根據相關資料整理。

● 參考文獻 ●

高長（2010），「ECFA與兩岸經貿關係展望」，《兩岸經貿》月刊，第219期，16-19頁。

高長（2011），「2011年兩岸經貿關係展望」，《兩岸經貿》月刊，第230期，6-10頁。

高長（2012），「2012年兩岸經貿關係：回顧與展望」，《兩岸經貿》月刊，第242期，8-11頁。

傅棟成（2009），「兩岸制度化協商的新時代—奠定兩岸良性互動的基石」，收錄於《馬總統執政後的兩岸新局：論兩岸關係新路向》，蔡朝明主編，臺北：遠景基金會，頁69-86。

兩岸雙邊貿易之發展

9

海峽兩岸長期以來一直處於政治對峙狀態，經貿往來幾乎完全中止。自1980年代初期起，一方面由於大陸實行「改革開放」政策，積極引進外資及拓展對外貿易，創造很多商機；另一方面也由於臺灣經濟環境及國際政經形勢改變，使許多傳統的勞力密集加工型產業在臺灣逐漸喪失競爭優勢，不得不到海外投資，尋找新的生產基地，開拓新市場，因此，兩岸之間的經貿交流逐漸發展，尤其自1980年代後期以來，發展速度更快。

第一節　整體發展趨勢

臺灣與大陸之間的貿易，有直接貿易和間接貿易之分。「間接貿易」是指經過第三地區或國家的轉口貿易而言，作為兩岸的中介第三地區主要是指香港，尤其在早期。除了香港之外，還有經過日本的石垣島、新加坡、韓國的釜山、莫普以及關島等地的轉口。臺灣與大陸地區的直接貿易，臺灣政府的政策雖然迄未開放，但是大陸政府為了宣傳與凸顯海峽兩岸直接貿易與直接通航的現象，自1980年開始陸續開放了福建、浙江、江蘇和上海等四省一市的沿海地區口岸，積極鼓勵對臺灣漁民和商人進行「小額貿易」。該類「小額貿易」在臺灣的政策框架下，基本上是不合法的，因此，被臺灣官方歸為海上走私行為。

由於臺灣與大陸一直存在政治對立氛圍，雙邊經貿交流無法正常化，因此，儘管兩岸雙邊貿易活動自1980年代初開始逐漸發展，但是兩岸官方一直都未有完整的統計數據可供參考。一般分析研究兩岸雙邊貿易問題時，大都依據香港海關的轉口貿易統計。海峽兩岸經香港轉口的貿易發展趨勢，可由表9-1的資料得知梗概。

表9-1　兩岸經香港轉口雙邊貿易發展趨勢

	臺灣輸往大陸		大陸輸往臺灣		合計		輸出入貿易差額
	金額（百萬美元）	成長率（%）	金額（百萬美元）	成長率（%）	金額（百萬美元）	成長率（%）	金額（百萬美元）
1978	0.05	66.70	47	52.50	47	−52.50	−4
1980	235	949.40	76	35.40	311	300.20	159
1985	987	132.03	116	−9.30	1,103	99.30	871
1990	3,278	13.20	765	30.41	4,044	16.11	2,513
1995	9,883	16.00	1,574	21.80	11,457	16.80	8,309
2000	9,593	17.34	1,981	21.62	11,574	18.0	7,613
2005	17,056	15.53	2,635	6.02	19,690	14.16	14,421
2010	23,013	27.64	4,503	51.16	27,516	30.97	18,510

資料來源：依據香港政府統計處資料整理而得。

　　首先，就臺灣貨品經香港轉口輸往大陸的貿易來看，我們發現儘管早期臺灣政府尚未允許一般臺商從事兩岸之間的貿易活動，但臺灣貨品經由香港轉出口往大陸的金額，已由1978年的5萬美元左右大幅增加至1980年的2.35億美元。嗣後，除個別年度外，臺灣經香港轉出口至大陸的貿易額繼續保持成長，1990年間已增加至32.78億美元，2000年及2005年則進一步分別增加至95.93億元和170.56億美元。平均而言，1980～1990年和1990～2005年，每年成長率分別為30.1%和11.7%。自2006年以來，除受到全球金融海嘯的影響，在2008～2009年間呈現衰退現象，臺灣經香港轉口輸往大陸的貨品均呈現增加趨勢。

　　其次，大陸貨品經香港轉口進入臺灣地區之金額，相對而言較小，但成長趨勢卻較為穩定。表9-1資料顯示，1978年的貿易金額約有0.47億美元，至1990年時增加為7.65億美元。1985年7月間，臺灣政府曾經宣布兩岸間轉口貿易三不原則，即「不與中共人員、機構接觸，

不與中共直接通商，轉口貿易不予干預」，曾使臺灣商人擔心與大陸貿易會遭到取締而陷入觀望，導致當年度臺灣自大陸經香港轉進口貨品值呈現9.3%的負成長。不過，臺灣政府自1987年5月起，陸續宣布開放重要農工原料自大陸（經香港）進口，使得大陸貨品經香港轉口輸入臺灣的金額，在1987～1991年間呈現了較大幅度的成長，其趨勢甚至未受到大陸發生天安門事件的衝擊。在經過1992～1993年短暫的盤整後，自1994年開始，臺灣自大陸（經香港）轉進口值恢復快速成長之勢，至2005年已增加至26.35億美元。平均而言，1978～1990年和1990～2005年，每年成長率分別為26.1%和8.6%。自2006年以來，臺灣自香港轉口輸入大陸貨品繼續保持緩慢成長的趨勢，2010年間已增加至45億美元。

歸納而言，自1978年以來，兩岸經香港轉口雙邊貿易之發展趨勢具有以下幾項特徵：

第一，兩岸的間接貿易，在過去二十多年以來，曾出現幾次大幅波動的現象，譬如圖9-1所示，1982～1983年、1985～1986年、1996～1999年等四個期間都曾出現負成長。造成波動的重要原因之一是大陸政府多變的經濟政策，包括總體經濟政策和對臺經貿政策。例如，1982～1983年以及1986年間，臺灣對大陸間接出口值兩度出現負成長，主要是由於當時大陸政府實行緊縮性經濟政策，對進口貿易加強控制的結果。1986年的成長率為負數，基本上也是受到大陸政府實行緊縮性經濟政策的影響。另一方面，大陸對臺灣貨品的規定，是否為「國內產品」及能不能享受免關稅優惠待遇，也是造成1979～1983年間臺灣對大陸間接出口成長呈現大幅波動的主要原因。1996～1999年間所出現的負成長，則與當時發生的亞洲金融危機有關。

第二，兩岸雙邊貿易成長，主要來自臺灣對大陸間接出口，臺灣自大陸間接輸入的成長速度相對較為緩慢，因此，過去二十多年來，除1979年外，臺灣對大陸的雙邊貿易每年都享有順差，而且順差幅度

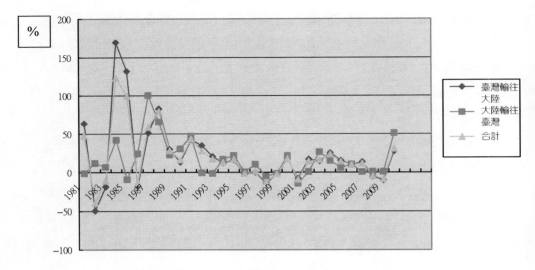

圖9-1 歷年兩岸經香港轉口雙邊貿易變動率趨勢線

不斷擴大。表9-1資料顯示,順差餘額由1980年的1.59億美元逐年增加至2010年時已達185.1億美元。

第三,兩岸雙邊貿易的相互依存度呈現不對稱變化。臺灣對大陸間接出口(或進口)值占臺灣對全世界總出口(或進口)值的比重,表示臺灣貨品外銷(或進口)對大陸市場的依賴。圖9-2資料顯示,1979年間,臺灣貨品出口對大陸市場之依賴程度僅0.13%,至1990年時已提高為4.9%,2010年更突破至8.4%;臺灣進口依賴大陸供應之程度,1979～1990年間亦由0.38%增加至1.4%,2007年間進一步增加至1.7%,2010年間達到1.8%;就雙邊貿易合計來看,臺灣對大陸之貿易依賴度,由1979年的0.25%,在1990年間突破3%,到2010年時進一步增加至5.23%(見表9-2)。

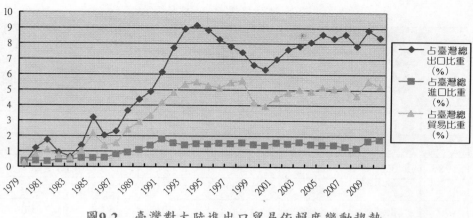

圖9-2   臺灣對大陸進出口貿易依賴度變動趨勢

　　臺灣對大陸之貿易依賴，無論進口或出口貿易，根據香港海關轉口貿易統計資料計算結果均顯示，1979～2010年呈現逐年增加之趨勢。不過，就大陸對臺灣之貿易依賴變動趨勢觀察，同期間卻呈現先升後降的現象（如圖9-3）。譬如，大陸對臺灣進口貿易依賴程度由1979年的0.14%逐年增加至1995年的8.06%，達到最高峰，嗣後則逆向呈現逐年遞減的趨勢，到2010年時已降至1.65%；同樣的，大陸對臺灣出口貿易依賴度也是由1979年的0.4%，逐年增加至1995年的2.2%，嗣後呈現逐年遞減趨勢，到2010年時已降至0.29%（見表9-2）。比較而言，兩岸雙邊貿易相互依賴呈現不對稱變化關係，就目前情勢觀察，臺灣對大陸貿易依賴程度遠大於大陸對臺灣貿易依賴程度。

表9-2　兩岸轉口貿易相互依存度之變化

	臺灣輸往大陸		大陸輸往臺灣		合計	
	占臺灣總出口比重（%）	占大陸總進口比重（%）	占臺灣總進口比重（%）	占大陸總出口比重（%）	占臺灣總貿易比重（%）	占大陸總貿易比重（%）
1979	0.13	0.14	0.38	0.41	0.25	0.27
1980	1.22	1.24	0.40	0.43	0.81	0.85
1985	3.21	2.34	0.58	0.42	2.17	1.58
1990	4.88	6.14	1.40	1.23	3.32	3.50
1995	8.85	8.06	1.48	2.20	5.28	4.08
2000	6.31	4.26	1.41	0.79	3.95	2.44
2005	8.60	2.58	1.44	0.35	5.17	1.38
2010	8.38	1.65	1.79	0.29	5.23	0.93

資料來源：根據香港海關統計，《中華民國進出口統計月報》、《中國統計年鑑》等資料計算而得。

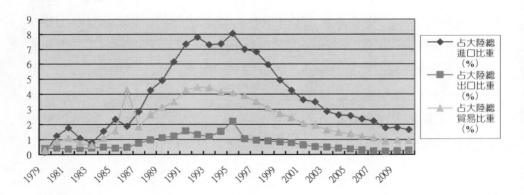

圖9-3　大陸對臺灣進出口貿易依賴度變動趨勢

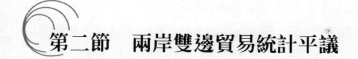

第二節　兩岸雙邊貿易統計平議

前一節的分析係依據香港海關的轉口貿易統計數據。必須指出的是，該套數據並不能完全反映兩岸貿易之發展實況，存在低估的現象。究其原因，首先，兩岸雙邊貿易絕大多數都是透過第三地進行，作為中介的第三地區主要是指香港，惟除了香港之外，還有經過日本的石垣島、新加坡、韓國的釜山、群山、莫普，以及關島等地，其中，尤以石垣島的中介地位已愈來愈重要。

其次，臺海兩岸的貿易渠道，除了轉口方式之外，尚有轉運（trans-shipment）、過境貨物（transit-shipment）和直接航運（即直接進行交易，主要是指大陸當局鼓吹的「小額貿易」而言）等方式，而轉口以外的這些貿易渠道進入1990年代以後，重要性有逐漸提高的趨勢。這種現象與香港特有的海關統計制度有關。

按香港海關統計實務，經香港的貨物有清關與不清關之分，前者是指貨物的買家在香港，該貨主在提貨時應辦理清關手續，此類交易係屬香港貿易統計的一部分。如果貨物的買家不在香港本地，係採用聯運提單（through bill）方式，貨物的運輸雖途經香港，但不需要在香港清關，基本上，香港海關的貿易統計即無紀錄。

經過香港但不清關的貨物有兩類，一類是轉運，另一類是過境貨物。「轉運」是指貨物運經香港時會轉換運輸工具，例如，貨櫃輪把貨物運往香港後，轉換以火車、卡車或內河航運運往第三地。對於轉運貨物，香港政府採用抽樣調查方式統計海運（指遠洋輪運載的貨物，不包括空運、內河航運或陸上運輸）的重量及體積，但沒有記錄其價值。而「過境貨物」則純粹是過境性質，貨物運往香港時並未轉換運輸工具，因此，香港海關沒有任何的紀錄。

海峽兩岸透過香港的貿易，採轉口貿易方式的貨品在香港經過清

關，香港海關有精確的統計；而採取轉運與過境貨物的貿易方式，貨品經香港時不需要清關，香港海關沒有完整的紀錄可供參考，因而造成香港海關的轉口貿易統計無法反映兩岸雙邊貿易發展的真實情況。高長、宋恩榮（1998）的研究指出，以出口為例，1991年間臺灣經香港輸往大陸，透過轉口以外方式貿易的金額約占轉口貿易金額的三分之一左右，換句話說，以香港海關轉口貿易統計觀察臺灣對大陸出口貿易，大約只能掌握真實情況的三分之二。值得一提的是，由於轉運方式的運輸和相關的操作成本較轉口方式低，自1990年代中期開始愈來愈受到業者的歡迎，因此，香港海關轉口貿易統計偏離真實情況的落差逐漸擴大。據前引高長、宋恩榮的研究估計，以1997年資料來看，香港海關公布的臺灣貨品轉出口至大陸金額扣除差價後為90億美元，而經香港採用轉口以外方式出口大陸的臺灣貨品估計約129億美元，顯示香港海關轉出口貿易統計，只能反映臺灣對大陸出口真實狀況為四成左右。

一、臺灣海關統計

　　進入1990年代，臺灣海關與大陸海關相繼將兩岸雙邊貿易納入統計，並正式公開發表。自1991年7月1日開始，臺灣海關接受「轉換提單」為合法的對大陸貿易方式，同時正式將對大陸貿易的量與值納入統計。依規定，臺灣廠商與大陸進行貿易時必須透過第三地採間接方式，在出口報關的文件上，應打印運往「中國大陸產製」字樣。不過，在實務上，臺灣廠商出口報關時，未必完全遵照辦理，往往不據實填報最終目的地（大陸），而只填報香港為目的地。就進口來看，由於臺灣政府對於大陸物品之進口是採有限度開放方式，許多尚未在開放名單中的貨品常利用偽造的產地證明矇混進口，這些現象造成了臺灣海關統計也低估了臺灣與大陸雙邊貿易的規模。近年來，臺灣政

府不斷放寬大陸製品進口，能合法進口的產品項目大幅增加，這對於統計誤差的改善應有正面的作用。

二、大陸海關統計

大陸海關的貿易統計，在名義上，進口是按貨品原產國，即按來自哪一個國家或地區製造的產品，出口是按產品最終消費國或地區來統計的，但在實務上，尤其在1993年以前，大陸海關並未嚴格執行按原產國及最終消費國家加以統計，而多以運自國及運往國作為統計標準。由於大陸對外貿易有相當部分是經香港轉口的，因而大陸海關統計往往是高估了對香港貿易的金額，而低估了對第三國貿易的金額，尤其大陸貨品出口香港後，香港再把這些大陸貨品轉出口到第三國，大陸海關不會也不可能查證清楚的。

三、國際貿易局之推估

由於臺灣、大陸與香港等三地的海關統計，都無法精確掌握兩岸雙邊貿易規模，經濟部國際貿易局曾採用特定的方法進行推估。就臺灣自大陸進口而言，在1992年以前係採用香港海關轉口統計，自1993年起改採臺灣海關統計資料。就臺灣對大陸出口而言，國際貿易局將香港海關轉口統計視為「間接出口」，利用「貿易伙伴法」，以臺灣對香港出口「失蹤」的部分（即臺灣對香港出口值與香港海關統計自臺灣進口值的差額），來估計臺灣對大陸「直接出口」金額，最後將「間接出口」與「直接出口」併計，即構成推估的臺灣對大陸出口總額。

貿易局推估臺灣對大陸「直接出口」之數據，在2001年以前，是以臺灣海關統計對香港出口值（B_1）與香港海關統計自臺灣進口值

（B$_2$）差額之八成，加上臺灣海關統計之臺灣對大陸出口值（A）和香港海關統計之臺灣經香港轉出口大陸金額（C），三項合計表示計算公式如下：

$$臺灣對大陸出口值＝A＋（B_1－B_2）\cdot 80\%＋C$$

嗣經考量2002年2月13日臺灣政府開放兩岸貿易商直接交易後，A項部分呈大幅變化，同時由於大陸廣東沿海各港埠自臺灣進口之貨物，多係經由香港上岸通關後再以陸運方式運達，香港海關將之列入轉口統計，結果可能造成上列估計式中A項與C項重複計算。因此，上列推估公式修正為：

$$臺灣對大陸出口值＝A＋（B_1－B_2）\cdot 80\%＋（C－r\cdot A）$$

其中，r係代表A項和C項重複計算的部分，指已列計於A項，但實際係經香港轉出口大陸而重複列計於C項之比例。r值是根據大陸海關統計之廣東省沿海港埠自臺灣進口值占大陸自臺灣進口總值比例之四年平均值（統計當年之前四年）推算之（2001～2004年平均值為33%）。

貿易局的這套估計方法仍有值得商榷之處。首先，香港海關統計是以港元計價的，換算成美元時貿易局採用官方匯率，嚴格而言不如採用市場匯率適宜。

其次，臺灣海關出口統計採離岸價格（F.O.B）計算，香港海關採用到岸價格（C.I.F）統計，貿易局的推估是否曾加以適當處理，並未明確交待。

第三，臺灣海關統計對香港出口與香港海關統計自臺灣進口之差額，儘管不一定都是輸往大陸，但貿易局假設其中輸往大陸以外的其

他地區占二成，有可能偏高，因為臺灣經香港轉運輸出的貨品中，資料顯示自1995年以來，轉運大陸以外其他地區的數量均未超過一成（高長、宋恩榮，1998）。在1999年臺灣產品經香港轉運的數量，96%是到大陸，只有4%是到其他地區（宋恩榮，2007）。事實上，臺灣經香港轉運到大陸以外地區之產品，未必包括在臺港統計差異（以下簡稱「失蹤出口」）之內，這是因為臺灣商人經香港轉運到其他地區，如東協國家，可以使用聯運提單，出口時即對臺灣的海關申報最終目的地，無須以轉換提單隱瞞最終目的地。因此，可以推論臺灣經香港轉運的產品，到大陸的部分占絕大多數。當然，轉運的重量比例不太可能與價值比例相等，不過，該項重量比例所提供的訊息亦可間接證明貿易局的推估存在高度誤差。

四、宋恩榮（2007）的推估

　　鑑於國際貿易局的推估方法不盡完善，高長、宋恩榮（1998）、宋恩榮（2007）等採用不同的方法，另行推估兩岸雙邊貿易金額。針對臺灣對大陸出口之估計方法如下：

臺灣對大陸出口＝直接出口＋間接出口

　　　　　　　＝（報關出口＋未報關出口）＋間接出口

　　報關出口＝臺灣海關統計臺灣對大陸出口

　　未報關出口＝臺灣對香港出口「失蹤金額」

　　　　　　　＝臺灣對香港出口（臺灣離岸價）－香港進口臺灣產品（香港到岸價）÷1.0163

　　間接出口＝香港轉口臺灣貨物至大陸（香港離岸價）÷1.077

　　「未報關出口」主要是指轉運和過境貨物，約相當於臺灣對香港出口的「失蹤金額」，也就是臺灣海關統計對香港出口值（離岸價）減去香港海關統計自臺灣進口值（到岸價）。依香港統計處的調查資料顯示，香港進口臺灣產品，香港到岸價比臺灣離岸價高1.63%，主要是因保險和運輸成本。臺灣經香港對大陸的間接出口主要指經香港轉口輸出大陸的貨品，將香港到岸價與臺灣離岸價之差（1.63%）和香港的轉口差距（香港統計處調查得知為6%）去除後，即可估得以臺灣離岸價表示的對大陸出口值。

　　至於臺灣自大陸進口之估計，宋恩榮（2007）是利用大陸對臺灣之出口及香港轉口到臺灣的大陸貨兩種數據加以推估。1993年以前，中國海關分地區的出口係按運往地（而非最終目的地）分類，估計方法如下：

> 臺灣自大陸進口＝直接進口＋間接進口
> 直接進口＝大陸海關對臺灣的出口統計 ×1.01（香港到岸價）
> 　　　　　×1.0163（臺灣到岸價）
> 間接進口＝經香港轉口到臺灣的大陸產品×1.01（香港到岸價）
> 　　　　　×1.13（香港轉口差價）×1.0163（臺灣到岸價）

　　從1993年起，大陸海關改按最終目的地統計其分地區的出口，不過，受到資料的限制，未能貫徹此原則（譬如香港中介商人可自由出售購自大陸的產品，毋須向大陸申報），結果在新的海關統計制度下，大陸海關只是把部分（海關知道的最終目的地部分）經香港之轉口歸類為對臺灣的出口，另有部分（海關不知道的最終目的地部分）經香港轉口之大陸產品，則繼續被視為對香港的出口。因此，前述的估計方法不能採用。

　　宋恩榮（2007）試圖從轉運的重量來估計。由於轉運占「直接」

貿易的大部分，因此，只要能大概估計轉運貨品一噸重量的平均價值，則可以估計總轉運量之價值，從而推估「直接」貿易之金額。根據1992年的數據，轉運貨物的每噸價值為3,392美元，自此以後，每噸價值按通膨指數（香港進口大陸產品的單位價值指數）加以調整。

五、臺灣對大陸的雙邊貿易

　　將前述四種統計資料並列，我們發現（表9-3）臺灣海關統計數據一直都是最低的，大陸海關統計數據在2000年以前偏低，嗣後則竄起居各項統計之首。進一步之比較發現，與宋恩榮（2007）的推估結果比較，國際貿易局估計臺灣對大陸出口值，在1991～1994年間偏高，其後則顯示偏低。究其原因，主要是貿易局把未報關直接出口占「失蹤出口」的份額固定為八成，忽略了此份額在早年遠低於八成，而在1990年代中期之後卻高於八成。

　　宋恩榮（2007）的推估結果應較接近事實，不過，必須指出的是，他只根據香港海關統計數據進行推估，忽略了臺灣經其他地區對大陸之出口，因此，仍然低估了臺灣對大陸的出口。自2001年起，大陸海關統計中來自臺灣之進口（轉成臺灣離岸價）高於宋恩榮（2007）推估值的差距不斷擴大，顯示宋的估計值偏低之現象，因此，宋恩榮修正2001年後臺灣對大陸出口數值，以大陸海關統計自臺灣進口值，經調整為臺灣離岸價後的數據表示。換言之，依宋的觀點，自2001年以後，大陸海關統計局自臺灣進口值已相當準確。

　　至於臺灣自大陸之進口，表9-4資料顯示，直到1995年，臺灣海關統計從大陸之進口，比大陸海關統計對臺灣的出口還少，該兩項統計無疑都嚴重偏低（原因已如前述）。隨著臺灣放寬自大陸之進口，貿易商利用假產地證明進口大陸產品的情形愈來愈少，臺灣海關統計自大陸進口值已日趨接近事實。自2000年起，宋的研究直接以臺灣海關統計數值來表示臺灣自大陸進口值。

表9-3 臺灣對大陸出口值各項數據比較

單位：百萬美元；%

年度	貿易局估算	大陸海關統計	臺灣海關統計	宋恩榮估計
1989	－	1,856	－	2,807
1990	－	2,255	－	3,371
1991	6,928	3,639	0.1	5,885
1992	9,697	5,881	1	9,370
1993	12,728	12,933	16	12,368
1994	14,653	14,085	132	14,469
1995	17,898	14,784	377	18,379
1996	19,148	16,182	623	19,900
1997	20,518	16,442	627	21,667
1998	18,380	16,630	915	19,605
1999	21,221	19,538	2,602	23,044
2000	26,144	25,497	4,312	28,286
2001	25,607	27,339	4,895	26,143
2002	31,529	38,063	10,527	36,506
2003	38,293	49,362	22,891	47,432
2004	48,930	64,779	36,349	62,284
2005	56,272	74,684	43,644	71,804
2006	63,333	87,109	51,809	83,815
2007	74,246	101,022	62,416	－
2008	73,978	103,340	66,884	－
2009	62,090	85,723	54,249	－
2010	84,832	115,694	76,935	－

資料來源：根據陸委會《兩岸經濟統計月報》及貿易局相關資料整理；宋恩榮
（2007），表五。

表9-4　臺灣自大陸進口值各項數據比較

單位：百萬美元；%

年度	貿易局估算	大陸海關統計	臺灣海關統計	宋恩榮的估計
1989	－	94	－	692
1990	－	320	－	1,106
1991	598	595	598	1,760
1992	747	698	747	1,862
1993	1,016	1,462	1,016	2,212
1994	1,859	2,242	1,859	2,823
1995	3,091	3,098	3,091	3,590
1996	3,060	2,803	3,060	3,904
1997	3,915	3,397	3,915	4,563
1998	4,114	3,870	4,114	4,810
1999	4,529	3,952	4,529	4,997
2000	6,229	4,995	6,229	6,229
2001	5,903	5,002	5,903	5,903
2002	7,969	6,586	7,969	7,969
2003	11,018	9,005	11,018	11,018
2004	16,792	13,545	16,792	16,792
2005	20,094	16,550	20,094	20,094
2006	24,783	20,735	24,783	24,783
2007	28,015	23,458	28,015	28,015
2008	31,391	25,878	31,391	31,391
2009	24,504	20,505	24,504	24,504
2010	35,952	29,677	35,952	35,952

註：貿易局的數據直接採用臺灣海關統計。

資料來源：同表9-3。

第三節　兩岸雙邊貿易結構特徵

依據經濟部國貿局推估的數據顯示（表9-5），1991～2010間，兩岸雙邊貿易總額由75.3億美元增加至1,207.8億美元，平均每年約成長14.8%。其中，臺灣對大陸出口值由69.3億美元增加至848.3億美元，臺灣自大陸進口值由6億美元增加至359.5億美元，每年平均成長率約分別為14.1%和24.1%。

臺灣與大陸的雙邊貿易高速成長，與大陸經濟崛起密切相關。大陸積極吸引外商直接投資、參與國際分工，憑藉著充沛的要素資源和廣大的市場腹地等經濟優勢，在過去二十多年來全球產業結構調整中，已成為跨國企業最為依賴的生產基地。跨國企業到大陸投資，促進大陸對外貿易擴張，提供了臺灣等東亞國家對大陸出口的機會，從而也導致國際分工格局發生了重大變化。大陸經濟崛起不只發揮了區域內貿易引擎的角色，事實上已逐漸奠定了「世界工廠」的地位。[1]

兩岸雙邊貿易快速發展的結果，已造成貿易相互依賴程度加深。以貿易總額計算，臺灣對大陸貿易依賴程度自1991年的5.4%，逐年增加至2010年的23.0%，而大陸對臺灣的貿易依賴程度在1991～2001年間大致維持在6.3%～6.5%之間，2002年間曾提高至7.2%，嗣後呈現逐年遞減趨勢，至2010年已降至4.9%。兩岸雙邊貿易相互依賴程度歷年來的變化，顯示大陸作為臺灣的貿易伙伴地位愈來愈重要，而臺灣作為大陸的貿易伙伴地位則反之。

進一步針對出口和進口貿易分別觀察，臺灣對大陸之出口貿易依賴程度已由1991年的9.1%逐年增加為2010年的30.9%（表9-5），臺灣對大陸進口貿易依賴程度，同期間則由1.0%逐年增加至15.3%。反觀

1　有關大陸經濟崛起議題的討論，請參閱高長、吳瑟致（2004）。

表 9-5　臺灣與大陸雙邊貿易發展趨勢

年別	貿易總類			臺灣對大陸出口			臺灣自大陸進口			貿易差額	
	億美元	比重A	比重B	億美元	比重A	比重B	億美元	比重A	比重B	億美元	比率
1991	75.3	5.4	5.5	69.3	9.1	10.9	6.0	1.0	0.8	63.3	0.5
1995	209.9	9.8	6.4	179.0	16.0	11.2	30.9	3.0	2.1	148.1	1.8
2000	323.7	11.2	6.4	261.4	17.6	11.3	62.2	4.4	2.0	199.2	2.4
2001	315.1	13.4	6.3	256.7	20.3	11.2	59.0	5.5	1.9	197.0	1.1
2002	394.9	15.9	7.2	315.3	23.3	12.9	79.7	7.0	2.0	235.6	1.1
2003	493.1	17.7	6.9	382.9	25.4	12.0	110.2	8.6	2.1	272.7	1.2
2004	657.2	18.7	6.8	489.3	26.8	11.5	167.9	10.0	2.3	321.4	2.4
2005	763.7	20.0	6.4	562.7	28.4	11.3	200.9	11.0	2.2	361.8	2.3
2007	1,022.6	21.9	5.7	742.5	30.1	10.6	280.2	12.8	1.9	462.3	1.7
2008	1,053.7	21.2	5.0	739.8	28.9	9.1	313.9	13.1	1.8	425.9	2.8
2009	865.9	22.9	4.8	620.9	30.5	8.5	245.0	14.0	1.7	375.9	1.3
2010	1,207.8	23.0	4.9	848.3	30.9	8.3	359.5	15.3	1.9	488.8	2.1

資料來源：依經濟部國貿局資料計算而得；比重B的數據是依大陸商務部官方統計估計的。

說明：1.比重A係指臺灣對大陸貿易額占臺灣同期對全球貿易總額之百分比，其餘類推。

　　　2.比重B指大陸對臺灣貿易額占大陸同期對全球貿易總額之百分比，其餘類推。

　　　3.貿易差額係指臺灣對大陸出口減去自大陸進口之差額；比率係指該差額占臺灣同期對外貿易差額總額的比率。

大陸對臺灣出口之依賴，1990年代初約在1%左右，自1995年以來則似乎沒有太大變化，大致保持在1.9%～2.3%之間，而同期間大陸對臺灣之進口依賴程度略有起伏，先由1991年的10.9%逐年上升為1998年的11.9%，再逐年降為2001年的11.2%，2002年間，大陸對臺灣進口依賴曾一度攀升至12.9%，不過嗣後各年再度呈現逐年遞減的趨勢，2010年的資料顯示已降至8.3%。大陸對臺灣的進口依賴也表示臺灣貨品在大陸的市場占有率，目前，該比率已較競爭對手韓國低。

臺灣與大陸的雙邊貿易，臺灣一直享有出超，且出超的金額不斷增加，表9-5的資料顯示，臺灣對大陸貿易出超在1991年間為63.3億美元，2010年時已增加至488.8億美元。臺灣對大陸貿易出超占同年度臺灣對外貿易出超總額的比重，歷年來均超過1倍，2010年甚至超過2倍，顯示，大陸市場是臺灣創造對外貿易出超最主要的貢獻來源，不考慮大陸市場，臺灣的對外貿易即將陷於入超。

兩岸雙邊貿易不只是規模成長快速，其貿易商品結構亦呈現顯著變化。表9-6資料顯示，以2010年HS二位碼資料為例，臺灣對大陸出口貨品主要為電機設備及其零件（HS85）、光學照相等儀器及其零附件（HS90）、機械用具及其零件（HS84）、塑膠及其製品（HS39）等，不過，其中HS90、有機化學產品（HS29）、銅及其製品（HS74）、被覆貴金屬及其製品（HS71）等四大類貨品，並非是1995年臺灣對大陸出口主要貨品；另一方面，根據國際貿易局的統計，1995年臺灣對大陸出口主要貨品中，人造纖維棉（HS55）、其他車輛及其零附件（HS87）、針織品（HS60）、生皮革（HS41）等四大類貨品到2010年時已被擠出「主要」的榜單之外。

臺灣對大陸出口貨品主要為工業原材料、半成品和機器設備及其零配件等，貨品結構特徵與臺商在大陸投資息息相關。具體而言，臺商赴大陸投資初期一般會繼續利用既有的產業網路，自臺灣採購原材料、半成品和零組件，因而投資活動促進了臺灣相關產品對大陸的

表9-6　臺灣對大陸及香港出口主要貨品（HS二位碼）

貨品名稱	HS	2010			2005			2000			1995		
		億美元	比重A	比重B	億美元	比重A	比重B	億美元	比重A	比重B	億美元	比重A	比重B
電機設備及其零件	85	448.6	43.2	39.2	201.1	29.2	35.7	64.1	14.9	24.5	24.4	－	13.6
光學照相等儀器及其零附件	90	173.7	79.5	15.2	73.1	52.3	13.0	7.2	19.8	2.8	－	－	－
機械用具及其零件	84	89.5	30.6	7.8	64.4	21.9	11.4	40.8	10.3	15.6	25.3	－	14.2
塑膠及其製品	39	100.7	49.8	8.8	52.3	40.6	9.3	33.5	42.1	12.8	21.4	－	11.9
鋼鐵	72	24.1	22.2	2.1	31.5	38.8	5.6	15.7	37.0	6.0	5.3	－	3.0
有機化學產品	29	84.3	67.8	7.4	24.8	44.1	4.4	5.2	43.8	2.0	－	－	－
銅及其製品	74	25.5	66.7	2.2	13.7	54.1	2.4	6.1	41.8	2.3	－	－	－
人造纖維絲	54	15.2	40.9	1.3	12.5	35.9	2.2	13.2	34.6	5.0	15.4	－	8.6
工業用紡織物	59	－	－	－	6.6	83.7	1.3	9.9	51.2	3.8	12.7	－	7.1
珍貴金屬及其製品	71	29.8	59.3	2.6	－	－	－	－	－	－	－	－	－
小計	－	991.6	－	79.9	480	－	61.8	195.6	－	74.8	104.5	－	58.4

說明：1.比重A係指臺灣對大陸出口該項產品金額占對全球出口總額之百分比。

　　　2.比重B係指臺灣對大陸出口該項產品金額占臺灣對大陸出口總額之百分比。

　　　3.以2005年貿易金額最大的前十類產品排序。

資料來源：經濟部國際貿易局，「兩岸經貿情勢分析」，各年。

出口擴張，例如 HS85、HS90、HS84、HS39、HS72等。不過，隨著上、中游關聯產業也前往大陸投資，在當地形成新的產業聚落就地供應後，臺灣對大陸出口的成長速度隨之減緩，例如HS55、HS87、HS60、HS41、HS59等貨品，近年來對大陸出口比重逐年減少的現象，都是典型的例證。

就大陸貨品輸入臺灣的結構觀察，表9-7的資料顯示，自1995年以來已出現一些變化。比較分析後可以發現，2010年臺灣自大陸進口主要貨品（HS二位碼）中，HS90、HS39、HS87等貨品在1995年間進口金額不大，並非是當年的主要進口貨品，而1995年臺灣自大陸進口主要貨品中，鞋靴、綁腿及類似品（HS64）、木及木製品（HS64）、鋅及其製品（HS79）、礦物燃料（HS27）、石料石灰及水泥（HS25）等貨品在2010年間進口規模已經相對萎縮，不再是當年的主要進口貨品。值得一提的是，臺灣自大陸進口貨品，製造業半成品所占比重逐漸增加，這種現象顯然與臺灣逐漸開放大陸製造的半成品進口限制有關。

綜觀兩岸雙向貿易的貨品結構變化，可以發現大致上並不違背理論上的比較利益法則，一方面反映兩岸資源稟賦的差異，另一方面也反映兩岸經濟發展階段之不同。值得注意的是，以2006年資料為例[2]，HS85、HS84、HS90、HS72、HS29、HS39等六項貨品既是臺灣自大陸進口主要貨品，也是臺灣對大陸出口的主要貨品，甚至HS四位碼貨品如積體電路及微組件（HS8542）、二極體、電晶體及類似半導體裝置等（HS8541）、電音響或視覺信號器具（HS8531）、印刷電路（HS8534）、自動資料處理機及其附屬單元之零附件（HS8473）、液晶裝置（HS9013）等，都在臺灣自大陸進口和臺灣對大陸出口的主要貨品清單上。根據國際貿易理論，國際貿易之進行係基於比較利益

2 　參閱經濟部國際貿易局每各月發布的「兩岸經貿情勢分析」資料。

表9-7　臺灣自大陸及香港進口主要貨品（HS二位碼）

貨品名稱	HS	2010			2005			2000			1995		
		億美元	比重A	比重B	億美元	比重A	比重B	億美元	比重A	比重B	億美元	比重A	比重B
電機設備及其零件	85	172.9	29.3	38.2	65.7	14.5	32.7	20.0	5.2	32.1	4.7	2.1	15.2
機械用具及其零件	84	57.3	19.1	12.7	34.7	14.8	17.3	7.3	2.6	11.7	1.1	0.8	3.6
鋼鐵	72	25.5	19.9	5.6	15.9	17.2	7.9	6.1	12.6	9.9	7.4	11.5	24.0
礦物燃料、礦油及其蒸餾產品	27	–	–		12.1	4.3	6.0	3.1	2.3	4.9	1.9	2.6	6.1
光學照相等器具及其零附件	90	23.0	21.5	5.1	11.1	10.1	5.5	0.8	0.9	1.3	–	–	–
有機化學品	29	15.6	11.5	3.4	4.7	5.4	2.3	1.3	2.4	2.2	1.1	1.7	3.6
塑膠及其製品	39	9.6	11.7	2.1	4.4	8.5	2.2	0.9	2.6	1.5	0.2	0.8	0.7
石料石灰及水泥	25	–	–	1.7	3.6	47.6	1.8	1.3	22.5	2.0	1.6	19.8	5.1
車輛及其零件與附件	87	7.7	12.7	–	3.2	8.2	1.6	1.3	4.5	2.1	0.2	0.4	0.6
鋁及其製品	76	–	–	–	3.2	16.3	1.6	0.4	2.4	0.6	0.4	2.2	1.3
小計	–	311.6	–	68.8	158.6	–	71.4	42.5	–	68.3	18.6	–	60.2

說明：1.比重A係指臺灣自大陸進口該項產品金額占自全球進口該項產品金額之百分比。
　　　2.比重B係指臺灣自大陸進口該項產品金額占臺灣自大陸進口總額之百分比。
　　　3.以2005年貿易金額最大的前十類產品排序。

資料來源：經濟部國際貿易局，「兩岸經貿情勢分析」，各年。

原則，受到資源稟賦與技術發展條件的限制，各國通常無法同時在有效率的情況下生產所有中間製品和零配件，因此，一國之對外貿易通常會發生在同一產業內同時存在出口與進口，形成所謂的產業內貿易（intra-industry trade）現象。顯然，與這些產品有關的產業在兩岸已存在緊密的產業內貿易現象。

另外一個值得一提的有趣現象，是針對某些個別貨品，臺灣對大陸的貿易依賴程度歷年來呈現逐年提高的趨勢，截至2010年，包括HS29、HS74、HS90等貨品，臺灣對大陸出口的貿易依賴程度已突破60%以上；HS85、HS71、HS39等貨品，臺灣對大陸出口依賴程度也超過50%。

第四節　兩岸貿易關係新形勢

2008年，國民黨再度執政後，兩岸政策大幅鬆綁，兩岸政治對立關係逐漸和緩，各界對於兩岸經貿交流之正常發展寄予高度期待。然而，從美國國內引爆的次貸風暴卻持續蔓延，演變成為全球金融海嘯，對世界各國經濟造成的衝擊，自2008年第三季開始逐漸擴大，特別是以美國為主要外銷市場的外向型經濟體，如中國大陸、臺灣、韓國、日本等對外貿易受到的打擊最為明顯，兩岸雙邊貿易受到波及，也呈現衰退的趨勢。

一、兩岸雙邊貿易發展新趨勢

自2002年以來，兩岸雙邊貿易一直維持兩位數成長，特別是在2002～2004年間，漲幅更大。進入2008年以來，兩岸雙邊貿易仍然保持成長的趨勢，依經濟部國際貿易局公布的資料顯示，全年兩岸進出

口貿易合計達1,054億美元，平均成長3.1%，漲幅與上年同期比較，減少13個百分點。

　　若將出口與進口貿易分別觀察，2008年全年，臺灣對大陸出口額為739.8億美元，臺灣自大陸進口額為314.2億美元，分別較上年同期衰退0.4%和成長12.1%，變動幅度與上年同期比較，出口減少近17.6個百分點，進口增加了0.2個百分點。進口與出口相抵，臺灣享有貿易出超，2008年1～12月累計出超金額達425.7億美元，較上年同期衰退7.9%。

　　受到國際大環境的影響，兩岸雙邊貿易自2008年6、7月間發生逆轉現象。以臺灣對大陸出口為例（表9-8），6月間還維持23.4%的成長率，7月間的成長率大幅萎縮至4.4%，自9月分開始，甚至呈現兩位數的負成長。進入2009年，臺灣對大陸出口貿易衰退的程度進一步惡化，直到8月分才逐漸緩和，並自10月分開始復甦，到2010年時，基本上已恢復到美國次貸危機發生之前的水準。2010年全年臺灣對大陸出口貿易額較上年度成長37.1%；翌年，由於出口的規模擴大，再加上第二季開始歐債危機逐漸蔓延，使得臺灣對大陸出口成長速度放緩許多，全年成長率約只8%左右。

　　臺灣自大陸進口在2008年上半年的表現，在兩岸產業分工所衍生的需求，以及國際原物料價格持續高漲，礦物燃料、化學產品及鋼鐵等自大陸進口額大幅成長的帶動下，呈現穩定成長的趨勢（表9-9）。然而，自9月分開始，受到臺灣對大陸及全球出口表現不佳的影響，臺灣自大陸進口之需求成長也減緩下來，自10月分起甚至呈現負成長，是近年來罕見的現象。與臺灣對大陸出口變動趨勢類似的是，臺灣自大陸進口貿易衰退的情況在2009年初更加惡化，直到9月分才略為好轉，到2010年間逐漸恢復到全球金融海嘯爆發前的水準。進入2011年，臺灣自大陸進口持續上年度高速成長的趨勢，不過，受到歐債危機的影響，第四季再度逆轉，呈現負成長。

表9-8 近年臺灣對大陸出口貿易發展趨勢

單位：百萬美元；%

月分	2007			2008			2009			2010			2011 （1-11月）		
	金額	變動率	依賴程度	金額	變動率	依賴程度	金額	變動率	依賴程度	金額	變動率	依賴程度	金額	變動率	依賴程度
1	5,876.9	26.3	29.7	6,733.5	14.6	30.4	2,763.6	-59.0	22.3	7,026.8	154.3	32.3	7,414.4	5.5	29.3
2	3,809.1	-12.8	25.6	4,937.4	29.6	28.0	3,705.6	-25.0	29.4	4,851.2	30.9	29.1	6,268.2	29.2	29.5
3	6,072.3	19.3	30.7	7,397.4	21.8	30.5	4,690.8	-36.6	30.1	7,469.5	59.2	32.0	8,255.9	10.5	30.3
4	5,924.9	13.5	29.9	7,022.8	18.5	31.1	4,654.7	-33.7	31.4	7,167.7	54.0	32.7	8,132.5	13.5	29.8
5	5,657.9	9.2	28.9	7,082.7	25.2	30.0	4,942.2	-30.2	30.6	8,215.7	66.2	32.3	8,315.0	1.2	29.8
6	6,008.2	19.0	29.9	7,407.1	23.4	30.4	5,245.9	-29.2	31.0	6,977.1	33.0	30.7	7,383.5	5.9	29.4
7	6,456.8	19.2	30.5	6,743.0	4.4	29.5	5,219.7	-22.6	30.2	7,309.9	40.0	30.6	8,190.9	12.1	29.1
8	6,589.6	19.7	30.8	7,395.0	12.9	29.3	6,087.8	-17.7	32.0	7,359.4	20.9	30.6	7,746.3	5.3	30.0
9	7,210.1	22.3	32.5	6,160.6	-14.5	28.2	6,143.5	-0.3	32.2	6,778.4	10.3	30.3	7,526.2	11.0	30.6
10	6,897.7	20.4	30.4	5,665.2	-17.9	27.2	6,178.4	8.7	31.1	7,283.3	17.9	30.1	7,785.6	6.9	28.8
11	6,778.8	20.3	31.0	4,162.7	-38.7	24.8	6,178.8	48.5	30.9	7,363.9	19.2	30.2	7,185.2	-2.4	29.1
12	6,996.9	25.1	29.8	3,274.7	-53.2	24.0	6,279.9	91.9	31.4	7,029.3	11.9	30.2	—	—	—
1-12	74,279.1	17.3	30.1	73,982.1	-0.4	28.9	62,090.9	-16.1	30.5	114,740.6	37.1	41.8	(1-11月) 84,203.9	8.2	29.2

資料來源：同表9-7

表9-9　近年臺灣對大陸進口貿易發展趨勢

單位:百萬美元;%

月分	2007			2008			2009			2010			2011(1-11月)		
	金額	變動率	依賴程度	金額	變動率	依賴程度	金額	變動率	依賴程度	金額	變動率	依賴程度	金額	變動率	依賴程度
1	2,355.1	32.7	13.1	2,763.3	17.3	13.4	1,338.7	−51.5	14.9	2,680.5	100.2	13.9	3,724.2	38.9	15.9
2	1,620.0	1.9	12.8	1,777.2	9.7	11.1	1,387.3	−21.9	12.7	2,028.0	46.2	12.8	2,488.9	22.7	12.2
3	2,083.3	6.4	11.9	2,908.0	39.6	12.1	1,942.6	−33.2	16.0	2,772.4	42.7	12.7	4,077.5	47.1	16.0
4	2,388.3	18.9	13.0	2,852.3	19.5	13.2	1,735.0	−39.1	13.6	2,646.7	52.5	13.6	3,886.2	46.8	16.0
5	2,365.3	15.4	13.0	2,913.1	23.2	13.6	1,771.1	−39.2	13.6	3,255.2	83.8	14.5	4,189.1	28.7	15.7
6	2,329.3	12.5	12.5	2,968.3	27.4	13.0	2,052.7	−30.8	13.5	3,022.7	47.3	14.3	3,658.4	21.0	15.4
7	2,596.0	19.2	12.5	2,954.4	13.8	12.7	2,023.8	−31.4	13.3	3,003.1	48.4	13.8	3,888.4	29.5	15.7
8	2,322.1	0.7	12.8	3,151.6	35.9	12.5	2,154.1	−31.6	12.6	3,215.3	49.3	14.8	3,881.7	20.7	16.8
9	2,440.5	14.6	12.8	2,712.1	11.1	12.9	2,493.0	−7.5	15.1	3,100.0	24.3	15.0	3,819.7	23.2	16.7
10	2,467.1	7.6	12.8	2,416.5	−2.0	13.6	2,270.2	−6.1	13.7	3,220.9	41.9	15.2	3,454.6	7.3	14.6
11	2,426.6	5.5	13.8	2,198.5	−9.4	14.4	2,703.9	23.0	15.1	3,615.1	33.7	15.1	3,326.5	−8.0	15.5
12	2,625.5	23.6	12.3	1,800.6	−31.4	15.3	2,631.4	46.2	14.3	3,392.2	16.7	14.3	–	–	–
1-12	28,019.2	13.1	12.8	31,415.9	12.1	13.0	24,503.7	−21.9	14.0	35,952.2	28.9	15.3	(1-11月) 40,395.3	24.1	15.5

資料來源:同表9-7

　　兩岸雙邊貿易成長減緩的原因，主要是國際金融危機衝擊兩岸經濟，2008年11月，大陸對外貿易出現七年來首度下降，波及兩岸雙邊貿易。其次是大陸宏觀調控政策緊縮，影響臺商投資，從而影響兩岸雙邊貿易發展。第三是臺灣產品出口競爭力減弱。自2000年以來，臺灣出口每年平均成長9%，較同期間全球出口平均每年成長12%偏低，因而臺灣出口額占全球出口總額比重也從2000年開始逐漸減少。

　　對臺灣而言，中國大陸仍然是最主要的貿易伙伴，資料顯示，2008年全年對大陸進出口貿易額合計占同期臺灣對外貿易總額的比重為21.2%，與上年同期比較降低了0.7個百分點。近年來，隨著兩岸關係改善，兩岸雙邊貿易擴張速度相對加快，在臺灣對貿易總額的比重回升至23%左右。其次，大陸是臺灣貨品出口的第一大外銷市場，進口貨品第二大供應來源，2008年間分別占同期臺灣出口總值的28.9%，占臺灣進口總值的13.1%。近年來，因國際市場不景氣，大陸內需市場成為臺灣出口商爭取的目標；同時，也由於兩岸關係改善，對進口和出口貿易產生鼓勵作用，大陸市場在臺灣進口和出口貿易中所占比重都呈現增加之勢。從大陸的立場看，臺灣是大陸的第七大貿易伙伴，2008年資料顯示（表9-5），臺灣與大陸雙邊貿易額占大陸對外貿易總額的比重約5.0%，其中，大陸自臺灣進口的比重9.1%，對臺灣出口的比重不到1.8%，臺灣是大陸第五大進口來源、第七大出口市場，最大的貿易入超來源。不過，從趨勢來看，臺灣在大陸對外貿易中所占份額近年來呈現逐年遞減現象，2010年間已降至5%以下，其中大陸從臺灣進口比重降至8.3%，大陸對臺灣出口比重則大致持平在1.8～1.9%之間。

　　未來兩岸雙邊貿易之發展，將持續受到國際、大陸經濟景氣，以及兩岸政府相關政策後續推動的影響。「海峽兩岸經濟合作架構協議」（ECFA）之簽署和生效實施，對促進兩岸雙邊貿易發展扮演重要角色。ECFA早收清單中貨品貿易（我方獲得539項，陸方獲得267項）

的關稅,分兩年三階段調降至零,第一階段在2011年1月1日正式實施,自2012年元旦開始,已有超過90%的早收貨品之關稅降到零,主要包括紡織、機械、石化、電子、運輸工具、農漁產品等。關稅降低將有利於促進兩岸雙邊貿易之發展。

除了ECFA早收貨品實施零關稅範圍擴大,2011年第二季臺灣爆發塑化劑風波,大陸對臺灣877項食品採取限制進口措施,經過多次協商,大陸已在2012年初公告解除限制,以及大陸「十二五規劃」積極擴大內需、發展服務業帶來商機,都將有利於臺灣對大陸出口擴張。不過,受到歐美債務危機可能拖累大陸出口成長,短期內臺灣對大陸出口貿易成長不容太樂觀。經濟部國際貿易局預估,2012年臺灣對大陸出口僅能成長9%左右,與上年度的表現大致相當。

⊙ 參考文獻 ⊙

宋恩榮（2007），「如何準備估計兩岸貿易：兩岸三地統計方法的評價」，發表於《海峽兩岸經濟發展論壇》，香港中文大學主辦，香港。

高長（1993），「臺海兩岸貿易相互依賴對臺灣經濟的影響」，《國立政治大學學報》（臺北），第66期，頁129～156。

高長（1997），《兩岸經貿關係之探索》，臺北：天一圖書公司。

高長、宋恩榮（1998），《兩岸雙邊貿易統計之探討》，行政院大陸委員會委託研究報告（未出版）。

高長、吳瑟致（2004），「大陸經濟崛起與全球經貿版圖重整的啟示」，《臺灣經濟論衡》（臺北），2（12），頁51～74。

臺灣對大陸投資之 10
發展

臺灣自1950年代初期以來，先後實行「進口替代」、「出口擴張」、「第二次進口替代」、「策略性工業發展」等經濟政策，順利推動工業化，經濟發展成就被譽為奇蹟，並成為世界各國爭相學習的榜樣。不過，進入1980年代以後，國內外經濟環境發生劇烈變化，臺灣傳統產業之發展面臨嚴厲的考驗。為了因應這新的經濟形勢，產業結構不得不做調整，競爭優勢逐漸喪失的傳統勞動力密集產業，有些努力於改善製程、降低成本及提高產品品質，尋求升級；有些則被迫移往海外尋求較低成本的生產據點，開創第二春，其中到大陸投資的廠商，自1991年起大幅增加。迄目前為止，大陸地區已成為臺灣廠商在海外投資最集中的區域。

第一節　臺灣對外投資的地區分布

臺灣廠商自1980年代初期開始對外投資，隨著全球化潮流興起，國際競爭日趨激烈，以及國內經濟環境發生劇烈變化，喪失競爭優勢的產業，尤其是傳統產業主動或被迫移往海外，尋求較低成本生產據點之案件愈來愈多。根據經濟部投審會的資料顯示，累計至2010年底止，臺灣赴海外投資（含到大陸投資）件數共52,721件，投資金額高達1,811.8億美元。臺灣企業對外投資的動機，主要是為降低生產成本，保持國際競爭力，或是確保原料供應和迴避國際上歧視性貿易，以及為開拓新的市場。及至1990年代，追求企業國際化，發展多元化經營逐漸成為臺灣廠商對外投資的主要考量因素。

臺灣廠商到海外投資布局受到全球化趨勢的影響極為明顯。在經濟全球化的趨勢下，不僅國家市場藩籬界線漸失，製造能力及技術創新也開始跨國分散化，結果，國際分工格局已由線性架構下的水平分工與垂直分工概念，轉向網絡化發展。此一趨勢具體反映在跨國企業

的資源布局多元化，以及以製造活動為基礎的廠商，經由專業價值與價值鏈整合能力，創造有利競爭優勢的演變。臺灣廠商在海外投資經歷的時間與跨國大企業比較雖然不算很長，但在全球化的潮流下，投資行為模式也不斷調整，尤其逐漸重視利用大陸的資源與市場腹地，並利用特有的產業網絡進行國際分工布局，提升整體的產業競爭力。

　　針對臺灣廠商在海外投資的地區分布，以製造業為例（表10-1、表10-2），在1990年代初期以前，投資的地區主要集中在東南亞國家及美國，投資的產業則以勞力密集加工型產業為主，例如食品、紡織、塑化製品等。自1990年代中期開始，臺商赴海外投資規模急劇增加，同時，投資地區結構也出現較大的變化，在美國及東南亞地區的投資規模較前一階段明顯縮減，而在中國大陸投資的規模則呈現顯著增加的趨勢。累計至2010年底的資料顯示，臺灣製造業廠商對外投資，約78.8%集中在大陸地區，尤其進入二十一世紀以來，大陸地區更是臺商在海外投資最為偏好選擇的地點。

　　製造業臺商歷年赴美國投資金額累計，占臺灣製造業歷年對外投資總額的比重約5.6%，主要投資業別為電子零組件、電腦、電子產品及光學製品、化學材料、紡織、藥品製造等行業。一般而言，在美國投資的製造產業多屬於資金密集及技術密集者，如生技、醫藥、資訊電子等，且營業項目以設計、研發為主。根據經濟部統計處的調查資料顯示，在美國投資的臺灣廠商以大型企業為主力，其中，超過四成的投資廠商在國內所從事的行業為資訊電子業。

　　製造業臺商在東南亞地區的投資主要集中在電子零組件、紡織成衣業、化學材料、電腦、電子產品及光學製品等，且在各國投資產業之分布極為不同。例如，新加坡以電子零組件業及金融保險業為主，印尼及菲律賓以紡織成衣業為主，越南以化學材料、基本金屬、非金屬礦物製品為主，泰國則以木竹製品及電腦、電子產品及光學製品的投資最多，馬來西亞則以紡織、木竹製品和電子零組件等占較大宗。

表10-1　製造業臺商對外投資區域分布

地區別	1990年以前		1990~2000		2001~2011		歷年累計	
	百萬美元	%	百萬美元	%	百萬美元	%	百萬美元	%
亞洲	379.5	26.97	20,419.3	78.93	85,490.7	91.22	106,289.5	89.19
東協六國	340.3	24.18	3,828.5	14.80	5,582.1	6.07	9,750.9	8.18
中國大陸	0.0	0.0	15,659.3	60.53	78,250.7	85.15	93,910.0	78.80
北美洲	877.7	62.37	2,774.8	10.72	3,103.7	3.38	6,756.2	5.67
美國	854.2	60.70	2,711.5	10.48	3,077.1	3.35	6,642.8	5.57
中南美洲	112.8	8.02	1,929.9	7.46	2,116.5	2.30	4,159.2	3.49
歐洲	19.1	1.36	591.6	2.29	898.1	0.98	1,508.8	1.27
大洋洲	8.3	0.59	89.8	0.35	205.8	0.22	303.9	0.25
其他	10.2	0.72	67.2	0.26	84.1	0.09	161.5	0.14
合計	1,407.2	100.0	25,872.4	100.0	91,898.9	100.0	119,178.5	100.00

說明：東協六國係指新加坡、馬來西亞、泰國、印尼、菲律賓、越南等國家。

資料來源：根據經濟部投資審議委員會資料整理。

表10-2　臺灣在海外主要投資地區的主要製造業（迄2011年底）

地區別	金額（百萬美元）	主要製造業別
亞洲	12,379.5	電子零組件（36.3%）、紡織（13.1%）、電腦、電子產品及光學製品（7.2%）、化學材料（6.8%）、基本金屬（5.8%）
東協六國	9,750.9	電子零組件（33.4%）、紡織（16.1%）、化學材料（7.1%）、電腦、電子產品及光學產品（6.2%）、木材製品（5.6%）
中國大陸	93,910.0	電子零組件（24.0%）、電腦、電子產品及光學製品（16.7%）、電力設備（9.5%）、金屬製品（6.0%）、塑膠製品（5.3%）
北美洲	6,756.2	電子零組件（24.5%）、電腦、電子產品及光學製品（17.7%）、化學材料（10.0%）、紡織（7.3%）、藥品製造（7.1%）

表10-2 臺灣在海外主要投資地區的主要製造業（迄2011年底）（續）

地區別	金額 （百萬美元）	主要製造業別
美國	6,642.8	電子零組件（24.9%）、電腦、電子產品及光學製品（17.8%）、化學材料（10.1%）、紡織（7.2%）、藥品製造（7.0%）
中南美洲	4,159.2	電子零組件（31.4%）、塑膠製品（21.0%）、電腦、電子產品及光學製品（5.4%）、機械設備（4.7%）、電子設備（4.6%）
歐洲	1,508.8	電腦、電子產品及光學製品（45.8%）、其他運輸工具（11.6%）、電子零組件（9.9%）、化學材料（8.4%）、金屬製品（5.7%）
大洋洲	303.9	金屬製品（14.2%）、電腦、電子產品及光學製品（13.9%）、其他運輸工具（12.3%）、電力設備（11.1%）、電子零組件（8.4%）

資料來源及說明：同表10-1。

　　其次，從主要製造業對外投資的地區分布觀察（表10-3），我們發現，歷年累計對外投資金額超過30億美元的十大製造業中，到大陸投資金額所占比重均最大，其中，比重超過八成的包括機械設備製造（占90.2%）、電力設備製造（91.6%）、電腦、電子產品及光學製品（83.7%）、食品（83.5%）、金屬製品（81.6%）、非金屬礦物製品（81.3%）等；而比重低於五成的包括紡織製品（47.6%）等。除了大陸之外，美國是臺灣製造業對外投資較為集中的主要投資據點，其中以化學材料（占10.8%）、電腦、電子產品及光學製品（6.3%）、紡織業（10.6%）電子零組件（5.5%）、塑膠製品（6.3%）、金屬製品（5.3%）等所占份額較高。除了美國和大陸之外，就不同產業比較，電子零組件、電腦、電子產品及光學製品、電力設備等行業，主要投資地點為新加坡、加勒比海英屬地、泰國、百慕

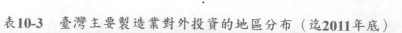

表10-3　臺灣主要製造業對外投資的地區分布（迄2011年底）

產業別	金額（百萬美元）	主要地區分佈
電子零組件	30,170.9 (25.3%)	大陸（74.7%）、新加坡（9.4%）、美國（5.5%）、日本（2.5%）、加勒比海英國屬地（2.2%）、百慕達（1.7%）
電腦、電子產品及光學製品	18,718.1 (15.7%)	大陸（83.7%）、美國（6.3%）、泰國（1.1%）、加勒比海英國屬地（1.1%）、菲律賓（0.9%）
電力設備	9,695.3 (8.1%)	大陸（91.6%）、美國（1.5%）、加勒比海英國屬地（1.7%）、香港（0.9%）、越南（0.8%）
金屬製品	6,934.5 (5.8%)	大陸（81.6%）、美國（5.3%）、越南（4.0%）、馬來西亞（1.6%）、加勒比海英國屬地（1.4%）
塑膠製品	6,578.5 (5.5%)	大陸（76.0%）、加勒比海英國屬地（9.3%）、美國（6.3%）、百慕達（3.3%）、香港（0.7%）
化學材料	6,219.1 (5.2%)	大陸（71.8%）、美國（10.8%）、越南（8.6%）、加勒比海英國屬地（1.7%）、香港（1.5%）、泰國（1.4%）
非金屬礦物製品	5,791.5 (4.9%)	大陸（81.3%）、越南（7.3%）、美國（3.5%）、香港（2.8%）、加勒比海英國屬地（1.8%）、菲律賓（0.9%）
機械設備製造	5,124.1 (4.3%)	大陸（90.2%）、美國（3.1%）、加勒比海英國屬地（2.3%）、百慕達（1.5%）、越南（1.0%）
紡織業	4,496.5 (3.8%)	大陸（47.6%）、馬來西亞（13.5%）、美國（10.6%）、越南（10.4%）、菲律賓（5.3%）、泰國（3.0%）
食品業	3,216.9 (2.7%)	大陸（83.5%）、越南（4.7%）、泰國（2.8%）、美國（1.6%）、印尼（1.4%）

資料來源：根據經濟部投審會公布資料整理而得。

達等地；化學材料、食品、非金屬礦物製品、紡織製品產業對外投資，選擇到越南、泰國、馬來西亞、菲律賓等東南亞地區投資者所占比重亦較高。

第二節　臺商到大陸投資趨勢特徵

臺商選擇到大陸直接投資的戰略考量，主要是資源導向，也就是為了利用當地低廉的勞動力和土地資源；其次為市場導向，也就是為了拓展當地內需市場；配合國內中下游廠商登陸、利用當地原物料資源，以及配合國外客戶要求等，也是臺商選擇到大陸投資較重要的考量因素（表10-4）。

與過去一些相關的調查研究結果比較，我們發現臺商到大陸投資的動機，無論早期或近期，所考量的重點大致相似。[1] 不過，近年來，大陸市場潛力、土地成本等因素，受廠商重視的程度似乎愈來愈高，這種現象可能反映出，早期登「陸」的廠商多屬勞力密集型加工產品，大都希望利用大陸廉價的勞工、便宜的土地費用從事生產，以維持外銷競爭力；近期登「陸」的投資者則著重在大陸內銷市場之開拓，當然這種轉變與大陸逐漸開放內銷市場的政策有關。另外，值得一提的是，租稅優惠和土地成本低廉等兩項因素在臺商投資決策之考量上，重要性似有降低的跡象。

臺商赴大陸投資，根據大陸官方的統計，始於1983年，不過，出現大批投資的熱潮則是在1987年臺灣政府開放民眾赴大陸探親之後（圖10-1）。

1　參閱高長，「製造業赴大陸投資經營當地化及其對臺灣經濟之影響」，《經濟情勢暨評論季刊》7(1)，2001年，頁138～173。

表10-4　臺商赴大陸投資的動機

單位：%

動機	2005	2010
勞工成本低廉	23.68	22.35
土地成本低廉	12.94	6.10
利用當地原物料資源	8.46	4.99
當地內銷市場廣大	17.68	34.35
利用當地外銷配額	0.83	1.24
利用當地最惠國待遇身分	2.28	
租稅優惠	6.62	3.28
配合國外客戶要求	7.50	11.36
配合國內中下游廠商登陸	12.15	9.65
國內投資環境不佳	4.08	1.54
有效利用公司資本技術	3.77	0.57
其他	－	4.57

資料來源：根據經濟部投資審議委員會調查資料整理而得。

　　1987年以前，臺商赴大陸投資的金額和件數均不多。依大陸官方統計，歷年累計至1987年底止，臺商投資大陸協議金額約僅1億美元，投資項目僅80件。究其原因，主要是臺灣政府當時仍執行戒嚴，對大陸政策堅持「不接觸、不談判、不妥協」的三不政策，嚴格禁止廠商赴大陸投資。另一方面，大陸在這個時期雖有經濟特區、開放城市等經濟建設，積極改善投資環境，並發布各種租稅優惠措施，但是整體而言，當時的投資環境仍然不夠好，吸引外（臺）商投資的效果有限。

　　1987年底，臺灣政府宣布開放國人赴大陸探親。嚴格而言，該項開放措施只限於「探親」，並未涵蓋商業活動，不過，此門一開，許多企業界人士的心隨之驛動，前往大陸從事商務考察活動者逐漸增加。根據大陸官方統計，1988～1991年期間，臺商赴大陸投資（協

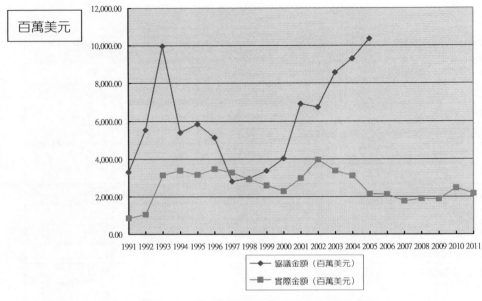

圖10-1　臺商對大陸間接投資發展趨勢

議）金額26.83億美元，投資件數達3,366項，由此可見，該期間臺商
投資大陸的態度非常積極。尤其值得一提的是，1989年6月大陸爆發
天安門事件，當時外國投資者都停止對大陸投資，美、日等國甚至對
大陸進行經濟制裁，唯獨臺商對大陸投資的行動似乎並未受到明顯的
影響。

　　自1992年起，臺商在大陸投資急速增加。這個時期，以大陸政府
確立「社會主義市場經濟體制」發展政策，和臺灣政府首次以「正面
表列」准許部分製造業產品項目到大陸投資為轉折點。根據大陸官方
統計，1992年一年，臺商赴大陸投資項目6,430項，協議投資金額高達
55.4億美元，較歷年來累計投資項目（3,446項）和協議金額（27.83億
美元）高出甚多；1993年間，臺商到大陸投資進一步達到新的高峰，
全年投資金額接近100億美元。1992～1993年，臺商到大陸投資大幅
成長，除了臺灣政府政策漸進開放所導致之外，更重要的是受到外在

環境的影響，即大陸加速改革開放，宏觀經濟政策相較於前期大幅放鬆，掀起了外商投資的熱潮。然而，進入1994年，大陸政府為了克服泡沫經濟問題，採取緊縮性宏觀調控政策，使得外商投資腳步放緩，臺商投資的態度也受到波及，加上當年發生「千島湖事件」，臺商投資金額和項目較上年大幅減少。

自1995年下半年起，兩岸關係陷入低潮，臺商赴大陸投資受到影響，持續呈現負成長。兩岸關係陷入低潮的主要原因，是大陸政府不滿李登輝總統訪問美國，關閉了海基、海協兩會協商大門，同時對臺採取一連串的文攻武嚇行動，導致臺海局勢緊張。臺灣政府為了因應兩岸緊張對立的關係，採取「戒急用忍」政策，這些因素都是影響臺商投資意願降低的重要因素。1997年中期之後，亞洲金融風暴肆虐東南亞各國，大陸經濟雖然沒有受到直接的衝擊，但因外在的大環境不佳，大陸國內經濟受到間接影響亦呈現衰退趨勢，本土型金融危機甚至有一觸即發的跡象。由於大陸投資環境惡化，臺商與外商到大陸投資的態度一樣，自1997年下半年開始漸趨保守，直到2000年以來，受到大陸加入WTO帶來利多因素的刺激，才開始出現轉折。

受到WTO因素之影響，臺商到大陸投資自2001年開始明顯增加，例如，協議金額在2000年時為40.4億美元，2001年間已突破至69.14億美元，到2005年時更突破至103.6億美元；就實際投資金額來看，2000年間僅23億美元，是歷年來最低的，不過，翌年則大幅增加至29.8億美元，2002年更是達到39.7億美元之高鋒，嗣後則呈現逐年遞減的趨勢，2006～2011年間每年實際投資大致維持在20億美元左右。對照協議投資的趨勢，臺商到大陸實際投資的步調，進入二十一世紀以來似乎已較放緩，究其原因，可能與近年來大陸政府實施緊縮性宏觀調控政策有關。

表10-5的資料顯示，累計至2010年底止，臺商在大陸投資件數達86,210件，實際投資金額累計已達541.5億美元，占大陸外商實際投資

總額的4.7%，排名第五位。從臺商在大陸投資的這些統計數據觀察，可以發現相對於其他外商企業而言，臺商投資件數所占比重偏高，顯示其平均投資規模相對較小；而實際投資金額所占的比重高於協議金額，顯示臺商企業之投資資金到位率較一般外商為高。臺商企業到大陸投資的資金到位率以2000年為分水嶺，之前呈現逐年遞減的趨勢，之後則呈現逐年遞增趨勢。

　　臺商企業在大陸投資的規模，平均而言有逐漸擴大的跡象。依大陸官方統計（表10-5），1991～2006年間，臺商企業平均投資規模已由87萬美元增加為138萬美元。投資規模擴大包含多層意義，其一是投資者原以中小型企業為多，後來大型企業、上市、上櫃公司前往大陸投資的情形愈來愈普遍；其二是單項投資金額超過千萬美元以上的案件愈來愈多；其三是在大陸投資設廠，因經營順利而由一個廠擴大發展成為多個廠的情形也愈來愈普遍。除新的投資項目外，擴大投資規模的資金，有部分係利用在大陸投資的營利再投資的。

　　與投資規模擴大有關的一個問題，是臺商到大陸投資也已逐漸由早期單打獨鬥、個別辦場的型態，發展為集體合作的型態。從實務上觀察，產業藉集體合作前往大陸投資的模式，可以有水平整合、策略聯盟，也可以有上中下游的垂直整合。譬如，由產業公會籌組相關會員廠商集體前往大陸某特定地區投資，或由核心企業帶動相關衛星（或周邊產業）企業一起到大陸投資，這種現象顯示，臺商在大陸投資已逐漸形成集團化的發展趨勢。

表10-5　臺商對大陸投資發展趨勢

	投資件數		協議投資		實際投資		平均規模	實現率
	件(1)	份額(%)	億美元(2)	份額(%)	億美元(3)	份額(%)	(2)/(1)(萬美元)	(3)/(2)(%)
1991	3,815	9.2	33.1	6.1	8.6	3.2	87	26.0
1992	10,245	11.4	88.5	7.8	19.1	5.0	86	21.6
1003	21,193	12.2	188.1	8.3	50.5	7.7	89	26.8
1994	27,440	12.4	242.0	7.8	84.4	8.5	88	34.9
1995	32,287	12.5	300.5	7.5	116.0	8.4	93	38.6
1996	35,471	12.5	351.9	7.4	150.7	8.4	99	42.8
1997	38,485	12.6	380.0	7.2	183.6	7.9	99	48.3
1998	41,455	12.8	409.8	7.0	212.8	7.6	99	51.9
1999	43,954	12.9	443.5	7.1	238.8	7.4	101	53.8
2000	47,062	13.0	483.9	6.9	261.8	7.0	103	54.1
2001	51,276	13.2	553.0	7.2	291.8	6.9	108	52.8
2002	56,129	13.2	620.4	7.2	331.5	7.0	111	53.4
2003	60,624	13.0	706.0	7.3	365.3	6.9	116	51.7
2004	64,626	12.7	799.1	7.3	396.5	7.0	124	49.6
2005	68,533	12.4	902.7	7.0	418.0	6.7	132	46.3
2006	72,285	12.2	1,000.2	7.8	439.4	6.2	138	43.9
2007	75,584	12.0	NA	NA	457.1	6.0	NA	NA
2008	77,944	11.8	NA	NA	476.1	5.6	NA	NA
2009	80,499	11.8	NA	NA	494.9	5.3	NA	NA
2010	83,571	11.8	NA	NA	519.7	5.0	NA	NA
2011	86,210	11.6	NA	NA	541.5	4.7	NA	NA

說明：每一年的數據都是以歷年累計至當年的數據表示。

資料來源：依大陸商務部統計之資料計算而得。

上述分析係根據大陸官方統計的數據，其與經濟部投審會所公布的數據差異極大。經濟部投審會公布的數據資料顯示，截至2010年底止，臺商赴大陸投資件數為39,572件，投資金額為1,117億美元。兩套統計數據之所以存在差異，查其主要原因有四：第一，由於部分臺商赴大陸投資循非正式管道，因投資方式或投資項目不符現行法令規定，抑或因不願投資事件曝光，而未向經濟部投審會申報。第二，兩岸統計基礎不同也是造成統計差異的主因，譬如，投審會投資金額統計係以實際投資金額為基礎，而中國大陸則以協議金額為統計基礎。第三，針對投資後營運資金與盈利再投資的部分，投審會也無法有效納入統計。第四，由於許多臺商透過第三地到大陸投資，大陸官方統計時將之歸入第三地，而非歸入臺灣，可能造成其公布的臺商投資數據偏低。客觀而言，兩岸官方公布的臺商投資統計數據都有低估的現象，至於真實的數據應是多少則眾說紛紜，到目前為止仍缺乏可靠的數據可供參考。

第三節　臺商赴大陸投資策略布局

跨國公司對外直接投資決策的內容，至少包含時機選擇、區位選擇、產業選擇、進入模式選擇等幾個構面。本文將參考這幾個構面，分析臺商在大陸投資的策略選擇及其隨時間之演變。受到資料限制，時機選擇將暫時忽略不談。

一、投資區位選擇

區位選擇因素是跨國公司對外投資決策中重要因素之一。理論上，區位選擇的戰略主要包括資源導向和市場導向兩種，前者根據

日本學者小島清（K. Kojima）提出的比較優勢理論（The theory of comparative advantage），一國企業為了克服國內資源不足問題，尋找資源充裕的國家進行投資，這類型的投資將促成國際間的垂直專業分工[2]；後者主要的考量是在於尋求新的市場或市場擴張。此外，產業鏈效應也會影響企業對外投資的區位選擇。

　　臺商在大陸投資的區位結構，主要集中在沿海地區，尤其在廣東、江蘇、上海、浙江、福建等省市。不過，根據經濟部投資審議委員會公布的資料顯示（表10-6），歷年來臺商在大陸投資的區位選擇戰略已有明顯的調整。具體而言，1991～1995年期間，臺商到大陸投資主要選擇在廣東、江蘇、福建、河北、浙江、山東等地區，其中，廣東、江蘇吸引臺資金額最多，各約占三成左右。到了2001～2005年，這六個地區仍然是吸引臺資最多的地區，不過，就投資金額所占比重來看，江蘇呈現一枝獨秀之勢，約占51%，較1990年代前期增加了21個百分點；而廣東、福建、河北、山東吸引臺商投資金額，在同期間均呈現相對減少的現象，其他各省也呈現不同幅度的萎縮，唯獨浙江與江蘇一樣，受到臺商的青睞有增無減。近來臺商投資區位選擇往長三角轉移之趨勢仍然在持續中，2006～2010年的資料顯示，四川、河北、山東等地吸引臺資有相對增加的現象。除了長三角地區，以京、津、魯、冀、遼為主體的環渤海灣地區，及以重慶、成都、西安為重心的西部地區，正逐漸受到臺商的青睞。歷年累計的資料顯示，江蘇（含上海）地區是臺商在大陸投資最多的地區，其次是廣東地區，兩個地區合計占臺商在大陸投資總額的比重超過七成，其他較集中的地區依序為福建、浙江、河北等地。

2　　K., Kojima, *Direct Foreign Investment: A Japanese Model of Multinational Business Operations*, (London: Croom Helm, 1978).

表10-6　臺灣對大陸投資之區位選擇變遷

單位：%

地區別	2011	2006～2010	2001～2005	1996～2000	1991～1995	歷年累計
廣東	15.34	17.58	23.55	38.17	29.88	21.71
江蘇	45.92	52.55	50.84	36.74	29.74	48.46
福建	6.42	5.71	7.34	7.78	13.78	6.86
河北	2.90	4.53	3.49	5.32	6.45	4.21
浙江	5.04	6.41	8.30	4.03	4.64	6.41
山東	3.27	2.21	1.49	2.04	2.62	2.16
遼寧	3.23	0.91	0.59	0.92	1.91	1.17
四川	9.57	3.47	0.95	1.28	1.79	3.27
湖北	1.32	1.23	0.98	0.93	1.23	1.14
湖南	0.45	0.46	0.21	0.45	1.17	0.43
其他地區	6.54	4.94	2.26	2.34	6.79	4.18
合計	100.00	100.00	100.00	100.00	100.00	100.00

資料來源：根據經濟部投資審議委員會統計資料計算而得。

說明：江蘇包含上海市，河北包含北京、天津。

二、產業選擇

　　臺商到大陸投資行業主要為製造業，以累計投資金額計算，約占投資總額的84%。其次為服務業，約占14%，其他行業較少（表10-7）。不過就趨勢來看，製造業所占比重歷年來表現遞減趨勢，服務業、營造及水電煤氣業則反向呈現遞減趨勢。在各項製造業中，以歷年累計至2011年底投資金額計算，電子零組件占最大比重（約占總額的24%），其次依序為電腦、通信及視聽電子（16.7%）、電力機械器材及設備（9.5%）、基本金屬及金屬製品業（9.0%）、化學品製造

業（7.0%）、塑膠製品業（5.3%）、非金屬礦物製品（5.0%）、機械
設備業（4.9%）等（表10-8）。

表10-7　臺商在大陸投資的產業結構

金額：百萬美元

	2011		2006-2010		2001-2005		1996-2000		1991-1995		總計	
	金額	%	金額	%	金額	%	金額	%	金額	%	金額	%
農林漁牧業	4.5	0.03	56.4	0.1	88.0	0.3	87.1	0.8	41.6	0.7	277.1	0.2
礦業及土石採取業	13.6	0.1	27.4	0.05	96.8	0.3	19.3	0.2	10.5	0.2	167.8	0.1
製造業	10,375.4	72.2	40,909.4	81.7	26,975.6	89.5	10,404.6	90.8	5,261.1	93.2	93,910.4	84.1
營造及水電煤氣業	110.0	0.8	378.1	0.8	245.5	0.8	61.4	0.5	19.7	0.3	854.7	0.8
服務業	3,859.9	26.8	8,108.0	16.2	2,747.8	9.1	885.6	7.7	311.5	5.5	15,888.8	14.2
合計	14,376.6	100.0	50,064.7	100.0	30,153.7	100.0	11,458.0	100.0	5,644.4	100.0	111,697.5	100.0

資料來源：同表10-6。

　　不過，若分從不同階段觀察比較，我們會發現，早期的投資主要
集中在傳統製造業，例如食品飲料業、紡織業等；自1990年代中期
起，技術密集製造業逐漸增加，成為對大陸投資的主要行業，尤其在
電腦、電子產品及光學製品、電子零組件、電力機械器材及設備等行
業方面。表10-8資料顯示，各項製造業對大陸投資金額占對大陸投資
總額的比重呈現明顯的消長變化，傳統製造業的比重由1990年代初期
平均約45.4%下降為2001～2005年間的18.68%，嗣後各年進一步逐年
降低至14%左右，其中，食品飲料業、紡織業、皮革及其製品業等之
比重縮減幅度最大；相反的，技術密集製造業的比重，同期間則由
27.79%不斷增加，近年來的比重已超過60%，其中，資訊電子相關行
業擴張幅度最大；基礎製造業的比重在不同階段中大致維持在四分之
一左右，沒有太大改變。不過，到了2011年，技術密集製造業所占比重繼
續擴大，而傳統製造業和基礎製造業所占比重則都呈現下降趨勢。

表10-8　歷年來臺灣製造業對大陸投資產業結構變化

單位：百萬美元；%

	2011	2006-2010	2001-2005	1996-2000	1991-1995	～2011累計
◎傳統製造業	14.24	13.25	18.68	26.86	45.43	18.48
1.食品飲料菸草業	2.57	2.44	2.62	6.02	12.41	3.46
2.紡織業	1.09	1.87	4.03	5.96	9.26	3.27
3.皮革、毛皮及其製品	1.49	0.66	1.07	2.38	5.99	1.36
4.木竹製品業	0.13	0.22	0.30	0.65	1.67	0.35
5.家具及裝設品	0.44	0.19	0.62	0.87	1.51	0.49
6.造紙及印刷業	1.56	1.66	2.57	2.27	2.57	2.03
7.非金屬礦物製品	5.35	4.47	5.09	6.02	6.18	5.01
8.其他工業製品製造業	1.61	1.74	2.38	2.69	5.84	2.51
◎基礎製造業	22.13	20.41	24.14	24.03	26.78	22.89
9.化學品製造業	10.85	5.62	7.56	6.97	7.31	7.00
10.石油及煤製品	0.37	0.49	0.04	0.06	0.06	0.27
11.橡膠製品業	0.64	0.61	1.86	1.68	3.38	1.25
12.塑膠製品業	3.61	5.07	5.34	6.92	7.38	5.33
13.基本金屬及金屬製品業	6.66	8.62	9.34	8.40	8.65	9.04
◎技術密集製造業	63.63	66.34	57.18	49.11	27.79	58.63
14.機械設備業	5.15	5.11	6.18	5.34	3.97	4.92
15.電腦、通信及視聽電子	14.94	17.60	14.88	15.27	4.20	16.69
16.電子零組件	33.42	31.17	17.93	11.72	4.96	24.00
17.電力機械器材及設備	6.21	9.59	10.35	10.65	7.93	9.46
18.運輸工具業	3.91	2.87	3.85	4.27	5.30	3.56
19.精密器械業	NA	NA	3.99	1.86	1.43	NA
合計	100.00	100.00	100.00	100.00	100.00	100.00
投資總額（百萬美元）	(10,375)	(40,909)	(26,976)	(10,404)	(5,261)	(93,910)

說明：以投資金額為計算依據。

資料來源：根據經濟部投資審議委員會統計資料計算而得。

三、進入模式之選擇

臺商在大陸直接投資的進入模式主要有合資（joint venture）、合作（contractual venture）和獨資（sole proprietorship）等三種，大陸將投資於這三種型態的企業稱為「三資企業」。

不同的進入模式各具有優劣點，廠商在做決策時，主要考量的是哪一種投資形式風險較小，同時最能夠使企業經營目標順利達成。一般而言，獨資企業在企業組織和經營管理方法上，可以完全按照自己的規劃執行，投資者承擔全部風險，也享有全部利潤。這種方式對原材料或半成品主要採購自國外，製成品又大都從事外銷的廠商，以及在大陸的政商關係已有不錯基礎的投資者，都非常適合。不過，對於已開發及利用大陸當地資源、拓展大陸內銷市場為主要目標的廠商而言，可能採取合資或合作形式較適合些，因為透過合營方式，較易於在當地建立人脈關係，取得當地資源。惟合營方式的缺點是，容易受到合營中方的人為干預，同時也常面臨合營雙方經營理念不同之困擾。

臺灣廠商為了規避不可預測的風險，早期在進入大陸的策略上，有部分廠商選擇商品貿易的模式，或通過風險相對較低的技術轉讓方式進入，嗣後，對大陸內需市場的了解逐漸累積之後，才考慮進行直接投資，包括建立合資、合作、獨資、三來一補和併購等方式，採取的是循序漸進的投資策略。

根據經濟部投審會調查資料顯示（表10-9），臺商在大陸投資所採取的進入模式，以2000年資料為例，主要為獨資經營，其次為合資經營，採取合作經營、三來一補等模式者較少。近年來，採獨資經營模式的臺商企業大幅增加，而採取合資、合作等模式的企業所占比重則逐漸降低。這種現象顯示，一方面獨資經營模式的優點（例如經營管理自主性高）受到歡迎，另一方面合資、合作經營模式等的缺點令

人退避。大陸市場透明度增加、對大陸市場之了解增加強化了自信、法令的限制鬆綁、技術移轉之安全性考量、當地地方政府之鼓勵等因素，也是造成採取獨資經營模式大幅增加的重要原因。

表10-9　臺商在大陸投資進入模式之選擇

單位：%

	2000	2005	2010
	全大陸	全大陸	全大陸
獨資經營	54.02	66.26	83.95
合資經營	32.51	28.98	－
合作經營	6.52	1.90	－
三來一補	6.27	2.18	1.66
與臺灣企業合作前往投資	－	－	7.93
與當地臺商企業合作	－	－	1.85
與當地國營（有）企業合作	－	－	2.03
與當地私營企業合作	－	－	7.20
與當地政府合作	－	－	0.74
與外商企業合作	－	－	6.64
與臺灣個人合作	－	－	3.14
與當地個人合作	－	－	0.92
其他	0.68	0.54	0.92

資料來源：同表10-4。

大陸臺商獨資化的趨勢，一方面表現在初次投資者選擇獨資方式進入的偏好增加，另一方面也表現在已在大陸投資者，隨著時空環境變化改制為獨資經營或控股方式的合資經營情形愈來愈普遍。這種現象可以交易成本理論（transaction cost theory）、討價還價理論（bargaining power theory）和制度因素影響論（institution theory）等學理加以詮釋。交易成本理論強調，跨國公司海外投資傾向透過增加持股比重，以克服因信息不對稱、市場失靈和機會主義行為等造成的內

部交易成本過高的問題。[3]討價還價理論認為，跨國公司母公司與東道國政府的討價還價實力，決定了其海外分支機構的股權結構。[4]制度因素影響論則特別強調制度性因素，包括國家風險、東道國政府股權比率管制乃至文化差異等因素，對跨國公司海外投資股權與進入模式選擇行為的影響。[5]

3　O. E. Williamson, *Market and Hierarchies : Analysis and Antitrust Implications*, (New york: The Free Press, 1975); O. E. Williamson, *The Economic Institutions of Capitalism*, (New York: The Free Press, 1985); H. Mjoen and S. Tallman, "Control and performance in international joint ventures" , Organ Science, 8, (1997), pp.257-274.

4　A. Yan and B. Gray, "Bargaining power, management control, and performance in United States- Chinese joint venture : a comparative case study", *Academy Management Journal* 37(6), (1994), pp.1478-1517.; D. J. Lecraw, "Bargaining power, ownership, and profitability of subsidiaries of transnational corporations in developing countries", *Journal of International Business Studies* 15(1), (1984), pp.27-43.; N. Fagre and L. T. Wells, "Bargaining power of multinationals and host governments", *Journal of International Business Studies* 13(3), (1982), pp.9-23.

5　P.W. Beamish and J. C. Banks, "Equity joint ventures and the theory of multinational enterprises", *Journal of International Business Studies* 18, (1987), pp.1-16.; F. Contractor and P. Lorange, *Cooperative Strategies in International Business*, (D. C. Health and Company, Lexington, M. A, 1988).

● 參考文獻 ●

高長（2001），「製造業赴大陸投資經營當地化及其對臺灣經濟之影響」，《經濟情勢暨評論季刊》，7(1)，頁138～173。

Beamish, P. W. and J. C. Banks (1987), "Equity joint ventures and the theory of multinational enterprises", *Journal of International Business Studies* 18, 1-16.

Contractor, F. and P. Lorange (1988), *Cooperative Strategies in International Business*, Lexington, M. A.: D. C. Health and Company.

Fagre, N. and L. T. Wells (1982), "Bargaining power of multinationals and host governments", *Journal of International Business Studies* 13(3), 9-23.

Kojima, K. (1978), *Direct Foreign Investment: A Japanese Model of Multinational Business Operations*, London: Croom Helm.

Lecraw, D. J. (1984), "Bargaining power, ownership, and profitability of subsidiaries of transnational corporations in developing countries", *Journal of International Business Studies* 15(1), 27-43.

Mjoen, H. and S. Tallman (1997), "Control and performance in international joint ventures", *Organ Science* 8, 257-274.

Williamson, O. E. (1975), *Market and Hierarchies : Analysis and Antitrust Implications*, New York: The Free Press.

Williamson, O. E. (1985), *The Economic Institutions of Capitalism*, New York: The Free Press.

Yan, A. and B. Gray (1994), "Bargaining power, management control, and performance in United States- Chinese joint venture : a comparative case study", *Academy Management Journal* 37(6), 1478-1517.

臺商在大陸投資經營策略與績效表現 **11**

全球化潮流促進了國際分工更趨細緻而複雜，臺灣廠商與跨國企業一樣，為充分利用全球各地資源優勢，以降低成本及提高國際競爭力，一般會將製造、研發和銷售活動等分散布局。由於大陸在經濟上的比較優勢，主要表現在勞動、土地等要素資源的供應充沛，以及製造成本低廉，因此，臺商在進行國際化投資與全球布局時，將大陸定位為製造基地，同時，隨著大陸經濟持續成長，國民所得水準提高，一般人民的購買力上升，內需市場之占有成為臺商對大陸投資另一項重要的策略目標。

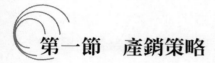

第一節　產銷策略

一、原材料及半成品採購策略

受到全球化潮流的影響，跨國企業為強化其競爭優勢，通常會依全球布局觀點，將價值鏈中採購、生產、研發和運籌等各項環節，根據比較優勢法則在全球範圍內進行配置和整合，並且通過範疇經濟、規模效應和知識積累以取得整合效益。[1]臺商的全球化布局，一般是將大陸投資事業定位為製造基地。

製造業臺商在大陸投資事業所需的原材料、半成品和零組件等，採購來源的安排，是臺商進行全球布局的重要環節之一，也將影響兩岸產業的競合。相當多的開發中國家在制定獎勵性外資政策的同時，會設下外資企業國內採購比率的限制條件，主要是希望透過外商企業

1　M. E. Porter, "Competition in global industries: a conceptual framework", in M. E. Porter(ed.), *Competition in Global Industries*, (Boston: Harvard Business School Press, 1986).

的採購，促進國內相關產業之發展。大陸政府在吸引外商直接投資的相關政策措施中，並沒有嚴格要求外商企業自當地採購原材料的比例，因此，在大陸投資的外（臺）商企業對於原材料和半成品的採購安排，可以說大都是基於本身的經營策略之考量。

2005年的資料顯示（表11-1），大陸臺商事業所需之原材料和半成品，自大陸當地採購的比重分別為51.8%和51.4%，而自臺灣採購的比重則分別只有35.1%和40.9%。與往年比較，大陸臺商事業原材料和半成品自大陸當地採購的比重已逐漸增加，而自臺灣採購之比重則是呈現逐漸減少趨勢；2010年間，該項趨勢特徵持續發展，自大陸當地採購比重已增加至62%，自臺灣採購的比重則進一步降至27.7%。大陸政府在相關的外資政策中，並沒有嚴格要求外商企業自當地採購原材料的比例，因此，臺商企業增加原材料和半成品自當地採購之比例，可以說大都是基於本身經營策略之考量。臺商企業使用大陸製原材料和半成品投入的比重愈來愈大，顯示大陸的製品比進口財更具競爭優勢，大陸當地製造供應能力已大幅改善。

對大多數國家而言，利用外資的目的之一是希望藉外資促進國內工業化的發展，因此，希望引進的外資與國內市場的關聯性較高些。也就是說，地主國通常會透過外資企業的採購、生產與銷售行為，規範其與國內市場最低限度的關聯性，俾以促進國內產業之發展。一般而言，外資企業所生產的產品國產化比率愈高者，表示使用更多的當地財貨投入，有利於當地企業提升品質、加速產業升級。不過，對外商企業而言，若為出口導向型投資，企業面對國際市場的競爭壓力，通常會以維持產品品質為最高的考量，當地採購的比率高或低，在沒有政策性的強制規定前提下，主要是受到當地產業配套能力的影響。

臺商企業在大陸當地的採購行為，因投資產業之不同而有差別，大致上，如果產業投入的原材料或半成品為大陸蘊藏較豐富的初級原料或技術層次較低的中間財，大陸的製造及供應能力無虞，臺商在大

陸當地採購比例自然會較高；反之，若屬於高技術、高附加價值財貨，海外採購比例即可能較高。

表11-1　大陸臺商事業原材料和半成品進貨來源

單位：%

年別	原材料供貨地				零組件半成品供貨地			
	臺灣	當地臺商	當地非臺商	其他國家	臺灣	當地臺商	當地非臺商	其他國家
1993	54.7	32.9		12.3	60.8	23.3		7.6
1999	49.8	18.1	19.9	12.2	52.8	20.6	18.6	8.0
2005	35.1	25.9	25.9	13.1	40.9	25.0	26.4	7.7
2010	27.7	62.1		10.2	—	—	—	—

資料來源：經濟部統計處，《製造業對外投資實況調查報告》，各年；2010資料引自經濟部投資審議委員會「2011年對海外投資事業營運狀況調查分析報告」。

　　此外，企業在大陸投資存續期間長短，也可能影響在當地的採購行為。理論上，存續期間愈長的企業，累積當地市場的訊息愈多，當地採購的可能性也愈高。不過，對臺商投資企業而言，中華經濟研究院（2003）的研究指出，採購原材料及半成品的行為策略，似與在大陸投資設廠時間長短並無顯著的關係，較早進入大陸投資的臺商企業，在當地採購的比例並未明顯高於稍晚進入者，顯示大陸配套產業的製造與供應能力已有改善，並能滿足臺商企業的需求。

　　大陸臺商企業所需的原材料和半成品，自大陸當地採購的比重逐漸增加的現象，與跨國企業海外投資的發展經驗頗為一致。不過，值得一提的是，原材料和半成品自大陸當地採購的部分，約有一半左右是來自於當地臺商，對應於自臺灣採購比重降低，顯示大陸臺商企業在當地似已另外建立了新的產業聚落，且聚落的張力逐漸擴大。

二、產品銷售策略

前一章曾提到，臺商赴大陸投資的動機除在利用大陸廉價勞工之外，拓展大陸內需市場也是主要誘因之一。廠商赴大陸投資若為追求低廉勞動力，降低生產成本，其製品的最終市場一般是面向全球，在當地市場銷售的比例會較偏低。不過，隨著大陸經濟持續發展，居民國民所得及購買力提升，市場需求擴大，臺商企業的當地市場取向通常會逐漸上升。而隨著企業在當地市場銷售比例之擴大，臺商企業的本土性也會逐漸加深，企業製造的產品會做策略性的調整，以更適合當地消費者的偏好。

根據經濟部的調查資料顯示（表11-2），大陸臺商事業的製品在當地市場銷售的比例，2010年間為65.7%，較1993年的35.4%增加了30個百分點；而外銷到其他地區所占比重，則由1993年的52.6%降低到2010年的16.9%。由於臺商赴大陸投資很多是屬於下游廠商帶動中、上游廠商轉移生產基地的模式，該類型企業之製品內銷有部分係銷售給在當地投資的其他臺商企業。大陸臺商事業製品內銷比重增加，或可顯示臺商擴展大陸市場之意圖，經營大陸內銷市場的努力已有些許成果。

隨著兩岸加入WTO後，臺商對於大陸內銷市場的開拓也愈來愈積極且樂觀。大陸在加入WTO的承諾書上表示，「加入WTO後外商投資企業可對內需配銷其本身在大陸製造的產品」，也就是說，外商投資企業針對在大陸製造品，可從事內銷批發服務、零售服務及特許經營權，同時大陸政府也承諾在加入WTO後三年內，逐步排除原來外商必須經中間商（如進口商）進行批發、零售、售後服務、維修、運輸等限制。此一政策調整，一方面將增加臺商與大陸流通業者或其他獲准進入大陸批發、零售市場之跨國通路業之供貨機會，另一方面也將促使原本以製造業為主的臺商（特別是已建立自有品牌的臺商），積極發展自有通路，甚至於尋求投入大型量販或倉儲批發事業之經營。

表11-2　大陸臺商企業產品銷售市場結構

年別	回銷臺灣	在當地銷售	外銷到其他地區
1993	11.97	35.45	52.58
1999	12.70	43.80	43.50
2005	16.88	48.79	34.33
2010	17.47	65.68	16.86

資料來源：1993年資料引自中華經濟研究院（1994），1999年及2005年根據經濟
　　　　　部統計處《製造業對外投資實況調查報告》資料計算；2010年資料引
　　　　　自經濟部投資審議委員會「2011年對海外投資事業營運狀況調查分析
　　　　　報告」。

　　值得一提的是，由於大陸市場幅員遼闊，各地貧富差距大，市場
需求偏好也呈現多樣化，臺商企業經營內銷市場，除非具有「全球品
牌」或「知名品牌」的形象，否則在面對大陸本土品牌或跨國企業品
牌時，開疆闢土並不容易。特別是隨著歐、美、日等國大型企業或財
團，挾其大規模生產優勢與龐大資金進入大陸，且與大陸當地企業合
作，進而形成寡占市場，對以中小型企業為主的臺商造成嚴重的排擠
作用。若干在大陸自創品牌經營內銷市場成功的臺商企業，如康師傅
方便麵、龍鳳水餃、旺旺仙貝、羅馬磁磚、和成衛浴、櫻花廚具、燦
坤家電、自然美美容產品、永恩女用鞋等案例，已成為其他臺商拓展
大陸內銷市場所效法。

　　另外，值得注意的是，大陸臺商企業製品回銷臺灣的比重，相關
資料也顯示有逐漸增加的趨勢（表11-2）。這種現象與臺灣開放大陸
製半成品進口政策有關，政策更加寬鬆，促使部分產業利用大陸勞動
力資源完成勞動密集度較高製程，嗣將半成品回銷臺灣再加工製造後
外銷或在臺灣銷售。針對回銷比例高低的討論，在文獻上常被視為進
口國產業空洞化的指標之一，如果在大陸投資的臺商產品回銷比例較

高,同時也是外銷至大陸以外市場比例較高的行業,則在理論上,這些產業在臺灣似乎較會面臨產業空洞化危機,因為赴大陸投資企業直接從大陸生產出口,回銷臺灣或在國際市場上與臺灣本地企業勢必存在競爭,大陸的廉價勞工成本優勢,對臺灣本地企業的國際行銷將造成強大威脅,從而可能影響臺灣本地企業之生存與發展。

第二節　經營當地化趨勢

　　綜合上述分析,大陸臺商企業生產與銷售活動當地化的趨勢非常明顯,原材料和半成品在當地採購的比重逐漸增加,尤其是向大陸當地臺商採購增加的百分比較高,顯示上游原材料供應業者隨著下游加工業者前往大陸投資並就近供應的現象。產品銷售當地化趨勢,除了表現在營業收入總額中內銷所占比重逐漸上升外,更表現在產品的當地化、分銷通路當地化、促銷和品牌當地化等方面。

　　產品當地化是指為了更有效地掌握當地市場的特點和居民消費偏好,跨國企業在地主國提供有別於供應外銷的產品,包括設計、包裝、規格或完全不同的產品。譬如永恩集團開發專供內銷的「達芙妮」品牌女用鞋,與為跨國品牌大廠代工的產品完全不同,得到了很好的績效。就分銷通路而言,大陸地區幅員遼闊,各地市場特性複雜多樣,且商業體系較為零散,尤其城鄉二元化結構特徵使得城市與農村市場通路存在很大差異。許多跨國公司在進入大陸市場之初,例如惠而浦,忽視了大陸銷售通路的特殊性,結果吃盡苦頭,最後做出撤資的決定。寶潔公司在累積了一些失敗經驗之後,也不得不對早期以廣告帶動銷售的模式做出調整,將整合經銷商和強化終端市場置於特別重要的地位。臺商在大陸內需市場上的通路布建,成功的案例有不少,其中,康師傅方便麵、巨大自行車、羅馬磁磚、宏碁電腦等常被

提出討論。

　　促銷和品牌策略也是影響企業行銷績效的重要因素。促銷策略是指企業運用各種方式、手段，向消費者傳遞商品與企業訊息，實現雙向溝通，使消費者對企業及產品產生興趣、好感和信任，進而做出購買的決定。促銷活動通常包括廣告、人員推銷、銷售促進、公共關係等。跨國公司在大陸的當地行銷中，憑藉其雄厚的資金、豐富的經驗、高超的謀略，在深入了解大陸消費者需求特性和中國文化特點的基礎上，創造了很多當地化的促銷手段和方法，且運用得非常成功。例如，在人員推銷上，友邦公司在大陸市場引入了壽險代理人制度，成功地拓展市場；寶潔、可口可樂等產品的廣告推銷，結合大陸當地文化及消費者的心理，受到市場的肯定；臺商企業自然美積極培育美容師、定期舉辦展售活動，在人員推銷和銷售促進手段上，當地化策略可說做得相當成功。

　　除了生產和行銷活動，人才晉用和周轉資金之籌措方面，當地化的程度也有不斷提升的趨勢。理論上，人才進用的當地化速度和程度，與跨國企業經營策略和模式息息相關。一般而言，外方母公司採取本國中心導向的經營策略時，為貫徹母公司的經營計畫與目標，譬如戰略的一致性、技術的保密性和管理的有效性，通常海外子公司的管理幹部和技術人員會由母公司直接派任。但面對海外派遣人員難以適應派駐地的環境差異，無法克服合資公司的組織協同障礙，以及海外派遣成本過高等原因，跨國公司會改變派遣策略，實施人才當地化策略。企業聘僱當地人才有助於與當地經濟的整合。

　　跨國公司在海外子公司初設立時，對於母公司直接派遣管理幹部和技術人才的依賴性較強，但隨著子公司逐漸熟悉當地市場環境，同時經營制度逐漸進入常軌，這種依賴性會逐漸減弱。Geng（1998）的研究將跨國公司在海外投資的發展過程劃分為四個階段，即準備期（preparation）、進入期（entry）、擴張期（expansion）和熟練期

（experienced），每個時期公司的經營目標、商業模式和對應的人力資源策略各不相同。如表11-3所示，跨國公司到海外投資初期，子公司專業經理人主要還是仰賴母公司支援派遣，直到「擴張期」才開始考慮人力資源當地化，到了「熟練期」，則考慮了企業永續發展的需要，開始全面實施人才當地化策略。

表11-3　跨國公司海外投資戰略發展階段

階段別	主要目標	經營模式	人力資源策略
準備期	市場調查研究，投資可行性評估	設立辦事處，透過中間商、代理商，未直接投資	中間商及外派經理人員之培訓、安置、支援和績效管理
進入期	建立先遣運作體制，轉移資金和管理技術	專注經營單一市場、設立辦事處並成立合資公司	經理外派，跨文化管理、技術轉移和專業管理知識之轉移
擴張期	擴大營收，新產品開發、完善產品配銷通路	開拓新市場、成立區域總部、增加當地商業伙伴	當地與外派經理人員的整合，積極培育當地人才以因應需求
熟練期	穩定客戶的忠誠度，強化競爭力、協調	開拓市場的其他目標群，設立全資公司，甚至展開併購	人才資源當地化，實行長期的人力資源開發戰略

資料來源：依據Geng（1998），頁94相關資料整理而得。

　　大陸臺商事業在管理人才進用的策略，與一般跨國企業極為相似。具體而言，在初到大陸投資時，為加速企業營運正常化，管理及技術人才自臺灣派駐的比率較高，隨著經營逐漸進入常軌，為了節省成本，自當地僱用的比率逐漸提高，同時減少自臺灣僱用。另外，為了解決在當地經營之管理與技術人才供應不足問題，大陸臺商也非常重視自當地甄選適當的人才並予長期培訓。然而，從人才進用當地化的速度比較，日系跨國企業母公司大都採取本國中心導向的經營策

略，海外子公司的管理幹部當地化速度較緩慢。歐美系的跨國企業大都採取東道國導向的經營策略，海外子公司的管理幹部當地化速度相對較快，大陸臺商企業的人才進用當地化策略似乎與歐美系的跨國企業所採模式較接近。大陸臺商企業人才進用當地化進展速度較慢，可能與企業經營規模相對較小有關。不過，近年來，隨著客觀經營環境的改變，臺商在大陸的管理人才進用當地化速度有更加快的趨勢。[2]

　　在營運資金的籌措方面，跨國公司通常會儘可能運用東道國資源就地融資，以規避政治風險。具有國際背景運作的跨國公司可以獲得更多的融資資源，以降低投資成本。由於跨國公司可以擁有不同貨幣，在融資策略上可以運用不同幣種的債務組合降低風險多樣性。不過，Hooper（2002）的研究結果指出，跨國公司融資策略較傾向於適應東道國的環境，儘可能在東道國資本市場和金融機構借貸；同時經常透過合資策略進行靈活的融資，更能減少跨國公司所面對的各種經營風險。顧衛平（1999）針對在大陸跨國公司融資決策的實證研究結果，證實了在大陸跨國公司融資的策略就是儘量在當地融資，利用大陸當地融資資源。

　　企業經營需要流動資金，一般係仰賴金融機構的支持。大陸政府為招徠外商，曾實行了一系列鼓勵政策和優惠措施，並明文規定優先提供外商企業貸款。但在早期，大陸當地銀行或由於觀念保守，抑或由於受限資金不足，這些優先提供融資的規定大都未能落實；也就是說，依過去的經驗，在大陸投資的臺商企業要獲得當地銀行之貸款支持，事實上相當困難，對於採取獨資形式投資的臺商而言，更是幾乎

2　104人力銀行至大陸實地調查結果顯示，大陸臺資企業在管理幹部的甄選上，當地化趨勢有加速的跡象，尤其中級管理幹部漸為當地人才所取代，對臺籍人才需求的迫切性已降低。參閱《民生報》，2001年1月30日。《數位周刊》（2002年3月9日出版）針對高科技廠商所做的調查研究，也得到類似的結果。

不可能自當地銀行獲得貸款。採合資形式投資的臺商，利用合資中方的人脈關係，相對而言較有可能獲得大陸本地銀行之貸款。因此，較早到大陸投資的臺商企業，周轉資金的融資大都仰賴臺灣母公司支援，或向臺灣地區親朋好友、民間、甚至是地下金融管道告貸。

　　不過，進入二十一世紀以來，大陸的融資環境已發生很大變化，一方面，《銀行法》公布實施後，大陸本地銀行企業化經營的腳步加快；另一方面，大陸外匯存底逐年遞增，基礎貨幣供應增加，資金市場寬鬆，一般企業自銀行體系取得融資的可能性大增。因此，我們的研究發現，大陸臺商投資事業營運資金自當地籌措取得的比率也有提高的跡象。表11-4的資料顯示，大陸臺商投資事業營運資金自大陸當地金融機構融資的比率，2005年間大約為35%，較2000年提高了14個百分點；相對的，由臺灣母公司提供營運資金所占的比重，同期間則顯示略為下降，大陸當地金融機構提供融資已成為大陸臺商投資事業營運資金融通的主要來源。

　　大陸臺商事業營運資金自當地金融機構融資的比重提高，與一般跨國公司海外投資的融資策略模式相似。跨國公司為了防範經營風險，同時也為了使融資成本最小化，其融資策略通常會更傾向於適應東道國的環境與政策，在實際操作中，會儘可能在東道國金融機構借貸。[3]近年來，大陸的經營環境與過去比較已有很大的改變，流動資金供應充沛，金融機構經營自主性提高，加上企業化經營意識漸強，使得臺商在大陸當地取得周轉資金的機會增加。另外，近年來大陸美元貸款利率較人民幣低，同時也較國際美元貸款利率低，又在預期人民幣將升值（美元將貶值）的情況下，大陸臺商較過去更重視財務槓桿的操作，結果使得營運資金籌措的當地化趨勢愈加明顯。

3　V. Hooper, "Multinational financing strategies in high political risk countries", School of Banking Working Paper, (University of New South Wales, 2002).

　　2010年資料顯示（表11-5），製造業臺商在大陸投資的當地化趨勢，以人才之進用做得最為積極，業務及管理幹部的任用平均而言有96.7%自當地甄選，在各製造業中，除機械設備業、紡織業以外，人才進用當地化的比率都超過90%。至於機器設備及其零配件、原物料、半成品等之採購，以及產品銷售，當地化的比率平均都維持在62～66%之間，惟各項製造業因產業特性不同而有明顯的差別，大致上，傳統製造業如食品飲料、木竹傢俱、非金屬礦物製品等的當地化程度相對高一些，而技術密集製造業如電子零組件、電腦、電子產品等行業的當地化程度則相對較低。

表11-4　大陸臺商事業主要營運資金來源

單位：%

資金來源	2005					2000			
	全大陸	廣東	浙江	江蘇	上海	全大陸	廣東	浙江	江蘇
由臺灣母公司提供	31.9	41.6	15.3	31.3	26.5	37.8	47.1	36.2	32.2
向臺灣金融機構融資	6.3	6.0	7.6	8.5	3.1	6.3	7.6	1.7	5.3
向大陸金融機構融資	34.7	22.1	50.0	40.9	36.1	20.5	12.7	22.4	26.5
向第三地金融機構融資	6.1	4.9	—	7.9	6.9	4.3	4.1	1.7	4.3
合資事業機構	6.5	5.4	—	4.7	6.3	12.9	8.3	22.4	13.0
發行海外公司債	1.6	0.4	—	2.1	1.2	0.3	0.7	—	—
其他	23.9	24.9	30.7	20.7	27.8	17.6	19.6	15.5	18.4

資料來源：根據經濟部投資審議委員會（2000，2005）調查資料計算而得。

表11-5　大陸製造業臺商經營當地化概況（2010年）

單位：%

	機器設備採購		原材料、半成品採購		產品銷售		業務及管理幹部任用	
	當地	臺灣	當地	臺灣	當地	臺灣	當地	臺灣
傳統製造業								
食品、飲料	95.7	2.8	93.7	2.6	95.6	0.0	99.3	0.7
紡織	60.8	35.4	65.2	34.8	52.3	0.5	79.6	20.4
成衣、服飾品	100.0	0.0	40.0	60.0	68.6	9.4	96.5	3.5
木竹、傢俱	100.0	0.0	100.0	0.0	100.0	0.0	100.0	0.0
造紙、印刷	61.6	0.3	78.6	0.0	97.8	2.2	96.4	3.6
非金屬礦物	100.0	0.0	95.0	0.0	75.0	25.0	95.4	4.6
其他	67.6	19.9	62.2	28.9	53.3	15.4	97.2	2.8
基礎製造業								
化學製品	86.2	9.5	73.4	20.5	80.6	7.1	92.4	7.6
化學材料	86.6	9.4	67.0	22.2	89.3	0.7	91.2	8.8
石油及煤製品	99.0	0.0	93.0	6.0	52.0	7.0	0.0	100.0
橡膠製品	61.0	27.7	64.2	6.0	61.2	14.0	96.1	3.9
塑膠製品	50.0	39.8	70.5	24.8	59.6	15.3	90.6	9.4
基本金屬	99.5	1.7	54.3	33.7	96.6	2.1	92.7	7.3
金屬製品	72.2	21.7	66.4	20.5	71.2	8.7	97.8	2.2
技術密集製造業								
機械設備	63.5	21.9	68.9	28.5	65.7	10.5	89.5	10.5
電子零組件	49.4	31.8	54.1	34.3	54.7	30.8	96.6	3.4
電腦、電子產品	51.8	20.0	45.4	34.2	30.3	35.2	96.7	3.3
電力設備	83.5	14.0	69.0	12.4	48.4	17.9	95.4	4.6
汽車零組件	63.3	32.0	82.9	12.4	72.1	13.3	91.4	8.6
其他運輸工具	67.0	33.0	84.2	13.5	44.3	1.7	100.0	0.0
合計	64.1	23.1	62.1	27.7	65.7	17.5	96.7	3.3

資料來源：根據經濟部投資審議委員會「2011年對海外投資事業營運狀況調查分析報告」（2011年12月）相關資料整理。

第三節　技術來源與研發創新策略

近年來大陸經濟快速崛起，同時加入WTO後市場更加開放，給大陸臺商企業創造了新的商機。儘管如此，大陸經濟環境近年來也發生重大變化，例如缺水、缺電、缺料、缺油、缺工等現象皆影響了企業的正常經營；此外，環保意識、勞工意識、消費意識等之覺醒與膨脹，使得臺商在大陸投資企業的營運成本增加。另一方面，跨國企業積極進入大陸投資，藉著連鎖經營、購併、策略聯盟、戰略性持股及合作經營等手段，在大陸境內市場攻城掠地，加上大陸民營企業崛起，導致大陸內需市場之競爭更加激烈，對臺商在大陸的經營造成很大威脅，不只獲利被壓縮，甚至可能遭遇被淘汰的命運。為了求得更大的生存與發展空間，唯一的途徑是調整經營策略，絕大多數臺商都加強了研發和創新的腳步。

從另一個角度來看，如前文所述，臺資企業在大陸當地市場銷售的比重已逐漸擴大，其本土性也逐漸加深，因為企業製造的產品會在樣式、功能等方面調整設計，以更適合當地消費者的偏好，尤其大陸市場幅員遼闊，各地貧富差距大，消費者需求也呈現多樣化，臺資企業為拓展當地市場、提高市場占有率，勢必更積極投入產品創新。

所謂「創新」（innovation），是指運用新知識（包括技術知識和市場知識），創造新的產品和服務以滿足消費者的需求而言。創新是發明新事物的過程，會對個人、團體、組織、產業或社會創造新的價值，也可以促使一個企業相對於別的企業處於較低成本的地位，因此，可以說，創新就是一個國家或企業提升競爭力之最重要手段（Clark and Guy, 1998; Afuah, 1998），是一個企業邁向成功經營的重要泉源。

創新是一個過程，也是一項活動，可為資源增添新的能量，進而

創造財富。管理大師Drucker（1986）認為，創新代表一種能夠對外界環境造成衝擊和影響的變革，包括組織和社會方面的變革在內。這種變革必須能為顧客創造更新、更高的價值。基本上，創新並不一定要涉及科技方面的問題，甚至根本就不需要是一個實體的東西，例如，「管理」的工作亦可能有所創新。

　　根據這樣的概念，我們可以將「創新」歸納為下列兩種類型，一是技術的創新（technological innovation），即透過新科技、新市場等新知識的使用，創造和執行新的技術，其結果可以是產品創新（product innovation），也可以是製程創新（process innovation），前者指新的財貨和勞務，後者指新的生產方法；二是管理的創新（administrative innovation），即使用新的管理方法和系統，包括新的組織結構型態或新的管理技巧，例如市場行銷技巧。

　　根據經濟部投審會調查資料顯示，大陸臺商事業的技術來源，超過八成都是由臺灣公司所提供（表11-6），其次主要是來自大陸事業

表11-6　臺商大陸投資事業與其他海外事業技術來源比較（2010年）

單位：%

來源	美國	歐洲	港澳	馬新印菲	越南	大陸
國內母公司	77.53	86.36	66.67	86.36	97.62	84.40
當地自行研發	22.47	13.64	33.33	40.91	11.91	35.15
購買當地技術	4.49	9.09	0.00	2.27	2.38	2.63
當地合資企業提供	3.37	0.00	3.33	9.09	0.00	3.01
臺灣研發機構	6.74	4.55	6.67	4.55	2.38	7.33
當地研發機構	1.12	4.55	0.00	0.00	2.38	2.63
臺灣代工廠商技術移轉	3.37	0.00	3.33	6.82	2.38	4.89
當地代工廠商技術移轉	1.12	4.55	3.33	4.55	2.38	2.26
第三地企業技術授權	1.12	4.55	0.00	9.09	4.76	3.20
其他	4.49	0.00	13.33	0.00	0.00	2.07

資料來源：根據經濟部投資審議委員會《2011年對海外投資事業營運狀況調查分析報告》，民國100年12月，附表20-2。

自行研發。與過去經濟部統計處「製造業對外投資實況」的調查研究結果比較，可以發現大陸投資事業的技術來源，主要仰賴由臺灣公司提供的現象並沒有改變，而大陸事業自行研發在技術創新方面扮演的角色也大致不變。不過，如果與臺商對外投資集中地區如港澳、馬來西亞、越南等地比較，海外事業自行研發的作為和成果，大陸臺商事業的表現並不差。

　　在傳統的跨國企業研究中，一般將企業跨國創新的模式分為中央創新和當地化創新兩種[4]，前者是指母公司利用集中資源從事新的產品和工藝之創造，然後將其運用於全球市場，日本松下電子公司是採用這種創新模式的典型個案，該公司成功地將Panasonic和National兩種品牌在全球市場上推廣。後者則是分散各國的子公司利用他們自己的資源和能力來進行創新，以響應當地的環境需求，荷蘭飛利浦公司在電子消費商品的開發經驗，堪稱為利用此模式最有成就者。相關的實證研究顯示，儘管多數跨國公司都試圖同時利用上述兩種創新模式，不過，一般而言，中央集權結構的全球型公司，為使國際環境的多樣性帶來的困擾（成本）降至最低，大都採用中央創新模式；而在分散聯盟結構的多國籍企業中，則大都採用當地化創新模式，其終極的目的在於迎合東道國當地市場特殊需求，以增加市場占有。

　　根據表11-6的資料顯示，大陸臺商事業的技術創新模式顯然偏向中央集權方式。大陸投資事業與臺灣母公司在研發活動上的分工，以電子資訊產業為例[5]，從產品面來看，臺灣母公司的研發活動大都比較偏向於周邊、針對國際市場、屬於開發階段的產品；而大陸投資事業

4　C. A. Bartlett and S. Ghoshal, *Managing Across Borders : The Transnational Solution*, 2nd ed., (Boston: Harvard Business School Press, 1998).

5　陳信宏、史惠慈、高長，《臺商在大陸從事研發趨勢對臺科技創新之影響及政府因應策略之研究》（臺北：中華經濟研究院，2002年）。

的研發活動則大都比較偏向系統性、針對大陸內需市場、成熟階段的產品。就研發或技術屬性而言,臺灣母公司的研發活動較偏重硬體、產品開發和製程開發;在大陸投資事業的研發活動則傾向於軟體開發、基礎研究、製程調整,以及製程認證與工程支援等方面。這樣的研發分工布局在某種程度上反映出臺灣與大陸在研發方面各擁有其優劣勢,惟大陸臺商事業的新產品開發和新技術取得等研發業務之決策權,基本上仍掌握在臺灣母公司手上。

表11-7資料顯示,臺商各製造業在大陸投資事業主要技術來源,整體而言,最主要是由國內母公司提供和當地自行研發,不過,傳統製造業和其他兩大類製造業取得技術的策略有明顯不同。相對而言,傳統製造業主要技術來源,表示由當地自行研發的比例較高,尤其造紙印刷;而基礎製造業和技術密集製造業的主要技術來源,表示由國內母公司提供的比例則較高,尤其塑膠製品、基本金屬、電子零組件、其他運輸工具等行業。就個別製造業觀察,食品飲料、紡織、成衣與服飾品、造紙印刷、汽車零組件等領域之廠商,由國內母公司提供和當地自行研發技術的情形都相當普遍,與其他領域廠商主要技術取得策略稍有不同。臺灣研發機構是提供大陸製造業臺商主要技術的第三大來源,惟平均只有7.3%左右,各行業中以電腦、電子產品、電力設備、電子零組件等相對普遍些。較特別的是機械設備業,在大陸投資事業中有將近四分之一表示主要技術來自「第三地企業技術移轉」。

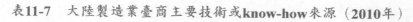

表11-7　大陸製造業臺商主要技術或know-how來源（2010年）

單位：%

	國內母公司	當地自行研發	購買當地技術	當地合資企業提供	臺灣研發機構	當地研發機構	當地代工廠商技術移轉	第三地企業技術授權	其他
傳統製造業									
食品、飲料	88.9	44.4	0.0	0.0	0.0	11.1	0.0	11.1	0.0
紡織	66.7	50.0	0.0	0.0	0.0	0.0	0.0	0.0	0.0
成衣、服飾品	60.0	40.0	0.0	0.0	0.0	0.0	0.0	0.0	0.0
木竹、傢俱	50.0	100.0	0.0	0.0	0.0	0.0	0.0	0.0	0.0
造紙、印刷	100.0	75.0	0.0	0.0	0.0	0.0	0.0	0.0	0.0
非金屬礦物	71.4	42.9	0.0	0.0	0.0	0.0	0.0	0.0	14.3
其他	82.9	31.4	0.0	2.9	8.6	0.0	0.0	0.0	0.0
基礎製造業									
化學製品	86.7	20.0	0.0	13.3	0.0	6.7	6.7	0.0	0.0
化學材料	66.7	20.0	6.7	13.3	0.0	6.7	0.0	13.3	0.0
石油及煤製品	−	−	−	−	−	−	−	−	−
橡膠製品	88.9	22.2	0.0	0.0	0.0	0.0	11.1	11.0	0.0
塑膠製品	100.0	35.0	0.0	0.0	0.0	0.0	0.0	0.0	0.0
基本金屬	90.9	36.4	0.0	9.1	0.0	0.0	0.0	0.0	9.1
金屬製品	87.0	39.1	0.0	4.4	4.4	4.4	4.4	0.0	4.4
技術密集製造業									
機械設備	85.7	47.6	14.3	0.0	4.8	4.8	0.0	23.8	4.8
電子零組件	90.4	31.0	1.4	2.1	10.4	0.7	3.5	1.4	0.7
電腦、電子產品	82.3	38.7	3.2	0.0	14.5	7.1	3.6	0.0	0.0
電力設備	87.5	25.0	12.5	12.5	12.5	0.0	0.0	0.0	0.0
汽車零組件	81.0	61.9	4.8	14.3	4.8	4.8	9.5	9.5	0.0
其他運輸工具	100.0	0.0	0.0	0.0	0.0	0.0	0.0	0.0	0.0
合計	84.4	35.2	2.6	3.6	7.3	2.6	2.3	3.2	2.1

說明：各類來源為複選題。

資料來源：同表11-3。

第四節　經營績效表現

　　有關企業經營績效之研究，一般都是以獲利性作為評估依據[6]，不過，對從事跨國投資的母公司而言，海外投資事業的績效評價，還可以從子公司對母公司整體營運之貢獻來考察，譬如出口市場之拓展、產品品質提升、促進與國外企業策略聯盟等方面。

　　關於臺商在大陸投資企業的獲利性，長期以來一直是各界關注的焦點，中華經濟研究院（1997、1999）[7]的調查研究結果顯示，大陸臺商大約有六成左右的經營績效表現不惡，其餘四成左右的廠商則遭到不同程度的虧損，與其他外商比較，大陸臺商事業的獲利性似乎較差。中華經濟研究院（2003）[8]的研究指出，跨國企業在大陸投資獲利性的影響因素很複雜，投資經驗之累積與地緣關係、語言和文化相似等因素，對企業獲利性的影響皆很重要。此外，內銷比率愈高、愈早進入大陸投資的企業，獲利性愈高。

　　近年來，大陸經營環境已有很大變化，尤其加入WTO後，大陸市場較過去更加開放，跨國企業積極進入的結果，競爭非常激烈，影響

6　A. Yan and B. Gray, "Bargaining power, management control, and performance in United States-Chinese joint venture: a comparative case study", *Academy Management Journal* 37(6), (1994), pp.1478-1517.;P. W. Beamish and R. Jiang, "Investing profitably in China: is it getting harder? *Long Range Planning*, 35, (2002), pp.135-151。

7　中華經濟研究院，《臺商與外商在大陸投資經驗調查研究：以製造業為例》（臺北：中華經濟研究院，1997年）；中華經濟研究院，《大陸經營環境變遷對臺商投資影響之研究》（臺北：中華經濟研究院，1999年）。

8　中華經濟研究院，《製造業廠商赴大陸投資行為轉變及政府因應政策之研究—以電子資訊業為例》（臺北：中華經濟研究院，2003年）。

大陸臺商事業的獲利性。經濟部投審會的調查資料顯示（表11-8），以2010年為例，受訪廠商表示獲利的約占63.5%，其餘廠商表示遭到虧損（約占36.5%）。比較而言，在江蘇投資的臺商獲利性相對較高，而在浙江等地投資的臺商獲利性則相對較低。

　　表11-9資料顯示，製造業臺商在大陸投資事業獲利概況，平均而言，技術密集製造業獲利情形較為普遍，例如機械設備、汽車零組件、其他運輸工具等行業，表示在大陸投資獲利的廠商均超過85%；石油及煤製品、化學製品、化學材料和基本金屬等基礎製造業表示在大陸投資獲利的廠商也都超過八成。在傳統製造業中，以成衣服飾品、非金屬礦物製品等行業的獲利性較為普遍。而虧損面較廣泛的，在傳統產業中包括食品飲料業、紡織業，基礎製造業中包括橡膠製品、塑膠製品，技術密集製造業中則只有電力設備業。大致而言，在大陸投資臺商表示獲利者的獲利率大都落在10%以下（將近五成），成衣服飾品、基本金屬、電腦電子產品、其他運輸工具的廠商的獲利率大部分都在5%以下；而非金屬礦物製品、機械設備、化學材料等行業的廠商的獲利性則普遍較優。表示遭受虧損的臺商，虧損率5%以下者占多數，其他製造業、電子零組件等行業廠商表示虧損率超過10%的比重則相對較高。

　　大陸投資事業的經營績效表現，還可以從其經營對臺灣母公司營運的有利程度考察。2005年，經濟部投審會的調查資料顯示（表11-10），在設定的各項指標當中，認為對母公司「業務多元化」有貢獻者最為普遍，其次為「出口市場拓展」、「加強與國外企業策略聯盟」、「投資規模」和「生產規模」；至於「研究發展經費」、「員工僱用」、「產品品質提升」等方面，表示大陸投資事業對母公司有貢獻的廠商所占比重相對較低。比較觀察在珠三角和長三角投資的臺商對渠等臺灣母公司營運之有利情形，我們發現其特徵大同小異，惟在浙江投資之臺商，針對「出口市場拓展」、「加強與國外企業策略

聯盟」兩項指標，認為有利於臺灣母公司營運者所占比重較低，這種現象可能與浙江臺商較專注於內銷有關。比較而言，生產規模之擴大、產品品質提升、生產技術提升、國內人才僱用、產品多元化等項目，大陸投資事業對臺灣母公司的有利指數，2010年的表現比2005年好了許多。

中華經濟研究院（2003）針對電子資訊業的調查研究結果也指出，臺商到大陸投資企業的營運狀況相當良好，同一期間，臺灣母公司的投資行動相對較趨保守，尤其在生產線數目、產品外包比重、產品直接採購（outsourcing）的比重等方面，大都保持不變；不過，在產品技術層次、產品附加價值、產品自動化程度及產品專業化程度等方面，臺灣母公司積極進行改善的比例仍占多數，而且也積極更新生產設備、擴建工廠等硬體設備方式，提升生產能力。

廠商赴大陸投資對其母公司的經營能力之提升是否有幫助，是各界非常關心的焦點。首先，電子資訊業廠商對大陸投資與在臺灣增加

表11-8　大陸臺商事業盈餘狀況（2005年）

單位：%

盈餘	全大陸	廣東	浙江	江蘇	上海
獲利未滿5%	26.28	33.33	13.04	28.25	24.30
5～未滿10%	21.77	15.00	8.70	24.86	24.30
10～未滿20%	10.98	10.00	13.04	11.30	10.28
20%以上	4.51	5.00	0.00	4.52	5.61
虧損未滿5%	12.94	15.83	30.44	9.04	11.22
5～未滿10%	7.06	5.83	13.04	6.78	8.41
10～未滿20%	5.10	7.50	8.70	4.52	1.87
20%以上	11.37	7.50	13.04	10.73	14.02

說明：表中數字是指稅後盈餘（虧損）除以營業收入的百分比。

資料來源：經濟部投資審議委員會，《2011年對海外投資事業營運狀況調查分析報告》，民國100年12月，附表11-2。

表11-9　大陸製造業臺商獲利概況（2010年）

	獲利				虧損				獲利匯回（萬美元）
	未滿5%	5～未滿10%	10～未滿20%	20%以上	未滿5%	5～未滿10%	10～未滿20%	20%以上	
傳統製造業									
食品、飲料	11.1	22.2	0.0	0.0	55.6	11.1	0.0	0.0	0
紡織	0.0	33.3	0.0	16.7	50.0	0.0	0.0	0.0	0
成衣、服飾品	40.0	40.0	20.0	0.0	0.0	0.0	0.0	0.0	0
木竹、傢俱	–	–	–	–	–	–	–	–	–
造紙、印刷	0.0	50.0	0.0	25.0	0.0	25.0	0.0	0.0	0
非金屬礦物	14.3	14.3	42.9	0.0	14.3	0.0	14.3	0.0	150
其他	28.6	17.1	11.4	2.9	0.0	8.6	8.6	22.9	47
基礎製造業									
化學製品	28.6	42.9	7.1	0.0	14.3	0.0	0.0	7.1	149
化學材料	21.4	28.6	21.4	14.3	0.0	7.1	7.1	0.0	1,937
石油及煤製品	100.0	0.0	0.0	0.0	0.0	0.0	0.0	0.0	–
橡膠製品	42.9	0.0	14.3	0.0	14.3	14.3	0.0	14.3	1,970
塑膠製品	26.3	26.3	5.3	0.0	21.1	5.3	10.5	5.3	62
基本金屬	63.6	0.0	9.1	9.1	9.1	0.0	9.1	0.0	103
金屬製品	13.1	17.4	17.4	13.1	21.7	0.0	4.4	13.1	3,000
技術密集製造業									
機械設備	10.5	36.8	26.3	10.5	5.3	10.5	0.0	0.0	1
電子零組件	22.5	22.5	10.2	4.4	14.5	8.0	9.4	8.7	5,666
電腦、電子產品	44.1	18.6	5.1	5.1	8.5	6.8	0.0	11.9	20,542
電力設備	25.0	12.5	12.5	0.0	25.0	12.5	12.5	0.0	0
汽車零組件	20.0	45.0	20.0	0.0	10.0	0.0	0.0	5.0	2,295
其他運輸工具	66.7	0.0	0.0	33.3	0.0	0.0	0.0	0.0	0
合計	26.3	21.8	11.0	4.5	12.9	7.1	5.1	11.4	35,922

資料來源：同表11-3。

表11-10　大陸投資事業對臺灣母公司營運之有利指數

單位：%

影響項目	2005					2007
	小計	廣東	浙江	江蘇	上海	
投資規模	74.59	70.86	82.36	77.98	72.09	–
生產規模之擴大	70.99	71.76	76.47	78.33	63.75	85.15
出口市場拓展	75.04	79.45	64.71	75.53	71.26	–
產品品質提升	60.36	61.36	52.94	60.15	58.33	97.87
生產技術提升	62.06	63.20	58.83	62.59	58.75	97.94
研究發展經費	58.02	59.20	61.76	55.95	56.26	–
國內人才僱用	59.73	58.59	61.77	62.59	60.01	83.93
加強與國外企業策略聯盟	74.69	76.69	67.65	76.56	70.42	–
產品多元化	81.08	86.51	76.47	80.77	75.00	97.94
財務調度	–	–	–	–	–	80.81

資料來源：依經濟部投審會調查資料計算。

說明：有利指數是由回答「有利」和「不影響」的比重加計而得，其中回答「不
　　　影響」的比重只計一半。

投資並沒有明顯的替代關係，中華經濟研究院（2003）的調查研究結
果顯示，廠商赴大陸投資的決策若無法立即落實，改在臺灣投資的比
率甚低，完全放棄投資或轉赴大陸之外之其他地區投資的情形也很
少，絕大多數會等待適當的時機再提出執行。其次，大陸投資對臺灣
母公司的經營能力提升之助益，主要表現在進入大陸市場能力、生產
成本降低、產品市場整合策略能力、全球市場地位等方面，其他方面
尤其在生產技術、籌措資金與財務調度能力、產品研發及設計能力等
之助益最低。整體而言，大陸投資對臺灣母公司經營能力提升之助益
並不大。這種現象可能與廠商赴大陸投資的動機，即降低成本、拓展
市場和客戶要求有關，母公司與大陸子公司製造產品已有所區隔。

　　總之，兩岸雙邊經貿交流規模日益擴大的結果，已使得臺灣與大

陸的經濟融合程度加深，兩岸產業分工已愈見緊密。根據經濟部統計處「製造業對外投資實況調查」資料，我們發現，臺商在大陸的投資，基本上是在臺母公司或上、下游產業體生產活動的擴張，兩岸產業分工以水平分工為主，其中又以生產相同產品居多；採取水平分工的廠商，在臺灣與大陸兩地生產的產品有所區隔，大致上，尚在臺灣生產的產品，品質或附加價值水準較高；採垂直分工的廠商多以臺灣為上游（生產供應零組件與半成品）、大陸為下游（裝配製造成品）的方式進行。

● 參考文獻 ●

中華經濟研究院（1997），《臺商與外商在大陸投資經驗之調查研究：以製造業為例》，臺北：中華經濟研究院。

中華經濟研究院（1999），《大陸經營環境變遷對臺商投資影響之研究》，臺北：中華經濟研究院。

中華經濟研究院（2003），《製造業廠商赴大陸投資行為轉變及政府因應政策之研究－以電子資訊業為例》，臺北：中華經濟研究院。

高長（2001），「製造業赴大陸投資經營當地化及其對臺灣經濟之影響」，《經濟情勢暨評論季刊》，7(1)，頁138～173。

陳信宏、史惠慈、高長（2002），《臺商在大陸從事研發趨勢對臺科技創新之影響及政府因應策略之研究》，臺北：中華經濟研究院。

經濟部投資審議委員會（2000，2005），《中國大陸投資事業營運狀況調查分析報告》，臺北：經濟部投資審議委員會。

Afuah, Allen (1998), *Innovation Management: Strategies, Implementation and Profits*, New York: Oxford University Press.

Bartlett, C. A. and S. Ghoshal (1998), *Managing Across Borders: The Transnational Solution*, 2nd ed., Boston: Harvard Business School Press.

Beamish, P. W. and R. Jiang (2002), "Investing profitably in China: is it getting harder? *Long Range Planning*, 35, 135-151.

Clark, J and K. Guy (1998), "Innovation and Competitiveness: A Review," *Technology Analysis and Strategic Management* 10(3), 360-395.

Drucker, Peter F. (1986), *Innovation and Entrepreneurship: Innovation and*

Grubel, H.G. and P. J. Lloyd (1975), Intra-industry Trade, London: The Macmillan Press Ltd.

Geng, Cui (1998), "The evolutionary process of global market expansion: experiences of MNCs in China", *Journal of World Business* 33(1), 87-110.

Hooper, V. (2002), "Multinational financing strategies in high political risk countries", School of Banking working paper, University of New South Wales.

Porter, M. E. (1986), "Competition in global industries: a conceptual framework", in M. E. Porter(ed.), *Competition in Global Industries*, Boston: Harvard Business School Press.

Yan, A and B. Gray (1994), "Bargaining power, management control, and performance in United States- Chinese joint venture : a comparative case study", *Academy Management Journal* 37(6), 1478-1517.

兩岸直航對臺灣 12
經濟之影響

自 1949年開始的三十多年期間，由於兩岸處於軍事對抗狀態，兩岸之間基本上是隔絕的。不過，隨著大陸推動改革開放政策，大陸對臺政策相應做了調整，「和平統一」取代「武力解放」，成為對臺政策的主軸。1979年元旦，大陸全國人大常委會發表《告臺灣同胞書》，倡議兩岸間應進行經濟交流，相互發展貿易，開放兩岸通郵、通商、通航（即所謂的「三通」），從此，大陸領導人在歷次對臺政策聲明中，都以實現「三通」作為對臺工作的重點目標。

對於大陸政府所鼓吹的兩岸「三通」議題，臺灣的回應並不積極。1981年4月初，執政的中國國民黨十二全大會通過「貫徹以三民主義統一中國」，放棄反攻大陸之口號，等於是公開宣稱將以和平方式統一中國，初步回應了大陸所提兩岸「和平統一」的提議。針對兩岸「三通」議題，直到1987年11月間，臺灣決定開放臺灣同胞赴大陸探親後才算有了突破。不過，嚴格而言，由於兩岸航權與主權不能分離，兩岸「三通」直航無法避免地涉及政治及國家安全，因此，雙方執政者各有堅持，「三通」直航問題一直是兩岸關係爭論的焦點。本章將集中探討兩岸直航問題。

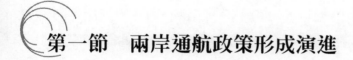

第一節　兩岸通航政策形成演進

一、大陸方面

大陸政府早自1979年提出「和平統一」的對臺政策後，即一再主張儘早實現兩岸「三通」。1979年元旦發表的《告臺灣同胞書》指出：「臺灣與祖國大陸在經濟上本來是一個整體」，「我們相互之間完全應當發展貿易，互通有無，進行交流。這是相互的需要，對任何

一方都有利而無害」。[1]1981年9月30日，大陸人大委員長葉劍英發表談話，進一步闡明「關於臺灣回歸祖國，實現和平統一的方針政策」（即俗稱的「葉九條」），其中第二條提到：「我們建議雙方共同的通郵、通商、通航……提供方便達成有關協議。」大陸交通部也多次公開表示，願就兩岸通航事宜與臺灣交通界、航運界協商，先後於1979年6月，解除中國大陸商船禁止航行臺灣海峽之限制；1981年10月，宣布「臺灣船舶可彎靠大陸港口」之政策，開放通信與海難救助機構對臺灣遇險船舶救助等措施。

1990年3月，大陸民航總局頒布《中國大陸與臺灣間民用航空運輸不定期飛行的申請和批准程序的暫行規定》，並自4月起施行。大陸利用接待臺灣民航事業考察團訪問中國大陸各大機場之際，雙方簽訂合同，大陸同意給予包機飛航大陸沿海城市之「航線許可證」。同年7月1日，大陸民航總局發布《單方經營中國大陸與臺灣間民用航空運輸補償費辦法》，准許臺灣地區航空業者單向經營兩岸航線兩年，試圖以此利誘臺灣民航業者。

1990年12月，大陸在「全國對臺工作會議」中宣示，兩岸通航原則為「一個中國、雙向直航、互惠互利」，屬「國內運輸之特殊慣例方式」，非單純為國內航線，不同意第三國籍船舶介入兩岸通航，並要求臺灣授權團體或個人針對兩岸通航之技術性問題進行協商談判。[2]次年元月，大陸民航總局依「全國對臺工作會議」決議的精神，要求北京、天津、上海、福州、廈門、廣州及海口等機場進行兩岸通航之準備，另選定「華東民航管理局」及所屬中國東方航空公司負責推動

1　參閱高長、張五岳，《兩岸三通問題之探討》，臺灣區電機電子工業同業公會，2000年，頁6。

2　中華經濟研究院，《開放大陸貨品進口對臺灣經濟與產業發展之影響》，臺北：中華經濟研究院，2002年，頁34～36。

表12-1　歷年大陸對兩岸直航政策主張主要文獻

提出時間	主要文件	主要內容
1979/01	全國人大常委會發表《告臺灣同胞書》	主張雙方儘快實現通郵、通商、通航以利兩岸同胞直接接觸、互通訊息及進行經濟交流
1979/06		大陸交通部解除中國大陸商船禁止航行臺灣海峽之限制
1981/09	葉劍英提出九點建議（俗稱「葉九條」）	建議雙方共同為通郵、通商、通航、探親、旅遊及開展學術、文化、體育交流提供方便，達成有關協議
1981/10		大陸交通部宣布臺灣船舶可彎靠大陸港口之政策
1990/03	民航總局頒布《中國大陸與臺灣間民用航空運輸不定期飛行的申請和批准程序之暫行規定》	大陸同意給予包機飛航大陸沿海城市之航線許可證
1990/07	民航總局頒布《單方經營中國大陸與臺灣間民用航空運輸補償費辦法》	准許臺灣航空業者單向經營兩岸航線兩年
1990/12	「全國對臺工作會議」文件	宣示兩岸通航原則為「一個中國、雙向直航、互利互惠」，屬「國內運輸的特殊慣例方式」，不同意第三國籍船舶介入兩岸通航
1995/01	江澤民發表「為促進祖國統一大業的完成而繼續奮鬥」八點主張（俗稱「江八點」）	指出兩岸直接通郵、通商、通航，是兩岸經濟發展和各方面交流的客觀需要，也是兩岸同胞利益之所在，應加速實現直接「三通」
1995/10		臺灣與香港、澳門民航業在雙方政府授權下進行航約談判並達成協議
1996/08	·外經貿部公布《臺灣海峽兩岸間航運管理辦法》 ·外經貿部發布《臺灣海	·先開放廈門、福州兩個港區，作為兩岸間船舶直航的試點口岸。嗣於10月間，再同意兩岸權宜籍船舶通航大陸試點口岸與臺灣境外航運中心港口

表12-1 歷年大陸對兩岸直航政策主張主要文獻（續）

提出時間	主要文件	主要內容
	峽兩岸間貨物運輸代理業管理辦法》	·同意臺灣與大陸海運承攬業間之商業行為
2001/05		大陸批准臺灣的陽明、萬海、建恒、長榮、立榮及正利航業等六家海運公司可從事進出大陸港口的國際班輪運輸業務
2001/11		大陸同意臺灣航空業者可以飛越「三亞飛航責任區」
2002/02		大陸同意對臺北飛航情報區提供國際機場飛航資訊公告；並允許大陸和臺灣的航空公司辦理聯營，以及臺灣的航空公司經營第三地子公司可在大陸設立辦事處
2002/11	交通部公布《關於加強臺灣海峽兩岸不定期船舶運輸管理的通知》	在兩岸通航定位為「兩岸航線」架構下，宣示只有在大陸、臺灣、香港和澳門四地註冊登記的船公司，可申請從事海峽兩岸不定期船舶運輸業務，除非特別需要，不允許使用外國船公司的船舶。外國船公司不得從事兩岸不定期船舶運輸業務
2003/01		同意臺灣之遠東、中華、華信、長榮、立榮及復興等六家民航業者，在春節期間間接包機，提供上海與臺北、高雄之間客運服務
2005/01		在「共同參與、多點開放」原則下，再度開放兩岸春節包機客運服務
2005/09		大陸批准臺灣航空公司飛越大陸領空（第一航權）的申請
2006/07		兩岸專案貨運包機7月19日首航上海
2008/07		7月4日開放大陸居民赴臺灣觀光及週末包機直航，航點包括北京、上海、廈門、廣州

資料來源：作者根據相關文獻自行整理而得。

臺灣通航的工作。

　　1995年10月，臺灣與香港、澳門民航業在雙方政府授權下進行航約談判並達成協議，兩岸空運通航終獲突破。在該協議下，香港方面以各兩家航空公司指定方式經營，航權跨越1997年至2001年6月，並約定雙方航機均不能出現代表國家的旗幟或徽章，臺灣方面並同意含有大陸資本達66%的港龍航空公司飛航臺港航線。臺澳方面，臺灣地區允許大陸資本占50%的澳門航空飛行臺灣，並允許澳門航空以「原班機換編號」、「一機到底」方式飛航大陸地區，而大陸方面則允許臺灣的航空器飛越廣州飛航情報區，並接受深圳進場飛航管制指揮服務。

　　2001年11月1日，大陸民航總局空中交通管理局自國際民航組織（ICAO）接管「三亞飛航責任區」，同意臺灣航空業者依國際慣例及航路運行規則，由臺灣至東南亞航路可以飛越該責任區。次年2月，大陸民航總局華東空中交通管理局依國際公約規定，對臺北飛航情報區提供國際機場飛航資訊公告；此外，並允許大陸的航空公司與臺灣的航空公司辦理聯營，以及臺灣的航空公司經營第三地子公司可在北京設立辦事處。值得注意的是，兩岸通航尚未落實，兩岸業者的合作卻已展開。2001年3月，臺灣之臺灣航勤、中華航空、長榮航空及遠東航空等公司獲大陸批准，共同持股49%投資興建及經營廈門空運貨站公司；同年7月，中華航空公司獲准加入中國貨運航空公司，持股25%，成為海峽兩岸航空公司首次合資經營之貨運航空企業。[3]

　　2000年11月，臺灣與澳門民航關係在五年期航約屆滿後，雙方再簽訂《臺澳航權機密了解備忘錄》，增加客貨班次；而臺灣與香港民航關係在五年期航約期滿後，則歷經一年談判，於2002年6月底由香

3　參閱陳光華，「兩岸加入WTO後兩岸通航與港澳經濟關係之研究」，2001年11月香港會議論文。

港業者與臺灣代表團簽訂《有關臺港之間空運安排》，臺灣各三家航空業者參與及增加客貨班次，提供民航服務。2002年10月，同意澳門航空辦理深圳、澳門至臺北直達貨運班機；2003年元月初，配合臺灣之「大陸臺灣春節返鄉專案」間接包機，同意臺灣之遠東、中華、華信、長榮、立榮及復興等六家民航業者申請於當年春節期間提供上海與臺北、高雄之間，經由香港及澳門中繼往返八航次之包機服務，這項單向（我方）、單點（只有上海）、中停港澳的兩岸通航模式為兩岸中斷五十三年的民航，創下歷史性的新頁。2005年1月，兩岸春節包機在中斷一年後再度成行，在「共同參與、多點開放」的原則下，除了臺灣民航、大陸有中國國際航空、南方航空參與；開放互飛的航點包括桃園、高雄小港、北京、上海、廣州等五個，航線繞經香港飛航管制區。

　　就海上通航政策之演變來看，大陸交通部與外經貿部於1996年8月間曾陸續發布《臺灣海峽兩岸間航運管理辦法》和《關於臺灣海峽兩岸間貨物運輸代理管理辦法》，並先後開放廈門、福州兩個港區，作為兩岸間船舶直航的試點口岸，再一次強調此航線為「特殊管理的國內運輸」，僅大陸或臺灣地區獨資航運公司，以及大陸和臺灣的合資航運公司始得從事兩岸航運業務。[4]1996年8月，大陸政府再發布《關於實施〈臺灣海峽兩岸間航運管理辦法〉有關問題的通知》，同意兩岸權宜籍船舶通航大陸試點口岸與臺灣境外航運中心港口（參閱表12-2）。

4　基本上只有外經貿部批准設立、所有資本均來自大陸的國際貨物運輸代理業，以及外經貿部批准的兩岸合資或合作的國際貨物運輸代理業可經營此航線。

表12-2　1990年代中期兩岸政府關於「兩岸直航」政策比較

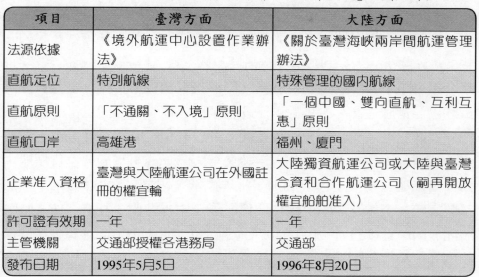

項目	臺灣方面	大陸方面
法源依據	《境外航運中心設置作業辦法》	《關於臺灣海峽兩岸間航運管理辦法》
直航定位	特別航線	特殊管理的國內航線
直航原則	「不通關、不入境」原則	「一個中國、雙向直航、互利互惠」原則
直航口岸	高雄港	福州、廈門
企業准入資格	臺灣與大陸航運公司在外國註冊的權宜輪	大陸獨資航運公司或大陸與臺灣合資和合作航運公司（嗣再開放權宜船舶准入）
許可證有效期	一年	一年
主管機關	交通部授權各港務局	交通部
發布日期	1995年5月5日	1996年8月20日

資料來源：根據兩岸相關辦法整理。

　　1997年5月，大陸政府公布《關於加強臺灣海峽兩岸間接集裝箱班輪運輸管理的通知》，同意臺灣、香港、大陸地區權宜籍船舶及外國籍船舶，可經由第三地經營航行於兩岸定期航線業務。2000年1月底，大陸政府另公布《外商獨資船務公司審批暫行辦法》，同意臺灣業者可在大陸設立獨資船務公司。

　　2002年1月1日，大陸實施《國際海運條例》，隨後分別於4月8日及5月20日公布獲准經營「國際班輪運輸業」名單，包括臺灣的陽明海運、萬海航運、建恒海運、長榮海運、立榮海運及正利航運等六家，可從事進出大陸港口的國際班輪運輸業務。自2003年1月1日起，在兩岸通航定位為「兩岸航線」的架構下，大陸政府宣示只有在中國大陸、臺灣、香港、澳門四地註冊登記的船公司，可申請從事海峽兩岸不定期船舶運輸業務，除非特別需要，不允許使用外國船公司的船舶，外國船公司不得從事兩岸不定期船舶運輸業務。

● 二、臺灣方面

面對大陸政府積極倡議開放兩岸「三通」直航，臺灣官方起初的態度是完全排斥，直到1987年11月開放國人赴大陸探親，嗣於次年8月起，相繼頒布大陸貨品間接輸入、間接投資及技術合作、臺灣貨品間接輸出等措施之後，衍生對兩岸運輸業務之需求，乃同意不定期航線之外籍商船可以經由第三地前往大陸港口載運大宗散雜貨，惟定期航線必須執行兩段式運輸，在香港換裝至大陸（或至臺灣）之貨櫃船，對外籍商船直航於兩岸之間則予嚴厲處罰及限制。1991年3月，通過《國家統一綱領》，明訂兩岸關係發展至中程階段「互信合作」時，將開放兩岸直接三通；1992年7月通過《臺灣地區與大陸地區人民關係條例》，規定兩岸通航、通商等重大決策應經立法院決議始得實施，中、外航商違反兩岸禁航規定者，依法處罰。嗣於同年10月，訂定《航政管理機關處理臺灣地區與大陸地區人民關係條例有關兩岸海運運輸事項作業規定》，規範兩岸間接海運之航政作業。

1995年5月發布《境外航運中心設置作業辦法》，指定高雄港為初期營運港口，將「境外航運中心」與大陸地區港口間航線定位為「特殊航線」，適用於懸掛第三國旗幟之船舶（包括臺灣與大陸地區航商設籍或租用營運之外籍船舶，及外國籍船舶）承運大陸地區輸往第三地或由第三地輸往大陸地區之轉口貨，在臺灣地區「不通關、不入境」轉運（參閱表12-2）。1996年4月，允許大陸地區航商標誌之貨櫃來臺；1997年1月，開放懸掛第三國旗幟之船舶繞經第三地、不須換船航行兩岸定期航線；同年6月，開放含大陸資本20%以內之外國籍航商來臺設立分公司，並解除大陸資本比例逾50%之外籍船舶來臺灣靠泊之限制（表12-3）。

1997年10月，再解除境外航運中心之船舶應以集貨船（feeder）方式之限制，並准許航行往第三地。復於1998年8月修訂，開放臺灣航

運企業可以赴大陸設立代表機構，並同意母船航行境外航運中心航線者，可延伸其航線載運臺灣地區與第三地區國家間之進出口貨物。兩岸船公司經營的國際幹線貨櫃班輪可以掛靠兩岸港口，並可簽發本公司的提單、結匯。2000年6月，將高雄加工出口區納入境外航運中心作業範圍；次年7月，開放境外航運中心准許加工範圍延伸至各類免稅區和辦理陸海空轉運作業。2002年1月間，行政院通過《加入WTO兩岸經貿政策調整執行計畫》，擴大開放大陸地區農工產品進口，以及陸資投資貨運代理等運輸服務業之直接投資、貿易措施；同年9月，行政院通過《自由貿易港區設置管理條例》草案，以國際機場、國際港口設置自由貿易港區，成為兩岸全面開放雙邊貿易的試點。

　　2004年5月，交通部公布「海運便捷化措施」，進一步擴大「境外航運中心」的功能及範圍，實施的港口由原來只有高雄港，擴大包含了臺中港和基隆港，並可與大陸各開放港口間直航，惟只能載運國際貨。2008年11月，兩岸簽署《海峽兩岸海運協議》我方開放了11個港口，陸方開放了48個港口和15個河港，同時規定雙方航運公司參與兩岸船舶運輸在對方取得的運輸收入，相互免徵營業稅和所得稅，以及雙方航運公司可以在對方設立辦事機構及營業性機構。目前陸方開放的港口已增加至70個。

表12-3　歷年臺灣對兩岸直航政策主張及主要文獻

提出時間	重要文件或談話	主要內容
1988/08		同意不定期航線之外籍商船可經由第三地前往大陸港口載運大宗散雜貨，惟定期航線必須執行兩段式運輸。
1991/03	公布實施《國家統一綱領》	明訂兩岸交流至中程階段「互信合作」時，將開放兩岸直接三通。
1992/09	頒布實施《臺灣地區與大陸地區人民關係條例》	規定兩岸通航、通商等重大決策應經立法院決議始得實施，且中、外航商違反兩岸禁航規定者，依本條例處分。

表12-3　歷年臺灣對兩岸「三通」政策主張及主要文獻（續一）

提出時間	重要文件或談話	主要內容
1994/05	公布《臺灣地區與大陸地區民用航空運輸業間接聯運許可辦法》	
1995/05	發布《境外航運中心設置作業辦法》	指定高雄港為初期營運港口，將境外航運中心與大陸的港口間之航線定位為「特殊航線」，適用於懸掛第三國旗幟之船舶，承運貨物在臺灣地區「不通關、不入境」。
1996/04		允許大陸地區航商標誌之貨櫃來臺。
1997/01		開放懸掛第三國旗幟之船舶經第三地航行兩岸定期航線。
1997/06		開放含大陸資本20%以內之外國籍航商來臺設立分公司，並解除大陸資本比例逾50%之外籍船舶來臺灣靠泊之限制。
1997/06	修訂公布《臺灣地區與大陸地區民用航空運輸業間接聯運許可辦法》	同意海峽兩岸民航業者可經由雙方簽訂雙邊聯運協議聯營，以及訂位查詢、行李處理、航空結算、貨運收受、理賠及旅行服務等事宜。
1997/10		解除境外航運中心之船舶應以集貨船（feeder）方式之限制，並准許航行往第三地。
1998/08		准許母船航行境外航運中心航線者，可延伸其航線載運臺灣與第三地區國家間之進出口貨物。
2000/06		將高雄加工出口區納入境外航運中心作業範圍。
2001/01	頒布實施《試辦金門、馬祖與大陸地區通航實施辦法》	開放金門與廈門、泉州、漳州，馬祖與福州之間直接客貨通航的「小三通」。
2001/07		開放境外航運中心辦理海空轉運作業，將民航空運納入境外航運之服務範圍。
2002/01	行政院通過《加入WTO兩岸經貿政策調整執行計畫》	開放陸資貨運代理等運輸服務業之直接投資、貿易。

表12-3　歷年臺灣對兩岸「三通」政策主張及主要文獻（續二）

提出時間	重要文件或談話	主要內容
2002/09	行政院通過《自由貿易港區設置管理條例》草案	以國際機場、國際港口設置自由貿易港區成為兩岸全面開放雙邊貿易之試點
2002/10		同意澳門航空開辦臺北經澳門至深圳直達貨運包機
2002/12	行政院核定《國籍航空公司申請飛航大陸臺商春節返鄉專案間接包機作業辦法》	同意中華、華信、遠東、長榮、立榮及復興航空公司申請臺北、高雄，中繼香港至上海春節包機
2004/05	交通部公布「海運便捷化措施」	擴大境外航運中心的功能及範圍，實施港口除了高雄，另增基隆、臺中，並可與大陸各開放港口間直航。
2005/01	兩岸民間航運協會在澳門，針對春節包機進行協商並達成共識	開放「雙向、直接、多點」大陸臺商春節返鄉包機，互飛五個航點，包括桃園、高雄小港、北京、上海、廣州，航線繞經香港飛航管制區
2005/05		境外航運中心指定港口增加基隆
2005/08	交通部公布臺灣航空公司申請飛越大陸空域（第一航權）作業程序	
2006/01		兩岸春節包機首次將搭乘乘客擴大到所有持有效證件來往兩岸的臺胞
2006/07		擴大實施兩岸專案包機（包括節日包機機制化、專案貨運包機、緊急醫療包機、特定人道包機）
2008/06	與大陸簽署《海峽兩岸包機會談紀要》	開放週末包機，臺灣、大陸各開放5個和8個航點，每週36航班；包機承運人得在對方航點設立辦事機構
2008/11	與大陸簽署《海峽兩岸空運協議》	開放平日包機：大陸再開放16個航點，每週七天不超過108個往返班次；建立直達航路。另開放貨運包機，雙方每月共飛60個往返班次。

表12-3　歷年臺灣對兩岸「三通」政策主張及主要文獻（續三）

提出時間	重要文件或談話	主要內容
2008/11	與大陸簽署《海峽兩岸海運協議》	雙方同意兩岸資本並在兩岸登記的船舶經許可，權宜輪經特別許可，得從事兩岸間客貨直接運輸；開放港口臺灣11個，大陸63個；雙方航運公司可在對方設立辦事機構及營業性機構。
2009/04	與大陸簽署《海峽兩岸空運補充協議》	開放定期航班，含包機班次每週共270班次；大陸航點再增加6個。另增二條新航路，兩岸航空主管部門建立聯繫機制。
2010/11	修正兩岸空運補充協議	開通松山－上海虹橋航線；大陸增加兩個航點、客運航班增加100班、貨運增20個航班（大陸增4個航點）、定期航班之外加20班包機額度。
2010/02	修正兩岸空運補充協議	大陸新增4個客運航點。
2011/06	修正兩岸空運補充協議	客運航點臺灣新增1處，大陸新增4處；客運總班次每週各增94班；貨運班次雙方每週各增4班；臺南、高雄新增為不定期包機航點。

資料來源：作者根據相關文獻自行整理而得。

　　為使香港主權歸屬變更後臺灣與香港間海運通航得以維繫，1997年4月初公布《香港澳門關係條例》，規範臺灣與香港、澳門間運輸，定位港澳為「第三地」；同年5月，臺港兩地船東協會經委任授權方式協商，簽訂「臺港海運商談記要」，達成臺灣地區登記商船進入香港港口，以及在香港註冊商船進入臺灣地區開放港口，均暫不懸掛旗幟之權宜共識與務實做法。2000年12月中旬通過並自次年1月1日開始實施《試辦金門、馬祖與大陸地區通航實施辦法》，開放金門與廈門、泉州、漳州、馬祖與福州之間直接客貨通航的「小三通」。

　　在空運方面，由於民航通航涉及航權問題，較為複雜，協商不

易，初期只有經由雙方民航業者的交流與業務合作方式，改善必須經由第三地轉機的不便。1994年5月，交通部通過《臺灣地區與大陸地區民用航空運輸業間接聯運許可辦法》，並於1996年8月及1997年6月修正，同意海峽兩岸民航業者可經由雙方簽訂雙邊聯運協議聯營，以及訂位查詢、行李處理、航空結算、貨運收受、理賠和旅行服務等事宜。1997年3月，財政部並同意海關受理大陸籍航空公司開立大陸內部起運，經第三地轉運臺灣地區之貨運提單。

2001年7月，境外航運中心擴及辦理海空運轉運運轉作業，將民航空運納入境外航運之服務範圍。2002年1月16日，行政院通過《加入WTO兩岸經貿政策調整執行計畫》，開放大陸地區農工產品進口，以及「陸資」投資航空器維修、空運銷售和行銷電腦訂位系統等航空服務業。

2000年11月，完成與澳門航空公司簽訂「臺澳（門）航權機密了解備忘錄」，又於2002年6月底，在歷經一年協商後，與香港民航業完成簽訂「有關臺港之間空運安排」。交通部民航局並自2002年2月20日起，同意依國際民航公約規定，將臺灣地區國際機場飛航公告傳送大陸「民航總局華東空中交通管理局航行情報中心」參考，2002年10月，同意澳門航空開辦臺北經澳門至深圳直達貨運班機；同年12月4日，行政院核定「國籍航空公司申請飛航『大陸臺商春節返鄉專案』間接包機作業辦法」，同意中華、華信、遠東、長榮、立榮及復興航空公司申請臺北、高雄，中繼香港至上海春節包機。

2003年1月13日，行政院同意澎湖可辦理國際包機飛航澳門轉至大陸地區；為規避美伊戰爭危及中東航路安全，交通部及大陸委員會在2003年3月間同意中華航空、長榮航空可依「國際慣例」，由泰國曼谷經B330、B225航路飛越大陸領空至歐洲。

兩岸空運直航在2003年開始實施春節包機，2006年進一步擴大專案包機，包括節日包機制度化、專案貨運包機、緊急醫療包機、特定

人道包機等4項。2008年5月國民黨再度執政後，積極推動兩岸空運直航，先後透過海基、海協兩會制度化協商平臺，簽署《海峽兩岸包機會談紀要》，自2008年7月開始實施週末包機，每週36個往返班次；簽署《海峽兩岸空運補充協議》，自2009年8月開始實施定期航班，每週270個往返班次。在前述協議的基礎上，透過兩岸航空主管部門聯繫機制平臺不定期進行協商，開放的範圍不斷擴大，迄目前為止，陸方開放的航點已由初期的5個城市，增加到目前的41個，我方則由8個增加至9個；航班部分則由原來每週36個航班增加為目前的558班，外加每個月20個航班的不定期旅遊包機。貨運容量班次由每週28班次增加至56班。

第二節　開放兩岸直航的經濟效益模擬分析

開放兩岸直航可創造的經濟效益是十分明顯的。首先，兩岸直航若能實現，則兩岸之間的交通運輸不需繞經第三地，可以節省運輸成本，包括貨幣成本（即指運輸費用）和時間成本。陳麗瑛等人（2002）針對相關企業調查結果顯示，兩岸直航將使貨物運輸（海運）費用節省14.56%，使人員往返兩岸的貨幣成本節省27.12%。就貨物空運來看，以臺北、上海和臺北、廈門航線為例，直航運送的時間約僅需目前非直航時間的四分之一；若再考慮臺北、北京和臺北、廣州等兩個航線，以2002年該四個航線兩岸進出口空運貨物量估計，直航一年可以節省三分之一以上的運費。

另外，根據行政院於2003年提出的「兩岸直航之影響評估重要結果摘要」報告[5]，針對直航對運輸成本的影響，指出海運直航可以節省

5　行政院各有關機關，「兩岸『直航』之影響評估重要結果摘要」，未發表，

相關運輸成本每年估計約新臺幣8.2億元（據不同估計從8億元至12億元）；運輸時間則約可減少一半（以不經石垣島估計每航次可節省16至27小時）。空運方面，直航可節省旅客旅行成本估計每年約新臺幣132億元（以多航點直航估計），旅行時間節省860萬小時；貨物運輸成本每年約可節省新臺幣8.1億元，運輸時間則可節省26萬頓小時（空運直航因各種假設條件不同，成本估計有甚大差異）。對個別企業而言，因海、空運直航可節省的運輸成本估計約一成五至三成，且運輸時間縮短可減少產品庫存及增加生產效率，有助於降低整體營運成本。對航運業者的利益來說，以空運業者受益較大，海運業者受益較有限。

其次開放兩岸直航後，對臺灣產業結構將造成衝擊。因為直航使得運輸方便、時間成本更節約，兩岸在經濟上、區位上相對的優勢地位會因而展現出來，產業投資也會跟著改變，這對臺灣整個產業結構之調整將造成很大的影響。比較低階的產品或屬較低附加價值的產品，抑或是勞力密集、需要利用較多勞動力的製造業，可能會增加到大陸投資，這樣的調整將促進臺灣產業結構的轉型與升級。

開放兩岸直航將增進兩岸之投資及貿易關係。根據經濟部2001年《製造業對外投資實況調查報告》[6]，有23.2%的受訪廠商表示兩岸三通後，將增加在臺灣投資，其中大型和中型企業表示將增加在臺灣投資的比率均超過三成；按四大行業別來看，資訊電子工業表示將增加在臺灣投資者所占比率最高，達29.9%，其次依序為金屬機械工業（占22.4%）、化學工業（占20%）、民生工業（占17.9%）。另外，有62%的受訪廠商表示兩岸開放三通後，在臺灣之投資將維持不變；表

民國92年8月15日，頁1。

6　經濟部，《製造業對外投資實況調查報告》，臺北：經濟部統計處，2001年。

示將減少在臺灣投資者只占15%，其中大都屬於在臺灣競爭力已逐漸喪失的勞力密集產業。在對大陸投資方面，陳麗瑛等人（2002）之研究發現，兩岸三通直航後，臺灣製造業對大陸投資平均將增加6.7%，其中增加幅度較高的產業包括基本金屬及金屬製品（22.5%）、塑膠製品（22.7%）及成衣服飾品（20%）。臺灣在全球化潮流之衝擊下，經濟結構已面臨轉型，原有不具經濟效益之產業不得不外移，在語言、地利等因素考量下，前往中國大陸可說是合理的選擇。開放兩岸直航，將有利於臺灣製造業者在兩岸投資布局，更有效利用大陸成本低廉及廣大市場腹地的優勢，建立有利於提升臺灣產業競爭力的產業分工體系。

第三，開放兩岸直航，有利於國際貿易人士的往來，更有利於吸引跨國企業來臺投資。直接通航便利兩岸商貿交流，加上兩岸同文、同種，以及臺灣在管理和技術方面具有優勢條件等因素，有利於外商利用臺灣作為其經營大陸市場之跳板。近年來，外商來臺直接投資已不像過去那麼熱絡，在臺美僑、歐僑商會歷年提出的白皮書都指出，兩岸之間持續不能三通，是影響外資來臺投資意願的主要因素。換言之，缺少了三通的支持，臺灣原本具有的製造、營運、服務等方面的優勢逐漸褪色。前美國在臺協會處長包道格即曾指出，兩岸直航遲未開始，臺灣競爭力將逐漸喪失。美僑商會在臺會員在兩年內流失百家。[7]

跨國企業對大陸市場一直抱有高度興趣，不過，由於大陸經濟處於轉型期，信用體系不夠健全、政策不透明、人治色彩濃厚等因素造成投資風險偏高，外商對大陸投資時多所顧慮，若能開放兩岸三通直航，勢將有利於跨國企業來臺投資並與臺商策略聯盟，共同開發大陸市場。跨國企業來臺直接投資增加，將進一步促進臺灣經濟國際化，

7　《聯合報》（臺北），2002年9月27日，十五版。

有利於建立臺灣成為亞太運籌中心，並在無形中帶給臺灣更大的國家安全保障。

第四，開放兩岸直航有助於改善兩岸關係。開放兩岸直航代表著兩岸的交流正常化，有助於降低雙方敵對狀態，藉以改善兩岸關係，這對改善臺灣投資環境（非經濟因素方面），會有明顯的正面作用。因此，將有助於外商到臺灣投資，與臺灣產業進行策略聯盟，共同開發大陸市場。由於不少臺資企業在大陸投資成功，相對於其他外資企業臺商特殊的經營模式受到高度肯定，甚至成為同業爭相取經的典範。近幾年來，有不少美、日企業到臺灣找尋共同進入大陸市場的合作伙伴，或洽談與臺灣廠商策略聯盟，以進入大陸市場。由此可知，開放兩岸直航是改善兩岸關係的關鍵指標，兩岸關係改善，對臺灣經濟穩定發展具有正面的作用。

兩岸「三通直航」一旦開放，各界最關注的議題莫過於是否導致臺灣產業外移和資金外流過多，最後造成臺灣產業空洞化和總體經濟衰退。為解答這個問題，學術界早在開放兩岸直航前即利用GTAP（Global Trade Analysis Project）模型估計開放直航對兩岸經濟發展的影響。[8]舉例來說，翁永和等人的研究指出，兩岸開放直航對臺灣與大陸總體經濟之影響，無論是實質GDP的變動、貿易條件或是社會福利方面，都具有正面的作用（表12-4）。

8　GATP模型是由美國普渡大學（Purdue University）全球貿易研究中心（Center for Global Trade Analysis）所建立的多地區、多部門可計算一般均衡全球貿易分析模型（含資料庫）。該模型是由各地區之次模型組合而成，其次模型內部乃依據會計恆等式及行為方程式在新古典經濟理論下所建構，而這些次模型再透過雙邊與多邊國際貿易的聯結並達到均衡，而形成全球一般均衡模型。

表12-4 開放直航對臺灣與大陸經濟之影響

	單位	臺灣		大陸	
		海運直航	海空直航	海運直航	海空直航
實質GDP	%	0.027	0.030	0.038	0.042
貿易條件	%	0.580	0.648	0.311	0.348
社會福利	百萬美元	1,033	1,150	985	1,090

資料來源：翁永和等人（2001）。

Chou等人（2002）的研究亦發現（表12-5），加入WTO後兩岸關係調整，開放兩岸直航對臺灣與大陸的GDP變動、貿易條件和社會福利效果，無論在短期間（一年內）或長期間，都會有正面的效益，尤其長期的經濟效益更大。另外，表12-5的資料顯示，開放兩岸直航後，臺灣的投資將會增加，惟幅度均低於1%；相對而言，大陸的投資

表12-5 開放直航對兩岸總體經濟之影響(一)

	單位	臺灣		大陸	
		短期	長期	短期	長期
GDP	%	0.04	0.39	0.02	0.84
投資	%	0.62	0.91	2.26	2.27
出口	%	0.29	0.71	−1.53	0.33
進口	%	1.21	1.48	1.90	2.00
貿易餘額	百萬美元	163	346	−6,260	−2,754
貿易條件		0.82	0.73	0.84	0.43
社會福利	百萬美元	1,418	2,141	3,247	6,463

資料來源：Chou等人（2002）。

說明：1.加入WTO後的兩岸關係直航效果。

2.短期是指增加固定投資只有刺激國內需求但對生產不造成影響；長期則是對生產造成影響。

3.假設航運成本可節省40%；臺灣對大陸投資增加2.27%。

增加幅度大一些,超過2%。另一方面,開放兩岸直航有利於臺灣出口和進口擴張,貿易餘額亦會增加;對大陸而言,貨物出口在短期呈現負成長,長期則呈現擴張效應,進口貿易將維持2%左右的成長。陳麗瑛等人(2002)的研究結果顯示,開放兩岸直航對臺灣與大陸總體經濟的影響都是正面的(表12-7)。

表12-6　開放直航對臺灣總體經濟之影響(一)

	單位	A	B		C	
			B1	B2	C1	C2
實質GDP	%	0.0098	0.0017	0.0072	0.2136	0.2191
貿易條件	%	− 0.0035	0.6392	0.3534	0.5850	0.2992
實質貿易餘額	百萬美元	− 1.98	85.09	46.60	185.41	146.92
國內投資	%	0.0131	0.6261	0.3596	0.8141	0.5475

資料來源:高長等人(2002)。

說明:1.在WTO架構下,全面放寬赴大陸投資限制。

　　　2.在A的情境下,再考慮開放兩岸直航。

　　　3.在B的情境下,同時考慮整體對等投資。

　　＊兩岸直航使運輸成本節省幅度,假設39%(B_1、C_1)和20%B_2、C_2)。

表12-7　開放直航對兩岸總體經濟之影響(二)

	單位	臺灣	大陸
GDP	%	0.15	0.06
貿易餘額占GDP	%	0.04	0.01
貿易條件	%	0.24	0.16
社會福利占GDP	%	0.25	0.09
勞動工資率	%	0.45	0.11

資料來源:陳麗瑛等人(2002)。

　　高長等人（2002）亦曾利用第五版GTAP資料庫可計算一般均衡模型，在各種模擬政策情境下估計臺灣經濟可能受到的影響。首先，考慮在WTO架構下，全面放寬對大陸投資限制可能造成的影響，模擬估計結果發現，放寬廠商赴大陸投資限制對臺灣的實質GDP成長及投資均有正面助益；在實質貿易餘額的變動方面，臺灣貿易餘額約減少200萬美元，而臺灣的貿易條件也將處於不利的局面（表12-6A欄）。

　　其次，在前述模擬情境的基礎上，增加考慮開放兩岸直航的因素，假設兩岸直航可節省運輸成本39.3%（表12-6B欄），估計結果顯示，無論實質GDP成長、貿易條件、國內投資或是實質貿易餘額均呈現有益的效果；當我們考慮兩岸直航運輸成本節約的幅度縮小時（假設20%），則額外考慮兩岸直航下，放寬赴大陸投資限制對臺灣經濟的影響，就實質GDP成長、實質貿易餘額、貿易條件、國內投資金額等各項指標來看，對臺灣也都有利。令人好奇的事，開放兩岸直航對臺灣的實質GDP成長、貿易條件、實質貿易餘額和投資等指標雖都具有正面的效果，當運輸成本節省幅度較小時，開放兩岸直航對實質GDP成長的影響較為顯著，而對於貿易條件、實質貿易餘額和國內投資等三項指標的影響效果較低。

　　比較表12-6A欄和B欄實質GDP成長變動的情形，我們發現，在放寬對大陸投資限制下，增加開放兩岸直航後對臺灣實質GDP成長的助益，反而比不開放兩岸直航的效果縮小，其中意謂著，開放兩岸直航有可能對臺灣經濟帶來不利的影響，惟在目前的假設情境下，實質GDP的變動效果仍然為正，顯示援用適當的配套政策措施，消極地會有助於減輕開放兩岸直航可能帶給臺灣的負面影響，甚至於具有加成的正面效益。表12-6C欄資料顯示，當我們在放寬對大陸投資限制及開放兩岸直航的基礎上，同時考慮在臺灣對等投資時，各項總體經濟指標均呈現正面的效果。比較表12-6A、B、C三欄，可以發現額外考慮在臺灣對等投資，對臺灣經濟的正面影響非常大。

　　值得注意的是，開放兩岸直航對臺灣產業結構之調整將造成明顯的影響，表12-8A欄資料顯示，只考慮放寬對大陸投資限制時，各產業中除農業、食品加工、成衣及其他製品等行業面臨實質產出減少的不利地位外，其餘產業之產值均呈現增加。不過，當再額外考慮開放兩岸直航時（表12-8B欄），臺灣的農產、礦業、食品加工等十五個行業的實質產出水準均呈現衰退的局面，其中成衣、木材製品、汽車及其零件、其他運輸工具等產業的衰退幅度均超過1%；而紡織、塑化、紙及紙製品、石油及煤製品等行業的實質產出則有不同程度的成長。當再考慮配套措施，例如鼓勵廠商在臺灣對等投資時，表12-8C欄的資料顯示，各產業實質產出水準的變動，衰退產業衰退的幅度明顯減輕，而成長產業成長幅度提升。不過，從表12-8C欄呈現的估計結果看來，顯然，開放兩岸直航將擴大臺灣產業結構調整的幅度。

表12-8　開放直航對臺灣產業結構的影響

	A	B	C
農產品	−0.031	−0.183	−0.142
礦業	0.008	−0.127	0.061
食品加工	−0.006	−0.131	−0.043
紡織	0.038	2.586	2.816
成衣	−0.006	−1.526	−1.315
皮革及基製品	0.224	0.258	0.485
木材製品	0.037	−1.084	−0.883
紙及紙製品	0.012	0.361	0.578
石油及煤製品	0.013	0.314	0.521
化學、橡膠及塑膠	0.024	0.958	1.205
非金屬礦物製品	0.009	0.210	0.465
鋼鐵	0.001	−0.276	0.070

表12-8　開放直航對臺灣產業結構的影響（續）

	A	B	C
非鐵金屬	0.032	−0.104	0.258
金屬製品	0.010	−0.581	−0.334
機械設備	0.012	0.199	0.460
電機電子產品	0.009	−0.773	−0.486
汽車及其零件	0.014	−1.104	−0.734
其他運輸工具	0.010	−1.348	−0.999
其他製品	−0.005	−0.130	0.059
電力	0.011	0.262	0.479
天然氣	0.007	0.129	0.291
自來水	0.008	0.020	0.215
營建工程	0.012	0.253	0.451
金融服務	0.008	−0.064	0.171
商業服務	0.010	−0.056	0.200
其他運輸服務	0.007	−0.260	−0.079
其他服務業	0.001	0.004	0.119

資料來源和說明：同表12-7。

第三節　開放兩岸直航的政策論辯

　　從經濟面考量，開放兩岸直航對臺灣並非萬無一失，反對開放的人士認為，兩岸直航降低了雙邊交流的成本，將促使兩岸交流規模更加擴大，臺灣的經濟、社會結構將面臨巨大的調整壓力。經常被提出的論點至少包括以下幾個構面，首先，大陸物品進口增加及大陸臺商產品回銷，可能衝擊臺灣境內的產業，並造成兩岸雙邊貿易順差縮小及臺灣通貨緊縮問題；其次，臺灣人民將擴大赴大陸觀光旅遊、從事

商務活動、消費乃至購買房地產，可能造成臺灣內需萎縮及房地產景氣低迷；第三，臺商赴大陸投資將擴大，可能進一步造成資金、人才、技術流向大陸，從而排擠在臺灣投資；第四，臺灣經濟結構將大幅改變，可能使結構性失業問題增加，而中高級人力、技術人才等隨企業投資赴大陸工作，則可能造成臺灣面臨短缺的問題。

在經濟面的考量之外，「國家安全」長久以來一直是反對開放兩岸直航人士的基本訴求。兩岸直航對安全的影響，首在對國家安全之衝擊，其次為對經濟及社會安全之衝擊。直航對國防安全之衝擊與影響，主要包括安全防衛以及國防戰略與部署兩方面，前者可能出現立即的威脅，因為開放直航，尤其空運直航將使臺灣的空防縱深大幅縮減；就後者來看，為因應直航後兩岸關係新的形勢，兵力及各種軍事部署勢需作調整，各種有形或無形的負擔將大為增加。

由於兩岸錯綜複雜的關係，使得政治、社會、經濟等安全層面問題不易有清楚的界線，因而增加安全管理上的複雜度與困難度。就政治面來看，由於中共將直航視為「一個國家內部的事務」，並主張「一個中國」原則及「一國兩制」，反對者認為，屈從於中共預設的這些前提而開放兩岸直航，勢必對國家主權造成嚴重傷害，其成本難以估計。直航對社會安全的影響，主要包括社會治安、疫病防治負荷增加等方面。目前的兩岸交流已對國內治安構成負面影響，包括偷渡、非法打工、逾期居留、走私、組織犯罪等，直航可能加劇上述治安問題。另外，兩岸人民的通婚與大陸人士依親來臺的案例不斷增加，可能形成另類的社會問題。

臺灣經濟安全受到衝擊，主要是因直航可能加速兩岸經濟結合的深度及廣度，造成臺灣產業發展及經濟結構的根本變化，衍生的經濟安全問題主要包括：臺灣經濟對大陸市場的依賴度大幅提高、產業空洞化及失業問題的衝擊、金融風險升高、核心技術可能流失，乃至經濟可能走向邊緣化等。

　　贊成開放兩岸直航的論者認為，儘管國家安全顧慮的重要性不容被忽視。但「直航」是否為影響國家安全的必然因素，其實仍有討論的空間。一般而言，影響國家安全之因素很多，舉凡國內政治情勢及國際情勢之變化，均會影響國家安全。若因「三通」會威脅國家安全，而將一些經濟活動加以限制，是否有因噎廢食、矯枉過正之嫌，值得進一步探討。

　　支持者進一步指出，不開放兩岸直航並不代表臺灣的國防安全即可獲得保障。蓋臺灣海峽之天然屏障對國防安全之保障原本即相當有限。另外，不開放三通直航是因為兩岸仍處於政治敵對狀態的說法，那麼開放「三通」是否有助於兩岸降低敵對狀態，甚至於促進和平的氛圍，值得深思。

　　兩岸「三通」遲未開放，臺灣在經濟利益上遭受的損失似乎逐漸明顯，表現最為具體的是臺灣國際港埠（尤其是高雄港）營運業務成長幾乎陷於停滯，發展臺灣成為跨國公司進軍大陸市場之跳板，以及發展臺灣成為全球運籌中心的計畫進展有限，因而造成臺灣經濟成長能量減低。

　　其次，開放直航是否對臺灣社會安全更加不利，也非絕對。臺灣是一個開放的社會，國際交流頻繁，在交流的過程中出現一些衝擊臺灣社會安全的問題在所難免，關鍵在於是否能夠建立一套完善的管理機制，做好事前的防範和事後的處置，以降低社會成本。支持開放的論者認為，就現實面來看，兩岸交流如果沒有辦法禁止，則應回歸正常化及有效管理的層面作思考。過去一段期間，兩岸交流帶給臺灣社會治安的負面影響，有一些是因管理不善所產生，譬如假結婚事件；有一些則是因嚴格管制的副作用，譬如走私、偷渡等。推動兩岸正常化交流並落實有效管理，因開放直航而使兩岸交流規模擴大，不必然會增加臺灣社會安全成本。

　　第三，開放直航對臺灣的經濟安全威脅將增加，主要是因兩岸經

貿交流規模擴大，加深經濟融合，臺灣經濟容易受到大陸經濟波動的影響，或遭到大陸當局之經濟制裁和貿易報復。不過，支持開放者指出，經濟波動有其徵兆和一定的規律，可依經濟法則加以預測並早做預防。另外，大陸應不會肆無忌憚地對臺灣採取全面性的經濟制裁和貿易報復行動，理由之一是兩岸都已加入WTO，在WTO的國際規範下，單獨對臺灣採取經濟制裁不符合國際規範；理由之二是經濟上的相互依賴程度提高，會使得大陸對臺灣採取各種經濟對抗行動中，因為自己也必須付出昂貴的經濟代價，而在決策態度上傾向較謹慎。

就產業外移衍生的資金外流問題來看，的確，過去多年來臺灣企業在國內面臨成本高漲的壓力，以及中國大陸積極進行招商引資的誘引下，前往中國大陸投資者絡繹於途。不過，這種現象毋寧是產業結構調整的正常現象。企業依市場法則在全球各地投資布局，是不可阻擋的潮流，試圖透過行政干預加以阻止，將難以奏效。換個角度說，在正常情況下失去生存條件的企業外移，資源得以重新配置，較高生產力的新企業進入並促進產業轉型升級，對臺灣經濟持續發展有利。高長（2006）的實證研究結果顯示，過去多年來，臺商對大陸投資與兩岸雙邊貿易持續發展，已使得兩岸產業分工更趨緊密，過程中儘管對臺灣社會曾造成一些負面的影響，例如，產業結構調整帶來部分人失業的問題，但是企業投資大陸對臺灣產業轉型和發展基本上有一定程度的貢獻，對臺灣經濟整體而言利大於弊。[9]

兩岸經濟比較優勢具有明顯的互補性，過去二十多年雙邊經貿交

9　相關的實證研究發現，縱使臺灣廠商對大陸投資導致國內生產線之調整，但這種產業結構調整並不必然帶來產業空洞化的後果，相反的，卻有助於產業技術升級及增強個別企業在國際市場競爭優勢。詳細請參閱Tian-jy Chen and Ing-hua Ku(1998), *Foreign Direct Investment and Industrial Restructuring: The case of Taiwan's Textile Industry*, paper presented at East Asian Economic Seminar, Osaka, Japan；高長（2001）。

流，對臺灣和大陸經濟發展基本上創造了互利雙贏的結果，可說是皆
大歡喜。儘管有論者稱兩岸經濟融合程度加深，兩岸政治對立氛圍並
未因而改善，臺灣經濟安全受到的威脅愈來愈嚴峻。事實上，壯大臺
灣經濟實力是保障臺灣經濟安全的有效途徑，而在全球化潮流下，能
否善用大陸的資源和市場腹地，攸關臺灣經濟持續發展。開放兩岸直
航，促進兩岸經濟整合，有利於壯大臺灣經濟實力；而為了避免兩岸
經濟融合程度加深，不利於臺灣的經濟安全，朝野應致力於避免激化
兩岸的政治對立氛圍，力促兩岸經貿關係正常化發展，可能才是正確
的途徑。

　　兩岸互信基礎似不足，政治對立不減，對於臺灣建構國家經濟安
全極為不利。首先兩岸政治對立升高，臺灣的投資環境面臨嚴重的不
確定性，將影響廠商的投資意願，尤其不利於吸引外國直接投資，提
升臺灣經濟國際化；其次，兩岸政治對立升高，容易陷入情緒性反
應，大陸當局非理性的對臺採取經濟制裁，或甚至發動戰爭的可能性
增加。果真如此，臺灣淺蝶式經濟特性，受創必定更為嚴重。政治關
係和諧、兩岸和平將有助於臺灣經濟穩定發展，而經濟實力持續壯
大，是臺灣國家安全最大的保證，因政治面考慮而採取自我設限的政
策，不利於提升臺灣的國際競爭力和整體經濟實力，國力衰退如何談
國家安全呢？

　　由於兩岸之間存在爭奪國家主權和領土的紛爭，大陸當局又不諱
言要透過經貿交流遂行其併吞臺灣的政治意圖，因此，兩岸經濟融合
對臺灣將衍生政治風險，任何政策的鬆綁不能不謹慎。然而，不可否
認的是，基於大陸經濟崛起並在國際分工格局中占有重要地位，同時
也基於臺灣島嶼型經濟，在全球化潮流下必須積極參與國際分工，與
大陸經濟進一步交流與合作無可避免，因政治考慮而不開放直航，限
制兩岸經濟交流與合作，在市場力量作用下，勢必難以奏效，反而是
過於保守的鎖國政策對臺灣經濟發展不利，付出的代價可能更高。

　　綜合上述分析，開放兩岸直航對臺灣經濟長期發展的利弊互見，關鍵在於能否擴大其正面的影響，並減少其負面的衝擊，而其中又以臺灣能否全面改善投資環境及生活品質，增強經濟吸引力，吸引包括中國大陸在內的國際資金及高級人才進入臺灣，確保臺灣經濟的領先優勢最為重要。

第四節　兩岸直航對臺灣產業的影響

　　2008年6月中旬，中斷多年的海基、海協兩會制度化協商恢復舉行，並針對兩岸週末包機、大陸地區人民入臺觀光等兩項議題協商達成共識，簽署協議。就「週末包機」議題部分，雙方敲定兩岸週末包機自7月4日正式啟航；包機航路暫時繞經香港飛航（行）管制區；在航點方面，大陸同意先行開放北京、上海（浦東）、廣州、廈門、南京等5個航點，並陸續開放成都、重慶、杭州、大連、桂林、深圳，以及其他有市場需求的航點。臺灣同意開放桃園、高雄小港、臺中清泉崗、臺北松山、澎湖馬公、花蓮、金門、臺東等8個航點；航班次每週各飛18個往返班次。「大陸觀光客入臺」議題部分，雙方敲定7月4日啟動入臺旅遊首發團；每團人數限10人以上，40人以下，在臺停留期間不超過10天；第一年旅遊人數配額以平均每天3,000人次為限，第二年雙方可視情況協商作出調整。

　　2008年11月初，海基、海協兩會正式協商會議首度移師臺北舉行，會議結束時簽署了四項協議，包括《海峽兩岸空運協議》、《海峽兩岸海運協議》、《海峽兩岸郵政協議》、《海峽兩岸食品協議》等。該四項協議已在12月中旬正式生效並付諸執行。至此，議論多年的「大三通」終於實現。2009年4月，兩岸進一步簽署《海峽兩岸空運補充協議》，兩岸航空直航由平日包機模式改為定期航班，且航點、

航班大幅增加。

空運、海運、郵政等三大協議之簽署，對兩岸關係發展具有重大的意義，一方面對促進兩岸經貿關係正常化具有積極的作用，另一方面對增進兩岸互信與臺海和平穩定，以及今後兩岸制度化協商發展具有深遠的影響。政府希望，臺灣的經營環境更加開放及自由化，可以吸引更多跨國企業來投資，將臺灣作為前進中國大陸及東南亞市場的營運基地；也能夠吸引海外臺商返臺投資。換句話說，透過鬆綁兩岸三通，增加企業運籌和布局的靈活彈性，最終目的在於落實「深耕臺灣、連結全球」的目標。

兩岸「大三通」正式啟動，對臺灣而言，最直接的效益是，可以大幅降低兩岸間交通運輸的時間及費用，提升兩岸運輸效能及臺灣整體的競爭力，重建臺灣在亞洲乃至亞太地區的經濟戰略地位，並強化臺灣與國際市場的連結。根據相關統計，目前兩岸雙邊貿易總額超過1,690億美元，大陸是臺灣的第一大貿易伙伴（約占臺灣對外貿易總額的30%左右），最大的出口市場（約占臺灣總出口值40%），第二大進口來源（約占臺灣總進口值的15%）。此外，臺灣居民往返兩岸的數量每年超過500萬人次。兩岸交流規模這麼龐大，長期以來都是透過第三地間接進行，對於當事人或企業造成不便及巨大的額外成本負擔。

兩岸直航後，客、貨運輸直接通行，可以實現省時、省錢、節能的直接效益。以海運業為例，在兩岸直航之後，交通部估算平均每航次可以節省16～27個航行小時，可節省約15%～30%的運輸成本。運輸時間節省將可大幅提升兩岸物流的配送效率，對於生產事業而言，不只可以節省運費，更可以降低存貨成本，增加運籌管理的靈活度。另外，兩岸直航並可節省行經第三地的結關費用及燃料費，若以每航次節省30萬元新臺幣及每年以4,000航次估算，則每一年可以省下約12億元的費用。

再以空運業為例，在航道截彎取直後，航程可大幅縮短，就桃園

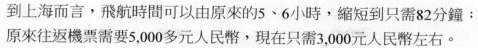

到上海而言，飛航時間可以由原來的5、6小時，縮短到只需82分鐘；原來往返機票需要5,000多元人民幣，現在只需3,000元人民幣左右。

　　兩岸直接通郵後，據郵政部門透露，郵寄的時間可以節省一半，總費用可以降低60%。

　　兩岸「大三通」正式實施後，拉近了兩岸的地理距離，使得「兩岸一日生活圈」現實。這嶄新的紀元，更使兩岸的政治、經濟合作氛圍發生根本的變化，對兩岸民間交流勢必造成深遠的影響。譬如，兩岸「大三通」後，人員、貨品的往來更加便捷，交通運輸成本大幅降低，許多過去考量運輸成本而外移的產業，今後可能改變布局，加重在臺灣的投資，同時也可能改變過去兩岸經貿合作的單向局面，吸引陸資與外資來臺，使臺灣在亞太地區的經貿樞紐地位更加強化。

　　根據陸委會在2008年12月下旬所做的民意調查資料顯示，兩岸直航後，有67.9%的受訪民眾同意將大幅節省交通時間及運輸成本，從而有助於提升臺灣競爭力（另有30.6%不同意）；另有54.8%的受訪民眾同意兩岸直航健全臺灣的投資環境，有助於臺商資金回流及外國企業來臺投資（另有43.5%不同意）；至於對臺灣長期經濟發展的影響，有61.7%的受訪民眾認為會有「好的影響」，認為「沒有影響」或「不好的影響」的民眾，分別占有13.6%和23.1%。可見大多數臺灣民眾相信，兩岸直航啟動後，將會給臺灣經濟帶來機會。

　　兩岸政策大幅鬆綁，主要目的之一在於改善臺灣經營環境，促使更自由化、國際化，以吸引外商來臺投資及海外臺商回流。《遠見》雜誌在2008年8月間，針對在臺外商進行「外商投資臺灣意願大調查」，結果發現，與兩年前類似的調查資料比較，外商對於臺灣的投資環境信心度明顯提升（回答「信心增加」者所占比重由5%上升至42.4%，回答「信心減少」的比例則由60.9%減少為13.6%）。另有61.9%的外商表示，將來兩岸客、貨運均開放直航後願意增加在臺投資，比表示願意增加對大陸投資者的比例54.2%高出許多。

　　此外，交通大學交通運輸研究所在2008年9月間，對搭乘週末包機旅客之調查研究指出，政府開放兩岸週末包機後，有74.8%的臺籍企業主表示「會」或「可能會」提高返臺投資意願，而表示可能提高到大陸投資意願的比例較小，僅56.2%。如果週末包機進一步擴大為平日包機或定期航班，有54.3%的臺商企業主表示將「維持現況在臺灣」或「由大陸遷返臺灣」，高於表示將「維持現況在大陸」或「由臺灣遷往大陸」的比例（26.1%）；常住地點在臺灣的臺商企業主表示未來常住地點將遷往大陸者占3.4%，而常住地點在大陸的臺商企業主則有42.6%表示將遷回臺灣常住。該項調查研究顯示，兩岸直航有益於兩岸投資交流，對臺商企業主返臺投資及常住意願的激勵作用更加明顯。

　　「天下」雜誌在2008年底出版的一期（413期）「大三通」專題指出，「大三通」政策將改變兩岸產業分工結構。譬如，兩岸海運直航可以節省運輸時間，臺泥公司董事長辜成允表示，將改變在兩岸的營運布局，靈活運用庫存和行銷策略，形成區域整合，發揮綜效。全球最大螺絲製造商晉禾公司原已規劃在武漢設新廠，兩岸「大三通」後，決定將武漢之投資案改做發貨倉庫，同時擴建高雄岡山工廠。「三通」讓該公司看到最有效率的運籌模式，下游加工在大陸，上游關鍵生產線放在臺灣。宏碁董事長王振堂也指出，兩岸開放「大三通」，不只可以提升企業運籌布局的靈活度，更有助於企業將核心競爭力留在臺灣，不必擔心臺灣競爭優勢流失。

　　當然，「大三通」政策對臺灣經濟的影響並非一本萬利，必須要有其他的政策配套，才能夠使經濟效益發揮到最大，或使得負面效應減到最小。如前所述，「大三通」之實施使兩岸交通更省時、省錢，兼具鼓勵企業回流和外移的效果，政府需要再提供更吸引人的誘因做為配套，包括完善的基礎設施、安定的社會環境、高素質的行政效率與執法效能等，才能減少或避免企業外流，吸引海外企業返（來）臺投資。另外，必須指出的是「大三通」可能為臺灣創造的經濟效益，

並無法立竿見影,中長期對臺灣經濟發展的貢獻仍值得期待。

　　兩岸直航所帶來的便捷性、低成本和高效率等利多因素,為兩岸產業合作創造新的契機。譬如長期以來臺商企業單向在大陸投資製造的格局有可能改變,實務上,已經出現一些高端電子產品的半成品,在大陸製造後回銷臺灣組裝成最終產品,以較高的附加價值行銷國際市場。此一新的產業布局模式有助於提高企業的整體競爭力,更有利於強化臺灣在東亞,甚至在亞太區域的經貿樞紐地位。兩岸直航對臺灣經濟、產業發展的效益,配合兩岸簽署ECFA之後,預期將在共伴效應下發揮更大的作用。

參考文獻

中華經濟研究院（2002），《開放大陸貨品進口對臺灣經濟與產業發展之影響》，臺北：中華經濟研究院。

翁永和、許光中、徐世勳、杜芳秋（2001），「兩岸開放全面三通對亞太地區經貿之影響」，《臺灣經濟學會年會論文集》，臺北：臺灣經濟學會。

高長（2001），「製造業赴大陸投資經營當地化及其對臺灣經濟之影響」，《經濟情勢暨評論季刊》（臺北），7(1)，頁138～173。

高長（2003），「『三通』議題進展的可能性評估」，發表於兩岸政經交流展望座談會，中華歐亞基金會主辦，臺北。

高長（2006），「三通直航對兩岸經濟發展的影響—從宏觀面分析」，發表於「第一屆兩岸經貿文化論壇」，國家政策研究基金會主辦，北京。

高長（2009），「『大三通』對臺灣經濟發展的意義與影響」，《全球工商》（臺北），第611期，頁11～13。

高長、史惠慈、楊書菲（2002），《放寬大陸投資限制對臺灣產業結構及就業的影響》，工業局委託研究報告，臺北：中華經濟研究院。

高長、張五岳（2000），《兩岸三通問題之探討》，臺灣區電機電子工業同業公會委託研究報告。

陳光華（2001），「兩岸加入WTO後兩岸通航與港澳經濟關係之研究」，發表於2001年11月香港會議。

陳麗瑛、王思粵、郭迺鋒、楊浩彥（2002），「兩岸三通對臺灣產業之影響—總體經濟效果之評估」，發表於2002年大陸經濟發展研討會，中華經濟研究院主辦，臺北。

經濟部（2001），《製造業對外投資實況調查報告》，臺北：經濟部
　　統計處。

臺灣經濟研究院（2009），《大三通後的兩岸產業合作》，臺北：中
　　華民國工商協進會。

Chen, Tian-jy and Ing-hua Ku (1998), *Foreign Direct Investment and Industrial Restructuring: The case of Taiwan's Textile Industry*, paper presented at East Asian Economic Seminar, Osaka, Japan.

Chou, Ji, Kun-ming Chen, Shiu-tung Wang and Nai-fong Kou (2002), *"Trade and Direct Investment Across the Taiwan Strait-An Empirical Analysis of Taiwan and China's Accession into the WTO"*, presented at 6th Annual conference on Global Economic Analysis, Taipei, Taiwan, June.

「小三通」政策與 **13** 兩岸關係

在兩岸經貿關係的發展過程中，「三通」議題一直受到兩岸朝野各界人士的關注，臺灣與大陸相繼成為WTO締約成員之後，臺灣民間要求開放兩岸「三通」的呼聲愈來愈大。2000年4月5日，臺灣政府頒布《離島建設條例》，其中第十八條規定，賦予金門、馬祖得先試辦與大陸直接通航之法源基礎；同年12月25日，《試辦金門馬祖與大陸地區通航實施辦法》公布實施，並決定自次年元旦起開辦兩岸「小三通」。2001年元月2日，在「金門訪問團」的前導下，相隔僅幾十海里的金門與廈門之間，過去五十年多年來不相往來的局面首次被打破，兩岸關係也隨之邁入新的里程碑。

第一節　「小三通」政策與執行方案

所謂「小三通」，係相對於兩岸「通郵、通商、通航」（即「三通」）的說法，指的是兩岸尚未開放直接「三通」之前，先由金門、馬祖、澎湖等離島與大陸的廈門、福州進行直接「三通」的構想。2000年3月21日，立法院通過《離島建設條例》，其中第十八條規定：「為促進離島發展，在臺灣本島與大陸地區全面通航之前，得先行試辦金門、馬祖、澎湖地區與大陸地區之通航，不受臺灣地區與大陸地區人民關係條例等法令之限制。」《離島建設條例》第十八條規定，乃是金門、馬祖及澎湖等離島地區試行「小三通」的法源依據。

「小三通」政策的背景與目的之一，為促進當地經濟發展。長期以來，離島地區受到地理環境、人口稀少、資源貧瘠等因素之影響，經濟建設相對落後。對於金、馬地區而言，「國軍精實案」實施之後，國軍駐防官兵人數逐漸減少，對當地經濟發展造成另一次衝擊，政府希望透過「小三通」政策，給予離島地區直接與大陸進行經貿交流，以振興地方經濟。

其次是為執行「除罪化」措施。金、馬等離島地區居民大都從事農、漁業，由於農業經營條件惡化，以及近海漁業資源枯竭，致生計日益困難。在生活壓力下，當地居民轉向大陸漁民直接購買農、漁產品，再行轉售謀利的情形愈來愈普遍，結果造成非法走私、直航大陸沿海港口等違法情事。另一方面，大陸漁船越界進入金門、馬祖及澎湖水域捕魚，甚至炸魚、電魚，破壞漁業資源，與我方漁民發生漁事糾紛等情事層出不窮。政府希望透過「小三通」政策之實施，使離島與大陸之間非法貿易和直航的行為除罪化，以利正常管理。

第三是社會面的考慮。離島地區尤其金門與馬祖兩地，與大陸沿海地區僅一水之隔，有濃厚的地緣、血緣關係。自政府開放大陸探親及兩岸經貿交流之後，兩地親友往來愈來愈熱絡，當地民眾與大陸人民通婚者也愈來愈多，因而衍生迫切的直接三通之需求。政府開放「小三通」的目的之一，即在於滿足離島地區對於直接三通的需求。

大陸政府為促進兩岸直接三通，曾在1992年3月間，由當時擔任福建省委書記陳光毅先生公開提出「兩門（指金門和廈門）對開、兩馬（指馬祖和馬尾）先行」的構想，試圖透過區域性、民間性的直接三通突破僵局。[1]1994年6月，由金馬地區民間人士組成的「金馬愛鄉聯盟」提出《金馬與大陸「小三通」說帖》[2]，呼籲臺灣政府開放金馬地區與大陸進行直接三通，並具體建議以「單向通航」、「定點直航」、「先海後空」、「先貨後人」等方式，漸進推行兩岸直接三通。

然而，當時大陸政策的最高指導方針《國家統一綱領》明確指出，兩岸交流必須進入「中程階段」才考慮開放兩岸直接三通，「金

1　參閱楊樹清，《金門社會觀察》（臺北：稻田出版社，1998年），頁214。

2　參閱中央社（臺北），1994年6月25日，間接引自蔡宏明，「『小三通』對兩岸互動的影響」，《遠景季刊》（臺北），第2卷第2期，頁139。

馬愛鄉聯盟」所提出的「小三通說帖」當然無法被政府所接受。政府
主管部門強調，「兩岸關係是一個整體，不是一個地方對一個地方的
單獨關係」；兩岸直接三通，「不論大、小三通都涉及國家安全的問
題，未來兩岸三通必須在安全、尊嚴的前提下，通過談判並簽署協議
才能實現。」

2000年3月，陳水扁先生當選總統後，強調「加入WTO，兩岸三
通是無法迴避的問題」，另指出「今年施政的最大目標就是三通」，
「希望在年底前實施金馬小三通」。

2000年6月13日，立法院第二十三次院會決議，政府應在三個月
內完成「小三通」評估，再三個月內完成規劃後，隨即實施「小額貿
易除罪化」和「可操之在我部分」等優先試辦項目。行政部門依立法
院之決議著手進行評估及規劃，並由行政院大陸委員會彙整統合，於
2000年12月25日提出《試辦金門馬祖與大陸地區通航實施辦法》，經
行政院院會通過，自次年元旦開始實施。「小三通」政策優先實施項
目包括「除罪化」和「可操之在我」部分，有限度的開放主要是以針
對不須經兩岸協商即可運作的事項為主。

政府實施金馬「小三通」政策的主要目標有三，一是促進離島地
區的建設與發展；二是增進兩岸良性互動，改善兩岸關係；三是作為
兩岸全面三通的試金石。其規劃之原則主要包含下列幾項[3]：

第一、國家安全為最優先考量。亦即「小三通」必須在確保國家
安全的前提下推動實施。

第二、不悖離《離島建設條例》之整體立法精神。「小三通」係
根據《離島建設條例》第十八條之規定進行規劃，必須符合該條例之
整體立法精神。

3　中華經濟研究院，《兩岸關係中金門產業發展規劃研究：設置兩岸貨品交易
　　中心、加工產業區規劃》，臺北：中華經濟研究院，2003年，頁21～22。

第三、與加入WTO及「三通」政策相互配合。「小三通」涉及通航及衍生之人、貨往來及相關商業行為，與我加入WTO及兩岸「三通」具高度關聯性，故「小三通」之規劃，需與加入WTO及「三通」政策整體考量，相互配合。

第四、盡最大可能維持離島地區發展與臺灣本島的連結，以防範離島經濟過度依賴大陸及政治立場之傾斜。

第五、金馬與澎湖地區作區隔考量，金門、馬祖與大陸地區之「小三通」採「邊區貿易」模式辦理；澎湖與大陸地區則採試點「通航」模式。在執行上，先行試辦金門、馬祖與大陸地區「小三通」，視實施成效，再考量澎湖與大陸地區之通航。

第六、從建立穩定、正常的兩岸關係為出發點，並考量兩岸關係在短程及中長程下之不同情況，本著「雙向往來，互利互惠」原則，以「整體規劃、階段實施」方式進行。

金馬地區與大陸試辦通航案的具體規劃項目，主要包含航運、商品貿易、人員往來、金融往來、郵政往來、工商及農漁業發展等七大方面，茲對初期規劃項目略分述如下。

一、航運方面

主要是指開放金馬地區與大陸福建地區的客貨運輸及漁船往來。就通商口岸而言，初期開放的港口以「一區一港」為原則，金門為料羅港區、馬祖為福澳港區，大陸方面港口只限福建地區港口。就航線而言，原則上採定期、定線方式，若有特殊需要，得向航政機關申請核准經營大陸福建地區其他港口之航線；不定期航線部分，只限金門、馬祖與大陸福建地區之港口，且須逐船逐航次專案申請許可。航行之船舶，以兩岸客、貨船通航為原則；漁船不開放，但基於除罪化之考量，漁船若改裝成客、貨船，可依船舶法與航業法規定辦理。船

舶之船籍限中華民國船舶或大陸船舶,外國籍船舶應經特許;船舶入出金馬地區港口,應依指定之船道航行;船舶不得由臺灣本島或澎湖航行經金門、馬祖進入大陸地區,但基於特殊活動之需要(如宗教活動)得申請專案核准。

試辦通航前已設籍金門、馬祖之漁船,得航行至大陸福建地區從事經許可行為(如修繕、緊急避難等)。許可條件由縣政府訂定並提請中央主管機關核定。上述漁船得經註銷漁業執照或獲准休業,有條件從事金門、馬祖與大陸兩岸間之水產品運送。

● 二、商品貿易方面

主要是指開放金門、馬祖與大陸地區進行直接貿易。開放之貿易商品類別以滿足金馬地區民生需求為主要重點,加工型貨品轉運貿易為輔;中轉型貿易初期暫不開放。就開放商品項目而言,採循序漸進,分階段實施的原則,在排除中轉之前提下,輸入貨品在第一階段以除罪化為主要目的,採正面表列方式,開放目前已公告准許間接進口之商品項目,第二階段以推動離島地區之開發建設,健全當地產業發展為目的,進一步擴大開放項目;輸出部分採負面表列方式,本「原則准許、例外限制」規範。

金門、馬祖與大陸兩地之經貿關係採邊區貿易(互市貿易)模式辦理,臺灣地區人民及業者可赴大陸福建地區開放之通商口岸(包括小額貿易口岸、大嶝對臺小額商品交易市場)進行交易,金額及數量不限,但以進出口貿易方式進行交易者,貨品進出需依進出口貿易規定辦理;經許可進入金門、馬祖之大陸人民可於當地購買物品,不限金額、數量,但出境時應依相關規定管理。在第二階段,研議規劃「兩岸貨品交易中心」,准許大陸人民及業者進入中心交易。

三、人員往來

只開放金門、馬祖與大陸地區人民雙向直接往來。[4]「金馬地區人民」須在金門設有戶籍六個月以上，向內政部入出國及移民署金門服務站提出申請取得入出境證件，才得進入大陸地區。申請的事由不限，停留期間與活動範圍也不予限制。

大陸地區人民進入金馬地區之事由，限於從事商務活動、學術活動、人道事由、旅遊等。大陸地區人民持「旅行證」進入金馬地區，從事商務、學術、探親、探病、奔喪、返鄉探視等事由者，可停留七天六夜；從事旅遊活動者，可停留兩天一夜。大陸地區人民申請入出境手續，個人身分者，由金馬地區同性質之廠商、學校、親屬擔任保證人，代向內政部境管局金門服務站提出申請；團體則採「團進團出」（每團人數限十人以上，二十五人以下），由經許可在金馬地區營業之綜合或甲種旅行社代為申請。入境人數採總量管制，從事商務、學術、探親、探病、奔喪、返鄉探視等活動者，每日一百人；從事旅行活動者，每日六百人。

四、金融往來

開放金馬地區金融機構辦理兩岸通匯業務。關於通匯業務，初期依「間接通匯」原則，准許金馬地區金融機構透過臺灣地區與大陸地區以外之第三地區金融機構，從事匯款及進出口外匯業務；匯款金額每次以10萬美元（或等值外幣）為限，但附有貨物進出口證明文件者，不在此限。依據《試辦金門馬祖與大陸地區通航實施辦法》第二十八條規定，自2001年1月1日開始，已開放金門、馬祖之金融機構

4　此一規定在《離島建設條例》第十八條修正後，已不限金門、馬祖地區人民。

經財政部洽商中央銀行許可後，得與大陸地區福建之金融機構從事直接通匯業務。另財政部於2002年8月2日修正發布《臺灣地區與大陸地區金融業務往來許可辦法》，開放國內外匯指定銀行及郵政儲金匯業局，經主管機關許可，得與大陸地區金融機構進行金融業務之直接往來，其往來項目除原已開放指定銀行及郵匯局辦理兩岸匯款及進出口外匯業務，再開放四類匯出款項目（許可辦法第二條、第四條、第五條）。金馬地區金融機構可參酌其業務需求，依據前揭兩項規定擇一申請兩岸直接通匯業務。

關於貨幣管理，現階段人民幣不得在金門地區流通。大陸地區人民入出金門、馬祖攜帶外幣超過等值5,000美元者，應向海關申報；結售外幣每筆金額不得逾10萬美元，結購外幣限原先結售為新臺幣未用完部分兌回外幣。

五、郵政往來

即開放金門、馬祖與大陸地區郵件直接往來。首先是開放金馬地區與大陸地區互發郵件，包括優先開辦水陸路平常與掛號郵件；經協商後可擴大開辦快捷郵件、包裹、小包；惟臺灣本島與大陸地區郵件不得經金、馬中轉。其次是評估以何種方式達成與大陸指定互換郵局，達成郵件雙向往來的目的。

六、工商發展

循序漸進建設金門、馬祖成為商務活動、觀光購物及休閒遊憩中心。首先，發展加工製造業，引進大陸農漁產品及農工原料，進行簡易加工，輸銷臺灣及國外或回銷大陸。其次，發展觀光相關行業，配合「小三通」開放大陸地區人士來金門、馬祖觀光旅遊，發展金門、

馬祖觀光遊憩等相關產業。其三,建設金門、馬祖成為商務及觀光遊憩中心。在中長期,因應「小三通」規模之逐步擴大,配合「免稅購物」及「兩岸貨品交易中心」設置,建設金門、馬祖成為商務活動、觀光購物及休閒遊憩中心。規劃設置的「兩岸貨品交易中心」,依「互市貿易」之精神,准許大陸地區人民進入從事貿易,同時也參考「購物中心」之精神,准許臺灣地區及金門、馬祖地區民眾進入中心採購物品。研議自大陸福建引水之可行方案。

🔘 七、農漁業發展

發展精緻農業、休閒農業及娛樂漁業。首先,輔導金馬地區農業因應調整,發展精緻農業及休閒農業;其次,輔導金馬地區漁業轉營,發展娛樂漁業。其三,規劃設置「漁獲交易中心」,並發展觀光漁市。

第二節　大陸對「小三通」政策的回應

促進兩岸直接三通,是改革開放以來大陸對臺政策的重要工作之一。面對臺灣當局對兩岸三通議題之冷淡態度,大陸當局曾經提出替代方案,希望爭取臺灣民間或甚至地方政府的配合,以突破兩岸直接三通的障礙。

大陸當局為了宣傳和凸顯臺海兩岸直接貿易與通航的現象,自1980年開始,即在大陸東南沿海的福建、廣東、浙江、江蘇四省和上海市,成立許多小額貿易公司,積極推動與臺灣的漁民和商人進行「沿海小額貿易」或「海上直接貿易」,這類貿易公司在沿海各地的「臺灣漁民接待站」設分公司,與臺灣漁民和商人直接交易。自1990

年代以來,大陸政府陸續開放福建沿海二十多個口岸對臺小額貿易窗口,設立對臺貿易小商品市場、對臺貿易商場、臺貨交易市場等。大陸政府並提供多項優惠辦法,例如,在當地海關核發落地簽證;自臺灣進口某一金額以下之貨品免課進口稅[5];從大陸直接出口臺灣的貨物一律免徵出口稅,鼓勵兩岸直接貿易。此外,大陸政府在1999年5月初,在金門對岸之大嶝島設置「小額貿易專區」,提供方便之出入境、免稅等優惠措施,以吸引臺澎金馬人民前往交易。

針對臺灣方面提出的「小三通」政策方案,大陸各界最初的回應可說是貶多於褒。大陸國臺辦副主任於2000年11月中旬出席在廈門舉辦的「中華文化與兩岸關係論壇」會議時曾公開表示,大陸主張的不是「小三通」,而是全面的三通。他強調,大陸提出的兩岸直接三通的主張已逾二十年,曾做了相當多的努力和準備,技術上已沒有太大的障礙。[6]中國社會科學院臺灣研究所所長許世詮則批判,陳水扁總統在2000年上臺後拒絕承認「一中」原則,卻同時提出「小三通」政策,只是自欺欺人,並無多大意義和效果。大陸國臺辦另一位副主任周明偉也指出,「任何促進兩岸溝通的努力都比不通要好,這種努力是值得讚揚的」;不過,「若是臺灣當局把小三通作為一個計謀,意圖阻止大三通,這是沒有誠意的做法,反而會適得其反。」[7]

金馬「小三通」正式實施之後,大陸政府的正式回應較具體。大陸外交部發言人朱邦造強調,小三通「並非兩岸民眾渴望已久的兩岸直接三通,不能滿足日益增長的兩岸人民往來和經貿交流的需要,

---

5   根據1988年頒布實施的《對臺灣地區小額貿易的管理辦法》,進口金額在5萬美元以下者免課進口稅。該法在1993年9月間修訂,將免課進口稅的門檻調整為10萬美元。

6   參閱《工商時報》(臺北),2000年11月16日。

7   轉引自陳清寶,《從金門檢視扁政府「小三通」政策》,淡江大學中國大陸研究所碩士論文,2002年6月,頁157〜158。

且臺灣方面還設置了諸多的人為障礙，此種做法⋯⋯缺乏誠意和善意」。朱邦造同時指出，「長期以來，大陸方面為及早實現直接三通，做了許多準備，對有利於金馬民眾生活改善和經濟發展的事情，大陸願意提供幫助，有關的事宜可以由金馬和廈門、福州相應的民間組織，本著一個國家內部事務的原則來加以解決」，他進一步呼籲「臺灣方面對兩岸人員和貿易雙向往來都應提供方便，手續應當儘量簡化」。[8]

大陸政府對於「小三通」政策實施初期沒有善意的回應，因為他們將該項政策解讀為：第一，臺灣方面企圖將兩岸「小三通」作為政治籌碼，以迴避、甚至否定「一個中國」原則；第二，臺灣方面強調「可操之在我」，力圖控制「小三通」的主導權；第三，臺灣方面並非把「小三通」作為兩岸直接三通的基礎或步驟，而是以「小三通」來拖延、阻擋兩岸直接三通的實現。[9]不過，在「小三通」政策實施之後，臺灣政府逐漸放寬各項限制，大陸中央對該項政策的態度開始轉變，且較具善意。例如，2002年9月間，時任大陸國務院副總理的錢其琛到福建視察時表示，要推動大陸居民赴臺旅遊，同意福建省先行試辦大陸居民赴金門旅遊。2003年2月間，錢其琛再度到福建視察時表示，「福建可以鬆一點、靈活一點⋯⋯只要做起來，慢慢就會有突破。」[10]2004年9月，福建省副省長王美香公開表示，福建將於該年

8 參閱「中共正面回應小三通」，《中國時報》（臺北），2001年1月5日；魏艾，「從『小三通』看兩岸關係發展」，《共黨問題研究》，27（2），2001年2月，頁4。

9 參閱林勁、張敦財、王茹，「拓展廈金直航，推動兩岸全面三通的實踐性分析」，《廈門大學學報》，2002年8月，頁3～5。

10 參閱林長華、趙玉榕，「廈門在建設東南沿海中心城市中金門所扮演的角色分析」，《廈門涉臺調研課題匯編》（廈門市人民政府臺灣事務辦公室，2004年），頁92～93。

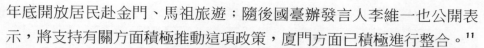

年底開放居民赴金門、馬祖旅遊;隨後國臺辦發言人李維一也公開表示,將支持有關方面積極推動這項政策,廈門方面已積極進行整合。**11**

　　從大陸當局對「小三通」政策處理態度之轉變,就消極面來看,或可推論大陸當局認為,如果對此項有利於兩岸交流的舉措採取排斥的手段,可能會引起臺灣民眾和國際輿論不必要的誤解,不利於兩岸的良性互動。「小三通」實施之後,對於兩岸經貿交流、人員往來的確有促進作用,其效果與大陸政府鼓吹兩岸直接三通的政策立場一致。就積極面來看,支持「小三通」可以達到「以小促大」的效果。也就是說,大陸當局試圖利用「小三通」來促進兩岸各種交流之快速發展,從而為促進兩岸直接「大三通」奠定基礎。關於歷來大陸對兩岸「小三通」政策作為之演變,整理如表13-1。

表13-1　大陸對兩岸「小三通」政策之作為

發布時間	政策或立場宣示之內容
1992.03	福建省提出「兩門對開、兩馬先行」的小三通構想。
1994.01	外經貿部、海關總署頒布修正的《關於對臺灣地區小額貿易的管理辦法》,指定福建、廣東、浙江、江蘇、上海、山東等沿海口岸,由臺灣居民和對臺小額貿易公司進行直接貿易與經濟交流。
1999.03	廈門市政府在大嶝島設立對臺小額商品交易市場,促進對臺小額貿易。
2001.01.05	外交部發言人朱邦造指出,兩岸儘快實現直接三通是大陸一貫的主張。對於臺灣所推動的「小三通」政策,朱邦造強調這不能滿足兩岸人民往來和經貿交流的需要,批評該政策在兩岸直接三通問題上,臺灣當局缺乏誠意與善意。
2001.01.28	福州馬尾經濟文化合作中心代表與馬祖地區代表在福州簽署《福州馬尾馬祖關於加強民間交流與合作的協議》。
2001.03	廈門兩岸交流協會代表與金門兩岸關係交流協會代表簽署《關於加強廈門與金門民間交流交往合作協議》。

11　參閱陳建民、蔡承旺（2005年5月）,前揭文,頁57。

表13-1　大陸對兩岸「小三通」政策之作為（續）

發布時間	政策或立場宣示之內容
2002.09.04	錢其琛副總理赴福建視察時公開表示，同意福建省先行試辦大陸居民赴金門旅遊。
2004.04.01	福州、廈門公安部開始辦理五年期的「臺灣居民往來大陸通行證」。
2004.09.24	福建省副省長王美香公開表示，福建將於該年年底前開放居民赴金門、馬祖旅遊。該項宣示隨後得到國臺辦發言人李維一的確認。
2006.08.02	福建省交通廳發布《福建沿海地區與金門馬祖、澎湖間海上直接通航運輸管理暫行規定》。
2007.10.28	福建開放莆田港為「小三通」貨運直航港口。

資料來源：作者根據相關資料整理而得。

第三節　「小三通」政策之檢討與調整

　　依試辦通航辦法最初的規定，「小三通」試辦期間為一年。嗣於試辦期滿後報經行政院核定，分別於2001年底和2002年底各展延一年。2003年12月間，配合兩岸人民關係條例修正，在該條例中明確增訂「小三通」相關規範（增訂條款列入該條例的第九十五條之一），為日後「小三通」常態化運作奠定法源基礎；另修訂試辦通航辦法不須逐年辦理展延。

　　金馬「小三通」政策實施之後，金門縣政府曾先後多次提出檢討報告[12]，指出金門與大陸廈門試辦通航，最大的成就是在兩岸關係中，臺灣已獲取釋放善意的主動角色。對金門而言，為因應通航的需要，金門港已配備完整之海關、檢疫、商檢、人員出入境查驗等機構，其

12　參閱金門縣政府，《金門與大陸試辦通航實施概況與展望》（2001年7月），《金門縣大陸事務簡報》（2002年1月），未發表文稿。

機能足以讓金門對外產生國際接軌的機制，對於未來金門經濟的發展至為重要。的確，大陸政府對於金馬「小三通」政策之反應態度，從實施初期的「冷處理」，到後來的「雖不滿意但勉強接受」之配合演出，不能說「小三通」政策對於兩岸關係之進展沒有貢獻。同時，「小三通」政策之實施對於活絡金門經濟作用也相當明顯。

　　然而，金門縣政府在2003年的檢討報告指出，金馬「小三通」政策的目標與具體的推動措施存在落差，致使該政策執行的成效不如理想。譬如，在促進金門產業發展的利基方面有所不足。「小三通」之政策目標既為「促進離島之建設與發展」，在配套的政策措施上就應以如何發揮金門的區位優勢，擴大自大陸地區引進相對於臺灣本島產業發展的有利因素，以提高國內產業投資金門誘因，強化離島發展利基，帶動當地整體經濟發展。不過，實際的配套政策措施卻不足以讓金門的區位優勢充分發揮。

　　其次，金門與大陸試辦通航，「可操之在我」的關鍵因素並未充分發揮，使得「兩岸良性互動」的政策效應打了折扣。例如，金門介於臺灣與大陸之間，政策上若能對投資大陸的臺商提供選擇由金門進出大陸的方便管道，則試辦通航的效果將更顯著；又如大陸貨品輸入金門的品項，幅度與免關稅項目應進一步擴大。

　　第三，試辦通航方案中所提「除罪化」的內涵過於狹隘，對於既不影響國家安全又能帶動金門產業發展的既存事實，未能納入「除罪化」的範圍內，誠屬美中不足。例如，對兩地漁船既存的海上作業型態，未能朝積極性開創方面訂定規範辦法；又如臺灣地區產製物品限制不得由金門中轉大陸地區。

　　第四，試辦通航方案的規劃與執行，務實面作為仍有不足。例如，航點、航線規劃；人員進入大陸地區之身分與設籍門檻；專案「中轉」的方式；商貨進出口作業延用「國際貿易」的不適性等。

　　第五，由於「兩岸協商機制」未能適時啟動，結果造成通航雙邊

事務性作業不能調合，試辦通航的政策立意難以落實。金門與大陸兩地通航後形成了特殊現象，即人員往來以單向「金門入廈」為主，並受制於大陸方面逐案專案核准；貨物進口與商務交往，民商意願低落；岸際小額交易情形熱潮不減，軍警民衝突時有所聞；特殊商品（花生、香菇等）大規模走私現象仍然嚴重；市場秩序紊亂，大陸劣次商品充斥，正常商貿發展更加困難。這些特殊現象基本上是屬畸形，由於未能透過兩岸協商採取一致行動加以有效規範，使得民意對「小三通」政策能否為金門離島帶來正面利益產生質疑。

　　「小三通」政策實施屆滿兩年前夕，銘傳大學曾針對該項政策實施後果進行一項民意調查研究[13]，結果顯示，金門民眾對該項政策實施打了58.6分的不及格分數，超過半數受訪者更認為「小三通」政策對金門經濟沒有或根本沒有幫助；認為有或非常有幫助者占不到三成。也就是說，金門民眾認為「小三通」政策促進離島經濟建設和發展的目標並未達到。究其原因，金門縣政府指出，主要是開放不徹底、政策不明確及業務不簡便，造成金門人前進大陸，卻未能有效的吸引廈門人到金門或經由金門到臺灣觀光旅遊。

　　「小三通」政策的重要措施之一是開放金、馬地區民眾與大陸地區進行合法的直接經貿交流，也就是「除罪化」事項。不過，前引民意調查研究結果顯示，有高達六成的金門民眾認為實施「小三通」政策後，「岸邊貿易」的情況比以前更為嚴重，只有一成左右的受訪民眾認為有改善。此外，有56%的金門民眾不同意「岸邊貿易」購買大陸貨品是犯罪行為，同意或非常同意的民眾只有不到三成。根據這些調查數據，不難理解取締大陸貨品非法進入金門地區是多麼困難了。

　　隨著「小三通」政策持續執行，地方政府、民間企業及媒體等各界議論紛紛，期待中央決策更加開放的聲音紛至沓來。中央決策單位在民意及輿論壓力下，從善如流逐漸檢討並放寬相關政策（參閱表

13　參閱《中央日報》（臺北），2002年12月29日，第六版。

13-2資料）。茲依人員往來、貨物貿易、運輸、金融往來等方面分述如後。

一、人員往來方面

(一)專案核可兩岸宗教交流。2002年8月，開放臺、澎居民進行兩岸宗教交流時，可專案提出申請包船或申請包機經金門、馬祖轉船舶進入大陸地區。

表13-2　臺灣「小三通」政策之沿革

時間	政策或立場宣示主要內容
2000.03.21	立法院三讀通過《離島建設條例》，決定試辦金門、馬祖、澎湖對大陸直接通郵、通商、通航的「小三通」，為期一年。
2001.01.01	依據《試辦金門馬祖與大陸地區通航實施辦法》，即日起開始試辦金馬「小三通」。
2001.03.01	臺灣銀行金門分行自即日起辦理各項海外匯款業務。
2001.12.25	行政院金馬小三通指導委員會決定，金馬小三通試辦期間展延一年。
2002.06.19	行政院大幅修正金馬小三通政策開放範圍。
2002.07	澎湖居民首次以宗教理，由組團直航福建的泉州港。
2002.07.31	行政院通過《試辦金門馬祖與大陸地區通航實施辦法》部分條件修正案，決定在維持安全及有效管理前提下，適度擴大實施「小三通」。
2004.01.30	陳水扁總統出席「大陸臺商協會負責人春節聯誼晚宴」時公開表示擴大「小三通」適用範圍的意見。
2004.03.01	行政院公布擴大「小三通」10項措施。
2004.03.03	行政院核定「三二○大選金馬小三通」專案，同意比照春節返鄉專案模式，於總統大選期間專案辦理大陸臺商經由「小三通」返臺投票。

表13-2 臺灣「小三通」政策之沿革（續）

時間	政策或立場宣示主要內容
2006.01.17	內政部警政署公布，配合2006年春節擴大「小三通」專案，在春節期間，金馬旅臺鄉親無須組團，可以經由「小三通」自由入出大陸。
2006.04.25	陸委會宣布增闢金門與泉州航線。
2006.05.01	內政部依修正的《試辦金門馬祖與大陸地區通航人員入出境作業規定》，宣布自即日起，金馬旅臺鄉親不必組團，得往返「小三通」自由行。
2008.06.19	全面放寬臺灣地區人民經「小三通」中轉大陸；開放外籍人士及港澳居民經「小三通」入出大陸地區；配合開放大陸居民來臺觀光。
2008.09.30	開放大陸旅客赴金馬澎「小三通」旅遊增加便捷式入境申請；臺灣地區物品全面免附臺商自用切結書，經「小三通」中轉輸銷大陸；增加馬祖白沙港為「小三通」第五個離島兩岸通航港口。
2008.10.15	澎湖「小三通」常態化辦理。
2009.08.19	開放准許輸入臺灣地區之大陸物品得經「小三通」中轉臺灣地區。
2010.07.15	全面提供大陸人民經「小三通」中轉便利性，以及放寬探親、探病、奔喪親等範圍與停留期間；刪除大陸地區人民經「小三通」進入金、馬每日許可數額之限制；放寬大陸人民經「小三通」之許可有效及停留期間；金、馬、澎防檢疫事務回歸制度化。
2011.07.29	開放福建居民赴離島旅遊自由行。

資料來源：同表13-1。

(二)逐步放寬經金馬地區中轉進出大陸地區的人員資格。自2002年8月開始迄今，先後多次放寬各類人員中轉，包括經核准赴大陸投資臺商（含幹部及其眷屬）、福建省籍榮民及其同行眷屬、福建省大陸配偶及其同行眷屬、試辦通航有關商貿業務負責人等。2008年6月間，「小三通」常態化，全面放寬臺灣地區人民經「小三通」中轉大陸；開放外籍人士及港澳居民經「小三通」入出大陸地區。同年9月間，全面提供大陸人民經

「小三通」中轉便利；澎湖「小三通」常態化辦理。

(三)放寬臺灣本島與金馬地區民眾可持不同身分證照入出境。2004
年3月公布，為利「小三通」入出境管理之一致性，臺灣本島
民眾經申請許可改採護照入出境；另基於邊區貿易精神，金馬
地區民眾維持原金馬證入出境，效期則由一年調整為三年。

(四)關於金馬旅臺鄉親往返兩岸的規定。2005年2月，開放金馬旅
臺鄉親得組團經金門、馬祖往返兩岸。2006年5月，進一步放
寬金馬旅臺鄉親可不必組團，以自由行方式經「小三通」往
返兩岸；另考量家族活動的需求，將旅臺鄉親的配偶、直系親
屬、二親等旁系血親與配偶、未成年子女等，得同行納入適用
範圍。

(五)基於人道考量，原規定臺灣地區因天災、重病或其他特殊事
故，得專案許可由大陸地區經金馬地區接返臺灣。2006年12月
間，放寬規定，針對有關經「小三通」緊急救援等人道考量衍
生之人員往來需求予以常態化；同時也放寬非福建地區之大陸
籍榮民及同行眷屬，可經由「小三通」往返兩岸。

(六)放寬適用對象之範圍，以利兩岸商務往來及專業交流。2006年
12月間，放寬規定，在大陸福建地區投資之企業，其國內母公
司主管及員工得經「小三通」前往在投資當地舉辦之展覽、會
議及相關商務活動；工商團體組團赴福建地區從事參展、觀展
等商務交流活動，並經專案許可者，得經「小三通」往返；以
組團方式參加在大陸福建地區舉辦之學術會議或相關活動，並
經專案許可者，得經「小三通」往返。另外，對包機、包船之
審查規定亦作合理調整。

(七)改進大陸地區人民至金馬地區旅行之管理規範，促進人員交流
平衡。2006年12月間公布，為因應大陸方面有意開放福建周
邊地區人民赴金馬地區旅遊，修正《試辦金門馬祖與大陸地區

通航實施辦法》第十二條第二項規定，大陸地區人民到金馬地區旅遊每團人數，由現行的十人以上二十五人以下規定調整為五人以上四十人以下；另便利大陸旅行團領隊之入出境管理；2008年9月間，配合開放大陸旅客赴金馬澎「小三通」旅遊，增加便捷式入境申請；2010年7月間，刪除大陸地區進入金馬每日許可數額的限制，全面提供大陸人民經「小三通」中轉便利性；2011年7月，開放福建居民赴離島旅遊自由行。

(八)2007年4月，修正《試辦金門、馬祖與大陸地區通航實施辦法》第十條規定，在金、馬地區設籍六個月以上之臺灣地區居民，得向內政部入出國及移民署在金、馬地區所設服務站申請許可核發入出境許可證。

二、貨物貿易方面

(一)持續檢討放寬金馬地區進口大陸貨品及免稅進口國外物品項目。迄2006年12月底，金馬地區獲准可進口大陸物品項目9,680項，約占所有貨品的88.73%（同期間臺灣地區可進口大陸貨品僅8,673項，約占79.5%）；免稅進口國外物品318項。

(二)開放福建地區臺商企業生產所需物品，可由臺灣經由金馬地區中轉出口至大陸，新辦法自2002年12月公布後立即實施。

(三)為減少行政作業成本及便利廠商正常經營，2006年12月間政府宣布將研議一定金額以下臺灣地區貨物經金馬地區中轉赴大陸，通關時免附臺商協會出具證明；2008年9月間，臺灣地區物品全面免附臺商自用切結書，經「小三通」中轉輸銷大陸。

(四)為促進金馬地區民生必需品正常進口，2006年12月間宣布，將協調金馬地區加速落實執行小額小量大陸農漁產品進口方案。

(五)2009年8月間，開放准許輸入臺灣地區之大陸物品得經「小三

通」中轉臺灣地區。

三、運輸方面

(一)放寬「一區一港」之限制。2002年8月宣布，在安全及有效管理前提下，以專案審查方式准許自大陸進口砂石，可經金門、馬祖指定通航港口，其中金門為料羅港、馬祖為福澳港，查驗後原船將砂石運送至金馬地區其他港口。金門水頭港區並在2002年間開放作為專案通航客運航點；復於2006年3月間指定為離島兩岸客運通航港口。

(二)持續強化金馬通航港口防疫、檢疫機制與設施。

(三)2008年9月間，增加馬祖白沙港為「小三通」第五個離島兩岸通航港口。

四、金融往來方面

修正試辦通航辦法第二十九條規定，於2005年10月3日開始實施金馬地區金融機構試辦人民幣兌換業務。符合「小三通」入出境規定之金馬地區當地民眾、臺灣地區人民及大陸旅客，可向經過許可的金馬地區金融機構或其委託之行業或機構兌換人民幣，每次入出境兌換限額為人民幣2萬元。

第四節　「小三通」實施成效

「小三通」政策之實施，一方面是作為臺灣與大陸全面三通的試金石，另一方面則是為了促進離島地區之建設與發展。大陸對「小三

通」政策的回應，從初期的「冷處理」、貶多於褒，隨後表態配合，並逐漸鬆綁政策、制定相關法規，促進與金馬地區之交流。就臺灣而言，「小三通」政策原本只是「試辦」，嗣後試辦期經過兩次展延，最後甚至修改兩岸人民關係條例，促使「小三通」政策常態化有了法源基礎。因此，可以說，「小三通」政策之實施，對於促進兩岸交流、改善兩岸關係，具有重大的歷史意義。

根據內政部入出國及移民署的統計（表13-3），臺、澎、金、馬地區人民利用「小三通」入境的人數，在試辦的第一年（即2001

表13-3　金馬地區歷年「小三通」入境人數統計表

單位：人次

年度	金門				馬祖				入境人數合計
	臺灣地區人民	大陸地區人民	外國人民	總人數	臺灣地區人民	大陸地區人民	外國人民	總人數	
2001	9,751	951	–	10,702	1,942	90	–	2,032	12,734
2002	25,545	1,039	–	26,584	1,940	319	–	2,259	28,843
2003	76,369	2,936	–	79,305	2,981	824	–	3,805	83,110
2004	192,273	9,865	–	202,138	8,804	2,544	–	11,348	213,486
2005	244,099	14,132	–	258,231	14,327	4,475	–	18,802	277,033
2006	273,738	35,399	–	309,137	17,080	6,530	–	23,610	332,747
2007	313,202	45,509	–	358,711	20,239	7,813	–	28,052	386,763
2008	443,748	35,392	2,052	481,192	28,834	8,322	37	37,193	518,385
2009	533,172	94,095	10,049	637,316	32,357	13,972	370	46,699	684,015
2010	508,498	167,395	12,136	688,029	22,941	7,138	397	30,476	718,505
2011	525,512	194,782	15,026	735,320	13,688	5,019	709	19,416	754,736
合計	3,145,907	601,495	39,263	3,786,665	165,133	57,046	1,513	223,692	4,010,357

註：1.金馬「小三通」往來自90年1月1日實施。

　　2.有關「小三通」人員往來統計，自99年1月起直接引用內政部入出國及移民署公布之「歷年金馬小三通統計表」之統計資料，避免因公布項目差異，引起統計數據不同之誤解。

資料來源：內政部入出國及移民署。

年）總計約11,700人次，嗣後逐年快速增加，尤其自2008年開始開放中轉，且經「小三通」往返兩岸國民的戶籍限制全面放寬之後，成長速度更快，到2011年時已達53萬多人次。其中，金、廈「小三通」由9,700多人次增加到52.5萬人次；馬祖、福州「小三通」由1,900多人次增加到1.4萬多人次，顯示金、廈「小三通」較被臺、澎、金、馬地區的民眾所偏好選擇。不過，大陸民眾初期受到其政府政策的限制，利用「小三通」進入金門、馬祖的人數明顯較低，在2001年間僅1,000多人次，到2006年時才突破至4萬人次；2008年開放大陸居民來臺旅遊之後大幅增加，2011年間已突破20萬人次。其中，選擇金、廈「小三通」的大陸民眾也占較大比重，尤其到2009年時有突破性的改善；而選擇馬祖福州航線的大陸民眾在2009年突破1萬人次之後，近兩年呈現遞減趨勢。

　　表13-4資料顯示金馬地區歷年「小三通」出境人數變動情形，可以發現其趨勢特徵與「小三通」入境人數大致相似。以金門地區為例，2001年「小三通」出境人數1萬多人次，嗣後隨著政策逐漸鬆綁，「小三通」出境人數逐年快速增加，2004年間已突破20萬人次，2006年間突破31萬人次，2011年間更增加至近74萬人次。經馬祖地區「小三通」出境人數較金門地區少很多，儘管2001～2009年呈現穩定成長趨勢，2010年以來卻出現負成長，尤其大陸地區人民。這些經金馬地區「小三通」出境人數主要是臺灣地區人民，早期所占比重都超過90%，近年來受到開放大陸居民赴金馬地區旅遊政策的影響，大陸人士入出金馬地區的人數大幅增加，因而其所占份額已由2001年的5%增加為2010年的27%。近兩年來，兩岸開放直航對臺灣地區經金馬「小三通」出入境人數似未造成顯著影響。

表13-4　金馬地區歷年「小三通」出境人數統計

單位：人次

年度	金門				馬祖				出境人數合計
	臺灣地區人民	大陸地區人民	外國人民	總人數	臺灣地區人民	大陸地區人民	外國人民	總人數	
2001	9,738	937	–	10,675	1,991	69	–	2,060	12,735
2002	26,151	946		27,097	1,936	308	–	2,244	29,341
2003	78,782	2,016	–	80,798	2,977	472	–	3,449	84,247
2004	193,937	9,475	–	203,412	8,434	1,869	–	10,303	213,715
2005	244,504	15,984	–	260,488	13,739	4,013	–	17,752	278,240
2006	278,060	35,833		313,893	16,709	5,577	–	22,286	336,179
2007	319,502	46,883	–	366,385	19,116	6,401	–	25,517	391,902
2008	453,273	36,314	2,490	492,077	28,467	7,036	38	35,541	527,618
2009	537,524	97,220	10,012	644,756	31,200	12,138	296	43,634	688,390
2010	509,680	174,011	11,966	695,657	21,322	6,692	394	28,408	724,065
2011	524,843	199,840	14,933	739,616	13,938	5,007	721	19,666	759,282
合計	3,175,994	619,459	39,401	3,834,854	159,829	49,582	1,449	210,860	4,045,714

資料來源：同表13-3。

　　其次，再從航運的業務來觀察，交通部的資料顯示（表13-5），金、廈「小三通」航運往來航次，以我方船舶而言，貨船往來由2001年的2航次，激增至2005年的260航次，2007年間則減少至221航次；2008年9月間，全面開放臺灣地區貨品免附臺商自用切結書，經「小三通」中轉輸銷大陸後，貨船往來金廈泉之間大幅增加，至2011年時全年已增加至2,290航次。客船往來方面，也由2001年間的81航次增加為2006年的1,656航次，2009年再大幅增加至3,614航次。隨著金馬離島與福建之間人員往來的限制逐漸鬆綁，入出境人數大幅增加，金廈泉客運航次逐年大幅增加，至2011年時全年已達4,199航次。馬祖、福州之間，貨船往來航次由2001年的2個航次逐年增加至2003年的173航次，嗣後呈現逐年減少的趨勢。自2007年以來，隨著貨物中轉限制之放寬，馬祖與福州之間的貨船運輸量也大幅增加，2011年間全年共有921

個航次。而客船往來方面，也由2001年間的52航次逐年增加至2009年的496航次。近年來則呈現遞減的趨勢，2011年間只有430個航次。金門地區的氣候、基礎設施等條件相對較好，可能是造成金、廈航線較受青睞的主要原因。

表13-5 金馬「小三通」航運往來統計表

單位：次

	我方船舶（航次）		大陸方船舶（航次）	
	金門—廈門、泉州	馬祖—福州	廈門、泉州—金門	福州—馬祖
2001	83 (81客船、2貨船)	54 (52客船、2貨船)	34 (12客船、22貨船)	11 (2客船、9貨船)
2002	288 (233客船、55貨船)	147 (59客船、88貨船)	116 (40客船、76貨船)	42 (1客船、41貨船)
2003	467 (442客船、25貨船)	309 (136客船、173貨船)	531 (349客船、182貨船)	36 (1客船、35貨船)
2004	820 (773客船、47貨船)	401 (268客船、133貨船)	1,215 (767客船、448貨船)	593 (0客船、593貨船)
2005	1,207 (947客船、260貨船)	388 (277客船、111貨船)	1,467 (887客船、580貨船)	1,214 (0客船、1,214貨船)
2006	1,817 (1,656客船、161貨船)	436 (363客船、73貨船)	1,713 (1,419客船、294貨船)	494 (0客船、494貨船)
2007	2,375 (2,154客船、221貨船)	640 (394客船、246貨船)	2,153 (1,788客船、365貨船)	223 (44客船、179貨船)
2008	4,364 (2,806客船、1,558貨船)	1,018 (469客船、549貨船)	2,226 (1,827客船、399貨船)	391 (246客船、145貨船)
2009	5,901 (3,614客船、2,287貨船)	1,383 (496客船、887貨船)	2,814 (2,418客船、396貨船)	400 (247客船、153貨船)
2010	6,309 (4,094客船、2,215貨船)	1,189 (483客船、706貨船)	3,401 (2,985客船、416貨船)	385 (237客船、148貨船)
2011	6,489 (4,199客船、2,290貨船)	1,351 (430客船、921貨船)	3,712 (3,179客船、533貨船)	331 (195客船、136貨船)

說明：金泉航線定期客輪於95年6月8日開航。

資料來源：交通部，行政院大陸委員會經濟處編製。

　　就大陸方的船舶而言，初期仍以客船為主，但與我方船舶比較，其貨船航次相對較多，顯示大陸政府為了凸顯兩岸直接貿易，初期似較重視貨運的業務，不過，自2003年開始，大陸政府對金馬「小三通」政策之態度更趨積極，因而促使金馬「小三通」航運往來大幅成長，尤其在客運方面。大陸船舶經營福州、馬祖航線，初期幾乎專注在貨運部分，直到2007年過後，客運才開始經營。不過受到市場腹地和環境條件的限制，馬祖福州線的客貨運近年來已出現衰退狀態。

　　「小三通」政策實施後，對金馬地區的進出口貿易有何影響？以金門地區為例，財政部關稅總局的資料顯示（表13-6），在最初幾年，出口貿易呈現起伏波動，而出口貿易呈縮減現象，可能與金門停止磁土開採出口有關；不過自2006年開始，尤其自馬總統執政以來，逐漸放寬臺灣貨品經「小三通」中轉輸出大陸的限制，金門的出口貿易呈現爆發性的成長，到2010年時已突破至新臺幣383.3億元；就進口貿易來看，「小三通」政策實施初期呈現穩定成長的趨勢，而且在進出口報關貨物中占較大比重；不過，在2005～2008年間，金門的進口貿易金額呈現大幅波動現象，直到最近三年才再度恢復穩定成長。而自2007年過後，受到出口規模快速大幅擴張之影響，進口金額在進出口總額中所占比重已由2005年的90%，逐年減少到2010年時已占不到1%。金門地區市場腹地有限，常理判斷進口貨物有一大部分是再轉出口到臺灣或大陸地區。

　　馬祖地區進出口貨物報關金額歷年來變動趨勢，如表13-6資料所示。就出口貿易而言，小三通實施最初兩年並沒有任何出口，不過自2003年開始，逐年大幅擴張，到2010年時已增加到82億元新臺幣，相當於2003年出口報關規模的2,060倍。就進口貿易而言，2001年間約只有1,095萬元新臺幣，到2005年間已逐年增加到19,291萬元，嗣後，則呈現逐年減少的趨勢，最近兩年每年大致維持在7～8千萬元新臺幣的規模。

表13-6　金馬「小三通」貨物報關金額統計表

（單位：新臺幣萬元）

年度	金門		馬祖		合計	
	進口	出口	進口	出口	進口	出口
2001	1,496	214	1,095	0	2,591	214
2002	4,425	6,021	2,597	0	7,022	6,021
2003	6,448	3,666	1,761	429	8,209	4,095
2004	12,448	2,820	12,075	864	24,523	3,683
2005	24,955	3,019	19,292	2,513	44,247	5,531
2006	17,827	5,536	12,673	4,474	30,500	10,011
2007	34,245	57,260	5,134	58,694	39,378	115,954
2008	18,289	532,050	3,002	357,673	21,291	889,722
2009	29,138	1,939,471	7,107	508,833	36,245	2,448,305
2010	32,325	3,832,701	7,492	824,231	39,817	4,656,931
2011	38,909	3,850,291	13,194	1,342,429	52,103	5,192,720

說明：金馬地區開放進口大陸物品項目自98年10月9日起與臺灣地區一致。

資料來源：財政部關稅總局，行政院大陸委員會經濟處編製

　　總之，「小三通」實施初期，由於決策較為倉促，相關配套措施不夠完善，導致使用者對「小三通」的運作方式怨聲載道，特別是金馬地區的民眾感受未蒙其利，先受其害。例如，早期因為對「小三通」使用者的身分嚴格規範，吸引一些常穿梭在兩岸的人士，選擇將戶籍遷至金馬地區，結果造成原本人口外移相當嚴重的金馬地區，逆轉成為人口成長地區，實際上這些新進落籍人口大部分並未住在金馬地區。另外，根據統計，入出境金馬地區的旅客絕大部分都是利用當地中轉，不在當地住宿，對當地經濟的貢獻有限。

　　然而，隨著國人經「小三通」入出境金馬地區的政策逐漸放寬，以及開放大陸地區居民赴金馬地區，或經金馬地區到臺灣旅遊的政策逐漸落實，「小三通」政策對於金馬地區的經濟繁榮的確有貢獻。金

門地區戰地政務解除後，駐軍減少，加上政府推動國軍精實及精進案，曾造成當地經濟持續走下坡。「小三通」政策實施後，的確改善了金馬地區民眾的生活，增進當地觀光與商業活動，促進離島經濟繁榮。此外，對於原已存在的海上貨品交易、走私等非法行為，納入正常管理，也有助於降低犯罪。另外，在初期各界對於兩岸直接三通仍然存有疑慮的前提下，以金馬地區為試點實施「小三通」，改變金馬地區的戰地地位，對增進兩岸良性互動具有深遠的意涵。

參考文獻

中華經濟研究院（2003），《兩岸關係中金門產業發展規劃研究：設置兩岸貨品交易中心、加工產業區規劃》，臺北：中華經濟研究院。

林勁、張敦財、王茹（2002），「拓展廈金直航、推動兩岸全面三通的實踐性分析」，《廈門大學學報》（廈門），2002年8月，頁3～5。

陳建民、蔡承旺（2005），「中共在金廈『小三通』的策略運用」，《展望與探索》（臺北），3(5)，頁48～61。

陳清寶（2002），《從金門檢視扁政府「小三通」政策》，淡江大學中國大陸研究所碩士論文。

楊樹清（1998），《金門社會觀察》，臺北：稻田出版社。

蔡宏明（2001），「『小三通』對兩岸互動的影響」，《遠景季刊》（臺北），2(2)，頁135～161。

魏艾（2001），「從『小三通』看兩岸關係發展」，《共黨問題研究》（臺北），27(2)，頁4～5。

兩岸產業分工與　　14
臺灣經濟發展

臺　灣廠商赴大陸投資的動機，一般是以取得低成本的勞動力和拓展當地內銷市場為主，而受到大陸內需市場開放及國民所得提高的影響，廠商對拓展大陸內銷市場的重視程度與企圖心與日俱增，成本節省的誘因則逐漸減弱。但是，不同產業到大陸投資的動機不盡相同，譬如，對電子資訊業而言，配合跨國品牌大廠代工訂單的要求，或配合上、下游業者已到大陸投資的事實，是赴大陸投資決策中很重要的考量因素[1]，這種現象凸顯臺灣產業以代工業務為主，在全球科技產業供應鏈中的地位和特質。

在經濟全球化的潮流下，由於網際網路的普及，加上數位傳輸技術和通訊產業快速發展，不僅國家市場藩籬界線漸失，製造生產能力及技術創新也開始跨國分散化，國際分工格局已由線性架構下的水平分工與垂直分工概念，轉向網絡化發展，此一趨勢具體反映在跨國企業的資源布局多元化，以及以製造活動為基礎的廠商，經由專業價值與價值鏈整合能力，創造有力競爭優勢的演變。

在全球布局的思維邏輯下，專業分工的目的在於整合全球各地資源之比較利益，讓各項活動能夠充分運用各地的優勢資源，建構最具優勢的競爭基礎。本質上，生產製造、研究發展、行銷服務等主要之企業機能，所需的資源不同，依賴的最適環境條件也不同，因而，廠商全球分工布局之策略做法，是將研發、生產、行銷等主要活動，依據地區資源特性而進行全球布局。由多國籍企業之海外子公司的角色扮演，愈來愈強調創意、海外創業精神之策略做法，可以推論多國籍企業之經營已呈現「無國界」狀態；而多國籍企業的全球布局，可能

1　參閱中華經濟研究院，《製造業赴大陸投資行為轉變及政府因應政策之研究：以電子資訊業為例》（臺北：中華經濟研究院，2003年），頁48-50；「高科技臺商赴大陸投資總調查」，《數位週刊》，2001年第25期，頁35-41。

為了全球市場或全球資源運用之策略觀點而展開，對特定地區之產業發展造成影響。基本上，地區產業的發展會受到該特定地區資源特性的影響，而地區資源特質又會成為吸引多國籍廠商展開全球分工布局策略的行動，在兩者互動效應之下，全球各地區朝向不同的特定產業群聚現象，已經成為不可避免的趨勢。

在全球分工趨勢下，形成不同地區發展不同產業的現象，例如：技術研發活動，必須集中在研發資源充裕的地區，並形成以研發為主軸的產業結構；勞力供應充沛地區，適合從事生產製造組裝活動，並帶動相關零組件、原材料與製造服務業之發展，而形成以製造組裝為基礎的產業結構。大陸擁有充沛的勞動力和土地等生產要素資源，實施改革開放政策適時地趕上這一波全球化潮流，因而吸引了大量的外商（包括臺商）直接投資，在國際分工格局中占有一席之地。

第一節　臺商投資大陸與兩岸貿易關係

考察兩岸雙邊經濟交流的發展趨勢，可以發現兩岸雙邊貿易活動早自1980年代初期即已開始，並自1980年代後期起迅速發展，而臺商赴大陸投資則遲至1987年以後才開始。1980年代初期，由於生產要素無法在兩岸之間流動，兩岸的資源稟賦差異只能藉由商品貿易來實現分工的利益。嗣至1990年代初期，由於生產要素移動的限制已逐漸放寬，特別是臺灣的資本流向大陸方面，同時也由於兩岸商品貿易仍然存在一些障礙，例如關稅、運輸成本等，因此，兩岸之間生產要素移動與交易，也有部分取代了兩岸商品貿易活動。例如，上、中游供應商隨著中、下游廠商到大陸投資，就地生產供應，導致臺灣對大陸之出口減少。

這種現象似乎與Mundell（1957）所闡述的商品貿易（trade in

goods）和生產因素貿易（trade in factors）兩者間具有替代關係的理論一致[2]。按，兩國之間資源稟賦不同，各具有經濟比較優勢，透過商品貿易或生產要素貿易可以促進國際分工，發揮專業化效益共同分享。1980年代初期，由於生產要素無法在兩岸之間流動，兩岸的資源稟賦差異只能藉由商品貿易來實現分工的利益。嗣至1990年代初期，由於生產要素移動的限制已逐漸放寬，特別是臺灣的資本流向大陸方面，同時也由於兩岸商品貿易仍然存在一些障礙，例如關稅、運輸成本等，因此，兩岸之間生產要素移動與交易，也有部分取代了兩岸商品貿易活動。例如上、中游供應商隨著中、下游廠商到大陸投資，就地生產供應，導致臺灣對大陸之出口減少。

不過，必須指出的是，兩岸之間的生產要素交易替代商品貿易的作用，一直受到抑制，因為兩岸執政當局對於生產要素的移轉與交易並不鼓勵甚至曾嚴格管制。事實上，在兩岸經貿交流快速發展趨勢中，臺灣廠商攜帶資金前往大陸投資，與兩岸商品貿易之發展，似乎也具有相當高的互補性質。具體而言，由於大陸地區經濟相對較落後，配套產業不足，或由於母子公司整體經營策略考量，在大陸投資的廠商向臺灣地採購所需的機器設備和原材料、半成品、零組件等，是相當正常的，因而隨著臺商赴大陸投資增多，大陸臺商事業自臺灣採購乃促進臺灣對大陸出口擴張；另一方面，大陸臺商製造的零組件、半成品或甚至製成品，也有部分會回銷臺灣，因而促進了臺灣自大陸進口，這些觀察基本上已獲得許多調查研究結果的支持，例如，中華經濟研究院（1994，1999）、經濟部投資審議委員會（2000，2005）。

2　Mundell利用Heckscher-Ohlin的理論架構進行實證研究，結果發現，當一國允許生產要素自由移動時，商品貿易的量會因為生產要素移動增加而呈現減少之現象。因此，他認為要素的交易與商品的交易會相互替代。

　　兩岸雙邊貿易與臺商赴大陸投資呈現互補的性質，與Purvis（1972）、Markusen（1983）和Agmon（1979）等人所做的研究論點一致。Purvis（1972）的研究指出，考量各國生產技術的差異，國際間資本移動可能會擴大國際貿易規模，從而商品貿易和生產要素的移動可能呈現互補的關係。Markusen（1983）的研究則明確指出，如果發生商品貿易的基礎與生產因素稟賦無關，則生產要素的移動與產業內貿易（intra-industry trade）呈現互補關係。Agman（1979）亦認為在產業內貿易發生時，生產要素的移動和貿易是呈互補關係。進入1980年代，對於跨國投資與國際貿易之間關係的研究愈來愈多，這些研究大致支持，為逃避東道國的貿易保護或為了搶占當地市場而進行跨國直接投資，即所謂市場導向型投資，往往與對外貿易存在替代關係；不過，如果對外直接投資的動機是在於降低生產成本，或為了配合本身的出口貿易活動，則投資計畫有可能促進母國和東道國之間的貿易。Lipsey 與 Weiss（1981）、Hufbauer、Lakdawalla 與 Malani（1994）等人的研究，都證實了對外直接投資與對外貿易兩者之間存在相輔相成的關係。

　　傳統的Heckscher-Ohlin-Samuelson貿易理論強調，生產要素稟賦決定了各國的比較利益型態，從而決定了國際貿易商品結構，這種貿易型態是屬於產業間的貿易（inter-industry trade），或稱為互補型貿易。不過，當兩國的經濟發展程度和技術水準差距顯著存在時，基於外部性規模經濟效益和產品差異化等現實因素之考慮，兩國之間必然也存在產業內貿易。就兩岸之間雙邊貿易的商品結構型態來看，由於兩岸既存在自然資源和生產要素稟賦差異，又存在明顯的技術和經濟發展水準差距，因而根據上述理論，兩岸間的商品貿易可能同時具有產業間貿易和產業內貿易之特質。

　　Grubel-Lloyd（1975）與Tharakan（1983）曾指出，國際貿易伙伴之間的經濟整合並不會帶來更多的產業間專業化（inter-industry specialization）現象，反而會增加更多的產業內貿易，即一國同一類商品出口與進口同時存在的貿易型態。林昱君（1994）和高長、黃智聰（1994）曾先後利用Grubel-Lloyd（1975）的方法，計算臺灣對大陸的產業內貿易指數[3]，結果發現，兩岸雙邊貿易同時存在產業間和產業內貿易，但產業內貿易的重要性已逐漸增加。理論上，兩國產業內貿易之變化與兩國經濟發展、市場化規模和貿易障礙相關，產品差異、規模經濟、寡占行為和生產技術等因素也會造成影響。臺灣與大陸產業內貿易不斷增加，主要可歸因於生產技術水準和產品差異。

　　表14-1提供更進一步了解兩岸產業競合關係的資訊，利用HS二位數分類產品資料，計算臺灣與大陸產業內貿易指數，可以發現在1995～2004年間20項產業中，包括動植物油脂製品、貴金屬製品、運輸設備和雜項製品等之產業內貿易指數相對較高，電子及電機設備製品的產業內貿易水準也相當高：2004年兩岸產業內貿易指數平均達23%，較1995年間的17%提升了6個百分點，顯示在該期間，臺灣和大陸的產業整合程度不斷提升。

　　兩岸產業內貿易指數較高的製品，大部分都是屬於臺灣對大陸投資金額較大的產業，這種現象顯示，臺商對大陸投資確曾促進兩岸經濟整合。典型的型態是，投資資金自臺灣外移至大陸，隨即帶動臺灣的資本財和原材料出口至大陸，最後導致半成品或製成品回銷臺灣或銷往第三國。因此，臺灣對大陸投資基本上是臺灣母公司業務之擴充，從而投資必然會加速兩岸產業內貿易之成長。

3　產業內貿易指數B_{ij}的計算公式為：$B_{ij} = \left[1 - \dfrac{|X_{ij} - M_{ij}|}{(X_{ij} + M_{ij})}\right] \times 100$

　　其中，B_{ij}的值介於0和100之間，X_{ij}和M_{ij}分別代表i國對j國的出口和i國自j國之進口。B_{ij}值愈趨近100，表示X和M值愈接近；也就是説，產業內貿易指數愈大，兩國之間的產業互補程度愈高。

表14-1　臺灣與大陸產業內貿易指數變動趨勢

單位：%

	1995	2000	2001	2002	2003	2004
蔬菜	11.52	22.54	17.96	11.58	12.08	17.79
動植物油脂	5.40	12.81	23.37	32.79	64.21	57.85
食品、飲料、菸草	28.60	17.97	25.79	15.80	17.83	22.89
礦產品	17.74	10.84	5.24	5.08	5.05	3.81
化學製品	25.65	23.49	19.86	19.30	20.05	19.23
塑膠、橡膠製品	4.86	5.64	5.07	4.99	5.84	8.06
皮革、毛皮製品	7.82	7.01	10.96	12.85	19.78	14.41
木製品	34.77	33.17	30.32	26.91	28.65	20.35
紙漿、紙製品	14.43	19.85	20.11	20.05	24.31	24.19
紡織品	5.22	4.83	4.69	6.31	7.10	7.90
鞋、帽子、傘等製品	39.03	40.84	37.40	24.45	17.37	13.72
陶瓷、玻璃製品	23.22	20.64	14.90	14.19	13.05	18.89
貴金屬製品	14.80	29.65	30.11	29.90	52.08	50.28
金屬製品	16.34	10.98	11.48	12.23	13.07	18.89
電子、電氣機械製品	23.96	26.65	27.39	28.05	29.54	30.30
運輸設備	22.39	30.52	38.79	43.51	32.57	42.88
精密儀器	36.28	24.14	17.89	11.06	16.28	18.59
雜項製品	44.31	50.55	53.94	48.44	50.70	46.30
藝術品、古董	45.82	10.71	65.13	23.30	10.63	7.16
其他	0.00	20.05	21.79	83.88	25.49	4.96
合計	17.00	18.29	18.57	19.61	21.48	22.93

資料來源：利用WTA資料庫資料計算而得。

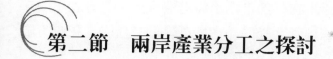

第二節　兩岸產業分工之探討

　　跨國企業對外直接投資行動，是為了追求更有效率的資源配置，以及最大化利益。壟斷優勢理論支持者認為（Hymer, 1960），壟斷與優勢結合是跨國公司從事對外直接投資的主要動機，市場的不完全競爭性使得少數大公司享有產品差異、規模經濟、行銷能力、管理技巧、商標信譽、獲得資本的能力等獨占性優勢，跨越國界直接投資可以發揮這些優勢。Caves（1971）的研究指出，為了與國內公司競爭，跨國公司必須通過垂直化將其公司特定優勢進行內部化，俾能在不承擔與正常交易相關的額外成本條件下，最大化其公司特定能力。

　　內部化理論者（Buckley and Casson, 1976）將交易成本理論引入對跨國公司海外直接投資的研究，強調外部市場不完全性或壟斷因素存在，企業試圖通過內部化市場以降低交易成本，從而創造特定的優勢。該理論的支持者認為，對外直接投資的實質不在於資本的移轉，而是基於所有權之上的企業管理與控制權的擴張，其結果是企業管理機制替代市場機制來協調企業內各項活動和進行資源重配置。該理論可以說明跨國公司對外直接投資進行垂直整合的動因，如原材料採購、銷售整合等，對研究跨國公司內部整合具有一定的理論意涵。

　　Dunning（1980、1993）綜合了內部化理論、壟斷優勢理論、要素稟賦論和區位理論，提出跨國直接投資的折衷理論（eclectic theory），強調所有權優勢、區位優勢和內部化優勢等是企業對外投資的基本要素。所有權優勢是企業對外直接投資的必要條件，它包括企業特定的資源要素稟賦、規模、範疇經濟、產品知識和技術、品牌等無形資產優勢。區位優勢是指對外直接投資的外部條件，包括東道國的政治、經濟、自然資源、相關的基礎設施、外資政策等宏觀因素，以及當地的生產運輸成本、人力資源成本、市場規模、生產專業化和集中度等

微觀因素。內部化優勢是指在外部市場不完全情況下，充分利用內部特定所有權優勢，使跨國經營活動內部化，以降低交易成本和減少風險，發揮垂直整合及橫向多樣化的經濟效益。

　　臺商到大陸投資，絕大多數都維持母公司在臺灣繼續營運，並在兩岸均設有製造部門（表14-2），大陸投資事業可以說是全球布局的一環。中華經濟研究院（2003）針對電子資訊產業的研究指出，臺灣廠商依據本身所擁有的所有權和內部化優勢[4]，以及考量臺灣和大陸的相對區位優勢之後，決定在兩岸的經營分工型態為：臺灣母公司特別著重運籌管理的功能，包括企業集團經營策略之擬定、財務調度、研發和行銷等活動之主導；而大陸事業在臺商全球布局中主要扮演製造的角色，尤其對於大量生產，附加值相對較低、勞力密集度較高的產品，或大陸具有製造優勢、特定符合大陸內需市場需要、應客戶要求在大陸製造的產品，安排在大陸生產。臺灣母公司的製造活動，基本上只保留少量、多樣、高價和高階產品的製造，以及新產品試量產和臺灣具生產優勢的產品留在臺灣生產。近年來，製造業加速在兩岸投資布局，採用「臺灣接單，大陸生產」營運模式者愈來愈普遍，令人關注。[5]

4　所有權優勢是指企業在部分領域次系統商品化能力、國際市場通路經驗、國際品牌、核心技術等方面的經營優勢；內部化優勢是指企業管理整合能力、產品規劃能力、市場占有優勢、完善的跨國資訊通訊網絡、與國際大廠網絡關係，以及語言、文化優勢等。

5　根據經濟部統計處《製造業對外投資實況調查報告》的資料顯示，臺灣外銷接單由大陸臺商事業出貨所占比重，2005年間已接近四成，較1998年的31%高出甚多。

表14-2　大陸臺商事業與臺灣母公司產品的關聯性

單位：%

年別	無關係	臺灣無製造部門，只負責銷售大陸事業的產品	大陸無製造部門，只負責銷售臺灣公司產品	兩岸均設有製造部門，其產品或有不同
2000	9.04	11.16	3.54	76.26
2003	7.82	10.22	2.63	93.45
2005	7.26	15.40	4.55	72.79
2007	9.06	17.06	3.96	80.42

資料來源：經濟部統計處，《製造業對外投資實況調查報告》，各年。

　　表14-3資料顯示赴大陸投資製造業臺商接單與出貨地布局概況，平均而言，由臺灣母公司接單的事業約占74%，由在大陸的事業接單的比率僅13.4%；出貨地在大陸地區者比重超過一半，由臺灣母公司出貨者約占37%。在各製造業中，由臺灣母公司接單的情形，成衣服飾品、造紙印刷、非金屬礦物、化學材料、塑膠製品、汽車零組件、其他運輸工具等最為普遍，其中，造紙印刷、非金屬礦物、化學材料、塑膠製品、汽車零組件等製造業的出貨，也大都由臺灣母公司負責；而成衣服飾品業大都由在東南亞地區投資事業負責出貨。臺灣接單，由大陸地區之事業體出貨相對較普遍的行業，主要微電腦、電子產品、電子零組件、機械設備、金屬製品、橡膠製品和其他製造業等。

　　廠商特有的產業網絡對兩岸產業分工格局有顯著的影響，一方面在赴大陸投資初期，仍運用原有的產業網絡進行採購或行銷，使得兩岸垂直分工關係相當緊密；另一方面，原材料或半成品的供應廠商，也會因為產業網絡的關係，主動或被動地隨著下游加工製造業者前往大陸投資，就地生產供應，結果使得兩岸產業在製造方面的分工縮減。換言之，臺商赴大陸投資後，改變了企業與臺灣原有供應鏈的連動關係，在群聚效應影響下，投資者在大陸建立了新的產業供應鏈。

表14-3　大陸製造業接單與出貨布局概況（2010年）

單位：%

	接單			出貨			
	臺灣	大陸	其他海外	臺灣	大陸	東南亞	其他海外
傳統製造業							
食品、飲料	41.7	19.2	39.1	41.7	19.2	39.1	0.0
紡織	63.8	23.1	13.1	41.8	22.4	16.4	19.5
成衣、服飾品	93.3	0.0	6.7	11.4	9.7	78.9	0.0
木竹、傢俱	–	–	–	–	–	–	–
造紙、印刷	100.0	0.0	0.0	93.5	4.72	1.8	0.0
非金屬礦物	97.6	1.9	0.6	96.5	1.7	1.7	0.1
其他	75.7	19.7	4.6	28.2	52.9	6.0	13.0
基礎製造業							
化學製品	71.8	21.8	6.4	70.2	22.9	2.4	4.5
化學材料	97.0	2.2	0.8	96.2	2.4	0.5	0.9
石油及煤製品	–	–	–	–	–	–	–
橡膠製品	81.4	15.2	3.4	62.5	34.0	2.8	0.7
塑膠製品	92.6	6.6	0.9	90.4	7.9	0.6	1.1
基本金屬	83.3	5.6	11.2	78.7	10.5	4.0	6.8
金屬製品	74.4	22.7	2.8	61.6	33.9	3.0	1.5
技術密集製造業							
機械設備	65.2	18.4	16.4	50.5	46.6	1.4	1.5
電子零組件	56.2	18.0	25.8	18.3	64.1	3.7	14.0
電腦、電子產品	80.0	12.3	7.8	16.3	74.2	1.0	8.5
電力設備	35.6	17.8	46.6	39.2	19.0	28.4	13.5
汽車零組件	89.6	8.5	2.0	84.2	11.8	2.1	1.9
其他運輸工具	89.0	5.5	5.4	68.2	23.9	2.8	5.1
合計	74.0	13.4	12.6	37.2	51.1	2.8	8.9

資料來源：經濟部投資審議委員會（2011），《2011年對海外投資事業營運狀況調查分析報告》，附表5資料整理。

這種現象在雜項製品、塑橡膠製品、家用電器、木材製品等產業最為明顯（高長，2001）。

　　蔡宏明（2006）的研究指出，傳統產業在兩岸投資布局大都採取垂直分工，例如石化產業，係以臺灣作為中、上游原材料的供應基地，大陸則是以中、下游生產製造為重心；又如紡織業及成衣服飾業等，大都由臺灣主導研發和市場開發，以大陸為生產製造中心，進行上、下游整合性投資布局。就高科技產業而言，高長（2006）的研究發現，臺灣廠商赴大陸投資之後，基本上仍與臺灣地區的產業維持緊密的分工關係。在生產活動方面，有採取水平分工的模式，例如少量、多樣、高階、高價產品在臺灣製造，大量、低價和低階的產品則移往大陸生產；也有採取垂直分工的模式，例如將產品製程切割成好幾段，依臺灣和大陸的製造優勢條件分工生產，最後由臺灣母公司進行整合，軟體設計、IC產業等在兩岸的分工布局，基本上都是採這種模式。另外，從企業管理的角度來看，臺灣母公司在研發、行銷、採購和財務調度等方面仍然保有經營主導權，在大陸投資子公司主要負責製造。

　　臺灣廠商在海外投資經歷的時間，與跨國大企業比較並不算長。但是，在全球化的潮流下，臺商投資行為模式不斷調整，尤其重視利用大陸的資源與市場腹地，並利用特有的產業網絡進行跨境分工布局，不只提升了整體的產業競爭力，也促使產能擴大。電子資訊產業的臺商即是此一發展模式的最典型範例。該產業近年來積極到大陸投資，在大陸華南與華東地區形成產業聚落，伴隨其產能擴張，生產活動在兩岸的布局呈現明顯的消長現象，表14-4的資料顯示，1995～2005年間，臺灣資訊硬體業產值由195億美元增加至800億美元，成長了3.1倍，成為僅次於美國，全世界第二大資訊硬體業生產國。不過，整個產業的產能，布局在臺灣地區的比重已由1995年的72%下降為2005年6.8%，而布局在大陸生產的比重同期間卻由14%上升為79.5%。

2010年，臺灣資訊硬體產業總產值進一步增加至1,212億美元，其中在臺灣生產的比重僅占0.5%，而在大陸生產的比重則已上升至94.6%。

值得一提的是，製造業海外生產的比重不斷增加的結果，已造成部分廠商在臺灣沒有製造部門，而且經濟部統計處的調查資料顯示，到大陸投資後結束在臺灣的製造部門，所占比重似有增加的跡象（表14-2）。另外，在兩岸都保有生產活動的廠商，認為兩岸生產相同產品臺灣產品較高級所占比重，在1999年間超過三分之一，但是到了2007年時，該比率已降至16%（表14-5），其中，電子電機業者認為臺灣生產的產品較大陸高級的比率更降至10%以下，塑膠製品、化學製品、傢俱裝設品、食品飲料、紡織品等行業認為，臺灣生產的產品較高級的比率也未超過二成。顯然，臺商在兩岸生產布局，在臺灣地區製造的產品與在大陸製造的差異性已較過去縮小。

表14-4　臺灣資訊硬體產業生產活動相關統計

年	1995	1998	2000	2002	2003	2004	2005	2009	2010
總產值（含國內外生產）（億美元）	195	338	470	484	572	696	800	1,078	1,212
國內生產份額（%）	72.0	58.0	49.1	35.7	18.8	15.6	6.8	0.6	0.5
海外生產份額（%）	28.0	42.0	50.9	64.3	81.2	84.4	93.2	99.4	99.5
其中：大陸（%）	14.0	29.0	36.9	47.5	65.0	70.1	79.5	95.1	94.6

資料來源：依據資訊工業策進會資訊市場情報中心（MIC）相關資料整理而得。

表14-5　兩岸產製相同產品臺灣產品較高級的比率

單位：%

	2000	2005	2007
全體產業	34.5	19.2	15.89
食品飲料業	50.0	33.3	28.57
紡織業	53.3	30.2	18.18
成衣服飾業	32.6	25.9	35.71
皮革毛皮製品	36.0	14.7	–
傢俱裝設品	33.3	33.3	16.67
化學材料業	29.4	20.9	22.73
化學製品業	32.2	18.5	14.67
橡膠製品	36.4	30.8	20.69
塑膠製品	28.4	17.3	13.86
金屬製品	35.6	25.6	21.09
機械設備業	35.9	20.7	29.11
電子電機業	36.0	13.8	9.87
運輸工具業	42.0	27.5	30.95
精密器械業	40.7	9.6	16.67

資料來源：依經濟部統計處，《製造業對外投資實況調查報告》資料計算而得。

　　前曾提及，臺商在兩岸投資布局，基本上是將大陸定位為主要的製造重心或生產基地，而行銷（外銷接單）、財務調度、研發等運籌管理業務，則主要仍由臺灣母公司負責。在研發活動方面，以電子資訊業為例，兩岸之分工，從產品面來看，臺灣母公司的研發活動大都比較偏向於周邊、針對國際市場、屬於開發階段的產品；而大陸投資事業的研發活動則大都比較偏向系統性、針對大陸內需市場、成熟階段的產品。就研發或技術屬性而言，臺灣母公司的研發活動較偏重硬體、產品開發和製程開發；在大陸投資事業的研發活動則傾向於軟體開發、基礎研究、製程調整，以及製程認證與工程支援等方面（中華經濟研究院，2003）。這樣的研發分工布局在某種程度上反映出臺灣

與大陸在研發方面各擁有其優劣勢。目前的研發分工格局顯示，臺商在大陸投資企業的新產品開發和新技術取得等研發業務之決策權，基本上仍掌握在臺灣母公司手上，不過，隨著大陸子公司營收規模逐漸擴大，在整個事業體中的地位提升，其研發的角色和地位也隨之水漲船高。

第三節　對臺灣產業發展的影響

　　兩岸經貿交流發展對臺灣產業發展的影響，首先就雙邊貿易來看，對臺灣來說，自大陸進口農工原料，不但可以彌補臺灣自己不足，有助於穩定國內市場供需的平衡，更可以透過產業關聯的作用，促進相關產業的發展。對大陸出口的擴張，刺激臺灣地區的社會需求，亦將經由向前連鎖即向後連鎖作用，直接或間接地影響臺灣地區產業的繁榮和經濟成長。于宗先等人（1995）的研究發現，臺灣對大陸出口每增加一單位，將誘發臺灣地區各產業部門增加2.09個單位產出。兩岸各自根據比較利益原則進行生產後再進行貿易，專業分工將有利於提高彼此之資源利用效率，創造更大的貿易利得。就不利的一面來看，主要是兩岸經濟關係愈來愈密切的結果，將造成臺灣對大陸經濟之高度依賴，進而臺灣經濟之穩定成長容易受到大陸地區經濟情勢變化的影響，或成為中共對臺採取經濟制裁的籌碼。

　　就臺商赴大陸投資而言，對臺灣經濟造成的影響亦是利弊兼具，關鍵在於對大陸投資是否替代了在臺灣投資。高長（2001）的研究指出，臺商選擇大陸直接投資的戰略考量，主要是資源導向，是為了利用當地充沛且低廉的勞動力和土地資源；其次為市場導向，也就是為了拓展當地市場，而配合國內中、下游廠商登陸、利用當地原物料資源、配合國外客戶要求等，也是臺商選擇到大陸投資較重要的考量因

素。由於缺乏具體的實證數據，無法了解廠商到大陸投資取代在臺灣投資的程度究竟有多大？可以肯定的是，內銷導向型企業之投資目的，主要在於攻占大陸當地市場，替代在臺灣投資的可能性或將小一些，對臺灣產業發展應不會造成顯著負面影響，甚至於對特定產業產能擴充及國際化經營是有利的。外銷導向型企業之海外投資目的在降低生產成本，維持或提升出口競爭力，將造成生產基地外移及出口實績轉移，較可能替代在臺灣投資，對臺灣經濟的負面影響可能較大。

其次，從產業結構的變化來看，可以分從兩個角度探討，一是在大陸投資是否將增加或減少產業內競爭。依相關的學理，對外投資主要建立在市場不完全性上面，例如產品差異化、特定技術之掌握、原材料或天然資源之控制等，而海外投資的結果有擴大廠商市場獨占力量、減少產業內競爭的傾向。另一則是對外投資之增加是否會造成國內反工業化（deindustrialization）結局，也就是說，造成製造業在國內經濟中的重要性逐漸降低、產業空洞化，對外競爭力逐漸減弱。

在探討兩岸經貿交流議題中，「產業空洞化」問題一直是各界關切的焦點之一。大家憂慮的是，兩岸人文、歷史、語言的同質性高，臺商赴大陸投資的進入障礙相對較低，在長期將無法排除產業持續外移的可能性，大量外移的結果可能造成臺灣產業空洞化危機。不過，持不同看法者認為，臺灣經濟經過幾十年的發展，正面臨結構轉型，部分在臺灣已不具備市場競爭優勢的產業，移往大陸或其他海外地區繼續發展，不但不必然導致臺灣產業失血，反而會因為部分生產線在海外獲得發展空間，有助於臺灣的產業結構轉型和升級。臺灣產業沒有空洞化的危機，有的只是產業升級和轉型的問題。

製造業臺商到大陸投資對臺灣產業發展的影響，可能因經營導向，即內銷導向或外銷導向不同而不同。內銷導向的投資目的在靠近並攻占大陸當地市場，理論上或許不會替代在臺灣的投資，如果會的話可能也是微不足道，因此對臺灣經濟不會造成顯著的負面影響，甚

至於對特定產業產能之擴充及國際化經營是有利的。外銷導向的投資目的在降低生產成本，維持或提升出口競爭力，將造成生產基地外移，出口實績轉移，較可能替代在臺灣投資，對臺灣經濟的負面影響即可能較大。然而，必須指出的是，這些外銷導向型的產業若不准予到大陸投資，留在臺灣是否會因為競爭優勢逐漸喪失而萎縮。因此，赴大陸投資對臺灣國內產出之不利影響，長期而言或將不如想像中那麼嚴重，甚至也有可能有助於臺灣產業之轉型和升級。Chen 與 Ku（1998）的研究發現，臺灣廠商對外投資與國內生產線的調整有密切關係，對外投資造成的產業結構調整並不必然帶來產業空洞化的後果。

由於資訊不足，我們無法確認臺商在大陸投資，到底有多大程度替代在臺灣投資。不過，從學理上我們或可推論，衰退性產業面臨不斷上升的生產成本，特別是勞工僱用成本，以及開發中國家低廉產品在外銷市場上的競爭威脅，在臺灣地區的發展空間逐漸喪失，新的投資計畫一般都會選擇到海外執行，因此，這類產業在大陸（或海外）投資替代在臺灣地區投資的比率可能較高。反之，對一些新興產業而言，由於在臺灣地區尚有發展空間，一般都不會輕易退出，到大陸投資通常是基於擴充產能、國際化經營或攻占當地市場的目的，兩地業務相輔相成。在田野調查研究中，我們卻也發現，在臺灣地區尚有發展空間的產業，到大陸投資行動較為謹慎，因此，這類產業於大陸（或海外）投資替代在臺灣地區投資的比率可能較低。

高長（2001a）曾根據臺灣地區總體經濟表現，以及臺商在大陸與臺灣兩地生產分工的格局，觀察探討製造業臺商在大陸投資，替代在臺灣地區投資的可能程度。研究結果發現，臺商赴大陸投資後，臺灣母公司仍繼續維持生產者，無論是資本額、營業額和獲利情形，平均而言都比赴大陸投資之前有所成長。這些廠商在兩地之間的生產活動，較少採取垂直分工方式；採取水平分工形式雖較普遍，但留在臺

灣生產之商品大部分附加價值較高；臺商在兩地生產的產品有明顯的區隔，彼此未造成直接競爭。另外，若就企業經營活動觀察，大陸子公司大都只有生產作業，其他的活動如商情蒐集與研判、新產品研究、產品設計與測試，以及技術研發、產品行銷等，則絕大多數由臺灣母公司負責。這種現象顯示臺商到大陸投資，並未完全取代在臺灣投資。

臺灣企業對大陸地區投資的情形愈來愈多，是否顯示臺灣地區同類型產業的發展優勢已逐漸喪失，並進而導致萎縮？高長（2001a）針對臺灣製造業發展趨勢的研究發現，自1987年以來，皮革毛皮製造、木竹製品、成衣服飾品、雜項製品、傢俱及裝飾品、塑膠製品、飲料菸草業等傳統勞力密集加工型產業呈萎縮的現象。這些產業大都也是在大陸投資金額較大的產業，顯然在臺灣的生產萎縮與到大陸投資兩者密切相關。不過，在比較分析中卻也發現，電力及電子機械業、化學材料業、化學製品業、金屬基本工業等多項產業赴大陸投資金額雖然相當大，但在臺灣的產值並未萎縮。

總之，臺商赴大陸投資，確實造成臺灣某些傳統勞力密集加工製造業之生產萎縮，不過，由於新興產業代之而起，同時臺商在大陸與臺灣生產的產品有明顯區隔，兩岸企業又逐漸形成「功能性分工」體系，基本上對臺灣製造業平均而言，近年來仍能保持顯著的成長。由此可見，臺商對大陸投資促進臺灣產業結構之調整，對臺灣經濟發展具正面意義。

第四節　對臺灣貿易收支的影響

針對貿易收支而言，臺商對大陸投資可能造成的影響主要表現在下列五個方面，一是在大陸投資事業向臺灣採購所需原材料、半成品

及機器設備,將帶動臺灣對大陸出口;二是對大陸投資就地生產供應當地市場,取代了臺灣對大陸出口;三是為維持外銷競爭力將生產基地轉移至大陸者,對外投資將促使出口訂單轉移;四是若對大陸投資是為了開發及就近利用當地資源,則對臺灣的貿易收支兼具正負面影響;五是在大陸投資生產的半成品或製成品回銷臺灣。

製造業臺商在大陸事業所需的原材料、半成品和零組件等,採購來源的安排是臺商進行全球布局的重要環節之一,更將影響兩岸產業的競合。根據經濟部統計處《製造業對外投資實況調查報告》資料顯示,以2005年資料為例,大陸臺商事業所需之原材料,自臺灣採購的比重為35.1%,較1999年的49.8%和1993年的54.7%低了許多,2010年間進一步降低至27.7%;零組件和半成品自臺灣採購的比重同期間也呈現逐年降低趨勢,由1993的60.8%降至2005年的40.9%。臺商在大陸投資因原材料、中間製品之採購而帶動對大陸出口額,占同期間臺灣對大陸出口總額之比重,邱秀錦(2001)的研究指出,1993年間約為28.0%,1999年間約為41.7%。[6]經濟部工業局發布的資料顯示,大陸臺商帶動臺灣對大陸出口金額,在2000年間約為96億美元,約占當年臺灣對大陸出口金額的37.7%。[7]

大陸臺商企業所需的原材料和中間製品,自臺灣採購所占比重逐漸減少,而自大陸當地採購比重則逐漸增加,這種現象與跨國企業海外投資的發展經驗頗為一致,顯示大陸當地製造供應能力已逐漸改善。不過,值得一提的是,原材料和中間製品自大陸當地採購的部分,約有一半左右是來自於當地臺商,對應於自臺灣採購比重降低,顯示大陸臺商企業在大陸當地似已另外建立了新的產業聚落,且聚落

6　占臺灣總出口的比重,1993年和1999年分別為4.2%、7.3%。參閱邱秀錦（2001）。

7　參閱經濟部工業局《臺灣製造業發展升級策略長期研究計畫》,2001年6月。

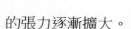

的張力逐漸擴大。

　　臺商在大陸投資帶動臺灣自大陸進口，可以從大陸臺商企業製品回銷臺灣的情形得知梗概。1990年代初期，由於臺灣對大陸製品進口嚴格管制，大陸臺商製品回銷臺灣的金額應不會太多。不過，自1990年代中期起，隨著臺灣逐漸擴大開放大陸製半成品進口，大陸臺商產品回銷的比重逐漸增加，根據經濟部統計處的調查資料顯示，已由1993年的11.97%，逐年增加為2010年的17.5%。

　　回銷比例高低在文獻上的討論，常被視為進口國產業空洞化的指標之一，如果在大陸投資的臺商產品回銷比例較高，同時也是外銷至大陸以外市場比例較高的行業，則在理論上，這些產業在臺灣似乎較會面臨產業空洞化危機，因為赴大陸投資企業直接從大陸生產出口，回銷臺灣或在國際市場上與臺灣本地企業勢必構成競爭，大陸的廉價勞工成本優勢，對臺灣本地企業的國際行銷將造成強大威脅，從而可能影響臺灣本地企業之生存與發展。

　　臺商赴大陸投資對臺灣貿易收支的另一個影響，是臺灣出口實績的轉移。臺商到大陸投資，一方面由於大陸政府政策的鼓勵，另一方面也由於在投資動機上，主要在利用大陸低廉生產要素，降低生產成本，維持出口競爭力，生產的產品大部分供出口，因此，投資行動造成了臺灣的出口實績轉移。譬如，製鞋、製傘、製帽、腳踏車、燈飾、玩具等傳統勞動力密集加工產業，過去臺灣製品在國際市場上的占有率都很高，隨著臺商將生產基地轉移至大陸，臺灣的出口衰退，原占有的市場逐漸被大陸製品（臺灣廠商貢獻了一大部分）所取代。許多臺商在臺灣接單，但由大陸的工廠出貨，更促進了大陸的出口實績擴增。

　　臺商對大陸投資牽動了臺灣對外貿易結構。資料顯示，在臺灣的對外貿易伙伴中，大陸的地位已愈來愈重要；相對地，美國和日本等國在臺灣對外貿易伙伴中的地位則下滑，呈現了明顯消長的現象。具

體而言,美國和日本原本都是臺灣最主要的進口來源國,以1980的資料為例(表14-6),在臺灣總進口值中,從美國和日本進口的比重分別高達23.7%和27.1%。不過,嗣後,臺灣自美國進口值占總進口的比重逐年下降,至2010年時已降至10.1%;日本雖然一直是臺灣第一大進口來源,惟其占臺灣總進口的比重自1990年中期達到30%高峰以後,最近幾年來亦呈現逐年下降的趨勢,2010年時已降至20.7%。相反地,自中國大陸進口占臺灣總進口的比重卻不斷上升。

再從臺灣的出口貿易來看,1980~1990年代期間,美國一直是臺灣最重要的出口市場,1985年資料顯示,臺灣對美國出口值占同年度臺灣出口總值的比重曾高達48.1%,嗣後,則呈現逐年下降趨勢,到

表14-6 歷年來臺灣主要貿易伙伴結構之消長

單位:%

	進口貿易				出口貿易			
	中國大陸	美國	日本	韓國	中國大陸	美國	日本	韓國
1980	—	23.7	27.1	1.1	—	34.1	11.0	1.3
1985	—	23.6	27.6	1.1	—	48.1	11.3	0.8
1990	2.6	23.0	29.2	2.5	12.7	32.4	12.4	1.8
1995	4.8	20.1	29.2	4.2	23.7	23.7	11.8	2.3
2000	6.0	17.9	27.5	6.4	24.0	23.5	11.2	2.6
2005	12.2	11.6	25.2	7.2	39.1	14.7	7.6	3.0
2006	13.2	11.2	22.8	7.4	39.8	14.4	7.3	3.2
2007	13.6	12.1	21.0	6.9	40.7	13.0	6.5	3.2
2008	13.7	10.9	19.3	5.5	39.0	12.0	6.9	3.4
2009	14.7	10.4	20.8	6.0	41.1	11.6	7.1	3.6
2010	15.0	10.1	20.7	6.4	41.8	11.5	6.6	3.9

資料來源:1.根據經濟部國際貿易局資料計算而得。

2.中國大陸的數據包含香港在內。

2010年時已下降至11.5%。日本在1990年代初期以前一直是臺灣第二大出口市場，所占比重約11～12%，近年來日本在臺灣出口貿易伙伴中的地位也呈現下降趨勢，而大陸在臺灣出口貿易中所占比重則呈現逐年上升趨勢。

第五節　對臺灣勞動力就業的影響

　　對外投資是否會造成臺灣失業問題惡化？有若干研究指出該兩者的關係並非必然（瞿宛文，2001；顧瑩華，2001）。顧瑩華（2001）的研究發現，臺灣雖在1980年代中期以後便開始進行大量的對外投資，但一直到1990年代結束前，臺灣並無嚴重的失業問題，反而是長期困擾著臺灣經濟的低技術勞力不足問題，因產業外移而獲得紓解。該研究利用經濟部《工廠校正資料》計算，結果發現有對外投資的廠商，其1999年的平均僱用人數較1993年成長了18.4%，而無對外投資的廠商，同期間，勞動力僱用人數則呈現負成長的現象，顯示對外投資並沒有減少對國內勞動力之僱用，反而有利於國內就業水準之維持與擴大。該項研究與Hawkins（1979）的實證研究發現類似，顯示廠商在國內及海外從事的經濟活動常具有相輔相成的關係，對外投資未必對國內總就業水準有負面影響。

　　顧瑩華（2001）進一步觀察，在海外不同地區投資廠商國內勞動力僱用量變動情形。研究結果指出，在僅赴大陸投資的廠商方面，於1993～1999年間的平均僱用人數成長1.7%；相對而言，若廠商只投資其他地區（不含大陸）或除了投資大陸地區外尚有其他的海外投資案件，則其平均僱用人數分別呈現25.5%和21.2%的高成長。研究結果並無明顯證據說明，臺商赴大陸投資將造成國內失業的增加，但相對於到其他海外地區投資的廠商而言，投資中國大陸對臺灣就業水準之提

升較無幫助。

　　高長、楊書菲（2004）延續顧瑩華（2001）的研究，結果發現
（表14-7），只投資大陸的廠商，1993年及2000年的國內僱用人數分
別約為17.7萬人及19.7萬人，淨增加2萬人左右，占1993年就業人數的
11.42%，其中包含了9.3萬個就業機會創造及7.3萬個就業機會汰減，分
別占1993年就業人數的52.78%及41.35%；只投資大陸以外其他地區的
廠商，1993～2000年間的僱用人數淨增加8.2萬人左右，占1993年就業
人數的55.38%，其中包含了14.9萬個就業機會創造及6.6萬個就業機會
汰減，分別占1993年就業人數的100.14%及44.76%。相較之下，只投
資大陸以外地區比只投資大陸地區的廠商對於臺灣就業之貢獻似乎較
大；在大陸及其他地區都有投資的廠商，1993年至2000年間的僱用人
數淨增加6.8萬人左右，占1993年就業人數的30.66%，其中包含了13.7
萬個就業機會創造及6.8萬個就業機會汰減，分別占1993年就業人數的
61.44%及30.78%。

表14-7　對外投資製造業的就業變化：不同投資地區比較

單位：千人，%

	淨變化		就業創造		就業汰減		廠商國內僱用變化	
	L82	ΔL	B89 (1)	ΔE8289 (2)	ΔC8289 (3)	D82 (4)	非存續廠商 (1)+(4)	存續廠商 (2)+(3)
只投資大陸	177 (100.0)	20 (11.42)	68 (38.47)	25 (14.31)	−39 (−21.88)	−34 (−19.47)	34 (19.0)	−13 (−7.6)
只投資其他地區	149 (100.0)	82 (55.38)	100 (67.55)	48 (32.59)	−26 (−17.69)	−40 (−27.07)	60 (40.5)	22 (14.9)
投資大陸及其他地區	222 (100.0)	68 (30.66)	79 (35.35)	58 (26.09)	−38 (−16.92)	−31 (−13.86)	48 (21.5)	20 (9.2)

說明：括弧中數據為以L82為基準計算的百分比值；82、89分別指1993年和2000
　　　年。

資料來源：利用《工廠校正資料》計算整理，間接引自高長、楊書菲（2004）。

　　在有對外投資的廠商中，只赴大陸投資的廠商，因擴充產能所增加的就業比例較投資大陸以外地區或同時投資大陸及其他地區者低很多；另一方面，因縮減產能而減少的就業幅度卻較其他兩者為高，顯示只赴大陸投資的廠商其經營績效較只投資其他地區或多國企業差，對國內就業貢獻程度較小。至於對外投資對新進廠商就業新增率及退出廠商就業汰減率的影響，只投資其他地區的就業新增及汰減比例均居三者之冠，分別占1993年只投資其他地區廠商的國內僱用人數的67.55%及27.07%；而同時投資大陸及其他地區的廠商，因廠商倒閉而減少僱用的比例最低，僅占其1993年國內僱用人數的13.86%。

　　整體而言，廠商赴大陸投資對國內就業市場並無不利的影響，同時也無明顯的證據顯示廠商赴大陸投資直接造成國內失業人數增加，但相較於投資其他地區或投資多個地區的廠商，赴大陸投資廠商對國內新增就業之助益似較不顯著。造成這種現象的背景原因，推斷一方面是因為大陸臺商多半規模不大，資源有限，因此一旦在大陸投資之後，該企業主必須全心投入，便有逐漸將生產重心移往大陸的趨勢；另一方面則可能是因為臺灣與大陸多成水平分工狀態，彼此間的替代性高於互補性，因此對於國內生產即就業的帶動效果較為薄弱。

● 參考文獻 ●

于宗先、林昱君、張榮豐（1995），《中國大陸經改影響下之兩岸經
　　濟關係暨我政府對產業策略之規劃》，臺北：中華經濟研究院。

中華經濟研究院（1994，1999），《臺商與外商在大陸投資經驗之調
　　查研究：以製造業為例》，臺北：中華經濟研究院。

中華經濟研究院（2003），《製造業廠商赴大陸投資行為轉變及政
　　府因應政策之研究—以電子資訊業為例》，臺北：中華經濟研究
　　院。

林昱君（1994），《臺灣對外與對大陸的產業內貿易比較研究》，臺
　　北：中華經濟研究院。

邱秀錦（2001），「臺灣經濟對大陸經濟依賴程度與可能影響」，
　　《臺灣經濟金融月刊》，2001年9月。

高長（2001），「製造業赴大陸投資經營當地化及其對臺灣經濟之影
　　響」，《經濟情勢暨評論季刊》，7(1)，頁138～173。

高長（2001a），「兩岸加入WTO後產業可能的互動與競爭力變
　　化」，《經濟情勢暨評論季刊》（臺北），7(3)，頁1～20。

高長（2006），「1986年以來兩岸高科技產業的合作與發展」，收錄
　　於《兩岸經驗二十年：1986年以來兩岸經濟合作與發展》，高希
　　均、李誠、林祖嘉主編，臺北：天下。

高長、楊書菲（2004），「臺灣製造業就業水準與對外投資關係」，
　　《兩岸與國際事務季刊》，1(2)，頁1～31。

高長、蔡依帆（2007），「貿易、投資與兩岸產業分工之發展」，發
　　表於中國經濟情勢座談會，臺北：政治大學中國大陸研究中心。

高長、黃智聰（1994），「臺商大陸投資對兩岸貿易之影響」，發表
　　於兩岸經濟發展與亞太經濟合作關係研討會，香港中文大學亞太

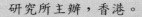

研究所主辦，香港。

經濟部投資審議委員會（2000，2005），《中國大陸投資事業營運狀況調查分析報告》，臺北：經濟部投資審議委員會。

蔡宏明（2006），「1986年以來兩岸傳統產業的合作與發展」，收錄於《兩岸經驗二十年：1986年以來兩岸經濟合作與發展》，高希均、李誠、林祖嘉主編，臺北：天下。

瞿宛文（1999），「失業率攀升的真相」，《天下雜誌》，1999年7月，頁132。

顧瑩華（2001），《企業國際化與國內工業發展之研究》，臺北：中華經濟研究院。

Agmon, I. (1979), "Direct Investment and Intra-industry Trade: Substitutes or Complements?" in H. Giersch (ed.), *On the Economics of Intra-industry Trade*, Tubingen, J. C. B. Mohr, 49-62.

Buckley, P. and M. Casson (1976), *The Future of the Multinational Enterprise*, London: Macmillan.

Caves, R. E. (1971). "International Corporations and The Industrial Economics of Foreign Investment", *Economica* 38, 1-27.

Chen, T. J. and Y. H. Ku (1998), "Foreign Direct Investment and Industrial Restructuring: the Case of Taiwan's Textile Industry", Paper presented for East Asian Economic Seminar Osaka, Japan.

Dunning, J. (1980), "Toward an Eclectic Theory of International Production: Some Empirical Tests", *Journal of International Business Studies* 11, 9-31.

Dunning, J. (1993), *Multinational Enterprises and Global Economy*, MA: Addison-Wesley.

Grubel, H.G. and P. J. Lloyd (1975), *Intra-industry Trade*, London: The Macmillan Press Ltd.

Hufbauer G., D. Lakdawalla and A. Malani (1994), "Determinants of Foreign Direct Investment and Its Connection to Trade", *UNCTAD Review*, 39-41.

Hymer, S. (1960), *The International Operations of National Firms: A Study of Direct Forign Investment*, Cambridge, Massachusetts: MIT Press.

Lipsey R. E. and M.Y. Weiss (1981), "Foreign Production and Exports in Manufacturing Industries", *Review of Economics and Statistics*(2), 304-335.

Markusen, J.R.(1983), "Factor Movements and Commodity Trade as Complements", *Journal of International Economics* 13, 341-356.

Mundell, R. A. (1957), "International Trade and Factor Mobility", *American Economic Review* 47, 321-335.

Purvis, D. D.(1972), "Technology, Trade and Factor Mobility", *Economic Journal* 82, 991-999.

Tharakan, P. K. M. (1983), "The Economics of Intra-industry Trade: A Survey," in P. K. M. Tharakan (ed.), *Intra-Industry Trade*, North-Holland.

國際經濟整合與 15
兩岸經濟合作

冷戰結束後，國際間的互賴及合作快速發展，開始有「複合式相互依賴」（complex interdependence）、「區域主義」（regionalism）、「全球化」（globalization）等理論的出現，尤其在經貿的頻繁互動之下，建立互利的經貿關係已經取代了過去冷戰時期意識形態的對抗，經濟一體化蔚為潮流。在另一方面，各國為了降低貿易障礙、增進資源使用效率、提升國際競爭力，積極推動區域經濟合作，並洽簽自由貿易協定（FTA）。

然而，FTA也形成一種新的貿易壁壘，對非結盟國造成排擠效應，尤其結盟國之間產品自由流通所形成的貿易創造效果，激起了其他區域推動有組織經濟體的意願。歐洲聯盟（European Union，簡稱EU或歐盟）與北美自由貿易區（North American Free Trade Area，簡稱NAFTA）是全球有組織區域經濟體中最典型的實例，無論生產規模或市場吸納能力，在全球都具有強大的影響力，對其他地區起了示範的作用。同時，其他國家為了避免被邊緣化的危機，都積極推動區域經濟合作，結果，造成全球經濟區塊化現象。

亞洲是全球人口最多的區域，市場規模占全球比重最大。受到全球區域經濟整合熱潮的影響，亞洲地區經濟合作的意識日益增強，尤其東亞地區的雙邊或多邊經濟合作近年來更是迅速發展，其中包括了東協（Association of Southeast Asian Nations，簡稱ASEAN）與中、日、韓的自由貿易談判，以及東亞自由貿易區計畫等，顯示東亞各國對於走向更緊密的經濟合作關係已逐漸形成共識。未來東亞經濟體一旦整合成形，對兩岸經貿關係勢必造成影響。

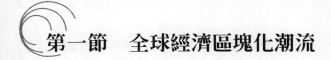

第一節　全球經濟區塊化潮流

區域經濟整合（Regional Economic Integration）是指國與國之間

逐漸去除彼此間在商品、勞務或甚至生產要素流動上的限制與障礙，最終達到經濟融合為一體的過程。通常，參與經濟整合的國家大都有地緣關係，或經貿往來原本就相當密切的經濟體。理論上，區域經濟整合的程度有深淺之別，因而由淺入深大致可區分為優惠性貿易協定（Preferential trading agreement, PTA）、自由貿易區（Free trade area）、關稅同盟（Customs union）、共同市場（Common market）及經濟同盟（Economic union）等五種類型（表15-1）。

　　「優惠性貿易協定」是經濟整合程度最低的一種，參與簽署協定的國家單方面或相互之間給予優惠關稅，歐美及日本等先進國家所採行的普遍化優惠關稅體制（Generalized System of Preferences, GSP）是典型的例子。「自由貿易區」是指參與簽署協定的成員之間，相互去除全部或大部分的關稅和非關稅障礙，促進貿易自由化，惟每一締約成員對非締約成員仍然保有獨立自主的貿易政策。美國、加拿大、墨西哥等國所簽署的「北美自由貿易協定」即為典型的自由貿易區。「關稅同盟」是指締約成員之間的商品貿易相互完全免除關稅，而且對非締約成員採取共同一致的對外關稅政策，1957年間組成的「歐洲經濟共同體」即是具體的案例。

表15-1　區域經濟整合的類型與整合項目

整合項目 / 類型	降低區域內貨品貿易關稅	締約國間廢除關稅與非關稅貿易障礙	對外採取一致的關稅與貿易政策	允許生產要素在區域內自由移動	制定共同的貿易、貨幣、財政與社會福利政策
優惠性貿易協定	✓				
自由貿易區	✓	✓			
關稅同盟	✓	✓	✓		
共同市場	✓	✓	✓	✓	
經濟同盟	✓	✓	✓	✓	✓

　　如果締約成員之間除彼此免除貨品貿易的關稅及採取共同的對外關稅政策之外，另又允許人員、資金等生產要素在締約成員之間自由流動，則整合已進階到「共同市場」。也就是說，締約成員所組成的區域，商品、勞務乃至生產要素都已整合成為單一市場，典型的例子如歐洲共同市場、南方共同市場。「經濟同盟」是最高程度的區域經濟整合型態，締約成員除了承諾共同市場之全面開放勞務與生產要素在區域內自由流動外，更承諾成員彼此應協商以制定共同的貿易、貨幣和財稅等政策，甚至發行共同貨幣，歐盟就是最典型的案例。

　　二十世紀全球經濟的顯著特徵之一是經濟全球化的發展，經濟全球化造成國家之間互賴程度加深，彼此間互動的敏感度提高，國際競爭也更為激烈。因此，各國為了提升競爭力與促進經濟發展，以及減少貿易往來的障礙，乃利用地理上相鄰與關係密切的先天條件，積極擴大合作的範圍，增加資金、商品、自然資源、人員、技術訊息的自由流通，大幅降低甚至取消關稅與非關稅的貿易障礙，並且在相關領域的議題和政策上採取一致的立場。

　　事實上，區域經濟整合早在二次世界大戰後即開始發展，只是初期的發展並不順利，主要是因參與經濟整合的成員國市場經濟發展不夠完善，加上政治紛爭和外部環境的干擾阻礙了區域經濟整合的正常發展。自1980年代後期開始，區域經濟整合才呈現快速發展的趨勢。根據世界貿易組織（WTO）的統計，1995年WTO成立之後，迄2009年5月底，全球已經生效的區域性貿易協定（Regional Trade Agreements，簡稱RTAs）共有122個，而自1950年至1994年間只有36個RTAs完成簽署。[1]不同國家之間透過成立自由貿易區、關稅同盟、共同市場、經濟同盟、單一貨幣等不同的經濟整合形式，促進及提升區域內部的生

1　參閱劉大年，「全球區域整合之趨勢」，朱敬一（主編），《ECFA：開創兩岸互利雙贏新局面》，臺北：遠景基金會，2009年，頁13。

產力與競爭力。各種區域性經濟合作可以視為全球多邊貿易的前置作業，可以避免全球貿易協商的複雜因素，透過區域內與區域間的連結逐步擴張至全球經濟合作的領域。換句話說，區域性之經濟結盟與經濟全球化相輔相成，對全球經濟發展產生極大的影響。

迄目前，幾乎所有的WTO成員都參與一個或多個區域經濟組織。這些區域經濟組織的整合型態和整合程度不盡相同，從優惠性貿易協定到自由貿易區，以及關稅同盟、共同市場、經濟同盟等，其中以自由貿易區和關稅同盟協定之簽署最為普遍。此外，在處理如勞工、資本流動、投資、生產比例等問題時也不一樣，有些組織的協議內容甚至比當時關稅暨貿易總協定（GATT）及WTO所涵蓋的範圍還廣。歸納而言，區域經濟組織的發展有三種模式，一是原已存在的區域經濟組織進一步整合，例如歐盟（EU）是目前全世界成立最早且運作良好的一個區域經濟組織，其合作的層次已由共同市場提升至貨幣同盟；又如東協（ASEAN）的合作層次也從原來較鬆散的對話機制，提升成為自由貿易區；二是現有的區域經濟組織擴大整合的區域範圍，例如歐盟東擴，由原來十五國增加至二十五個國家，[2] 又如美加自由貿易區擴大為北美自由貿易區（NAFTA）；三是成立新的區域貿易協定，例如日本與新加坡簽署自由貿易協定。

目前區域經濟整合實例，在全球各地都有，不過，主要集中在歐洲及美洲。歐盟是目前全世界上成立最早，以及合作層次最深的一個區域經濟組織（Wallace,1994），2004年擴張新納入十個國家；[3] 2007年又有保加利亞和羅馬尼亞加入，目前歐盟已有二十七個會員國。另

2　歐盟原來成員包括奧地利、比利時、丹麥、芬蘭、法國、德國、希臘、愛爾蘭、義大利、盧森堡、荷蘭、葡萄牙、西班牙、瑞典、英國等十五國，東擴後加入愛沙尼亞、拉脫維亞、立陶宛、波蘭、匈牙利、捷克、斯洛伐克、斯洛維尼亞、賽普勒司、馬爾他等十國。

3　同註1，頁19-21。

外，歐盟又已同其他二十八個國家簽署區域貿易協議。歐盟是由1950年代初期德國、法國、義大利、荷蘭、比利時、盧森堡等六國所締結的「煤鋼共同體」發展而來，當時成員國針對煤鋼行業對內實行自由貿易，對外實行保護性的共同對外關稅，共同行使經濟主權，其目的是從經濟領域著手保持締約成員國的利益均衡。1957年建立歐洲經濟共同體後，經濟整合進程不斷深入，如建立統一大市場和制定《馬斯垂克條約》，建立經濟貨幣聯盟和使用同一貨幣（即歐元），締約成員共同行使的主權範圍不斷由共同貿易政策擴大到農業政策、能源政策、工業政策、商業政策和財政政策等。隨著共同關稅的建立，歐洲統一市場一直具有「貿易堡壘」的色彩，非締約成員國的市場准入受到該組織共同商業政策和農業政策不同程度的限制。

在區域經濟合作方面，美洲比歐洲晚將近四十年，直到1980年代末期，美國與加拿大達成雙邊貿易開放協定後，才開始積極拓展區域經濟合作範圍。1994年間墨西哥加入美加貿易協定，建立了北美自由貿易區。近年來，美國和中美洲、加勒比海地區及南美洲各國積極協商建立「泛美洲自由貿易區」（Free Trade Area of the Americas, FTAA）的方案，儘管尚未有具體的進展，但在2004年間，美國與中美洲六國簽署了美國—中美洲—多明尼加自由貿易協定（U.S.-Central America-Dominican Republic Free Trade Agreement），已使美洲地區的經濟整合向前邁進一大步。未來FTAA若能成功整合起來，將成為全球經濟實力強大的區域合作組織。

美國在推動世界貿易自由化方面，態度一向非常積極。二次大戰後，由於美國的經濟實力強大，其倡議的多邊貿易體制（例如烏拉圭回合談判），普遍受到世界各國的支持。到了1990年代，美國對多邊貿易體制的支持明顯轉弱，似乎逐漸轉向地區主義，甚至轉向貿易保

護主義，中國現代國際關係研究院的研究指出，[4]美國轉向區域主義的現象顯示，美國需要藉助區域合作以保持其全球影響力，轉向區域化是其國際影響力受到限制和挑戰的反應，其中最重要的挑戰是來自歐洲經濟一體化的刺激。

　　在當今的國際社會上，區域經濟整合的議題內容已呈現多樣化的發展。按GATT第二十四條、第五條及授權條款（enabling clause）的規範，區域貿易協定必須符合WTO貿易自由化的精神，區域協商的議題通常涵蓋甚至超越WTO的議題範圍，主要包括促進雙邊貿易自由化、加強雙邊投資便捷化、增進雙邊經濟合作等三大領域。表15-2綜合整理了國際社會上典型的幾個區域性貿易協定，以及各項協定所涵蓋的內容。

　　近年來，各國參與區域經濟整合的情況，從趨勢上來看，具有幾項特徵，首先是多軌進行，也就是同時與多個對象進行經濟整合的談判；第二是跨區域性的結盟，不再侷限於地緣關係；第三是締約國間的異質性愈來愈明顯，社會政治制度相同、經濟發展階段類似等要件逐漸淡化，已開發國家和開發中國家結盟的案例愈來愈多；第四是經濟整合協議的範圍不斷擴大和深化，不再侷限在經貿的架構[5]；第五是參與區域經濟整合不只考量經濟利益，締約成員國往往還考慮國家整體的戰略和外交利益。

　　值得注意的是，全球區域經濟整合潮流出現一普遍的現象，那就是會員國之間的關稅及其他非關稅的貿易障礙逐漸廢除，其他非會員國則受到差別待遇，形成了新的貿易障礙，這對非會員國的經濟產生不利的影響。因此，各國為了避免被邊緣化及受到不利因素的衝擊，

4　請參閱中國現代國際關係研究院，《國家經濟安全》（北京：時事出版社，2005年），頁100-101。

5　同註1，頁15-17。

表15-2　全球各主要區域性貿易協定之議題範圍

項目	美國、以色列	北美自由貿易區	美國、約旦	日本、新加坡	智利、加拿大	智利、墨西哥	歐盟、墨西哥	澳、紐 FTA
關稅廢除	◆	◆	◆	◆	◆	◆	◆	◆
進口管制措施之廢除		◆		◆		◆	◆	◆
安全防衛措施	◆	◆	◆	◆	◆		◆	
反傾銷、平衡稅措施	◆	◆		◆	◆		◆	◆
原產地規則	◆	◆	◆	◆	◆	◆	◆	
關稅評估、通關程序		◆	◆	◆	◆	◆	◆	◆
投資		◆		◆	◆	◆	◆	◆
服務貿易	◆	◆	◆	◆	◆	◆	◆	◆
標準、認證（MRA）		◆		◆				
衛生植物檢疫	◆			◆			◆	◆
政府採購	◆		◆		◆		◆	◆
智慧財產權	◆	◆		◆			◆	◆
競爭政策		◆		◆	◆	◆		◆
爭端解決機制	◆	◆		◆	◆	◆	◆	◆
國際收支條款	◆		◆				◆	
經濟合作			◆	◆			◆	
委員會機制	◆	◆	◆	◆	◆		◆	
電子商務			◆	◆				
人的移動		◆	◆	◆	◆	◆		
環保與貿易		▲	◆		▲			
勞動與貿易		▲	◆		▲			

說明：◆為協定之議題；▲為附屬條款。

資料來源：日本經濟產業省，《經濟白書》，2001年；間接引自王文娟（2002）。

都採取積極的態度與其他國家或地區進行經貿合作的談判。區域性經濟整合的世界潮流促使各國對國際典範（regime）與國際事務的了解，不但有利於各該國內相關產業發展與政策因應，對未來全球性議題的多邊協商亦有幫助，畢竟區域性議題較易取得共識，有助於多邊協商與全球自由化的進展。

經濟全球化使得世界經濟成長速度加快，但也造成不平衡的現象發生，國家之間的發展差距不斷拉大，加上全球經濟追求自由化的趨勢，區域經濟合作成了一股不可抗拒的潮流。區域性經濟整合的發展過程，不但涉及實際經濟利益，更包括了政治意涵與安全事務方面的考量，因此，其進展速度比預期的緩慢許多。不過，由於某些區域的經濟整合成果起了示範的作用，促使其他區域內國家群起效尤，以提升國家與區域整體的競爭力和生產力，因此，區域經濟整合議題的談判目前在全球各地仍方興未艾。

Viner（1950）、El-Agraa（1989）等文獻指出，區域經濟整合由於對締約國和非締約國分別採取不同的關稅，因此是一種歧視性而非全面性的貿易自由化行動，理論上將產生兩種效果，一是貿易創造效果（trade creation effect），即由於邊境貿易障礙降低，本國將增加來自締約國的進口，也將增加對會員國出口；二是貿易轉向效果（trade diversion effect），即因為會員國間貿易不必支付關稅，本來自生產效率較高的非締約國進口將轉向自生產效率較低的締約國進口。前者有助於整體福祉的增加，後者由於對非會員國會形成衝擊，全球之福祉或可能因之下降。

從國際經驗來看，區域經濟整合後，區域內貿易比重會有明顯的增加趨勢，尤其FTA的簽署對會員國之間的貿易流量會造成影響，區域內貿易與投資活動將大幅成長（Buch, Kokta and Piazolo, 2003）。根據WTO相關統計（表15-3），北美自由貿易區在1994年成立之前，區域內出口與進口貿易比重分別只有42.6%和34.4%，但六年後的2000年該

比重分別已升至55.6%和39.6%，其貿易效果非常顯著。歐盟從歐洲共同市場（EC）時代以來，區域內貿易比重也呈現逐步上升趨勢，2005年的資料顯示已超過六成。在EC成立之前，各會員國多數自澳、紐、美、加、南非等進口穀物、乳製品或初級製造品，但是EC成立之後，紛紛轉向自區域內會員國進口，因此，澳、紐、美、加、南非等都是貿易被移轉的對象。如果區域整合係採關稅同盟型態，各會員國有共同的對外關稅，這種貿易轉向的效果可能會更大。[6]

表15-3　三大區域經濟組織區域內貿易比重

單位，%

	1990	2000	2005
歐盟（15）			
區域內出口	64.9	67.5	66.8
區域內進口	63.0	64.1	64.6
北美自由貿易區（3）			
區域內出口	42.6	55.6	55.8
區域內進口	34.4	39.6	34.5
東協（10）			
區域內出口	20.1	24.0	24.9
區域內進口	16.2	23.5	24.3

說明：括弧內之數字為各該組織會員國數。

資料來源：世界貿易組織（WTO），

　　東協十國的區域內貿易比重也呈現逐年增加趨勢，出口貿易已突破至25%左右，進口貿易則已提高到24%左右。未來，在區域經濟整合

6　貿易轉向與貿易創造效果係為靜態效果，而在現實經濟社會中，經濟整合也會創造一些動態效果，其影響更為深遠。這些動態效果包括規模經濟效果、外部性效果、提高生產效率並促進競爭、吸引外人直接投資、改善貿易條件等。

的潮流下，這些經濟體的區域內貿易比重仍有可能繼續增加。

區域經濟一體化改變了傳統強調的國家統治權力至高無上、不可分割的原則，每一個締約成員在法律條約規定的範圍內（主要是在經濟領域內），可以分享主權管轄，在超國家地區機構內都有管理權和發言權，成員國不分大小，權利和義務都是一致的。從歐、美的例子看，經濟一體化伴隨讓渡部分經濟主權並不意謂國家利益受損；相反的，是為了爭取更大的保障和獲得更高的利益目標。相關的實證研究證實，區域經濟一體化對成員國甚至區域整體經濟發展有一定程度的正面效果，透過合作取代了競爭關係，深化了區域內貿易財和生產要素自由流通，減少貿易壁壘所帶來的成本與損害，對本區域的經濟成長具有重大的貢獻。[7]

然而，值得注意的是，歐美兩大經濟體區域化進程形成競爭的局面，雙方不斷擴大各自結盟的範圍，同時一方面透過關稅和非關稅壁壘等措施增加保護，另一方面則利用目前多邊貿易體制的漏洞，擴大其市場准入和市場保護的合法性。這種貿易保護主義已由國家間擴大到區域之間，不斷引發的貿易爭端導致全球貿易保護主義抬頭，對WTO的自由貿易原則和組織結構，尤其對區域經濟體以外國家的貿易條件產生消極的影響。

第二節　東亞區域經濟整合之發展

受到全球經濟區域化潮流之影響，東亞各國參與區域經濟合作的

7　參閱C. M. Buch, R. M. Kokta and D. Piazolo, "Foreign direct investment in Europe: is there redirection from the south to the east?" *Journal of Comparative Economics* 31(2003), pp. 94-109.

意識逐漸增強。然而，東亞各國在1990年代初期推動經濟整合，相對於歐、美各國而言成就並不算大。究其原因，主要在於各國經濟發展差距太大，譬如，日本與新加坡人均所得都超越3萬美元，而同地區的緬甸與柬埔寨等國卻僅有200多美元，相差甚大；貿易和跨國直接投資活動亦都集中在中國大陸、日本、南韓、新加坡等國，其他較落後的國家受益十分有限。由於發展相對較低的國家參與區域經濟合作所受實益有限，經濟穩定與發展卻可能因參與區域經濟合作、對外開放而面臨不確定性，甚至受到不利的衝擊，因此，這些國家在參與區域經濟整合的態度上多所保留。

　　另外一項導致東亞地區經濟整合進展緩慢的因素，是東亞各國的社會、政治制度和文化發展的差異性，以及各國內部存在複雜的民族問題、宗教矛盾等因素，導致國內政治環境的不穩定，尤其在相互依賴的國際社會中，一個國家內部的穩定性將影響其他國家及區域的穩定發展。在全球化的時代，各國對國際社會經濟波動的承受較為敏感，東亞區域內任一國內部的動盪，將牽連周邊國家的穩定，同時亦將動搖其對外的合作關係，這都不利於東亞區域經濟一體化的發展。

　　到了1990年代中後期，在歐美各國積極推動區域經濟整合，以及WTO各成員對新回合議題之協商各持己見，談判曠日費時，全球經貿自由化目標遙遙無期的情況之下，東亞各國乃紛紛轉向積極參與區域性或雙邊經濟合作，顯示東亞各國對於走向更緊密的區域經濟合作關係共識也愈來愈強烈。近年來東亞主要國家和地區洽簽自由貿易協定的進展情形可由表15-4資料窺知梗概，其中，新加坡、日本、大陸和韓國等四個國家在推動及參與區域經濟合作事務上表現最為積極。表15-5進一步整理了東亞主要國家，目前參與區域經濟整合的對象，可以發現，東亞主要國家參與區域經濟整合的作為，大都採多軌進行，且跨區域結盟的情形非常普遍。根據WTO統計，在2000年以前，東亞地區的區域性貿易協定只有5個生效實施，但到了2010年，已增加到45

個。

面對國際環境變遷的挑戰，日本推動與ASEAN組織成立自由貿易區，甚至進一步提出組織包括日本、南韓、香港、臺灣、東協與中國大陸等在內的「東亞自由貿易區」構想。另外，2003年12月在日本舉行的東協特別高峰會中，日本與東協共同發表《東京宣言》，揭示日本與東協除推動經濟整合外，在政治、發展、安全保障、社會及文化等層面的雙邊交流與合作也將加強。日本政府除期待東亞地區的經濟整合為一體外，也期待全面性的消除國與國間的藩籬，進一步地推向東亞共同體。

除了推動區域整合外，日本政府近年來亦積極推動雙邊自由貿易之談判，例如，已與新加坡、墨西哥、智利、馬來西亞、印尼、菲律賓、泰國、瑞士、印度、越南、祕魯、東協等完成簽署FTA；與澳洲、韓國等則在談判中。日本政府已放棄其數十年來所堅持的以WTO多邊

表15-4　東亞主要國家和地區洽簽自由貿易協議概況（截至2011年10月）

國家	簽署	談判階段	評估階段	合計
新加坡	15	6	0	21
泰國	8	5	2	15
中國大陸	11	7	3	21
韓國	9	10	13	32
日本	13	4	6	23
馬來西亞	8	5	2	15
印尼	4	4	4	12
菲律賓	2	1	1	4
越南	3	1	4	8
臺灣	5	2	5	12
香港	1	1	0	2
合計	79	46	40	165

資料來源：依WTO相關統計整理。

談判為主軸的貿易自由化政策，改採雙主軸貿易政策，強調與國際潮流接軌。由於日本經濟在東亞地區一直居於領導地位，日本政策的轉向必然會影響東亞各國的貿易政策取向，進一步激勵各國推動經濟整合意願。

在推動雙邊自由貿易協定方面，表現最為積極的東亞國家為新加坡，表15-5資料顯示，新加坡已與日本、印度、韓國、紐西蘭、美國、澳洲、約旦、巴拿馬、歐洲自由貿易協會（包括瑞士、列支敦士登、挪威等國，簡稱為EFTA）、中國大陸、祕魯、哥斯大黎加等完成簽署FTA，並與加拿大、巴基斯坦、歐盟、烏克蘭等國進行協商中。泰國、中國大陸與馬來西亞也有急起直追之勢，馬來西亞則一貫的強調區域整合，曾提出建構東亞社會（East Asian Community）方案，期待朝東亞經濟一體化發展。

針對雙邊自由貿易協議談判，東亞各國大都採取速戰速決的方式，在二至三年間完成簽署。不過，在多邊經濟一體化架構之進展上，由於牽涉層面較廣，不只談判費時較長，同時，經濟一體化的時程基本上有過渡期。例如ASEAN與中國大陸簽署的自由貿易協定，在2000年10月間首度正式提出，並於次年11月雙方取得共識，2010年間已全面落實貿易自由化；而與高棉、緬甸、寮國和越南等ASEAN新成員國的整合，則將延至2015年才完成。另外，日本與ASEAN之自由貿易協定於2002年由日本提議，預定在2012年間實現成立自由貿易區的構想。這一類的區域貿易協定由於強調會員國間進一步緊密經濟關係的建立，因此，又被廣稱為緊密經濟伙伴關係協定（CEPA）。日本與東協已在2008年簽署「東協與日本全面經濟伙伴關係協定」，除了貨品貿易自由化，還納入服務貿易和投資自由化。

表15-5　東亞主要國家區域貿易協定一覽表（截至2011年12月）

國家	已簽署	談判中	研議中
日本	東協、新加坡、墨西哥、智利、泰國、馬來西亞、印尼、汶萊、菲律賓、瑞士、越南、印度、祕魯	澳洲、海灣合作理事會、韓國、擴大TPP	東亞自由貿易區、東亞高峰自由貿易區、加拿大、中韓日FTA、歐盟、蒙古
韓國	東協、亞太貿易協定、智利、歐洲自由貿易協會、新加坡、印度、祕魯、美國、歐盟	印度、日本、加拿大、歐盟、墨西哥、澳洲、紐西蘭、土耳其、海灣合作理事會、哥倫比亞	東亞自由貿易區、泰國、南部非洲關稅同盟、南方共同市場、馬來西亞、日韓中FTA、中國大陸、俄羅斯、以色列、越南、蒙古、中美洲、印尼
中國大陸	東協、亞太貿易協定、智利、香港、澳門、巴基斯坦、紐西蘭、新加坡、祕魯、哥斯大黎加、ECFA	澳洲、海灣合作理事會、冰島、南部非洲關稅同盟、挪威、哥斯大黎加、瑞士	印度、韓國、日韓中FTA
新加坡	東協自由貿易區、歐洲自由貿易協會、印度、日本、韓國、紐西蘭、澳洲、約旦、巴拿馬、跨太平洋策略經濟伙伴協定、美國、祕魯、中國大陸、海灣合作理事會、哥斯大黎加	加拿大、巴基斯坦、烏克蘭、歐盟、擴大TPP、中華民國	
馬來西亞	東協自由貿易區、日本、巴基斯坦、開發中八國關稅優惠協定、紐西蘭、智利、印度、回教組織會議成員國之貿易優惠系統	歐盟、澳洲、美國、土耳其、擴大TPP	韓國、海灣合作理事會
泰國	東協自由貿易區、澳洲、紐西蘭、日本、巴林、祕魯、印度、孟印緬斯泰經濟合作組織	南方共同市場、印度、歐洲自由貿易協會、美國、智利	韓國、巴基斯坦

表15-5　東亞主要國家區域貿易協定一覽表（截至2011年12月）（續）

國家	已簽署	談判中	研議中
印尼	東協自由貿易區、日本、巴基斯坦、開發中八國關稅優惠協定	澳洲、歐盟、智利、歐洲自由貿易協會	土耳其、美國、韓國、印度
菲律賓	東協自由貿易區、日本	歐盟	美國
越南	東協自由貿易區、日本、智利	擴大TPP	歐盟、韓國、俄羅斯、歐洲自由貿易協會
香港	中國大陸	紐西蘭	
臺灣	瓜地馬拉、巴拿馬、尼加拉瓜、薩爾瓦多、宏都拉斯、ECFA	多明尼加、新加坡	美國、歐盟、日本、澳洲、加拿大

資料來源：同表15-4。

　　從現實面來看，當今世界各國的關稅水準已不再如1980年代以前的高，對貿易交流及貿易機會形成的阻礙效果已大幅降低。以先進國家來看，平均關稅水準均已降至5%以下，即使是新興工業化國家（NIEs）等的關稅水準也均已降至10%以下，關稅所形成的貿易阻礙已相當有限。相對地，商業文件、海關通關效率、產品規格要求，以及其他行政障礙所引發的交易成本可能超過高關稅的貿易障礙。因此，非關稅障礙之檢討成為自由貿易協定的重要議題。除此之外，商品部門以外的經濟整合與合作關係也普遍為現今區域整合的重要議題，有些區域協定並未檢討貿易部門的課題，而直接從金融部門之合作著手。最顯著的案例為亞洲金融風暴發生後，由日本主導推動的《清邁協議》（*Chiang Mai Initiative*），協助受金融風暴直接衝擊的國家解決金融及外債問題。此一經濟整合的內容僅強調金融部門合作機制之建立。

　　中國大陸與東協已於2004年11月29日正式簽署「中國—東協全面經濟合作框架協議貨物貿易協議」，雙邊承諾逐步推動雙邊貿易自由

化及零關稅的合作關係，並已於2010年實現7,000類商品關稅稅率降至0.5%以下。中國大陸與東協確定五大重點合作領域，包括農業、資訊通信、人力資源開發、相互投資和湄公河流域開發等五項，未來將逐步擴充合作項目與範圍，並以互惠模式來增進彼此間的經貿關係。自1996年以來，中國大陸積極加強與東協十國合作，透過所謂「十加一」提出具體的經濟合作模式，在東亞地區經濟整合之運作上逐漸扮演主導的角色。目前中國大陸與東協六國已如期完成自由貿易區的進程，2015年與東協十國完成貿易自由化的具體目標。

第三節　兩岸在東亞區域經濟整合的角色地位

東亞各國經濟關係愈趨密切，逐漸朝向一體化發展的過程中，中國大陸扮演著非常關鍵的角色。大陸經濟崛起，牽動了東亞經貿版圖。以對外貿易之擴張為例，大陸對外貿易總值在1978年間僅206.4億美元，在全球貿易總量中所占比重可說是微不足道；不過，到2010年，大陸對外貿易總值已突破超過2.97兆美元，在全世界的排名由第三十二位竄升至第二，僅次於美國。由於大陸55%以上的出口依靠加工業，出口產品所需要的原材料、半成品和零組件大都依賴進口，[8]而其中絕大部分是從東亞各國進口，因此，隨著大陸對外貿易之擴張，東亞各國對大陸出口的依賴程度不斷增加，東亞區域內貿易的比重也呈現逐漸增加之勢。

張宇燕、王小敏（2004）的研究指出，1995～2001年間，東亞對

8　據統計，大陸每出口100美元的商品就會有50-70美元的進口原料。參閱張幼文、徐明棋，《經濟強國：中國和平崛起的趨勢與目標》（北京：人民出版社，2004年），頁180。

大陸地區之出口以平均11.5%的速度增長，遠高於世界貿易3.8%的增速。大陸地區成為東亞各國在區域內最重要的、成長最快的出口市場，2001年的資料顯示，香港、臺灣和南韓對大陸之出口占各該國出口總值的比重已分別達到44.9%、43.8%和42%。加入WTO後，市場准入限制放鬆和貿易自由化措施，進一步促進了大陸的進口成長，同時，大陸挾其低廉要素成本的優勢，已成為東亞地區主要生產基地，結果導致東亞國家區域內出口貿易的比重大幅提高，其中，臺灣、新加坡、南韓及日本等四個國家對東亞區域內出口成長的速度最快（表15-6）。

　　大陸對外貿易擴張與外商對大陸直接投資（FDI）密切相關，[9]而大陸利用的FDI中將近八成來自東亞各國。[10]這些FDI是帶動東亞各國與大陸雙邊貿易擴張，以及貿易相互依存度提高、經貿關係更趨緊密的主要因素。值得一提的是，包括大陸、東南亞和東北亞各國，長期以來一直是跨國直接投資流入的主要基地，在跨國公司的戰略布局

表15-6　東亞主要國家區域內出口占各該國總出口比重

單位：%

	1986	1991	1996	2002
東亞國家	31.0	42.0	48.7	47.0
臺灣、新加坡、南韓	29.7	41.4	49.4	50.4
東協四國*	52.8	52.3	53.1	52.3
大陸、香港	45.0	54.8	53.0	46.1
日本	22.7	32.1	42.4	42.0

說明：*東協四國是指印尼、泰國、馬來西亞、菲律賓。

資料來源：鍾景婷、洪淑惠，「東亞經貿整合趨勢與臺灣角色」，《臺灣經濟論衡》，2003年11月，頁33。

9　根據統計，大陸對外貿易總值中，外商投資企業的貢獻比重超過60%。

10　引自《中國對外經濟貿易年鑑》（北京：中國統計出版社，2004年）。

下，大陸與東亞各國雙邊貿易活動已形成以產業內貿易為主要特徵的水平分工格局。無疑地，大陸對外貿易擴張，提供東亞各國出口的機會，發揮了區域內貿易引擎的角色，同時，大陸與周邊國家橫向內在的經濟聯繫不斷加強，東亞地區以大陸為軸心的區域經濟整合正持續發展。

　　大陸自加入WTO前後，逐步調整其貿易政策，一方面參與WTO多邊體制，推動貿易自由化，逐步開放服務貿易市場，另一方面則積極營建區域或雙邊經濟合作。事實上，中國大陸為了遂行其強國戰略的企圖，多年來一直以發展中國家的領導者自居，並積極融入全球經貿體系，參與甚至主導各項國際經濟組織。例如，1992年，大陸正式加入亞太經合組織（APEC）成為會員；2001年間大陸與俄羅斯、哈薩克斯坦、吉爾吉斯斯坦、塔吉克斯坦、烏茲別克斯坦等五個國家組合「上海合作組織」；同年間加入WTO；2002年，大陸與東協簽署了《中國—東盟全面經濟合作框架協議》，稍後又達成在十年內建立「中國—東盟自由貿易區」的共識；2003年間分別與香港、澳門簽署「更緊密經貿關係安排」（CEPA）。迄目前，中國大陸已與11個對象簽署協議（含國家、地區和經濟組織），正在談判和評估的對象分別有7個和3個（表15-4）。

　　由於地理、歷史因素，臺灣與東亞各國的經貿交流亦相當密切，以雙邊貿易關係來看，東亞主要國家占臺灣總出口比重從1990年代初期的37.1%，逐年上升至2000年的50%，[11]最近的資料顯示，該比重已逼近70%；而相對地，臺灣對美國之出口值占臺灣總出口之比重，則由1990年的32.2%減少為2011年的12%左右。在另一方面，同一期間，東亞主要國家占臺灣總進口之比重也由41.7%逐年增加，目前已突破

11　參閱高長、吳瑟致，「東亞經濟區塊化的大陸因素與臺灣角色」，《經濟情勢暨評論》（臺北）11（1），2005年，頁71。

56%；而自美國進口值占臺灣總進口之比重，同期間卻由9%逐年減少至13%左右。顯然，東亞各國已成為臺灣最主要的貿易伙伴，臺灣與東亞主要國家的貿易關係已愈來愈緊密。其中，尤其是大陸地區已成為臺灣最大的貿易伙伴（約占二成），最大的出口市場（含香港約占4%）。

臺灣與東亞主要國家之間雙邊貿易快速而穩定的成長，顯示臺灣與東亞區域內各國生產分工體系已逐步建立。在實證研究上，一般都是採用產業內貿易指數來衡量貿易伙伴之間的產業分工特質，[12]當該指數值愈高，表示貿易雙方產業內垂直或水平整合程度愈高。臺灣與東亞主要國家之間的產業內貿易指數，高長、吳瑟致（2005）的研究指出（表15-7），在1990年間約為45%，到1995年時已上升至48.5%，自2000年以來則多維持在58%左右，[13]顯示臺灣與東亞各國的產業分工與貿易整合程度已愈來愈緊密。就各產業領域比較觀察，其中以電子電機製品、運輸設備製品的產業內貿易指數最高（超過70%），表示臺灣與東亞各國該等產業之產業分工關係相當緊密；而運輸設備製品、雜項製品、電子電機製品、食品飲料、紙製品等產業的產業內貿易指數的成長最快，表示該等產業臺灣與東亞各國產業內分工進展最快。

12　產業內貿易之衡量，文獻上大都採用H. G. Grubel and P. J. Lloyd（1975）所建議的方法，一般稱之為G-L指數。計算公式為$B_{ij} = \left[1 - \dfrac{\sum\limits_i |X_{ij} - M_{ij}|}{\sum\limits_i (X_{ij} + M_{ij})} \right] \times 100$，其中，$M_{ij}$為$j$產業自$i$國的進口、$X_{ij}$為$j$產業對$i$國之出口值。當$B_{ij}$值愈接近100，表示$j$國第$i$個產業的出口值與進口值愈接近，該產業的產業內貿易程度愈高，雙邊產業的互補性愈高。反之，當B_{ij}值愈接近0，雙邊產業的互補性較低，或呈現競爭關係。

13　參閱高長、吳瑟致（2005），同註10，頁72。

表15-7　臺灣與東亞各國之產業內貿易指標

單位：%

	1990	1995	2000	2001	2002	2003
動物產品	24.56	35.58	27.94	22.54	20.90	20.19
植物產品	19.68	23.47	26.14	25.98	26.02	28.18
動植物油脂產品	12.64	15.34	27.73	23.96	30.34	28.17
食品、飲料、菸草製品	21.57	37.01	32.20	31.54	32.43	33.01
礦產	20.75	19.26	25.00	43.97	33.96	22.44
化學製品	39.25	47.29	44.63	48.22	46.23	44.59
塑橡膠製品	50.58	46.26	54.90	52.20	52.03	48.86
毛皮及皮製品	31.91	26.50	29.15	29.19	20.26	24.81
木及木製品	32.01	32.02	28.78	31.23	28.39	29.56
紙製品	45.95	57.06	60.29	63.58	67.80	66.91
紡織原料及紡織品	26.69	23.03	21.08	18.01	20.23	20.46
鞋、帽、傘等	6.17	39.29	37.88	38.00	30.79	23.62
水泥、陶瓷及玻璃製品	48.19	62.73	49.47	52.79	57.41	43.73
寶石或半寶石	11.62	32.64	22.86	24.25	20.56	19.42
金屬製品	43.51	46.72	45.23	42.13	40.95	42.24
電子電機製品	63.79	61.68	73.07	73.39	71.05	73.98
運輸設備製品	36.41	40.47	55.68	60.89	63.00	73.82
精密儀器製品	54.64	43.95	43.67	48.94	49.54	51.72
雜項製品	33.67	41.64	49.45	49.09	49.18	48.28
合計	45.02	48.52	58.69	58.88	57.59	58.47

資料來源：高長、吳瑟致（2005）。

　　其次，再從臺灣之對外投資方面觀察，東亞地區也是臺灣對外投資最集中的區域。根據臺灣官方統計，以累計金額計算，臺灣對東亞各國投資合計約占總額的四分之三。事實上，依當地國官方統計（表15-8），臺商對東亞各國投資累計的金額還不只這麼多。因此，對東亞地區而言，臺灣可說是扮演資金提供者的角色，其重要性僅次於日本。

　　臺灣對東亞地區之投資件數與金額，雖不如日本，但在以中小企

業為主體的投資活動中，臺灣廠商逐漸發展出獨特的投資策略模式，將在臺灣原創的產業網絡延伸至海外投資事業，[14]也就是整合臺灣與投資當地國的資源，包括人才、原材料、零組件與資金等，以發揮最大的效益。前述東亞各國在臺灣對外貿易的份額，無論是進口或出口

表15-8　臺灣在東協及中國大陸的投資狀況

單位：百萬美元

	泰國	馬來西亞	菲律賓	印尼	新加坡	越南	東埔寨	中國大陸
1959-1989	2,097	1,307	349	1,966	23	1	0	–
1990	783	2,348	141	618	48	251	0	–
1992	290	575	9	563	9	562	0	1,051
1995	1,804	568	14	640	32	1,240	10	3,162
1997	414	480	13	3,419	230	248	44	3,289
2000	437	241	1	131	220	281	18	2,296
2003	339	164	46	39	26	322	1	3,377
2005	417	113	25	133	97	711	15	2,151
2006	284	110	38	218	806	375	50	2,135
2007	247	118	444	51	1,194	1,894	39	1,868
2008	222	256	28	306	697	8,862	21	1,898
2009	155	209	4	118	36	1,490	27	1,880
2010	139	326	33	85	47	1,219	91	2,475
2011	141	374	37	465	427	296	54	2,183
累計	12,789	11,038	1,919	14,506	5,951	23,111	820	54,199
當地排名	3	5	8	9	–	2	5	5

資料來源：泰國BOI、馬來西亞MIDA、菲律賓BOI、印尼BKPM、經濟部投資審議委員會（新加坡）、越南MPI，間接引自經濟部投資業務處；中國大陸資料引自大陸《中國統計年鑑》。

14　紡織、製鞋、電子零組件等產業對外投資之布局即是典型的例子。參閱蕭新煌、王宏仁、龔宜君編，《臺商在東南亞：網絡、認同與全球化》，（臺北：中央研究院，2002年）。

都呈現逐年增加的趨勢，主要是因臺商在當地大規模投資所導致的。這種投資策略模式相較於歐美多國籍企業的海外投資模式不盡相同，由於臺商企業的當地化行動較積極，對地主國的經濟貢獻明顯較大，也就是說，地主國可以從臺商投資企業發展過程中擷取更大的外溢效果。

回顧過去，東亞經濟整合快速發展中，臺灣是東亞地區重要的投資者，同時，透過投資與雙邊貿易，臺灣更扮演著東亞地區產業分工的樞紐角色，相關研究指出，在東亞產業分工體系中，臺灣是僅次於日本的製造品零組件主要供應者，臺商的生產技術和經營模式亦廣泛被東南亞及大陸的企業模仿學習（蕭萬長，2005）。臺灣與大陸經濟整合的效益更為明顯。據統計，臺灣對大陸投資企業累計已超過七萬家，投資地區遍布大陸各地，尤其集中在長三角、珠三角和環渤海灣地區，對當地產業及經濟發展的貢獻極大，以電子資訊產業為例，目前大陸的生產總值中，臺商投資企業的貢獻比重約占一半（高長、李吉仁，2003）；另外，臺商對大陸進、出口貿易總值的貢獻比重約為18-20%。[15]

第四節　加強兩岸經濟合作的探討

受到全球區域性經濟整合潮流之激勵，以出口為導向的東亞國家，近年來都積極推動雙邊或多邊的經貿合作，不過，由於推動時間起步較晚，迄今其效果還不明顯。儘管如此，過去二十多年來，在市

15　依臺商對大陸直接投資占大陸利用外商直接投資總額的比重（估計約占三分之一），乘上外資企業出口值占大陸出口總值的比重（約60%）而得。由於臺資企業相對於其他外資企業較偏出口導向，臺商在大陸出口總額中所占份額可能略高於全部外商的平均水準。

場力量的主導下，東亞各國之間的貿易整合其實已愈來愈深。1986～2002年資料顯示（表15-6），東亞主要國家的區域內貿易所占比重已從31%增加至47%（包含日本）。未來東亞區域之經濟整合朝制度化發展，可望有助於增進各國投資政策的透明度與可預測性，而投資環境的改善，可吸引直接投資的進入，創造更大的外溢效果，進一步促進東亞區域經濟的穩定發展。

　　東亞地區可說是全球經濟成長最具潛力的區塊，尤其，醞釀中的東亞自由貿易區一旦全面展開，其經濟規模將媲美NAFTA、EU，形成鼎足而立的新形勢。東亞自由貿易區擁有龐大人口，其優勢直接表現在製造成本與消費能力方面，東亞區域經濟整合程度提高，區域內貿易規模勢將逐漸擴張，一方面，將是未來全球經濟發展動力的主要來源，另一方面則有可能促使歐美等地區進一步擴大區域合作的範圍與對象，近年來歐盟積極與墨西哥及南非地區洽簽雙邊貿易協定，即是明顯的例子。

　　面對東亞地區經濟整合的趨勢，國際市場競爭日趨激烈、國際貿易保護主義日益抬頭，臺灣是一個外向型經濟體，將面臨嚴峻的挑戰。中國大陸和東協各國是臺灣的主要經貿伙伴，加強與周邊這些主要經貿伙伴國家協商，推動更緊密的經濟合作關係，是臺灣經濟避免被邊緣化的重要課題，應嚴肅以對。

　　事實上，過去二十多年來，臺灣與東亞各國之間，透過雙邊貿易和投資活動已建立了緊密的經貿關係，分享產業分工的經濟利益。在東亞區域經濟整合議題上，臺灣不僅可繼續扮演促進貿易與提供資金的角色，針對區域整合的各種議題，例如通關流程、產品規格標準相互承認等貿易便捷化作為，以及電子資訊、人才培訓與交流、中小企業發展、金融合作和能源環境等，臺灣也都有機會且應積極參與國際雙邊或多邊對話。臺灣的商品化和製造能力，尤其電子資訊製品，在全球分工格局中占有重要的地位，全球運籌管理和研發方面亦累積了

一定的實力，加強區域內雙邊或多邊經貿關係，必定能為臺灣本身和本區域創造更大的經濟利益。

然而，長期以來，臺灣受到國際政治現實的影響，一直無法正常融入東亞經濟整合潮流，經濟陷入被邊緣化的處境。兩岸透過「搭橋專案」，自2008年8月開始推動產業合作計畫，特別選定中草藥、太陽光電、車載資通訊、通訊、LED照明、資訊服務、風力發電、流通服務、車輛、精密機械、食品、生技與醫材、紡織與纖維、數位內容、電子商務、電子業清潔生產等產業，建立一產業一平臺，探討兩岸產業合作模式，營造更開放、友善產業發展環境，進而創造兩岸合作商機、連結跨國企業，並攜手進軍國際市場，進行全球布局。ECFA兩岸產業合作工作小組已達成共識，未來每年兩岸將輪流舉辦產業合作論壇，並決定成立LED照明、無線城市、低溫物流、TFT-LCD和電動汽車等五個產業分組進行專業洽談。其中，LED照明已在廈門及廣州進行試點，無線城市在寧波和成都，低溫物流則在天津和廈門。未來將繼續優先在雙方的重點發展產業中選擇合宜項目，促進兩岸產業和投資合作均衡發展。

深化兩岸經濟合作是突破參與東亞區域經濟整合瓶頸的策略選擇。ECFA生效實施後，兩岸各類經濟合作計畫已漸次展開，對兩岸經濟發展預期將帶來巨大的效益；就臺灣而言，ECFA更大的意義在於作為敲門磚，有助於突破與其他國家洽簽經濟合作協議的障礙，加速融入東亞區域經濟整合潮流中。ECFA完成簽署後，新加坡與紐西蘭先後公開表示與臺灣洽簽經濟合作協議的意願，並隨即展開協商；日本與臺灣已完成簽署「臺日投資協議」；菲律賓、印尼、印度、歐盟等國家也都表達高度意願，加強與臺灣進行雙邊經濟合作，研究洽簽雙邊協議的可行性。

後ECFA時代，兩岸產業競合關係將出現新的風貌。首先，大陸自2011年開始實施的五年期經濟發展計畫（即「十二五規劃」），特

別強調扶植發展戰略性新興產業、加快發展服務業。其內容其實與我
政府規劃的六大新興產業如綠色能源、生物科技以及四大新興智慧型
產業如雲端計算、智慧電動車等有相當高的同質性。大陸服務業的發
展相對落後，未來在放鬆准入的管制、城市化、收入分配制度改革的
推進下，醫療衛生、教育、交通、物流、電信等行業，可望有較快發
展；其他如金融、租賃、專業技術服務等生產性服務業，醫療保健、
文化娛樂等新興現代服務業，也會有較大的發展空間，這些領域都將
在未來提供兩岸產業合作機會。

　　從宏觀面看，兩岸產業發展各具有優劣勢，存在極大的合作空
間。大致上，臺灣的產業基礎較強、產業鏈較完整、研發與創新能力
較強，不過，缺乏品牌和市場支持；而大陸占有多樣性的市場優勢，
但產業鏈較為薄弱，尤其在上游原材料供應和技術、創新能力較為不
足，兩岸如果能通力合作，必能發揮整合的優勢，形成完整的產業體
系，提升國際競爭力。而大陸「十二五規劃」提出擴大內需政策，意
謂著有大量新增的消費需求將出現，廣大的市場腹地將為建立華人品
牌提供絕佳的機會。

　　值得注意的是，兩岸經濟產業合作在微觀層面上，無可避免的也
存在利益衝突問題，可能影響兩岸合作的順利進展。首先是企業之間
的競爭。隨著大陸企業愈趨成熟和壯大，臺灣廠商原來在經營管理和
技術方面擁有的領先優勢或將逐漸消失，兩岸企業的合作意願面臨考
驗。其次是產業之間的競爭。近年來，大陸綜合國力提升，積極建構
完整的產業體系，國際競爭力增強；相反的，臺灣產業卻受制於市場
腹地，發展速度相對較慢，兩岸產業競合關係逐漸改變。為化解兩岸
產業界「相互競爭」的心理障礙，發揮兩岸產業優勢互補共創雙贏利
基，兩岸應善加利用ECFA機制積極協商。面對全球化和國際區域經濟
整合潮流，以及大陸經濟崛起的事實，臺灣必須更加開放才有機會；
而在全球布局戰略不能忽視連結大陸市場的重要性。

● 參考文獻 ●

中國現代國際關係研究院（2005），《國家經濟安全》，北京：時事
　　出版社。

王文娟（2002），「區域性貿易協定之發展趨勢及最新動態」，《經
　　濟情勢暨評論》（臺北）8(2)，頁48-66。

李吉仁、高長（2003），「大陸臺商經濟實力之探討與運用策略思
　　考：以電子資訊產業為例」，發表於中華經濟研究院「92年大陸
　　經濟發展研討會」，臺北。

李顯峰（2003），「歐盟東擴對貿易與直接投資影響之研究」，發表
　　於歐洲聯盟研究協會「歐盟的深化與廣化－2003年歐洲聯盟研究
　　協會年度學術研討會」，臺北。

秦海菁（2004），「區域經濟集團化與中國」，王長勝（主編），
　　《中國與世界經濟發展報告（2004）》，頁162-186，北京：社
　　會科學文獻出版社。

高長、吳瑟致（2005），「東亞經濟區塊化的大陸因素與臺灣角
　　色」，《經濟情勢暨評論》（臺北）11(1)，頁58-78。

張幼文、徐明棋（2004），《經濟強國：中國和平崛起的趨勢與目
　　標》，北京：人民出版社。

張宇燕、王小敏（2004），「亞太地區經濟形勢綜述」，張蘊岭與孫
　　士海（主編），《亞太地區發展報告》，頁1-19，北京：社會科
　　學文獻出版社。

劉大年（2009），「全球區域整合之趨勢」，朱敬一（主編），
　　《ECFA：開創兩岸互利雙贏新局面》，頁13-33，臺北：遠景基
　　金會。

蕭新煌、王宏仁、龔宜君編（2002），《臺商在東南亞：網絡、認同

與全球化》，臺北：中央研究院亞太研究計畫。

蕭萬長（2005），「亞洲經濟整合的前景與展望」，《經濟前瞻》
（臺北）97，頁10-13。

鍾景婷、洪淑惠（2003），「東亞經貿整合趨勢與臺灣角色」，《臺
灣經濟論衡》（臺北）1(11)，頁29-47。

Buch, C. M. , R. M. Kokta and D. Piazolo (2003), "Foreign direct investment in Europe: Is there redirection from the South to the East?" *Journal of Comparative Economics* 31, 94-109.

El-Agraa, Ali M. (1989), *The Theory and Measurement of International Economic Integration*, New York: St. Martin's Press.

Grubel, H. G. and P. J. Leoyd (1975), *Intra-Industry Trade*, London: The Macmillan Press Ltd.

Krumm K. and H. Kharas (2004), *East Asia Integration: A Trade Policy Agenda for Shared Growth*, The International Bank for Reconstruction and Development / The World Bank.

Viner, J. (1950), *The Customs Union Issue*, New York: Carnegie Endowment for International Peace; London: Stevens Son.

Wallace, William (1994), *Regional Integration: the West European Experience*, Washington: Brookings Institution Press.

國家圖書館出版品預行編目資料

大陸政策與兩岸經貿／高長著. -- 三版. --
臺北市：五南，2012.10
　面；　公分
ISBN 978-957-11-6860-9（平裝）

1.大陸政策　2.兩岸經貿　3.中國

573.09　　　　　　　　101018502

1044

大陸政策與兩岸經貿

作　　者 ─ 高長（192）

發 行 人 ─ 楊榮川

總 經 理 ─ 楊士清

總 編 輯 ─ 楊秀麗

主　　編 ─ 侯家嵐

責任編輯 ─ 侯家嵐

文字編輯 ─ 陳俐君

封面設計 ─ 盧盈良

出 版 者 ─ 五南圖書出版股份有限公司

地　　址：106台北市大安區和平東路二段339號4樓

電　　話：(02)2705-5066　　傳　　真：(02)2706-6100

網　　址：http://www.wunan.com.tw

電子郵件：wunan@wunan.com.tw

劃撥帳號：01068953

戶　　名：五南圖書出版股份有限公司

法律顧問　林勝安律師事務所　林勝安律師

出版日期　2008年10月初版一刷
　　　　　2009年10月二版一刷
　　　　　2012年10月三版一刷
　　　　　2020年 3 月三版三刷

定　　價　新臺幣530元